上海的学生反是运动切烈，决定促罢市罢工，市政竟说有若党密令在鼓动。什麽了都推在中共身上，未免太笨了。

1951 年 4 月，作者參加赴朝慰問團
時在安東（丹東）

───────────

1954 年，作者和夫人在上海

# 徐鑄成日記<sub></sub>（一九四七—一九六六）

徐鑄成 著　徐時霖 整理

徐铸成日记（一九四七—一九六六）

徐铸成 著　徐时霖 整理

持眼又是民国廿六年的新年了！

新年，总应该说几句吉庆话：
但愿内战停止，和谈成功，把冰
冷冰冷的人心再热起来。

此外，我还要表示一点希望：
希望政治家今年少说假话，
希望新闻界的朋友今年多
说真话。

徐铸成 廿六年

1947 年徐铸成日記手

1954 年 8 月，作者參加第一屆全
國人大會議

1956 年，作者和夫人攝於上海寓所

1957 年 3 月，作者訪問蘇聯時在莫斯
科機場致辭

1957 年 4 月，中國新聞工作者代表團和
蘇聯官員在莫斯科合影（邵燕祥提供）

1957 年 4 月，作者攝於基輔

# 徐鑄成日記（一九四七—一九六六）

徐鑄成 著　徐時霖 整理

（一八九七—一九三一）

# 徐志摩日記

徐志摩 著　徐和森 整理

转眼又是民国卅六年的新年了！

新年，总应该说几句吉庆话：

但愿内战停止，和谈成功，把冰冷冰冷的人心再热起来。

此外，我还要表示一点希望：

希望政治家今年少说假话，

希望新闻界的朋友今年多说真话。

徐铸成 卅六年

1951 年 4 月，作者參加赴朝慰問團時在安東（丹東）

1954 年，作者和夫人在上海

1970 年，作者在上海　　│　1973 年，作者攝於
市出版局的工作照　　　│　上海人民公園

1984 年，作者在上海寓所

上海《文匯報》報社內的作者銅像

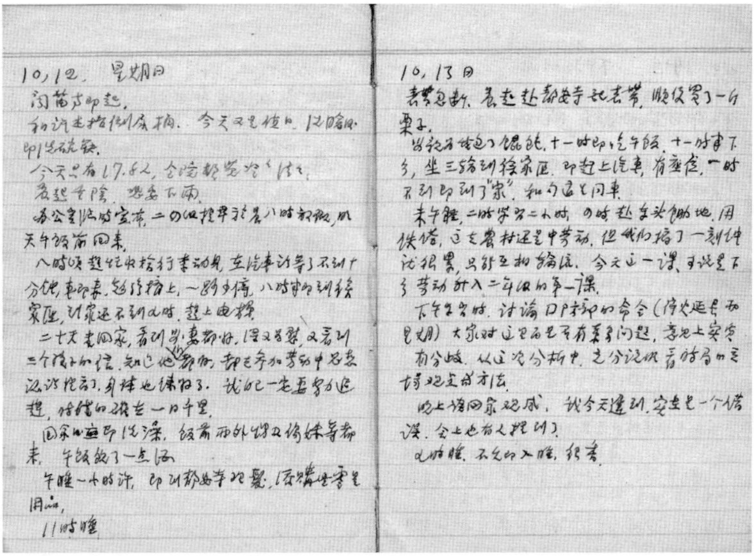

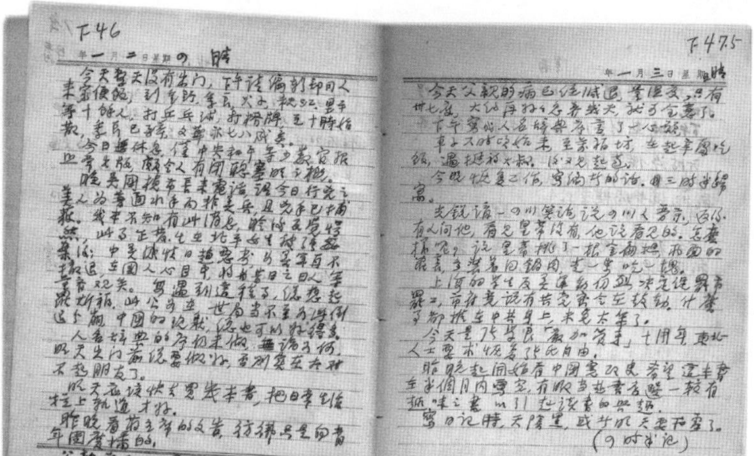

徐鑄成日記手稿

# 編輯說明

《徐鑄成日記（一九四七——一九六六）》，從作者現存的日記中選取了一九四七年、一九四九年、一九五一年、一九五四年、一九五七年、一九五八年、一九六五年、一九六六年這八年的內容。

是次的出版，以徐鑄成先生日記的手稿為原稿，為保持日記原貌，僅就日記內容中原有的文字性錯誤及整理、入字過程中的錯誤進行修訂。修訂時，編輯與整理者一致確定，改字用"〈 〉"標注，補字以"〔 〕"標注，缺字或未能辨別的文字用"□"標注，日記內容未做其他刪改。為便於讀者閱讀，日記中部分人物與事件的名詞，由整理者以注釋形式進行說明。

# 目錄

# 前言

　　徐鑄成先生是我國著名的報人、名記者和新聞學家。他是江蘇宜興人，生於一九〇七年，畢業於江蘇省立無錫第三師範學校和北京師範大學。鑄成先生在學生時代就為國聞通訊社寫稿，畢業後加入《大公報》。一九二七年十一月至一九三七年十月間，他先後在《大公報》天津版和上海版任抄寫員、編輯和記者，期間還擔任過國聞通信社北京分社和《大公報》漢口辦事處的負責人。一九三九年七月至一九四六年五月，先後任《大公報》香港版編輯主任、桂林版總編輯、渝館《大公晚報》主編、上海版總編輯等職。他在《大公報》工作了十八年，深受胡政之先生和張季鸞先生的影響，從抄寫員成長為分版總編輯，是新記《大公報》的重要骨幹之一。這一時期是他報人生涯的重要歷程。

　　一九三八年二月，鑄成先生加盟《文匯報》，成為《文匯報》言論的總負責人。他在《文匯報》擔任總主筆、總編輯、社長等職務有五個時期，一是一九三八年二月至一九三九年五月的上海《文匯報》，二是一九四六年三月至一九四七年五月的上海《文匯報》，三是一九四八年九月到一九四九年二月的香港《文匯報》，四是一九四九年五月到一九五六年三月的上海《文匯報》，五是一九五六年十月到一九五七年七月的上海《文匯報》。五次任職，五次中止，五個斷續的短暫時期，使鑄成先生走上了報人生涯的巔峰。

有人説，徐鑄成的一生只做了兩件事，一件是辦《大公報》和《文匯報》，一件是當右派[1]。其實，鑄成先生還做了第三件事，那就是在晚年他老驥伏櫪，筆耕不輟，寫下了大量的舊聞掌故、新聞研究、人物傳記和回憶文章，洋洋三百餘萬言，這不能不説是他一生中的一件大事。他的這些文字都和辦報有關，他當右派也是因為辦報，因此，也可以説，鑄成先生一生只作了一件事，那就是辦報；也只有一個理想：辦報，辦一份民間報紙，辦一份具有獨立立場的民間報紙。

　　徐鑄成先生在幾十年的新聞工作生涯中，一直有記日記的習慣。由於生活顛沛和工作繁忙，他的日記時斷時續。這些日記有的在早年的戰亂流離中遺失，有的在政治運動中被查抄而未發還，現在遺存的部分約有七十萬字。其中一九七七年至一九七八年撰寫的“回憶日記”由香港三聯書店於二〇一九年出版。

　　日記，或許最接近於一個人當時的真實感受。作者在這裏時而躊躇滿志，時而失意彷徨；有時意氣風發，有時進退維谷。這裏記錄的作者那一代知識分子，在那個年代裏，不僅僅是被統治者和受害者，有時也是積極的參與者。在已經發生的那一段歷史中，他們有自己的地位，也有自己的責任。

　　本書從作者現存的日記中選取了一九四七年、一九四九年、一九五一年、一九五四年、一九五七年、一九五八年、一九六五年、一九六六年這八個片段，分別記述了作者在擔任上海《文匯報》主筆、參加第一屆全國政協第一次會議和開國大典、赴朝鮮慰問志願軍、參加第一次全國人大第一次會議、訪問前蘇聯、參加上海“顓橋勞動學習班”和在上海出版文獻資料編輯所、上海市政協文史資料辦公室工作期間的主要經歷。

　　日記原文均出自作者手跡，不做刪改。日記原文中涉及和作

---

1　徐復侖：《徐鑄成回憶錄》後記，見《徐鑄成回憶錄》（北京：生活・讀書・新知三聯書店，1998），424頁。

者密切相關的人和事，在可能查找的範圍內作了注釋。

一九四九年和一九五四年的日記，作者在撰寫《徐鑄成回憶錄》時，曾對其中引用的一部分作了少量刪改，此次整理出版全部恢復了原貌。一九五一年日記，有相當一部分是和採訪筆記、會議記錄等混雜在一起，這可能是由於作者從事新聞工作的習慣所致，此次整理時在不違背作者原意的前提下，作了部分文字次序上的調整。

日記原文中明顯的筆誤和錯字，整理時徑自作了修改，不另說明。原文標點符號不清的，按照現代語法重新作了標點。整理時對原文中的改字用 "〈 〉" 標注，補字用 "〔 〕" 標注，缺字用 "□" 標注。

整理編輯中的不當之處，敬請批評指正。


整理者

二〇一九年十二月二十七日

一九四七年

作者於一九四六年三月在上海參與抗戰勝利後復刊的《文匯報》，五月擔任總主筆。一九四七年五月二十四日，《文匯報》被國民政府勒令停刊。這段日記主要記述了作者和嚴寶禮等人一起謀劃《文匯報》改版、籌資以及和社會各界交往等事件及經過。作者在回憶錄中稱這段時間是《文匯報》和他本人的"黃金時代"。曾虛白所著《中國新聞史》中這樣描述這段時間的《文匯報》："該報一向左傾，屬附庸黨派，大陸淪陷後，立刻投靠中共……"

　　這段日記寫在一九四七年出版的《文匯日記》上，扉頁上寫："1947年 1 月 徐鑄成 上海愚園路 749 弄 15 號"。該地址為當時作者住址。

——編者注

　　今年我四十歲，再過二十天，照陰曆算，要算四十一歲了！

　　四十歲月蹉跎易過，而事業迄無根蒂，思之汗顏。

　　今年這一年，我希望在學問和修養上都能有長足的進步。目前我是在領導一個事業的創造，《文匯報》，無疑在今日的中國是一個很大的試驗，她是唯一的民間報，過去一年來，曾遭受很大的困難，但在國內外，特別在文化階層已起了很大的作用，在我，當然可引以自慰，但迄今為止，她還沒有堅強鞏固，我的責任很大。去年一年中，國家由抗戰勝利，而展開爭民主的鬥爭，內戰打了一年，民生已瀕絕境。我在這一年中，由彷徨而趨於凝定。退出《大公報》，主持《文匯報》，這在我的生命史上，是一個極大的轉變。在個人說，這事業只許成功，不許失敗。就國家說，需要這個民間報堅韌努力，守住崗位，發揮其威力。這一點是絕不容猶豫，而必須不顧一切以赴的。

　　過去一年中，我深自反省，覺得在寫作上只有退步，原因是事務太忙，同時惰性太大，而看書也沒有恆性，吸收的新知識太少。另一方面，對於個人的修養，也毫無進步。負了這麼大的責任，實在有些自慚。今日在青年群中，我也許有點虛名，而實際想來，自己實在太空了，應該深自警惕，加緊充實，以免自誤誤人。今天為一年之始，我應下定決心，痛改過去的生活習慣。

消極方面：

（1）從此不看無益的書；

（2）不作無益的消遣；

（3）對什麼事勿存惰性；

（4）謹慎說話，少指摘別人的過失；

（5）少作〈做〉無謂的酬應。

積極方面：

（1）每天看報要詳細，尤其注意國際的新聞發展；

（2）每天至少要看一點重要有分量的書；

（3）每天一定要寫作一篇或長或短的東西；

（4）處理信件，每天清了，應該自己回的立即回，不需自己處理的交人辦。政之先生[1] 說我性情懶散，沒有事務腦筋，實在是深知我的，我應該努力克服此短處，以求事業之成功；

（5）對於工作，應多花氣力。今後這一年，是國家的大關頭，也是《文匯報》的大關頭，對我一生事業的成敗，更是嚴重的關鍵，一分精神一分事業。這一年內，尤其要打起精神努力來做，不許有絲毫偷懶的心理。

我太無恆心，自入學讀書以來，屢次發願記日記，而每每維持不長，只有在香港二年餘中，未常間斷，太平洋大戰既起，倉皇脫難，日記拋失。最近始由王文耀[2] 兄帶出一冊，翻閱一遍，不

---

1　政之先生，即胡政之。胡政之（1889–1949），名霖，字政之，筆名冷觀。四川成都人。報業家、新聞評論家和社會活動家。曾創辦國聞通信社和《國聞週報》。1926 年 9 月與吳鼎昌、張季鸞接辦《大公報》。後長期擔任《大公報》總經理。作者 1927 年進入《大公報》工作後，深受胡政之的影響。

2　王文耀，江蘇蘇州人，曾任香港《大公報》總務主任，時任上海《大公報》總務科科長。

勝滄桑之感。然細細想來，自入社會以來，進步最速者，厥為在香港之時期，此與日記甚有關係。從今以後，我將永勿間斷，希望民國三十六年為我新生命之開始，亦為我今後數十年日記之開始，希望從此我的生活能步入正軌。

世亂如麻，不知內戰在今年能否停止，建國能否開始，但願國家能化險為夷，個人德業亦有循序之進展。

古人說四十而不惑，西諺謂，四十歲是人生事業的開始。

勉哉！勉哉！

一九四七年元旦深晚記


# 三十六年一月一日　　　星期三　　　晴 47°F

昨天因為出特刊加張，回家已五時。

今日十二時起身，百瑞[1]夫婦及誠姪[2]已來了。

今明兩天，報館休息，這是抗戰以來，十年中僅有的休息，所以特別覺得難能可貴。

飯後與寶兄[3]同至報館，旋赴虹口訪友未遇，五時返家。晚嚴兄[4]請客，到執中[5]兄等。

今天有幾件大事可記。

（I）政府正式頒佈憲法，像煞有介事，此憲法將在歷史上發

1　朱百瑞，又名朱景遠，作者夫人朱嘉稑之胞弟，作者的中學同學。

2　朱允誠，作者內姪，朱百瑞之子。

3　寶兄，即嚴寶禮。嚴寶禮（1900－1960），字問耼，號保厘，江蘇吳江人。上海《文江報》主要創辦人。時任《文匯報》經理。1949年後，擔任上海《文匯報》副社長兼總經理、管理部主任等職。

4　嚴兄，即嚴寶禮。

5　執中兄，即顧執中。顧執中（1898－1995），號效湯，江蘇南匯人。時任上海民治新聞專科學校校長。

生什麼作用，時間會給答覆。

（2）上海學生遊行，為抗議美軍暴行（強姦北大女生沈某），北平學生昨日遊行，其他各地亦在奮起抗議中。此舉對美國今後在華之地位當然要發生影響。

今天沒有看什麼書，報亦看得不仔細，儲禪[1] 兄的人名辭典[2] 叫我做序言，已擱了半個月了，實在太對不起人，明天正午前後，一定要做好交這個差。


# 一月二日　　　　　星期四　　　　　晴 46°F

今天整天沒有出門，正午請編輯部同人來家便飯，到重野[3]、季良[4]、火子[5]、秋江[6]、里平[7] 等十餘人，打乒乓球，打橋牌，至十時

---

1　儲禪（1904-1988），江蘇宜興人，作者在無錫第三師範的同學，上海東方書店創辦人，曾編著大量教育類、歷史類普及讀物和辭書。1956 年任上海新知識出版社編輯。1957 年被劃為右派。

2　人名辭典，即《當代中國名人辭典》，1947 年 12 月上海東方書店出版，任嘉堯編，作者作序。

3　重野，即楊重野。楊重野（1916-2006），本名楊葵。曾任中國遠征軍隨軍記者。1945 年至 1947 年任《文匯報》駐東北記者，曾全程報道東北戰況。1956 年任《文匯報》駐北京記者，1957 年被劃為右派並被判刑十五年。

4　季良，即馬季良。馬季良（1914-1988），原名馬繼宗、馬驥良，筆名唐納、羅平、蔣旅、安尼等。1946 年任上海《文匯報》編輯部主任、副總編輯。1948 年任香港《文匯報》總編輯。後定居法國。

5　火子，即劉火子。劉火子（1911-1990）曾用名劉佩生、劉寧。生於香港，原籍廣東台山。1946 年 3 月任上海《文匯報》要聞版編輯。後任香港《文匯報》編輯主任、總編輯，上海《文匯報》副總編輯等。

6　秋江，即孟秋江。孟秋江（1910-1967），原名孟可權，江蘇武進人。1937 年至 1938 年任《大公報》記者，1946 年至 1947 年任《文匯報》採訪部主任。1948 年任香港《文匯報》採訪部主任，1949 年後任天津《進步日報》經理、《大公報》副社長兼黨委書記、中共天津市委統戰部副部長。1962 年任香港《文匯報》社社長。1967 年自殺。

7　里平，即徐里平。徐里平，浙江寧波人，抗戰時期曾任《民族日報》、《蕭山日報》編輯，時任《文匯報》記者，1956 年任上海《文匯報》社務委員會委員，後任資料部主任。1966 年自殺。

始散，季良已醉，文華[1]亦七八成矣。

今日休息，僅中央和平等少數官報照常出版，頗令人有閉聰塞明之慨。

晚，吳國楨市長來電話，謂今日行兇之美人為普通水手而非美兵，且兇手已捕獲。我本不知有此消息，聆後反覺愕然，此事正發生在北平女生被強姦案後，中美感情日趨惡劣，如美軍再不撤退，在國人心目中，將與昔日之日人等量齊觀矣。每遇到這種事，總想起羅斯福，此公如在，世局當不至如此倒退分崩，中國的現狀，總也可以好得多。

人名辭典的序仍未做，無論如何，明天出門前總要做好，否則實在太對不起朋友了。

明天應該快去買幾本書，把日常生活拉上軌道才好。

昨晚看蔣主席的文告，彷彿只是向青年團廣播的。

父親病了，十分憂心，明天要請醫生來診看。

# 一月三日　　　　　星期五　　　　　晴　47.5°F

今天父親的病已經減退，量溫度，只有三十七度，大約再好好息養幾天，就可全癒了。

下午寫成人名辭典序言，了一心願。

車子六時頃始來，至萬福坊[2]，在起〈啓〉辛[3]處吃飯，遇挺

---

1　文華，即劉文華。劉文華，1946 年進入《文匯報》，時任《文匯報》記者，1951 年任上海《文匯報》經理部副經理（實際主持工作），1987 年至 1989 年曾參與《世界經濟導報》。

2　萬福坊，位於今上海復興中路 523 號。

3　啓辛，即周啓辛。周啓辛，作者表弟。

福[1]大叔。後又見起〈啓〉苞[2]。

今晚恢復工作，寫編者的話，三時半歸寓。

光鋭[3]講一四川笑話，説四川人晉京，返後有人問他，看見皇帝沒有，他説看見的。怎麼樣呢？説皇帝挑了一根金扁擔，兩面的籮裏，多裝著回鍋肉，走一步吃一塊。

上海的學生反美運動仍烈，決定促罷市罷工，市府竟説有共黨密令在鼓動。什麼事都推在中共身上，未免太笨了。

今天是張學良"嚴加管束"十周年，東北人士要求恢復張氏自由。

昨晚起開始看中國憲政史[4]，希望這本書在半個月內看完，有暇當赴書店選一較有趣味之書以引起讀者的興趣。

寫日記時，天陰黑，或者明天要下雪了。

四時半記。


# 一月四日　　　　　星期六　　　　　陰雨 51°F

今天天氣轉暖，而晚上出去，穿皮袍，熱得不堪。

下午四時，赴彭學沛[5]酒會。在華懋飯店舉行。

---

1　挺福，即周挺福。周啓辛、周啓苞之父。

2　啓苞，即周啓苞。周啓苞，1938 年至 1939 年任《文匯報》編輯，作者表弟。

3　光鋭，即程光鋭。程光鋭（1918－2008），筆名程邊、徐流。江蘇睢寧人。1946 年至 1947 年任上海《文匯報》國際版編輯。1949 年後任《人民日報》駐莫斯科記者等，著有《新聞工作與文學修養》和詩集《不朽的琴弦》等。

4　中國憲政史，指李平心著《中國民主憲政運動史》，上海進化書局 1941 年版。

5　彭學沛（1896－1948），江西安福人。曾任北京大學政治學教授，《中央日報》主筆。1946 年 5 月至 1947 年 8 月任國民黨中央宣傳部長。

六時許，偕芳姊[1] 乘車赴虹口見文耀[2] 兄，參加湯餅宴，遇大公諸友，谷冰[3] 兄亦在，無論如何敷衍，總覺隔膜多了。

因明天要早起，十二時半即歸。

正午，福、復兩兒[4] 打兵艦游戲，一旁觀看，很有意思，大可訓練腦筋也。


一月五日　　　　　　星期日　　　　　　陰　48°F


昨天起得比平時早，本想到萬福坊同瑞弟[5] 去任[6] 家訪聘，因為今天德寶[7] 娶媳婦。車子不便，只好中止了。

晚上和平心[8] 兄談了許多話，覺得很有意思，可以供我對國事對事業的參考。

（1）他希望《文匯報》成為真正讀者的報紙，對於同人，應該設法多予進修的機會，濃厚學術的空氣；同時應該嚴密組織，分層負責；

（2）注意技巧，力量有時要分散，不宜太暴露，《生活》的遭受摧殘，就是一個前車之鑒；

---

1　芳姊，即朱嘉稑。朱嘉稑（1905－1993），又名朱秀芳，作者夫人。

2　文耀，即王文耀。

3　谷冰，即曹谷冰。曹谷冰（1895－1977），上海川沙人。時任《大公報》常務董事、副總經理。1948 年 5 月任代總經理。

4　福、復兩兒，即作者之次子徐福侖、三子徐復侖。

5　瑞弟，即朱百瑞。

6　任，即任有七。任有七，作者表兄，中學同學。

7　德寶，即張德寶。張德寶，《文匯報》社司機。

8　平心，即李平心。李平心（1907－1966），原名循鉞，又名聖悅，筆名李鼎聲、邵翰齊等。江西南昌人。歷史學家。1946 年至 1947 年和 1949 年至 1952 年間，出任《文匯報》特約主筆，1952 年任華東師範大學歷史系教授。後任民進中央理事、上海史學會副會長等職。1966 年自殺。

（3）他也認為大局不可能急速好轉，但我們不能不為和平而繼續努力，不能對共黨的軍事力量估計太高，因為美國將堅持其一貫政策；

（4）爭民主與爭和平為不可分；

（5）共黨人才亦缺少，且器度亦不夠，缺少自我批判之精神；

（6）有些人感於對時事悲觀，走得太前了；

（7）學生運動缺少組織，溫度亦不勻整。

下午陳霞飛[1]曾來寓談工作問題，對孟秋江之領導極不滿意。


一月六日　　　　　　　星期一　　　　　　　雨 46°F

今天正午未出門，候李[2]、吳[3]兩君來，商加股事。

近日閱書閱報漸認真，但對於信件，尚無頭緒，頗多延擱，尤其對於熱情的讀者，應該想法多聯絡，即收即覆。

前讀鄒韜奮回憶，他說生活書店的成功，在於服務精神，對雖在百忙中，對讀者來信必詳細批覆，此種習慣，極應效法。

昨天中航機滬平客機又因氣候關係在青島失事，乘客三十四人全部殉難，內有《大公報》同事張如彥[4]君，及名伶"小梅蘭芳"李世芳。

交通部令各綫航機暫停一周。

---

1　陳霞飛（1921—2003），女，原名白雲，四川成都人。1946 年 3 月任上海《文匯報》記者，負責婦女界和文化界方面的採訪。

2　李，即李寶清。李寶清，號澄宇。龍雲夫人李培蓮之姪，抗戰期間曾任龍雲秘書。時任雲南興文銀行董事，上海大孚貿易公司董事長。此時李寶清代表龍雲來談入資《文匯報》之事。1 月 11 日乘飛機去香港途中遇難。

3　吳，即吳信達。吳信達，雲南澄江人，曾任嶺南大學教授，民革主要成員。受李濟深委派，參與龍雲入資《文匯報》的談判。

4　張如彥（1919—1947），河北定縣人。1945 年任重慶《大公報》駐成都辦事處記者，1946年任重慶《大公報》任外勤記者兼翻譯。1946 年 10 月，到上海《大公報》負責編輯國際新聞。

## 一月七日　　　星期二　　　雨 44°F

起身已一時許，飯後車子來，芳姊先去取大衣。

四時前抵報館，擬將報設計為兩張，並擬設法裁員，使將來用人少而可敷每人之生活，惟此舉困難仍多，是否能辦到，亦是問題也。

晚與寶兄及童致楨[1]、致旋[2]昆仲同至九如吃飯，九時赴報館，發社評及專論後，十時半即歸寓。

蓋今天宦兄[3]輪寫"編者的話"也。

近來看書報有進步，而處理信件及寫作習慣尚未養成，應加緊努力，可見進步之難也。

## 一月八日　　　星期三　　　陰晴 41°F

今天天氣轉晴而驟冷。

三時赴萬福坊。母親芳姊同往，旋偕阿嫂[4]同出，在霞飛路購置大衣。

馬歇爾今日返國，杜魯門發表，貝爾納斯[5]辭職照准，由馬歇

---

1　童致楨，又名童濟士，江蘇宜興人，江蘇省農民銀行總經理，有大量經濟學、金融學著作和譯著。1946 年至 1947 年間為上海《文匯報》撰稿，1949 年任上海《文匯報》副經理，1951 年因特務案被捕。

2　致旋，即童致旋。童致旋，字履吉。江蘇宜興人。曾任江蘇省圖書館館長、江蘇省教育廳督學室主任、蘇州中學滬校校長。1946 年至 1947 年為上海《文匯報》撰稿。1949 年至 1952 年在上海《文匯報》副刊工作。

3　即宦鄉（1909－1989），字鑫毅，筆名范慧、范承祥。貴州遵義人。1946 年至 1947 年任上海《文匯報》副總主筆，負責撰寫評論。1948 年 7 月參與香港《文匯報》籌備工作。

4　即朱百瑞夫人儲楠。宜興地方習慣，弟妹亦有稱嫂。

5　貝爾納斯，現譯伯恩斯。詹姆斯·伯恩斯（James Byrnes），1945 年 7 月至 1947 年 1 月任美國國務卿。

爾繼任國務卿。職業軍人任國務卿者，馬氏為美開國以來第一人。

近日為孟秋江問題，攪得不安，甚矣，用人之難也。


一月九日　　　　　星期四　　　　　陰　45°F

下午三時開座談會，參加者郭沫若[1]、石嘯沖[2]、吳清友[3]等，原擬討論南洋弱小民族解放問題，因馬歇爾調返國，乃改討論此問題。歸納各人的意見，認為馬氏返國，並不能期望美國政策會根本改變，至多可能是方法上的修改。同時，也不是說美國將著重東方，因三月莫斯科會議仍以對德和約為主題也。馬氏之聲明，固對國共雙方均有嚴厲之指摘，但對美國之政策如何，則隻字未加反省，且最後的 “民主的憲法”，為團結之指標，實根本煞其一力主持之政協會議。又彼希望國民黨開明分子及少數黨民主分子合作，在蔣主席下參加政府，此亦為一有力之攻勢，企圖分化共黨與民盟之關係。總之，馬氏此聲明發表後，今後和平攻勢可能轉劇。

今晚本擬寫一文，提高國人警覺，勿以美國改革政策而存幻想，民主應由下而上；不應由上而下、由外而內，從美國輸入。根本無此可能也。

據路透社消息，魏德邁可能繼司徒任駐華大使，果爾，美對

---

1　郭沫若 1945 年夏至 1947 年冬在上海從事研究和創作，曾為《文匯報》主編副刊並撰稿。

2　石嘯沖（1908－1998），筆名雷丁、萊沙、石挺英、方天曙等。遼寧遼陽人。著名國際問題專家、大夏大學和華東師範大學政治學研究奠基人。1945 年至 1948 年在上海從事研究，曾為《文匯報》撰稿。

3　吳清友（1907－1965），原名毓梅，筆名白芒、啓明、青佑。福建福安人。社會學家、經濟學家，對蘇聯的社會經濟政治等方面頗有研究。1946 年至 1948 年在上海從事研究，曾為《文匯報》撰稿。

華政策將更右傾矣。

又傳政府將派張群、王世傑赴延安，促恢復和談，或者還是試探的空氣。

閱香港的日記。

# 一月十日　　　　　　星期五　　　　　　　　陰

上午十一時半出門，先在信勝號買些年貨，後與寶兄同至北四川路凱福飯店，與郭春濤[1]共餐，席間郭對中國當前問題有獨特的看法。他認為今日的社會，是兩頭小中間大，而黨派卻是兩頭大中間小的，這因為國共都擁有武力。兩種武力到相等的時候就對銷，那時才是中間力量膨脹的時候。目前軍事力量尚未平衡，故和談不能發現新基礎，或者三月、半年後，軍事打得稍有眉目，那時第三方面可堅強起來，創導真正的民主和平。

孫科提議再開黨派圓桌會議。

# 一月十一日　　　　　　星期六　　　　　　　陰雨

這兩天天氣悶熱，下午和福兒到報館，旋偕鴻翔[2]一同趨車至

---

1　郭春濤（1898－1950），湖南炎陵人。1945 年參與發起三民主義同志聯合會，任中央常委兼秘書長。1948 年參與組織中國國民黨革命委員會，任中央常委。此時在上海致力於反蔣活動並做策反工作。

2　鴻翔，即余鴻翔。余鴻翔（1911－1989），江蘇無錫人。1938 年參與創辦《文匯報》，任《文匯報》副經理。1946 年至 1947 年任《文匯報》副總經理。後任香港《文匯報》副社長兼總經理。

虹口招商北棧碼頭，參觀中興輪，該輪係自美國買來，將行駛台灣—汕頭—廈門綫。船重四千餘噸，設備尚好。


一月十二日　　　　　　星期日　　　　　　　47°F

飯後，和福、復兩兒同上街買南貨等物，用去六萬多元。

四時赴館，王坪[1]等中途搭車，談及這兩天《大公報》傳民盟和張群等有商洽，實係謠言攻勢。

照我觀察，這次和談試探，政府還沒有什麼誠意，目的還在拉攏青年、民社兩黨，實行所謂改組政府。我看，這和國大開幕前的和談作用是一樣的，上次是以和談襯托國大的開幕，這次是以和談掩飾政府的改組。

晚與寶兄同至君匋[2]處吃年夜飯，遇顧頡剛[3]兄，談通俗周刊事。他認為寫通俗歷史的人易找，寫通俗科學文章的人不易找。

他又說，回顧過去數十年，上海每有一種報紙領導文化界人士。民國以前為《民立報》，民初為《時報》，十年前後為《時事新報》，抗戰前為《大公報》，現在則為《文匯報》。這番話，給我很多鼓勵，真應再接再厲，為中國報界樹立一極好的模範，為民間報作出一榜樣。

今天一時回家，編者的話未寫，找題目難，而疏懶亦一原

---

1　王坪（1911－1962），又名王正模，貴州遵義人。地下黨員，抗戰時曾參加救亡活動。1945年底至1946年任上海《大公報》記者，1946年至1947年，任上海《文匯報》社記者。

2　君匋，即丁君匋。丁君匋（1909－1984），江蘇江陰人。曾任上海生活書店進貨科主任，上海《大公報》業務部主任，1942年在桂林創辦文藝刊物《人世間》，後長期在上海從事出版工作，任大中國圖書局總經理等職。

3　顧頡剛（1893－1980），原名誦坤，字銘堅。江蘇蘇州人。此時在上海任大中國圖書局總編輯，主持《民眾周刊》，撰寫《當代中國史學》等著作。

因，以後當痛改，目前尚未至可以憩手的時候也。

# 一月十三日　　　　星期一　　　　陰轉晴　44°F

今日又往廉美購物。

四時，偕寶兄同往薛華立路訪張君[1]，彼為中將現役軍人，而對國事極悲觀，認為軍政均無辦法，可見軍人情緒之一斑。

香港機呂宋小姐號在呂宋外八十里失事，乘客三十六跳海遇救，餘六人失蹤，內有李澄漁君，疑係李澄宇君，此君為龍雲之甥，上周晤談甚洽，設有不諱，實為一大損失。

已屆陰曆二十二，而街頭尚無年氣，物價亦不如往年之跳，人民生活之苦，購買力之薄弱，可以想見。如內戰再不停止，明年過年如何，真不堪設想了。

深晚回家，聞復兒吐瀉數次，原因吃雜食太多，幸未發熱而面色極難看，以後對小兒飲食更應小心。

近日讀書尚勤，憲政史已讀了三分之一。

克信[2]兄今日來寓暢談，傳稱孫科、張群將任行政院正副院長，張君勱任立法院長，王世傑任教長，吳國楨任外長，吳鐵城長滬市，朱家驊任浙主席，不知確否。

和談空氣仍濃，傳具體方案將提出。

---

1　張君，即張義純。張義純，桂系將領，時任國防部中將參議。

2　克信，即葛克信。葛克信（1905－1976），江蘇如皋人。曾任上海市社會局副局長、國民黨上海市黨部執行委員、上海市政府簡任參事、中央立法院立法委員。1946 年支持上海《文匯報》復刊，任《文匯報》董事。後任《文匯報》社委會委員、經理部副主任。1967 年被定為歷史反革命，1980 年平反。

一月十四日　　　　　　星期二　　　　　　晴陰　44°F

　　購《北行漫記》[1]一冊。

　　五時赴百瑞處，十時赴報館，十一時即返家。


一月十九日　　　　　　星期日　　　　　　陰雨　47°F

　　清晨九時即起，偕三兒赴金門看《戰地英雄》，為英國片，事實簡單，畫面沉悶，殊無足觀，事實為英軍由鄧苟刻[2]失敗至突尼斯反對一插，純為一宣傳片，片之惡劣，可謂余自看電影以來最壞者，甚為失敗。來去均步行。

　　無綫電修好，費四千。

　　五時赴報館，七時半才回家，晚方炳西[3]兄來寓，略談即去。


一月二十日　　　　　　星期一　　　　　　陰雨　47°F

　　今日又向報館支一百五十萬元，借給夏其言[4]兄三十萬元。

　　今日瑞弟三十九生辰，余及芳姊及三兒均先後往道賀，吃酒太多，回家時已酩酊大醉矣。

---

1　《北行漫記》，又譯《紅色中國報道》，《泰晤士報》記者哈里森·福爾曼著，1946年北平燕趙社出版。

2　鄧苟刻，今譯敦克爾克，又譯鄧寇克。

3　方炳西，軍統少將，河內"刺汪"主要人物。時任國民政府駐比利時武官。

4　夏其言（1913－2002），浙江定海人。中共黨員，1946年至1947年任上海《文匯報》記者，同時負責中共地下黨二綫刊物《評論報》。後專職從事中共秘密工作，直至上海解放。

今天是舊曆大除夕，上午起身甚早，因醉後頗覺不適，十時往理髮，費九千元，又至靜安商場購碗兩套。

四時半赴報館，瑞弟來館，旋到安商送給莫敬一[1]先生十萬元，又往新城隍廟市場附近購燈一盞，費一萬七千元，又購給誠姪衣裳一套，九萬五千元。

《大公報》送來一百五十餘萬元，計兩個月退職，此為意外之收入，但收來亦別有感觸，余在大公有十八年之歷史，自出學校以來，即以大公為家庭，以其光榮為光榮，而今而後，與之完全脫離矣，時代應為前進的，前浪推後浪，希望以後自己更為努力，發揚文匯，使成為新聞界之奇葩，應亦不負季鸞[2]先生在天之靈，及政之先生之愛護焉。

鄧初民[3]先生來訪，談甚歡洽。鄧先生為有名之學者，對大局有警闢之觀察，彼認為大局不致再壞，文化事業應努力把握光明之前途，又說文匯目前的水準恰到好處，應循此途徑前進。

鄧氏又檢討民盟，謂民盟僅有盟員兩萬，但國內外咸寄予極大的希望，足見其前途之光明。但反觀本身，缺點尚多，領導幹部顯已落在群眾之後，對民眾運動太不注意。此外，最顯著之缺點有三：（一）領導者甚少能以社會科學的眼光來看定時局；（二）戰鬥的情緒太不夠；（三）內部分子不齊，除大部為自由主義分子外，有一部分為馬克思觀點，亦有一小部分有反共意識。因此，

---

1　莫敬一，余派老生，被稱為"民國四大票友"之一，作者的學戲老師，1949 年後居北京。

2　季鸞，即張季鸞。張季鸞（1888－1941），名熾章。筆名一葦、老兵。祖籍陝西榆林，生於山東鄒平。記者、編輯、新聞評論家和社會活動家。曾主編上海《民立報》、《大共和日報》、《民信日報》、《中華新報》等，1926 年 9 月與吳鼎昌、胡政之接辦天津《大公報》，任總編輯兼副總經理，主要負責評論工作。作者奉張季鸞為業師，著有《報人張季鸞先生傳》（北京：生活·讀書·新知三聯書店，1983 年 6 月初版）。

3　鄧初民（1889－1981），又名鄧昌權、鄧希禹。湖北石首人。社會學家、政治學家，曾參與發起民盟，任民盟中央委員。1946 年到上海主編《唯民周刊》，曾為《文匯報》撰稿。

今後民盟亦可能再遭分化，但對民盟之前途，殊無礙也。

今天的報有兩大文件，一為民盟政治報告，一為彭學沛發表政府對和談之聲明。比較觀之，前者顯然義正辭嚴，後者則強詞奪理，不能自圓其說。民盟報告，對於一年來政局的分析，將破壞政協的責任，完全歸之政府，此點極可注意，無異間接駁斥馬歇爾的聲明。

記此日記時，已是午夜一時，為元旦日矣，除舊佈新，余更應知所努力矣。

馬歇爾已就美國務卿職。

中國憲政史已看畢。

# 一月二十二日<sub>舊曆元旦</sub> 星期三 雨 46°F

元旦竟日下雨如注，掃興極矣。

上午赴老舅母及寄母[1]處拜年，旋偕瑞弟及儲東明[2]夫婦來家玩一天。

今晨開始看《北行漫記》。

---

1　寄母，作者姑母。

2　儲東明，作者親戚。

一月二十三日　　　　　星期四　　　　　陰雨　45°F

飯後，和寶兄同至李[1]、馮[2]、虞[3]、張[4]及子寬[5]、君匋兄等處拜年，賞錢花了十萬，一過年後，法幣似乎更不值錢了。

據無綫電報告，強姦沈崇之美軍已判刑，可能為無期徒刑。

和談空氣，因新年而鬆弛。

晚與三兒玩牌，芳姊因心痛早睡。過年前後，芳姊健康不佳，或因太忙之故。

自陽曆新年以來，常常陰雨，不見晴朗的太陽，將二十天，此種天氣，很可以象徵今日的時局，但無論如何，天氣終必開朗也。


一月二十四日　　　　　星期五　　　　　陰　42°F

十一時前，偕三兒同赴報館。歸途，購戒指一隻十七萬，為侖兒[6]購皮夾克一件三十二萬元。

今日開始復工，九時前赴館，二時返，作一社評及編者的話。

---

1　李，即李濟深。李濟深（1885—1959），廣西蒼梧人。此時正從事反蔣活動並籌備成立組織。1948 年出資支持創辦香港《文匯報》。

2　馮，即馮百鏞。馮百鏞，上海 ABC 糖果廠廠長，《文匯報》第三大股東。

3　虞，即虞順懋。虞順懋，虞洽卿之二子，經營輪船公司，《文匯報》第二大股東。

4　張，即張國淦。張國淦（1876－1959），字乾若、仲嘉、號石公，湖北蒲圻人。曾在北洋政府任職。抗戰期間，在上海以寫稿、賣書維持生活。期間被嚴寶禮、任筱珊等人聘為《文匯報》董事長。

5　子寬，即李子寬。李子寬（1898—1982），江蘇武進人。1936 年起，歷任上海《大公報》副經理、經理。抗戰期間，在重慶《大公報》擔任董監事聯合辦事處總書記。1946 年，任《大公報》上海館經理。

6　侖兒，徐白侖，作者長子。

## 一月二十五日　　　　星期六　　　　　　　雨雪

今天下雪，赴閘北西寶興路唐弢[1]兄家吃飯，座有振鐸[2]、巴金[3]、靳以[4]、許廣平[5]等。

偕三兒赴大滬看電影未成。

購 Conklin 鋼筆一支，四萬元。

今天整日未至館辦公。


## 一月二十六日　　　　星期日　　　　　　晴陰 38°F

十一時，全家赴萬福坊，雪已止，未積。

十二時許，同百瑞夫婦赴虹口任有七家。下午與芳姊同至霞飛路，購衣料兩件，十萬，皮鞋一雙九萬五，女手錶一隻，十八萬。至此，大公所來之錢，殆已全用罄矣。舊曆年關後，物價又漲起約一二成，今後恐仍不能遏止，因萬元票成一單位矣。

今天大冷，為今年第一天。

---

1　唐弢（1913—1992），原名唐端毅，曾用筆名風子、晦庵、韋長、仇如山、桑天等，浙江鎮海人。1945年與柯靈合編《周報》。1946年至1947年任《文匯報》"筆會"副刊主編。

2　振鐸，即鄭振鐸。鄭振鐸此時在上海擔任中華全國文藝界抗敵協會上海分會負責人，並參與發起組織中國民主促進會。還主編《民主》周刊、《文藝復興》月刊等，同時為《文匯報》撰稿。

3　巴金，此時在上海從事創作活動，並為《文匯報》撰稿。

4　靳以，即章靳以，時任復旦大學國文系主任，主編《中國作家》，並為《文匯報》撰稿。

5　許廣平，魯迅夫人。此時居上海，擔任上海婦女聯誼會主席，整理魯迅遺物等，為《文匯報》、《民主》周刊撰稿。

**一月二十七日**　　　　　**星期一**　　　　　　　**陰 40°F**

下午偕崙兒赴館，與寶[1]、宦[2]、虞孫[3]諸兄討論改版問題，決將各周刊全盤改組。

晚復與平心討論此事。


**一月二十八日**陰曆初七　　　**星期二**　　　　　　　**陰晴 40°F**

今日青年會有盛大之集會，紀念"一·二八"。

全家同至光陸看電影。


**一月二十九日**　　　　　**星期三**　　　　　　　**晴 43°F**

下午未至報館，與芳姊同至滄州書場聽書，六時，一路步行返家。

國府宣佈中共拒絕和談，決改組政府，盼其他黨派參加。

美國宣佈放棄斡旋，退出軍調部，盡速撤退美駐軍，至此以美國為中心之和談工作告一結束，從此將為赤裸裸之內戰，一切取決於戰場矣。

《北行漫記》讀畢。

---

1　寶，即嚴寶禮。

2　宦，即宦鄉。

3　虞孫，即陳虞孫。陳虞孫（1904－1994），又名陳椿年，筆名張紹賢、仲亨。江蘇江陰人。1946 年 1 月進《文匯報》任副總主筆。1947 年 5 月《文匯報》停刊後，仍在上海從事新聞工作，後任上海地下黨文委書記。1949 年至 1957 年主要擔任《解放日報》副社長、上海市文教委員會秘書長、上海市文化局副局長。1957 年 7 月到 1966 年 6 月任《文匯報》副社長兼總編輯。1978 年任中國大百科全書出版社上海分社社長。

# 一月三十日　　　星期四　　　晴 43°F

十二時赴館，偕寶兄赴錢業公會，原為應儲大倫[1]兄之約，久待不至，乃赴一蘇州館吃便飯。

七時，赴楊宅宴會，無錫楊壽枏[2]八十壽，由承季原[3]兄代邀也。稍坐即返。

七時半，在家宴郭沫若、平心等商副刊時，報紙擬於下月十五日起改版，改六種周刊，"新思潮"由郭沫若、侯外廬[4]編，"新社會"由平心編，"新經濟"由張錫昌[5]編，"新文藝"擬由葉聖陶[6]編，"新科學"、"新家庭"尚無妥人，希望此六周刊，能發動一新的新文化運動[7]。

同時，擬將編輯部改成三部分，一為編輯部負新聞編輯責任，一為社評委員會，負言論責任，一為副刊編輯委員會，負副刊編輯責任。

---

1　儲大倫，作者親戚。

2　楊壽枏（1881－1948），號苓泉居士。江蘇無錫人。清末舉人，曾任商部主事。後任北洋政府監政務總辦、總統府顧問兼財政部次長等。1935 年後寓居天津，編修古籍，不問外事。1945 年到上海。

3　季原，江蘇無錫人，作者在無錫三師的同學。

4　侯外廬（1903－1987），原名兆麟，又名玉樞，自號外廬。山西平遙人。1946 年至 1947 年，主編上海《文匯報》副刊。1948 年，主編香港《文匯報》副刊。

5　張錫昌（1902－1980），筆名張西超、李作周等，江蘇無錫人。經濟學家。著有《農村社會調查》等書。1946 年至 1947 年，在上海主持海新公司的經濟研究室，兼任上海《文匯報》的社論委員並主編副刊。

6　葉聖陶，1946 年到上海，任中華全國文藝界協會總務部主任，同時主持開明書店。1946 年至 1947 年，參與主編上海《文匯報》副刊。

7　《文匯報》於 1947 年 3 月 1 日推出六種周刊："新思潮"由侯外廬、杜守素、吳晗編；"新社會"由李平心編；"新經濟"由張錫昌、秦柳方、壽紀明編；"新文藝"由郭沫若、楊晦、陳白塵編；"新科學"由丁瓚、潘菽編；"新家庭"，曾改為"新婦女"，最後定名"新教育"，由傅彬然、孫起孟、余之介編。

# 一月三十一日　　　星期五　　　F44°F

正午，曹叔痴[1]、鄧初民等招宴於蜀腴。

三時，偕季琳[2]兄訪開明葉聖陶等，徵求同意，未得結果。

回館後，邀副刊編輯諸兄談今後改進事，余希望自下月十五日起，版面一新，為能在短期內增加一萬份銷數，則基礎可漸鞏固矣。

晚，儲[3]家請客。

今日天氣明朗，為今年以來最好的天氣。


# 二月一日　　　星期六　　　晴　44°F

三十六年又過了一個月了，大局還是不斷惡化；自從政府宣佈和談絕望後，一切取決於戰場，內戰烽火，正在徐州外圍蔓延。這一會戰，將決定今年的大局。

米價狂跳至九萬五千元。

晚忽接友德[4]兄電話，乃赴都城飯店晤談，對堅持不屈之文匯立場，向其表示。

今天先祖母忌日，寄母及瑞弟等均來，玩了一天。

---

1　曹叔痴，不詳。

2　季琳，即高季琳。高季琳（1909-2000），筆名柯靈，浙江紹興人，生於廣州。1946年至1947年主編《文匯報》副刊《世紀風》。1948年，任香港《文匯報》副總編輯。

3　儲，即儲東明。

4　鄧友德（1901-1997），四川奉節（今屬重慶）人。鄧季惺之兄。復旦大學新聞系畢業。當時任國民黨中央宣傳部新聞局副局長。1949年去香港，後經日本、巴西輾轉定居台灣。

二月二日　　　　　　　星期日　　　　　　　晴 42°F

上午十一時，至萬福坊。

飯後，與芳姊、侖兒同往霞飛路茂昌配眼鏡。

晚在金源錢莊董事長葉先生[1]家便餐，吃到多年未吃的紫菜薹，蓋葉為湖北人也。

赴友德處送行，未深談。

平心兄至館裏談。

蔣主席赴徐州視察，足見會戰之緊張，當日返京。

今天米價漲至十萬元。

因時局漸緊，與寶兄及宦兄討論今後方針，認為除軍事消息應特別注意外，其他絕不考慮改變，並應加緊籌備香港版。

購領帶一條。

《新民報》態度大變，蓋已受到重大壓力矣。

二月三日　　　　　　　星期一　　　　　　　雪 38°F

今日下雪，迄深晚未停，為今年最大之一場，自抗戰轉入香港、桂、渝後，已六七年不見此大雪矣，前年勝利之初，未嘗下雪也。

今天立春，試驗雞蛋直立。

五時，曾與嚴、宦諸兄，同訪張乾若氏[2]。

---

1　葉先生，即葉先芝。葉先芝，字輔臣，湖北漢口人，上海金源錢莊董事長，托派組織成員。
　　曾出資支持上海與香港《文匯報》。

2　張乾若，即張國淦。

二月四日　　　　　　　星期二　　　　　　　陰　40°F

雪後初晴，天氣尚寒。

下午，偕三兒赴商場購零物。

二月五日　　　　　　　星期三　　　　　　　晴　41°F

中午吃菜粥，旋偕三兒赴大世界，看火車模型，甚為象真，步行不能超過大華路口，乘車歸。

今日金價漲至五十萬。

政府決定輸出獎勵辦法，出口外匯補貼百分之百，進口加徵百分之五十，此為變相之調整外匯。

近日工作情緒不緊張，當力求振作。

二月六日　　　　　　　星期四　　　　　　　晴　42°F

午後四時抵館，與季琳兄商副刊事。

中宣部以統制外匯為名，限制各報用紙，本報獲准者僅一百噸，此實為變相之扼殺言論自由辦法，蓋官紙均可另外申請外匯，此項限制，對象僅為民營報也。

為三兒學費，今日支一百二十萬元。

今晚未赴報館，與芳姊及福兒同往平安看電影《幻遊南海》，為狄思耐[1]卡通片，畫片極熱鬧，而實無多大意思也。

父親昨晚不適，今日漸康復。春秋漸高，不宜常出外勞動矣。

## 二月七日　　　　　星期五　　　　　晴 42°F

晚吳湖帆[2]請客，座有黃任之[3]、葉聖陶諸君，吳兄取出其珍藏名書畫，多為希世之寶。

母親及芳姊等均赴辣斐德路看《和平與女人》。

## 二月八日　　　　　星期六　　　　　晴 44°F

今日著西裝天氣略暖。

蕭岫卿[4]兄與周女士訂婚，母親、芳姊均往參加，請余做證明人。

今日黃金漲至九十五萬，白報紙一百萬一噸，各報均感無法維持，《大晚報》、《大眾夜報》均將停業，經濟已臨崩潰邊緣，為再不停內戰，今年這一年，實在不堪設想。

與芳姊周遊四公司，並至國際飯店吃咖啡，為誠兒購一帽，

---

1　狄思耐，今譯迪士尼。

2　吳湖帆（1894－1968），初名翼燕，後更名多萬，又名倩、倩庵，字遹駿、東莊，別署醜簃，書畫署名湖帆。江蘇蘇州人。著名畫家。當時居上海。

3　黃任之，即黃炎培。黃炎培此時在上海創辦比樂中學，探索兼顧升學和就業雙重準備的普通中學，從事職業教育活動。

4　蕭岫卿，江蘇吳江人，曾在《大公報》工作，時任《文匯報》廣告員，1938 年 1 月，日偽向《文匯報》辦公地點投放炸彈時被炸傷。1949 年後，一直在《文匯報》工作。

同至萬福坊小坐一小時。

三師同學吳雲章[1]來訪。

晚寫岳母及三寶[2]信。

侖兒今日已赴蘇，家中頓感寂寞，福、復兩兒學費亦已交了。

## 二月九日　　　　　　　　星期日

今晨百貨業職員舉行"愛用國貨，抵制美貨"運動，地點在南京路勸工大樓，竟遭暴徒毆打，死梁仁達一名，餘受傷者數十人。政治又向一大逆流發展，此案較之較場口火案更為明目張膽矣。

報紙大漲，與寶兄及宦、陳、馬諸兄在惠中飯店商改版及縮張計劃。

## 二月十日　　　　　　　　星期一　　　　　　　雨　42°F

晚在張乾若公館便餐，談民初掌故，至十一時始辭出。

---

1　吳雲章，江蘇宜興人，時在無錫任教。

2　三寶，即朱佳穗，作者妻妹，後文也稱三小姐。潘照，朱佳穗丈夫，後文也稱榴楊。

二月十一日　　　　　　星期二　　　　　　陰雨 43°F

今晚請金源錢莊葉[1]、儲[2]諸兄。

大姊[3]偕二甥今日來滬，帶來家鄉土味甚多，為豬頭膏等，已十餘年不吃矣。

勸工慘案發生後，當局及官紙極污衊之能力，新聞道德為此低落，殊可慨嘆。


二月十二日　　　　　　星期三　　　　　　陰雨

下午訪傅雷[4]，談四小時。

報紙決漲價為五百元，蓋白報紙已漲至十三萬元一令矣。

金價今日落回。


二月十三日　　　　　　星期四

今日竟日下雨，氣候陰濕，令人窒息。

十時，訪李任潮[5]，彼最近將返梧州故鄉。此公正義感極豐

---

1　葉，即葉先芝。

2　儲，即儲大倫。

3　大姊，徐德珍，作者胞姐。

4　傅雷（1908－1966），字怒安，號怒庵，筆名疾風、迅雨、移山、風、雷。上海南匯人。此時居上海，從事翻譯等活動。為《文匯報》撰寫評論。同時為《新語》、《周報》、《觀察》等撰稿。

5　李任潮，即李濟深。

富，為國內不可多得之人才也。

下午睡兩三小時，及醒，已天晚矣。

二月十四日　　　　　星期五　　　　　晴陰

聞岳母在宜一度昏厥，芳姊及余均極想念。飯後與母親同至
萬福坊，與瑞弟商此事。

二月十五日　　　　　星期六　　　　　晴 37°F

今日寒冷。

十一時許，吳國楨市長來電話約下午一談，為文匯登載
"二九慘案"後援會一文件事。又，謝仁釗[1] 亦來電話，謂方治[2]
對此亦擬駁覆，余答以民間報對各方負責意見，均均公平予以反
映，此即為民主的精神。

四時赴市府，與吳氏談移時，亦發揮此意見。同時，予問吳
氏，在任何國家，即使是盜匪，受了傷必先送醫院，包紮而證明
無礙後，方由警察機關處理。此次慘案警局首將被打受傷者押至
警局，打手印後始放出。此是否違法，吳氏支吾，未作圓滿答覆。

---

1　謝仁釗（1905－1977），安徽祁門人。曾任國民黨軍事委員會政治部文化工作委員會副主任
　　委員、國民外交協會秘書長等。1945 年 8 月起任上海特別市黨部委員兼書記長，並兼任光
　　華、復旦等大學教授。

2　方治（1896－1989），字希孔。安徽桐城人。曾任國民黨中央執行委員會宣傳部副部長、安
　　徽省教育廳長、教育部訓育委員會主任委員。1945 年 8 月任上海市黨部主委暨京滬杭警備
　　總部政務委員會常委兼秘書長。

瑞弟夫婦及寄母來家玩一天。

侖兒自蘇州來，一家團聚，後日擬同母親赴蘇州，蓋五姨母為錫妹[1]做媒也。

## 二月十六日　　　　　　星期日　　　　　　晴 36°F

清晨即起，偕病兒二甥至金門看電影。

傍晚友德兄來訪，談報館事。

## 二月十七日　　　　　　星期一

下午五時，偕張東蓀[2]，又訪許廣平未值。

母親偕侖兒同往蘇州。

## 二月十八日　　　　　　星期二

近日天氣甚寒，而空氣亦日緊，北平軍警全體出動大檢查，被捕者二千餘人。

---

1　錫妹，徐德華，作者胞妹。

2　張東蓀（1886－1973），原名萬田，字東蓀，曾用筆名聖心，晚年自號獨宜老人。浙江杭州人。1946 年 8 月，組建中國民主社會黨，著文反對蔣介石的獨裁統治，宣揚"中間道路"。此時在上海活動。

二月十九日　　　　　星期三　　　　　36°F

今日竟日未出門，晚赴報館，三時歸。


三月一日　　　　　星期二　　　　　晴 57°F

差不多有十天沒有記日記，深恐這樣一來，又把這個工作荒疏下去，今天趕快再開頭。

政府昨天通知京滬渝三地中共人員撤退，和談的根本都掘掉了。因此對付民主分子的謠言今天很盛，文匯又遇到一大關頭，我細細考量的結果，必須把穩掌，不為此神經戰所動搖。今天的文匯，不論繼續或被迫中斷，總可以說是成功了，除非自我毀壞，不能不沉著前進。

今天起，版面又有改革，添了六種新的周刊，陣容一新，內容的確充實得多了。

寶兄今晚赴京。

下午至萬福坊閒談，母親及芳姊均同去。

天氣漸熱，已有春氣，但嫌太悶，恐日內仍有變化。


三月二日　　　　　星期日　　　　　晴，大風 48°F

天氣又轉冷。十時即起，百瑞夫婦來寓玩一天。

今日空氣極緊張，盛傳將對民主人士及民間報紙下手。四時，友德兄來訪，談一小時許，據談政府並不決定將中共撤退與民主人士問題拉成一事，對文匯亦未決定要下手。

五時，與《聯合晚報》劉[1]、王[2]諸兄晤面。

晚，秋雁[3]、志翰[4]三兄請客。


# 三月三日　　　　　　星期一　　　　　　　晴

下午一時，訪新衡[5]兄，談一小時許。

晚，英商務參贊海契生請客，在畢勳路，四時半始返寓。


# 三月四日　　　　　　星期二　　　　陰雨 48°F

四時赴報館。

近日發現同事中有特務嫌疑者兩人，當密切注意。余用人尚寬大，對青年之來投效者，向以愛護之眼光待之。或有人竟利用此點，以細胞滲入也。

1　劉，即劉尊棋。劉尊棋（1911－1993），原籍湖北鄂州，生於浙江寧波。此時在上海任國際新聞社社長，上海《聯合日報》、《聯合晚報》社長。

2　王，即王紀華。王紀華，時任《聯合晚報》發行人兼總經理。

3　秋雁，不詳。

4　志翰，不詳。

5　新衡，即王新衡。王新衡（1908－1987），浙江慈谿人。曾任國民黨軍事委員會政訓研究班指導員、處長，軍統香港特別區少將區長，當時任行政院上海市統一委員會秘書長。

一九四九年

一九四九年二月二十八日，作者在中共組織安排下秘密從香港乘華中輪北上，經山東煙台換乘火車於三月十八日到北平，同行的有柳亞子、葉聖陶、鄭振鐸等人。四月，中共中央統戰部部長李維漢和當時在黨內負責報紙、廣播、出版接管工作的范長江分別與作者談話，肯定《文匯報》過去的進步作用，支持《文匯報》在上海復刊。五月二十五日，作者和王芸生、趙超構等人一起隨解放軍南下到上海。六月二十一日，上海《文匯報》第二次復刊，作者擔任總主筆。八月二十七日，接到通知赴北平出席中國人民政治協商會議第一屆全體會議。九月四日啟程。十月一日應邀登上天安門城樓參加開國大典。這段日記記述了作者出席政協會議的過程和在北京（北平）組建上海《文匯報》北京辦事處的過程。

——編者注

## 九月四日

　　正午，寶兄[1] 在家餞送，到克信[2]、虞孫[3]、柯靈[4]、郭根[5]、唐海[6]、柏生[7] 諸兄，談報館今後計劃，今日報仍上漲，已越二萬

---

1　寶兄，即嚴寶禮，時任復刊後的《文匯報》總經理。

2　克信，即葛克信，時任復刊後的《文匯報》副總經理。

3　虞孫，即陳虞孫，時任上海市軍事管制委員會文管會秘書長。

4　柯靈，時任復刊後的《文匯報》副總主筆。

5　郭根（1911－1980），原名郭良才，筆名焦尾琴、木耳等，山西定襄人。1941 年至 1944 年任香港、桂林、重慶《大公報》、《大公晚報》編輯，1947 年任《文匯報》副主筆、駐北平特派記者。1949 年至 1956 年間任上海《文匯報》副總編輯。後在山西大學任教。

6　唐海（1920－2004），原名唐盛寬，浙江寧波人。1946 年加入上海《文匯報》。1948 年，參與香港《文匯報》籌辦工作，任採訪主任。1949 年後，歷任上海《文匯報》採訪主任、編委、副總編輯。時任復刊後的《文匯報》採訪主任。

7　柏生，即何柏生。何柏生，曾在上海《大公報》負責印務工作，1946 年加入《文匯報》，時任上海《文匯報》工場部副經理，1956 年因歷史反革命案入獄。

六千份矣。

三時動身，瑞弟送至百老匯。五時由百老匯啓程，由旁門登車，六時五十分開車，余與仲華[1]、芸生[2]、超構[3]三兄同室，甚不寂寞，十二時半抵寧。

# 九月五日

晨八時許過蚌埠，下午四時過徐州，此段因當時軍情緊要趕修，路基稍差，故車行最慢。

沿途所見，農村情況尚好，車站大半興修，人民亦漸呈安居樂業，較四個月前南下時，另一番景況矣。

# 九月六日

清晨五時半過德州，下車購西瓜一個，正午即抵津，二時一刻抵平，全程僅四十四小時，交通之改進，殊足驚人，最可注意

---

1 　仲華，即金仲華。金仲華（1907－1968），筆名孟如、仰山等，浙江桐鄉人。曾任《世界知識》主編。1949 年至 1950 年、1957 年至 1966 年任《文匯報》社長。還曾任《新聞日報》社長、中國新聞社長、上海市副市長等。1968 年自殺。此時作為中華全國新聞工作者協會籌備會代表參加第一屆全國政協。

2 　芸生，即王芸生。王芸生（1901－1980），原名德鵬，天津人。報業家、新聞評論家和日本問題專家。1929 年加入《大公報》，歷任該報天津、上海、重慶等版編輯、主筆、總編輯。1949 年帶領《大公報》"新生"，任《大公報》社長至 1966 年。此時作為中華全國新聞工作者協會籌備會代表參加第一屆全國政協。

3 　超構，即趙超構。趙超構（1910－1992），筆名林放，浙江瑞安人。1946 年後新民報社總管理處總主筆、《新民報‧晚刊》總編輯、社長。後長期擔任《新民晚報》總編輯、社長。此時作為中華全國新聞工作者協會籌備會代表參加第一屆全國政協。

者，行車秩序，工作效率，均較以前大不相同，政權改變，勞動態度改變，為基本的原因。大約再過些時候可以恢復至戰前三十六小時之速度矣。

在車站歡迎者，有徐冰[1]、黃任之[2]、楊衛玉[3]、俞寰澄[4]、孫起孟[5]諸先生。下車後即赴東四一條休息，蓋新聞工作者，文藝、教育、宗教、科學等九單位代表，均住華文學校也。

晚，《大公報》在萃華樓請客。


# 九月七日

十時半，往教科書編委會訪宋雲彬[6]、葉聖陶[7]諸兄，下午，赴

---

1　徐冰（1903－1972），又名邢西萍，河北南宮人。1949年參加和平解放北平的接管談判工作，擔任北平市副市長。此時作為中國共產黨候補代表參加第一屆全國政協。

2　黃炎培此時作為民主建國會代表參加第一屆全國政協。

3　楊衛玉（1888－1956），字鄂聯，上海嘉定人。教育家，時為中華職業教育社和民主建國會的主要領導人。此時作為民主建國會代表參加第一屆全國政協。

4　俞寰澄（1881－1967），名風韶，號任廬，浙江德清人。實業家，時為民主建國會的主要領導人。此時作為全國工商界代表參加第一屆全國政協。

5　孫起孟（1911－2010），安徽休寧人。教育家，社會活動家，時為民主建國會的主要領導人。此時作為民主建國會代表參加第一屆全國政協。

6　宋雲彬（1897－1979），浙江海寧人。曾任黃埔軍校政治部編纂股長、開明書店編輯等。曾編輯《野草》、《民主生活》。1949年任華北人民政府教育部教科書編審委員會委員。1957年被劃為右派。此時作為中國人民救國會代表參加第一屆全國政協。

7　葉聖陶，時任華北人民政府教育部教科書編審委員會主任。

北京飯店，分訪劭老[1]、龔彬[2]、空了[3]諸兄。三時周恩來先生報告，人民政協籌備經過，一為共同綱領，二為代表產生經過，三為人民政協組織法，四為人民政府組織法，國名大約已決定為中華人民共和國，年號則用西曆。

會後，赴琉璃廠，前外等觀光一番，購小刀水果等，又赴東安市場，九時許返寓。

會後會見諸友，計有劭老、此生[4]、龔彬、空了、方子[5]、任公[6]、聖陶[7]、伯贊[8]、林礪儒[9]、雲彬[10]、建人[11]、喬木[12]、尊棋[13]、外

---

1　劭老，即陳劭先。陳劭先（1886－1967），原名承志，江西清江（今樟樹）人。國民黨元老。抗戰期間，在桂林主持廣西建設研究會和文化供應社。1948 年參與組建民革，曾支持香港《文匯報》的創辦。此時作為中國國民黨革命委員會代表參加第一屆全國政協。

2　龔彬，即梅龔彬。梅龔彬（1901－1975），又名逸仙，字電龍，筆名龔彬，湖北黃梅人。長期從事情報工作，曾參加北伐、南昌起義等。1947 受命到香港協助組建民革，曾支持香港《文匯報》的創辦。此時作為中國國民黨革命委員會代表參加第一屆全國政協。

3　空了，即薩空了。薩空了（1907－1988），筆名了了，蒙古族，內蒙古昭烏達盟人。曾任天津《大公報》藝術半月刊主編，香港《華商報》、《光明報》總經理。1949 年 6 月參與創辦《光明日報》，任秘書長。此時作為中國人民救國會代表參加第一屆全國政協。

4　此生，即陳此生。陳此生（1900－1981），廣西貴縣（今貴港）人。早年任教並從事文學創作，1946 年任香港達德學院教務主任。1948 年參與組織民革，曾支持香港《文匯報》的創辦，任《文匯報》社論委員會委員。此時作為中國國民黨民主促進會代表參加第一屆全國政協。

5　方子，即呂集義。呂集義（1909－1979），字方子，廣西陸川人。曾任廣西省政府諮議、廣西省通志館秘書。抗戰期間在桂林從事文化活動，1948 年在香港參與組建民革，曾支持香港《文匯報》的創辦。此時作為中國國民黨革命委員會候補代表參加第一屆全國政協。

6　任公，即李濟深。此時作為中國國民黨革命委員會代表參加第一屆全國政協。

7　聖陶，即葉聖陶。

8　伯贊，即翦伯贊。此時作為中華全國社會科學工作者代表會議籌備會代表參加第一屆全國政協。

9　林礪儒（1889－1977），原名林繩直，廣東信宜人。教育家。後擔任教育部副部長。此時作為中華全國教育工作者代表會議籌備委員會代表參加第一屆全國政協。

10　雲彬，即宋雲彬。

11　建人，即周建人。此時作為中國民主促進會代表參加第一屆全國政協。

12　喬木，即喬冠華。此時作為華南解放區代表參加第一屆全國政協。

13　尊棋，即劉尊棋。此時作為中華全國新聞工作者協會籌備會代表參加第一屆全國政協。

盧<sup>1</sup>、丁瓚<sup>2</sup>、志遠<sup>3</sup>、彬然<sup>4</sup>、伯鈞<sup>5</sup>、振鐸<sup>6</sup>、徐邁進<sup>7</sup>、鑫毅<sup>8</sup>、茅盾<sup>9</sup>、起孟<sup>10</sup>諸兄。

參加人民政協代表，今天所知者有薩鎮冰，今九十二歲，最小者為學生代表，廿二歲。周公謂是四代同堂。此外，邀請代表中，有孫夫人、劭力子、錢昌照、吳奇偉、程潛、張治中等。


# 九月八日


上午往找鍾豪<sup>11</sup>，未遇，飯後彼來，談半小時。

一時半，與超構同遊北海，旋訪尊棋未晤，訪邵尚文<sup>12</sup>亦未晤。晚與芸生兄同往長安看戲。

---

1 外廬，即侯外廬。此時作為中華全國社會科學工作者代表會議籌備會代表參加第一屆全國政協。

2 丁瓚（1910－1968），字慰慈，又名丁達四，江蘇南通人。心理學家。此時作為中華全國第一次自然科學工作者代表大會籌備委員會代表參加第一屆全國政協。

3 志遠，即沈志遠。沈志遠（1902－1965），浙江蕭山人，經濟學家。1949 年 6 月參與起草《共同綱領》。後任華東軍政委員會參事室主任、文教委副主任，民盟上海支部主任委員，上海社科院研究員。1957 年被劃為右派，1965 年自殺。此時作為中國人民救國會代表代表參加第一屆全國政協。

4 彬然，即傅彬然。傅彬然（1899－1978），又名冰然，浙江蕭山人。早年從事革命活動。1931 年後長期擔任上海開明書店編輯、《中學生》編輯。後任中華書局副總編輯。

5 伯鈞，即章伯鈞。此時作為中國民主同盟代表參加第一屆全國政協。

6 振鐸，指鄭振鐸。此時作為中華全國文學藝術界聯合會代表參加第一屆全國政協。

7 徐邁進（1907－1987），原名徐文源，江蘇吳縣（今吳中相城區）人。曾任重慶《新華日報》編輯部副主任、"青記"常務理事，延安《解放日報》副總編輯。時任新華通訊社總社社委、中共中央廣播事業管理處管委會委員。此時作為中華全國新聞工作者協會籌備會代表參加第一屆全國政協。

8 鑫毅，即宦鄉。此時作為自由職業界民主人士代表參加第一屆全國政協。

9 茅盾，即沈雁冰，此時作為中華全國文學藝術界聯合會代表參加第一屆全國政協。

10 起孟，即孫起孟。

11 鍾豪，不詳。

12 邵尚文，1931－1936 年任《大公報》漢口代表處經理，上海聯合書店經理，上海《文匯報》在北平的代理發行商。

今日殆為最清閒之一日矣。

寄家及寶兄兩信。

今晚月色甚皎潔，天安門大樹均拔去，大概準備改建廣場，以備新政府成立慶祝大會之用也。

# 九月九日

上午十時，赴軍管會開座談會，到廿九人，由華北公安部長羅瑞卿為主席，討論共同綱領，歷十二小時，至晚十時半始與覺農[1]兄同返華文。

# 九月十日

晨九時始起，邵尚文來訪，談北平推廣分銷事，唐海來電話，知其已於昨日抵平，現住光明日報。

午後，浦熙修[2]來，同往朝陽胡同三號看辦事處[3]的房子，並交浦君六萬元，房子有大小八間，足夠用矣。

---

1　覺農，即吳覺農。吳覺農（1897－1989），浙江上虞人。農學家、茶葉專家。此時作為中華全國社會科學工作者代表會議籌備會代表參加第一屆全國政協。

2　浦熙修（1910－1970），女，字靜涵，上海嘉定人。1936 年加入南京《新民報》，1948 年加入香港《文匯報》，1949 年後任上海《文匯報》副總編輯兼北京辦事處主任。1957 年被劃為右派。後從事文史工作。此時作為自由職業界民主人士代表參加第一屆全國政協。

3　辦事處，指上海《文匯報》駐北京辦事處，位於北京東城燈市口朝陽胡同三號，今已不存。原址在今北京國際藝苑皇冠假日酒店（王府井大街四十八號）。

## 九月十一日

接寶兄及郭根兄函，知報已漲至二萬八千份，甚慰。午後，訪侯外廬兄，談甚久，訪李任公，未遇，與李乙尊[1]兄談甚久。

晚飯後，往訪郭根夫人，致安慰意。旋至興華街南訪陳君[2]，數月不見，丰采依然，因友人往訪者多，不及細談，九時歸寓。

今日天氣驟冷，儼然深秋光景矣。

## 九月十二日

乘電車至宣武門，經西河沿大溝沿西南園至琉璃廠，此一帶為余舊遊之地，然大溝沿公寓已不存在矣，匆匆二十二年，恰當過去一生之半。

至大中國訪君匋[3]。

購"梨園史料"一部。

## 九月十三日

晚雲彬兄請飲酒，所住宿舍，為周佛海舊寓。

與雲彬、聖陶、彬然諸兄談，此數君氣質最相近，殆知識分子中之有最高修養者也。

---

1　李乙尊，廣東梅縣人。社會活動家，京劇演員李世濟之父，時任李濟深秘書。

2　陳君，不詳。

3　即丁君匋，1949年8月，和顧頡剛等來北平設立大中國圖書局分店。

方子兄約看李桂雲之《蝴蝶杯》，此戲在童時曾在家鄉一見，印象彷彿如昨，廿年前在太原曾看到《藏舟》一段，李桂雲年當在四十以上，而妝相作工均好，聞洪深極賞之。

# 九月十四日

　　上午，參觀蘇聯展覽會，二次大戰後，蘇聯即實行新的五年計劃，各種建設突飛猛進，看到他們工人生活的舒適，保嬰事業之注意，印象甚深，在題詞簿題"我們應堅決向這個方向前進"。

　　下午，赴北京飯店開座談會，談共同綱領，晤馬寅初[1]等。

　　會後在振鐸兄房內坐多時，承殷勤招待，並晤曹禺[2]夫婦。

　　訪熙修，商工作計劃，又訪沙武曾[3]，九時半歸寓，看到孟秋江。

# 九月十五日

　　終日下雨，悶人得很。上午，沒有到故宮去，寫了三封信，並一短稿。

　　下午，赴西單商場及琉璃廠閒遊，並在東安市場吃晚飯，購煙嘴等數事。

　　代表證發下。

---

1　馬寅初此時作為無黨派民主人士代表參加第一屆全國政協。

2　曹禺此時作為中華全國民主青年聯合總會代表參加第一屆全國政協。

3　沙武曾，即沙彥楷。沙彥楷（1875－1970），字武曾，又作伯躬，晚年更名客。江蘇宜興人。回族，穆斯林。法學家、社會活動家。此時作為特別邀請人士代表參加第一屆全國政協。

訪徐凌霄[1]。

# 九月十六日

　　嘉堯[2]由滬來平，協助推廣，聞報已漲至三萬八，甚喜，帶來家書一封，及嚴、郭兩兄函。

　　晤紹澍[3]兄，晚在吉祥看戲。

# 九月十七日

　　新聞工作者小組開會，討論政協組織法及政府組織法，自晨八時半至下午四時始畢。

　　晚會在中南海會場舉行，〔有〕程硯秋《紅拂傳》、李少春《野豬林》，故甚精彩。

　　今日籌備會開全體會，結束籌備工作。

---

1　徐凌霄（1882－1961），原名仁錦，字雲甫，號簡齋。筆名彬彬，凌霄漢閣主。江蘇宜興人。著名記者，戲劇評論家，《京報》創始人。在《新聞報》、《京報》、《時報》、《大公報》等副刊上發表大量文章。

2　嘉堯，即任嘉堯。任嘉堯（1915－2010），上海川沙人，嚴寶禮外甥、女婿。時任《文匯報》編輯、記者。

3　紹澍，即吳紹澍。吳紹澍（1906－1976），字雨生，上海金山人。抗戰勝利後，任上海市副市長等職。1946 年在上海創辦《正言報》。1947 年，曾與作者同遊台灣。1949 年，策動守軍起義，促進上海解放。1949 年後任交通部參事、全國政協委員。1957 年被劃為右派。

# 九月十八日

吳紹澍兄約同往訪李任潮先生於西總布胡同。

晚，北平市府、華北政府等廿單位歡宴全體政協代表，地點在北京飯店，濟濟一堂，甚為熱鬧。由董必武、聶榮臻等先後致歡迎詞，郭沫若代表來賓致詞，今日恰為九一八，郭氏提出十八年前與今日對照，甚有意義。

與雲彬兄同至侯外廬兄處閒談，至十時半始步歸，近因大會開會在即，而北平特務依然活躍，故軍令戒備甚嚴，尤其東單與東四間，黨派首領住宅大部在此區內，故警戒尤森嚴。


# 九月十九日

晚，北平各新聞團體聯合歡宴政協同業代表，及塔斯社羅果夫、意大利團結報代表，及北韓中央社代表，共到七十餘人，胡喬木、廖承志等先後致詞。

訪雲彬、劭老等，並晤及司馬文森[1]，知港館內部糾紛甚多，稚琴[2]氣量小，將來整理殊費事。

---

1　司馬文森（1916－1968），福建泉州人。作家，時任中共港澳工委委員，香港《文匯報》總主筆，作為中國國民黨民主促進會代表參加第一屆全國政協。

2　稚琴，即張稚琴。張稚琴（1907－1992），安徽無為人。曾任湖南邵陽和桂林《力報》總經理、重慶《客觀》發行人。1948年參加香港《文匯報》，時任香港《文匯報》總經理。

## 九月廿日

晨九時，即與超構兄同遊雍和宮及孔廟國子監，雍和宮實無甚可觀，歡喜佛亦徒有其名，少數喇嘛藉此騙錢，以維持其殘生，亦可憐矣。

國子監兩旁有石碑一二百座，滿刻五經四書。

十時許至師大母校參觀移時，較廿年前多添一二座建築，餘仍舊觀。

又至琉璃廠購書兩部共二千八百元。

晚飯後至東單飲茶，旋至三元庵胡同訪友，匆促談畢即返。

楊剛[1] 報告今日各小組聯絡代表開會情形，大會決定明天開幕，預定開七次大會，月底前必結束，又謂大會期內，代表必須謹慎，因北平特務甚猖獗，中南海發現反動標語，並在牆根獲一手槍。


## 九月廿一日

人民政協於今日下午七時廿分在中南海懷仁堂開幕，六時半即各在華文學校各代表同車往參加，會場佈置甚好，中懸中山先生及毛主席像，每三人有一擴音器，以便說話。先由周恩來報告籌備經過，並選出主席團八十九人，林伯渠為秘書長。

朱德主席，先由毛主席致開會詞，接著劉少奇、宋慶齡、何香凝、張瀾等講話。

---

1　楊剛（1905－1957），原名楊季徵、揚纓。湖北沔陽（今仙桃）人。作家，曾任香港和桂林《大公報》副刊《文藝》主編，在《國聞周報》、《文匯報》等報刊發表短篇小說、詩歌、散文和文藝評論。時任天津《進步日報》副總編輯。後任外交部政策研究室主任秘書、總理辦公室秘書、中宣部國際處處長、《人民日報》副總編輯等職，1957 年自殺。此時作為中華全國新聞工作者協會籌備會代表參加第一屆全國政協。

至十一時開會，開會後，忽大雷雨，然散會後，又滿天星斗矣。

楊傑於十九日在港被國民黨特務暗殺，會場一致靜默致哀。


## 九月廿二日　　　　星期四

接寶兄來函，知報已逾四萬，聞之甚喜。

中午，在厚德福約同人便飯，到熙修、唐海、嘉堯等。

二時許赴中南海，三時，開二次大會，由林祖涵、譚平山、董必武、周恩來等報告，七時畢會。

晚，赴吉祥看小翠花之《坐樓殺惜》。


## 九月廿三日　　　　星期五

接父親信，知道家中均安好，侖兒所考各校均未取，足見平時功課均不踏實，而東吳中學亦殊平常。

上午九時，赴六國飯店開小組會，商國都、國旗、年號等問題。關於國都，一致主張北平，年號則主張用公曆，均無異議。國旗應徵者二千九百餘件，經籌委會小組選出卅五種供大會採擇，一般意見，均傾向用第三第四號，第三號全紅地，左上角黃是三分之一處一黃條；第四號為三分之二紅地，上面三分之一黃地，左角綴以紅星，蓋紅色代表革命，黃色象徵和平，紅星則代表中共的領導。余亦贊成第四號，以其簡單、莊嚴、美麗，而又毋須詳細說明也。余不贊成一般所稱黃色為代表黃種及黃河文化，蓋中國境內有許多少數民族並非黃種，且其文化與黃河無關，國旗應有一般性，否則流於偏狹之大漢族主義矣。

下午三時，開第三次大會，主席為馬寅初、張奚若、李德全、陳雲、烏蘭夫（雲澤，內蒙自治區主席），有李濟深等十八人代表各該單位發表意見。其中以劉伯承、粟裕、傅作義、梁希發言最得全場歡迎，掌聲始終不絕。劉、粟代表二野、三野，向大會保證，決在短期內肅清西南華南殘敵，解放台灣。傅甫由綏遠趕回。説明綏遠和平解放經過，據說蔣近日有電致傅，謂傅今日與彼在西安事變時彷彿，彼一念之差，致有今日，盼傅為國家為個人，尋脫離解放區。傅除嚴詞斥責外，表示決以將功贖罪之心境，努力於今後新中國之建設。梁氏為自然科學工作者之首席代表，説明自然科學家今後之態度，以及對新中國服務之熱忱，不啻為科學家向新中國宣誓，六時散會。晚飯後，赴東安市場散步，購茶葉及紅筷等，蓋雙親所需也。又購佩花若干，預備分送親友及報館同事，並為小孩們刻銅圖章，十時前即返寓。

北平各界慶祝政協空氣甚熱烈，馬路上遊行隊伍不絕。且有扭秧歌者。


## 九月廿四日　　　　　星期六

上午，寫寄報館一信，赴隆福寺，見荒蕪益甚，蓋廟會每逢九至十四舉行也。廿二年前，舅氏曾率同遊玩，愛護備至，今其墓木已拱矣，今春抵平，曾至附近小食，未逞一遊也。

旋在附近煙台館小食。

下午三時開第四次會，有單位主要代表廿二人發言，小精彩，其中夾有新疆等代表獻旗，甚為感動。

晚加菜飲酒，並在禮堂開演蘇聯電影，余則未俟其畢，即返室休息；近日以來，睡眠正常，飯量增加，且水果甚便宜，體重想益增加。前日看護來量血壓，余為一百一十八，甚為正常，足見健康益有進步矣。能將身體保好，其他一切，正可逐漸求進步。余對政治本少研究，素不知趨合時好，此次政協列為候補代表，友人多有為余不平者，對余則認為余對革命本少貢獻，以視老解放區同業之出生入死，得此榮譽，已屬分外矣。余不願妄竊非份〈分〉，列為候補，反心安理得，俯仰無怍。否則獵等而獲，不顧過去，不顧人口，嘩眾取寵，趨時媚世，一朝得倖，即出而驕人，此最為余所不齒。所懼者時代進步一日千里，中國已以嶄新面目前進步，必當埋頭用功，勤求進步，否則時不我待，淘汰為可怕耳。


# 九月廿五日　　　　星期日

上午，與艾思奇[1]、陳鶴琴[2]、茅以昇[3]諸兄同遊天壇，此次特遊迴音壁，甚為新奇，又陳列各種奇器等，較上次來時，佈置面改進多矣，攝影五六張。

三時開五次大會，有廿個發言，最可笑者，吳奇偉報告最後呼口號，竟喊出"中國國民黨萬歲"，蓋彼原為喊"中國共產黨萬歲"，口滑誤喊矣。此版演詞，想決難廣播矣。

---

1　艾思奇，哲學家，此時作為中華全國社會科學工作者代表會議籌備會代表參加第一屆全國政協。

2　陳鶴琴（1892－1992），浙江上虞人，教育家，此時作為中華全國教育工作者代表會議籌備委員會代表參加第一屆全國政協。

3　茅以昇，橋樑專家，此時作為中華全國第一次自然科學工作者代表大會籌備委員會代表參加第一屆全國政協。

晚，赴吉祥看戲，陳少霖之《捉放曹》，平平而已。荀慧生之《香羅帶》，未終局即返。荀年已老，暮年艷裝，極不自然，然聲音尚好，且不似芸生所說之不堪也。

取所定圖章，除為小孩們所刻之銅章外，有余夫婦雙印，上有西廂彩刻錦裝，彌足珍貴，費一萬餘元，蓋本月為我倆磁婚紀念，收歸遺細君也。

廿年以來，伉儷之情，與日俱增，閨房之樂，迄今不減新婚，此則畢生樂事，蓋當初雖非經長久戀愛，但兒時即企慕，竟結成白頭偕老。廿年來，一家粗安，家中和和氣氣，不能謂非愛妻內助之力，而十二年來抗戰，及解放戰事，免於困頓，且名譽事業，略有根基，正所謂家和萬事興也。時代進步，許多人薄賢妻良母，但余則甚以得一賢妻為滿足。在此過度〈渡〉期間，此卑之無甚高論，恐亦非人人所能企達。從今以後，更當努力於事業，對社會多所貢獻，同時，更應孝順父母，和愛妻子，勉作正直之人，以用行捨藏。

看到廿二、廿三日本報，見開幕日專電均當日登出，而《大公》、《解放》均未到，此可見熙修、唐海均甚努力。余亦先有關照，把握時間，甚可欣慰也。又廿二日社評，想為平心兄執筆，大意均照余信中開列之大綱撰寫，比其他各報有內容而不尚空談；余近來懶於寫文，一則自審對各問題無深刻研究，再則每以搬述口號，人云亦云為恥，今後返滬，當努力於基本思想之改造，多看書，細細研究問題，俾不久能多作有益於國家的文字，應不致長為虛名所誤也。

今日天氣略寒，已似深秋，早晚要穿夾大衣，問上海前數日達九十幾度，熱得學校臨時休假，不知近日亦略冷爽否，南北氣候，畢竟不同也。

# 九月二十六日　　　星期一

　　約陸詒[1]、唐海、陸續[2]至都一處便飯，因今日大會休會，可寫作休憩也。飯後，遊勸業場，打乒乓球一小時，復至旅行社訪紹澍兄，同至中央公園打網球及羽毛球，六時半，雨兄[3]請在厚德福便餐又至開明（現稱民主劇場）看戲小翠花、裘盛戎戲，歸已十二時，洗澡睡眠，二時許矣。

　　蘇聯宣佈已有原子彈，此牌攤出，英美大感狼狽，蓋前此所以自恃者，惟原子彈耳。照目前情形看，和平民主陣營力量益壯大，帝國主義好戰之氣焰終將下沉，恆久的和平，或可望漸牢固矣。

　　寧夏將全部解放，馬鴻賓、馬敦靜等均起義投誠，西北的所謂馬家軍，前此曾喧赫一時，現已全部解體，馬步芳、馬鴻逵等均遠騰海外，從此西北問題將可為水之就下，很快就全部解決，此固解放軍威力之大，亦少數民族政策之正確而忠實運用之故。

　　今日過天安門，見廣場正大事修築，裝置一百多丈的大旗杆，門樓粉刷一新，聞人民政府定一日成立，二日將在天安門舉行盛大之慶祝會，及保衛世界和平示威大會，檢閱軍隊，此蓋曠古未有之大盛典也。聞此廣場可容群眾十六萬人，殆可謂世界最大之廣場矣。

---

1　陸詒（1911－1997），字翼維，上海閔行人。曾任重慶《新華日報》採訪部主任、上海和重慶《大公報》記者、"青記"理事、國際新聞社香港分社社長。1957年被劃為右派。時任上海《新聞日報》編委兼採訪部主任。

2　陸續，時任上海《文匯報》駐南京辦事處主任，1957年被劃為右派。

3　雨兄，即吳紹澍。

## 九月廿七日　　　　　　星期二

上午，苗子[1]、郁風[2]來訪，郁應孫師毅[3]約，來平擔任港報記者，當代為介紹政協新聞處。

下午三時開第六次會，新聞單位代表先一時到場，交換意見。今日大會通過政協組織法及人民政府組織法。

又通過國都設北平，改稱北京，紀元用公元，國歌暫以《義勇軍進行曲》為國歌，國旗五星紅旗，今日因發言者廿四人，又加以通過六項議案，故至九時半始散會，歸家已十時許矣。

北京改北平時（十七年）余在北平，又改回稱北京，余亦適來平參加會議，對"北平"此一歷史名詞，可謂有始有終矣。

## 九月廿八日　　　　　　星期三

今日休會，寫寄克兄[4]函及家書。

下午，新聞小組商全國委員會及政府委員名單，未參加。

二時先赴聯合書店，訪邵尚文未晤，至辦事處。已粉刷好了，但家具尚未購齊，又至騎河樓，妞妞房，看廿二年前與瑞弟同寓之公寓，渺不可尋矣。

訪雨兄，同至勸業場打乒乓一小時餘，居然尚能應付裕如，悵較雨兄略遜。後至清香園沐浴，亦廿年前舊遊地也。浴後至沙

1　苗子，即黃苗子。黃苗子（1913−2012），廣東中山人。1944 年和郁風結婚。

2　郁風（1916−2007），浙江富陽人。時任香港《文匯報》駐京特派員。

3　孫師毅（1904−1966），筆名施誼。浙江杭州人。電影編劇、歌詞作者。1949−1951 年任香港《文匯報》總編輯。後在北京中國電影資料館工作。

4　克兄，即葛克信。

鍋居吃飯，更至長安看杜近雲、近芳戲，兩人均能做戲，惜配角太差耳。

## 九月廿九日　　　　　星期四

上午，開小組會，商酌大會宣言，余未發表意見。

三時開會，通過共同綱領，大會選舉法，及電聯合國否認國民黨政府代表，五時半即休會，為開會以來最早之一次。

與管文蔚[1]兄同至六國，暢談二小時許，管兄為余中學同學，廿三年不見矣，彼先以小學教員參加新四軍，屢立大功，十餘年來，在蘇南北努力解放事業，解放後任蘇南行軍主任及軍官會主任。因彼此同學，故談話毫無隱飾，彼對大會成功，甚感欣慰，但恐名單發表，一般中小幹部要起反感，必須反復教育，因過去對革命毫無貢獻，或為革命之對象者，今日一變而列革命政府，群眾恐多不易瞭解統一戰綫之苦心。又談及蘇南近況，彼謂蘇南北行政劃分最近可能合併，又談蘇南農村之特殊情況，頗有見地，彼謂蘇南北地主之剝削實無異致，但蘇南地主，大部兼營工商業及自由職業，故有其反動之面，亦有其進步的一面，又若干農民，又兼作工人，故其無產階級意識較長，又蘇南地主，文化水準較高，彼等不似北方地主之頑強反抗，但種種糾纏，遇事則擴大叫喊，如此次獻糧，雖亦有偏差現象，但絕不如外傳之盛，大半為地主大張其辭也。

並談及同學時種種情況，以及諸同學師長之近況，至九時始

---

1　管文蔚（1903－1993），江蘇丹陽人。曾任新四軍挺進縱隊司令員、華中野戰軍第七縱隊司令、蘇南軍區司令員。1949 年後任江蘇省副省長。1955 年被撤銷黨內的一切職務，保留黨籍、副省長、人大代表資格。此時作為華東解放區代表參加第一屆全國政協。

辭歸。車夫與余談,彼隨管已七八年矣。

十一時半即就寢,為到平後最早者。

安平[1]兄與余談,彼之《觀察》即將復刊,組織方面大力支持,但恐群眾影響難捉摸,又謂彼旅行東北,已草就視察記廿五萬字,材料甚新。特別著重人事制度方面,組織方面極為讚賞,促其早日出版,彼事先事後均與組織方面有反復商談。甚矣,做事之難,余吃虧在不善應付,只知守分做事,畢竟人還是人,總歡喜多請示商量也,文匯復刊前後所遭之挫折,此未始非主要原因。故今日私營報刊者,或以文匯為最難捉摸,其實文匯歷史及背景最光明,動機良善,如能好好指導,必能成一好的教育工具,在群眾影響中,亦□比大公為差。惜乎,余雖不善處理,而當事者亦氣度不廣,此為國家之損失,殊可慨也。

又聞吳景超[2]近研究馬列主義甚好,教書時學生聽者亦極多,聞中共方面對其尚有微辭,周恩來先生獨排總議,謂吳景超能研究馬列主義,一可喜,研究而能公開講,二可喜,講而能深得群眾喜閱,三可喜,吾人應獎掖之,並派人往聽;如確講得好,我們應向他學習,如講得不好,亦應考察其原因,不可一筆抹煞。蓋吾輩革命者無暇作深入研究,正應獎勵大家多學習,以提高馬列主義在中國之水平也,此種氣度及為主義為國家之忠誠,殊令人敬佩。

---

1　安平,即儲安平。儲安平(1909-?),江蘇宜興人。曾任《觀察》社長、主編。時任新華書店經理。後任光明日報社總編輯,1957年被劃為右派。1966年失蹤。1980年被宣佈"維持原案"。此時作為中華全國新聞工作者協會籌備會候補代表參加第一屆全國政協。

2　吳景超(1901-1968),安徽歙縣人。社會學家,中國最早研究都市社會學的代表人物之一。時任清華大學社會學系教授。1952年後任中國人民大學經濟系教授。1957年被劃為右派。

# 九月三十日　　　　　　星期五

接父親函，知家中均好，又接侖兒函，對未能考取國立大學，甚為悔悟，立誓明年必插班清華，姑志之，以觀後效。彼已於上周赴之江上學矣。

上午至王府井大街理髮，又至東安市場購物，並在隆福寺廟會中購數物，皆父親來信囑者。

下午政協最後一次會議，通過宣言，並選出毛澤東為人民政府主席，朱德、劉少奇、宋慶齡、李濟深、張瀾、高崗等六人為副主席，陳毅、周恩來等五十六人為委員，又選出毛主席等一百七十餘人，為政協全國委員會委員。當毛主席當選時，掌聲歷久不絕，景況甚為感人，又聞副主席原定為周恩來，因恐全部為南方人，故協商改為高崗，高氏原為西北中共之幹，二萬五千里長征，中共中央抵陝北，高氏與劉志丹努力配合，奠定黨的新基礎，近幾年來，為東北的最高負責人。

六時，全體委員曾乘車至天安門，舉行人民英雄紀念碑奠基典禮，紀念三年解放戰爭、三十年革命乃至一八四〇年以來為國死難之烈士。儀式及〈極〉莊嚴，由毛主席親自主持。

政協大會閉幕，由朱德總司令致閉幕詞，計大會共舉行八次，歷時十日，會後，在北京飯店敘餐，十時始歸。


# 十月一日　　　　　　星期六

今日為余生平永不能忘之一日，人民政府正式成立，天安門前之壯偉景況，恐中國二千多年歷史上所空前也。二時赴會場，滿街已遍處懸五星紅旗，至天安門，由門後登台，舉眼一看，由天安門至中華門已一片紅色，在場群眾，當在二十萬左右，西皮市及戶部街亦均為民眾擠滿，三時大會開始，宣佈中華人民共和國中央人民政府成立，毛主席等就位，鳴禮炮百餘響，旋由毛主席發第一號公告，林伯渠為人民政府秘書長，周恩來為政務院總理，沈鈞儒為最高法院院長，羅榮桓為最高檢察長，毛主席為軍事委員會主席，朱德為人民解放軍總司令。

四時開始檢閱，極為隆重，參加檢閱者，計有步兵一師，騎兵一師，炮兵一師，機械化一師，另有飛機十四架，此為余首次所見之人民空軍，所有炮兵機械部隊之武裝，切〈均〉為美國器材，由國民黨軍隊手中繳來者。

遊行開始，場面尤為空前偉大，毛主席萬歲之呼聲，響徹雲霄，群眾秩序井然，而均以一見毛主席為榮，蓋切衷心感激毛主席為國之功績，此種場面，每令人感泣，余今日亦數次淚下，不能自禁，至九時許，群眾遊行隊伍始漸散去。

憶十七年北平曾有一次群眾大會，為慶祝北伐者，余時甫充新聞記者，以此比今，實不啻宵〈霄〉壤，然在國民黨執政期期，此尚為"絕後"之盛況也。今日余與郭春濤兄言之，彼亦不勝感慨，蓋當時彼為馮玉祥代表，亦發表演說之一人也。

今日有蘇聯嘉賓多人參加，一部為專家，來作我建議方面之顧問人才，一部則為今日甫到京之作家，為參加明日之保衛世界和平大會來者，由有名作家法捷耶夫及西蒙諾夫等，法捷耶夫之作品余未讀過，西蒙諾夫之《俄羅斯問題》名作，則早經拜讀過矣。

郭根兄來函，報仍在漲，但因紙荒，不敢盡量放手，否則當超過六萬矣。又謂《大公》對我之列為候補，備致譏刺，亦甚淺薄矣。郭兄謂："過去的已永成過去，政治是現實的，今後當格外努力"，實為金玉良言。但我認為今日能身違〈逢〉三千年未有之盛，已屬本事，而能參加此開國盛典，更為非常的榮譽，此種榮譽，應視為是中共數十年苦鬥所得，而謙讓於人分享者，凡受到者，均應感激慚愧而不應再計較任何高低，至別人之如何如何，則吾人正不必代為想像也。在報館言，余當然應以全力求其復興，恢復其光榮之歷史，改正過去之偏狹觀念，第一步先把報做好再說。

今日想寫一通信寄滬，苦難落筆，明天當努力寫成之。

李書城[1]先生為二十年前舊識，此次亦為特邀代表，精神丰采仍如十五年前，不似六十八歲之高齡。據今日對余說，孔庚[2]現仍居武昌，政府未加任何處置，真可謂寬大矣。此種寬大政策，在有些方面，的確甚有收穫。為新疆綏遠之和平解放，雖為時勢使然，然對張治中、傅作義之寬大處置，亦可能為一重要因素也。

# 十月二日　　　　　　　星期日

上午九時，在中南海開全國保衛世界和平大會，參加者約千人，蘇代表團，義共代表斯伯諾亦參加，北韓代表團亦趕到，會場空氣甚為熱烈。

午後，赴聯合書局小坐，知報已站住三萬餘份，又赴旅行社，與雨兄同至勸業場打乒乓，晚飯後小遊南城，十時返寓。

---

1　李書城（1882－1965），湖北潛江人。曾參與籌備和組織同盟會。參加辛亥革命和護法戰爭。1921 年前後，他支持和幫助胞弟李漢俊在上海發起建立中共。此時作為特別邀請人士代表參加第一屆全國政協。

2　孔庚（1871－1950），字文軒，號雯掀，湖北浠水人。國民黨元老。任晉北鎮守使時參與"護國運動"討袁。1946 年後主辦《民主日報》，任制憲國民大會代表、立法委員、湖北省省府委員兼民政廳長。1949 年在湖北省參議會發表擁蔣言論。

# 十月三日　　　　　星期一

　　上午，新協[1]籌備會舉行擴大常委會。決定七日舉行大會，胡喬木君談新聞政策，極為詳盡〈盡〉，此君年僅卅八歲，思想細緻。眼光清楚，判斷亦明快，詢為少見之人才，問〈聞〉彼曾任毛主席機要秘書多年，平日浸沒於工作，毫無私生活，惜因多年勞瘁，身體頗差，此為老解放區鬥士一般之現象，如陳克寒[2]、鄧拓[3]等新聞幹部，身體都不健康。

　　下午二時，續開保衛世界和平大會，朱總司令演講前，宣佈蘇聯已承認中華人民共和國，舉場歡呼，並與蘇聯代表熱烈擁抱，鼓掌逾一刻鐘，此實為新中國誕生後之第一喜事，繼此而來者，捷、波、羅、保諸新民主國家，當亦即將承認；聞英國承認問題亦不遠可實現，廣州國民黨政府，真已到最後沒落階段。

　　四時許，先離會場，至中央公園打羽毛球及乒乓，今日乒乓大為進步，居然打一輪余無敵手。在旅行社晚餐，參加其聚餐，雨兄請在長安看程硯秋。票價二千五，較普通者貴一倍半，居然滿座，可見其號召力不衰。所演為《鎖麟囊》，劇情尚好，而編得甚糟，只有主角一人表現，場子處理亦極壞，此種新編劇，以後必淘汰，遠不為若干舊劇本之可以長久流傳。程硯秋唱得確有功夫，在四大名旦中，唱的方面還是他能保持原水準，字亦咬得甚準，惜多帶悲腔，有時不合劇情，至扮相之臃腫，亦不堪一看矣。

　　返寓已十二時許，二時始睡。

---

1　新協，是中華全國新聞工作者協會籌備會的簡稱，該會於1949年7月成立。

2　陳克寒（1917-1980），浙江慈谿人。時任新華通訊社社長兼副總編輯，作為中華全國新聞工作者協會籌備會代表參加第一屆全國政協。

3　鄧拓（1912-1966），原名鄧子健、鄧雲特，福建福州人。時任人民日報社社長兼總編輯，作為中華全國新聞工作者協會籌備會代表參加第一屆全國政協。

# 十月四日　　　　　　星期二

七時半即起，僅睡五小時許，與仲華、超構兩兄商返滬事，決定登記七日或十日南返。又與逸群[1]兄等談掌故，余謂如蔣介石誠意接受舊政協條件，而忠實實行，則中國解放可能遲十年。逸群兄謂，當時中共幹部估計，至少要十二年才能在選舉中佔勝，可見蔣之撕毀政協決議，純為自殺，但從深遠看，歷史有其必然性，蔣及其反動團體，非絕對獨裁控制，不能維持其政權，而美帝則決不讓中國能和平進步，必須將中國掌握在手，變成其反蘇之基地也。

下午，赴東安市場及東單市場，購舊書數本，晚赴懷仁堂晚會，有譚富英《定軍山》，梅蘭芳《宇宙鋒》，梅之做工固不必說，其嗓音亦較在滬時好，就純藝術觀點言，比程硯秋確遠勝，宜其執京劇界牛耳也。

# 十月五日　　　　　　星期三

下午二時，中蘇友好協會全國總會成立，在中南海懷仁堂開會，劉少奇和蘇聯代表的演說都極重要。我有印象，蘇聯代表的態度，的確和過去美英各國人不同，老實誠懇，一點沒有驕傲的

---

1　逸群，即惲逸群。惲逸群（1905－1978），江蘇武進人。1927年起任中共武進、宜興、蕭山等縣縣委書記、浙江特委秘書長。1932年任上海新聲通信社記者，1935年任《立報》國際新聞編輯兼社論主筆。"青記"發起人之一。抗戰期間，任《導報》、《譯報》主筆和總編輯，國際新聞社香港分社社長。曾在上海參與日偽《新中國報》做情報工作。抗戰勝利後主持華中新華分社和《新華日報》華中版。時任《解放日報》副社長兼副總編輯。後任《解放日報》社長兼總編輯、華東新聞局局長。1952年被撤職。1955年因"潘楊案件"被捕，1965年被判刑十一年，假釋後任阜寧中學圖書管理員。1978年到南京第二歷史檔案館工作。此時作為中華全國新聞工作者協會籌備會代表參加第一屆全國政協。

樣子，不像美國人的一副上帝的面孔。劉少奇説，蘇聯已有二百多位專家來幫助我們建設，有四個條件：（一）由中國政府支配工作；（二）受中國主管機關的領導；（三）和中國技術人員拿同樣的薪水；（四）中國人學會了他們就回去，正可説是友好平等極了。大會推舉劉少奇為會長，宋慶齡、吳玉章等為副會長，是日説話的人太多，至十時才散會，可謂疲勞矣。

會場共掛四像片，中為孫中山、列寧，兩旁毛澤東、史〈斯〉大林，此亦值得注意也。

遊東單小市，購石章等物。


# 十月六日　　　　　星期四

十時，赴中山公園，打乒乓少許時，即飯於上林春，比二十年前，招待差得很。

二時，先赴邵尚文處取四萬元，購皮箱一。

大雨中回寓小睡，五時起，即赴勸業場，則雨兄已先在。本擬至沙灘便飯，再赴北海賞月，蓋今日為中秋也，乃天氣變化莫測，乃飯於泰豐樓，甫入座，門外大雨如注，飯後僱車至中旅社，前門一帶積水三四寸，在中旅社閒談一小時許，十時半返寓，則又一輪皓魂，萬里晴空，無些微雲霧矣。

招待所送來月餅二，李四隻，勉應佳節。余本擬回家過節，芳姊亦作此想望，不□時日遷延，終未如願。去年在香港過中秋，當時正報初出版，艱苦萬狀，而情緒甚高，今則在北京，在新中國新定之首都，周遭環境，又大大變化，明年今日，不知又在何地度此團圓節，照常理推度，必應在上海，但人事變化殊難測度也。

# 十月七日　　　　　星期五

　　上午，全國新聞工作者協會籌備會，開第二次全體會，在華文禮堂，新聞界領導人到者甚多，胡喬木對一九四九年新聞界的變化，作一個總結，希望私營報多發展評論及通信。此外，薩空了、劉尊棋、陳克寒等均有報告，大體決定全國代表會代表（委員）為一百九十二人，定明年一月間在京開會。

　　下午赴琉璃廠大柵欄等處玩了一圈，晚，與胡喬木等商上海新聞工作問題，余得一印象，即必須先將報做好，才能有發言權，政治的確極勢利也。

　　下午二時，曾與唐海、熙修、陸續等赴辦事處談話，對今後工作重點，談頗久。


# 十月八日　　　　　星期六

　　六時半即起，僅睡五小時許，八時，乘車赴香山，參加新華通訊社新聞訓練班開學禮，同往者除宗漢[1]、芸生、仲華等外，有

---

1　宗漢，即邵宗漢。邵宗漢（1907－1989），江蘇武進人。曾參與發起組織 "青記" 和國際新聞社，後在馬來亞、新加坡、蘇門答臘等地辦報。時任《華商報》總編輯。後任《光明日報》總編輯等。此時作為中華全國新聞工作者協會籌備會代表參加第一屆全國政協。

陳銘德夫婦[1]及熙修、徐盈[2]、陸慧年[3]等，余前後在北京住過五年，但西山及香山一帶均未到過。

在訓練班中，有雷特[4]等，聞為訓練出國及國內之新聞幹部。

會後，遊覽西山碧雲寺，中山先生衣冠塚仍在，五塔建築雕刻均好，其旁之釣魚台，風景尤好，甚似蘇州之虎丘，而較虎丘猶幽雅，殊為不可多得之地。徐盈對北京掌故甚熟，沿途講解，更增遊興。

三時三刻返，五時，赴同生照像，新聞單位人仍未齊，後與超構同到陳銘德兄處，陳兄對新民亦甚多牢騷。該報北京版最不上軌道，超構亦不願在京負責。

飯後，與超構同至吉祥觀劇，《奇雙會》已上場，白雲生、韓世昌均為二三十年前昆班名角，如今做來雖典型尚在，更少可觀矣。最後一齣為尚和玉之《四平山》，尚今年已七十歲，當年為與楊小樓齊名之武生，風燭殘年，雖工架均好，究令人看得戰戰兢兢矣。十一時半歸，明月在天，因氣候之關係，比南方遠為皎潔也。

---

1 陳銘德夫婦，即陳銘德、鄧季惺。陳銘德（1897－1989），四川長壽（今屬重慶）人。1929年與吳竹似、劉正華在南京創立《新民報》。抗戰勝利後，在重慶、成都、南京、上海、北平五地出版了八種《新民報》，任總經理。鄧季惺（1907－1995），女，原名鄧友蘭。四川奉節（今屬重慶）人。曾任南京新民報社副經理，成都、重慶、南京、北平新民報社經理。1933年，和陳銘德結婚。

2 徐盈（1912－1996），原名緒桓，山東德州人。曾任上海《大公報》記者、重慶《大公報》採訪部主任。時任天津《進步日報》編委、主筆，作為中華全國民主青年聯合總會候補代表參加第一屆全國政協。

3 陸慧年（1915－1997），女，江蘇太倉人。曾任重慶《民主報》、上海《聯合晚報》記者。時任《光明日報》文教組組長、總編室主任、黨組成員。後任中國新聞社總編室主任、副社長。

4 雷特，曾任桂林、天津《大公報》和重慶《大公晚報》編輯記者。後在吉林等地工作。

# 十月九日　　　　星期日

上午，培新[1]、熙修、靜遠[2]均來訪，靜遠返回之意尚未決，宦鄉兄主張其返館，但秋江始終對文匯有成見，此人心地太狹，殊令人難以納交。

十一時，又赴同生照相，再三再四，今天總算把十四人[3]湊齊，亦可見新聞界團結之困難也。

培新談，財經會人員大事擴充，原有五百餘人，擬擴充至五千人，各種業務均在推進。又謂，蘇聯顧問均為極有能力經驗者，如人民銀行的顧問，就是蘇聯的財政部次長，可見蘇聯的確全心全意幫我們建設。其幫助可能比以前之助者南歐新民主國家尤為積極，此則甚可欣慰也。

下午，開始看丁玲《太陽照在桑乾河上》，為其最近創作之小說，開頭即好，惜書印刷不清，看來甚費目力。

二時許，乘車赴鐘鼓樓，尋舊遊痕也，鼓樓設民眾教育館，其中衛生部分，觸目驚心。

又至東單商場及東安市場，徘徊甚久，昨晚因出外未戴帽，遂患傷風，今日購消發彈琴[4]十丸，一千三百元。

六時許，赴羊尾巴胡同潘靜遠兄處，同座有周健臣[5]及徐凌

1　培新，即楊培新。楊培新（1922－2016），廣東大埔人。經濟學家。曾任上海《文匯報》經濟版編輯、香港《文匯報》經理、發行人。後任國務院發展研究中心研究員、中國人民銀行研究生院教授。

2　靜遠，即潘靜遠。潘靜遠，又名潘齊亮，江蘇宜興人。時任天津《進步日報》（原天津《大公報》）駐北京辦事處主任。曾為《文匯報》寫稿，擔任《文匯報》天津特派員、兼職記者等。

3　十四人，即代表中華全國新聞工作者協會籌備會參加第一屆全國政協的代表胡喬木、金仲華、陳克寒、張磐石、鄧拓、惲逸群、楊剛、邵宗漢、徐邁進、劉尊棋、王芸生、趙超構等十二人，候補代表徐鑄成、儲安平等二人。

4　消發彈琴，一種有抑制細菌生長繁殖作用的藥，英文名 Sulfadiazine，現通譯為消發地亞淨。

5　即周建臣，又名周鑒澄，江蘇宜興人。此時在天津開設周家菜館，並從事文物收藏和鑒賞。

霄、一士[1]、勉甫[2]諸叔，皆同鄉也。一士、勉甫均為初見，酒酣，由國家大事談至京劇，凌霄對京劇甚內行，其對草率改革京戲之反對，較余尤堅決，十時半始歸。

本謂八號即離京，一再遷延，今日又聞決於十二日行矣。在京無事，歸心如箭，想家中二大人及芳姊，亦懸盼我歸也。熙修電話，謂館中有電來給余，說報將漲至六萬，並問余何日歸滬。


# 十月十日　　　　　　星期一

今日本謂雙十節，昨日林伯渠秘書長談話，謂辛亥革命之成果，已被袁世凱破壞，雙十節可以懸旗，但不應再以國慶節紀念，新的國慶日將由政府規定，昨日下午政協全國委員會馬敘倫遂提議，請以十月一日為國慶日，全場通過，向人民政府委員會建議，故今日京中無任何舉動。

上午，赴中山公園打乒乓，午間，在敦原里家庭食堂吃飯，飯後理髮，購書及藥數事而回。

晚，在辦事處約浦、潘兩位談話，確定請靜遠兄回館工作，對預算及工作分配，均作具體決定，上海來電謂已匯出五十萬，但迄未收到，辦事處需款甚急。

韶關、衡陽、耒陽等處均宣告解放，廣州殘餘政權，末日將至矣。據外電推測，解放軍至多十日即可進入廣州。據毛主席向負責方面表示，解放軍預定本月八日開入廣州云。

---

1　一士，即徐一士。徐一士（1890－1971），原名徐仁鈺，字相甫，號蹇齋。曾自號亦佳廬主人。江蘇宜興人，徐凌霄之兄。辛亥革命前後，以"一士"為筆名為各大報章撰文，他所撰掌故小品，保存了不少珍貴的歷史資料。

2　勉甫，即儲勉甫。儲勉甫，江蘇宜興人，儲安平的堂兄。此時浪跡平津。

## 十月十一日　　　　　星期二

今天颱風，天氣驟寒，出外需著毛衣及大衣，儼然深秋矣，北平最好的秋季，已漸成過去了。

上午，又赴中山公園打乒乓，球藝大為進步，與吳、馬兩君打時尤為得心應手，余長放守球，不善攻擊，此在學校時即如此，今日依然如何〈此〉，可見年青時打的根底，最為重要也。

在都一處吃飯，飯後馬君同往琉璃廠楊梅竹斜沖購河膠半斤，六千元。

晚飯後，又約雨兄同至華樂看楊寶森，蓋今天他唱《托兆碰碑》，此戲余曾一再登台客串也。楊的嗓音日好，但做工實在太差，較之六年前在桂林看莫敬一先生此齣戲，相差太遠矣。又將"托兆"一段完全刪去，而蘇武之點化則完全保留，真是莫名其妙。負責戲劇改進的同志們，完全不懂京戲的內容結構和其優缺點，任意更改，實可浩嘆。

十時半即回寓，清理行李，至二時半始入睡。


## 十月十二日　　　　　星期三

風已略定，天亦轉晴和矣，八時剛起身。逸群兄即來告，準十時十分動身，方喜出望外，緊張收拾，忽然又來說，為準備不及，中南海已來電話，改明日動身矣，神經緊張，莫此為甚。又聞招待處李同志已親赴車站打聽，如有車站，今天還可啓行。如此，不知究於何時能成行，近日來中南海工作已較前退步，或此一部分負責人員已調至各政治部門工作矣。

又，昨日下午，曾與任公、劭老、方子在李公館談港報事，因稚琴兩電，一再堅辭也。方子盼我回去，又是老文章，劭老則但香港情形已漸明瞭，此公畢竟正直可佩。

下午三時，赴東單二條社聽〈看〉雜耍，因連日說走不走，甚無聊也。該處無特殊角色，有一檔大鼓唱解放歌詞，唱來雖還自然，但聽眾們無甚興趣，余意最好此類鼓詞，要少搬教條口號，而以具體生動的故事為題材，同時應注意音節及詞句之流暢，則自能使聽眾印象深刻，百聽不厭矣。

在東安市場購飾物二事，小刀一柄，甚滿意，在五芳齋飲酒四兩，自飲自酌，為自己送行，亦可笑矣。

又在吉祥看戲，主要目的為看蕭長華，彼共演三齣，《普球山》、《打麵缸》、《會稽城》，無一不佳，實為小丑之魯殿靈光，彼年逾七十，以後能看到幾次，甚難說矣，此次來京，看京戲不少十四五次，名角幾乎已看遍，尤其尚和玉及蕭長華二人，將來能看到的機會已不多矣。


# 十月十三日　　　　星期四


一再展緩，今日終於成行，來時只有一件行李，因大會文件及各種零件太多，不得不添置一皮箱，因此將原帶來之箱及李鴻禮[1]託帶之二箱，由交際處打行李票，而自帶一皮箱及一手提皮包，已覺過重。途中如購買水果，則下車時更非僱腳夫代提不可矣。

交涉處送來五萬元，為沿岸飯店零花之用，甚周到矣。

---

1　李鴻禮，時任全國政協秘書處議事科副科長。

一九五一年

一九五一年三月至五月，作者參加中國人民第一屆赴朝慰問團，到朝鮮慰問參戰的志願軍。作者代表上海新聞工作者協會，是中國人民第一次赴朝慰問團第三分團（華東分團）成員。第三分團共有成員二十九人、記者四人、工作人員三人、文工隊工作人員二十一人。慰問團總團長為廖承志，第三分團團長為陳巳生（上海工商企業家），隨團記者為潘際坰、欽本立、唐海、胡星原，文工隊負責人為伍黎。

作者於當年五月中旬回國，後在上海、蘇南等地作抗美援朝的宣傳報告。一九五二年，作者和浦熙修等人合著訪問朝鮮的通訊集《朝鮮紀行》，由新時代出版社（上海）出版。

這段日記記述了作者在朝鮮的活動和在慰問團中負責宣傳工作的情況。該冊日記首頁寫有 "八六部隊直屬大隊第一分隊　徐鑄成一九五一年三月十八日購於天津"。

——編者注

# 三月廿日

下午五時離渤海大樓招待所[1]，同室有丁聰[2]等，車五時三刻開行。

這一段路有廿二年沒走了，前年本有機會到東北參觀，那時為著等待上海解放，未參加。

---

1　渤海大樓位於天津和平路二七五－二八一號，建於 1934 年，1949 年後為天津市人民政府招待所。

2　丁聰，漫畫家，時任第一屆中國人民赴朝慰問團直屬分團成員，代表全國青聯。

在餐車中，和田漢[1]、李敷仁[2]等閒談，廖承志[3]找我談團報[4]與《文匯報》合作事[5]。

晚十一時睡。


# 三月廿一日

一夜睡得很好，醒來已過錦州，車於十二時半到瀋陽，一路煙突如林，比廿二年前完全不同了。

住在東北大旅社，十分舒適，招待也極周到，在車站看到王坪[6]兄。


# 三月廿二日

東北局東北人民政府軍區招待，餐後看《森林之曲》[7]，是生平第一次看到這樣的歌劇，十二時始歸。

---

1　田漢，時任第一屆中國人民赴朝慰問團總團副團長，代表全國文聯和中蘇友協。

2　李敷仁（1899－1958），原名李文會，筆名老百姓、勞百姓等。曾在陝西主編《老百姓》和《民眾日報》，1945年任延安大學校長。時任第一屆中國人民赴朝慰問團第一分團團長。

3　廖承志，時任第一屆中國人民赴朝慰問團總團團長。

4　團報，即正在籌備中的《中國青年報》（1951年4月創刊）。

5　與文匯合作事，自1950年3月起，共青團中央方面多次與《文匯報》商談合作辦團報，由於作者堅持在報名中保留"文匯"二字，而未有結果。

6　王坪，此時為第一屆中國人民赴朝慰問團直屬分團隨團記者。

7　《森林之曲》，應為《森林之歌》，前蘇聯歌劇（清唱劇），蕭斯塔科維奇作曲。

## 三月廿三日

下午，與欽[1]、唐[2]兩兄同訪《東北日報》，與張沛[3]、王坪兩兄談甚久，《東北日報》並設宴招待。

晚，與《東北日報》剛由朝鮮回來的記者同時談話，知朝鮮戰場最近的情況。


## 三月廿四日

早晨洗澡。

晚與李玉軒[4]同志等閒談。這兩兄[5]趕看《暴風驟雨》[6]。

今天打第二次預防斑疹傷寒的針，頗有反應。

各同志的演講稿今天已審核了四分之三，還有第二組的稿子，準備在一兩天審好。

---

1　欽，即欽本立。欽本立（1918－1991），筆名林滄白、里甫，浙江長興人，蒙古族。1946年任上海《文匯報》編輯、記者，1948年任香港《文匯報》駐上海記者。1956年任《文匯報》黨組書記、副總編輯。1980年任《世界經濟導報》總編輯。時任《解放日報》財經組組長、《新聞日報》採訪部主任，為第一屆中國人民赴朝慰問團第三分團隨團記者。

2　唐，即唐海，此時為第一屆中國人民赴朝慰問團第三分團隨團記者。

3　張沛（1922－2018），原名張蓓，筆名陳之衍。江蘇鎮江人。1938年後任《抗戰報》主編，延安《解放日報》、北平《解放報》記者。時任《東北日報》和新華社東北總分社記者、編輯。

4　李玉軒（1916－1995），原名李福勝，山東臨淄人。時任華東行政委員會民政部副處長，第一屆中國人民赴朝慰問團第三分團副團長。後在鞍鋼、南京化工研究院等處任職。

5　指唐海和欽本立。

6　《暴風驟雨》，是反映東北土改的小說，作者周立波。

# 三月廿五日

早晨七時起身，買了些餅乾吃吃，花了三萬元，這是我到瀋陽後首次花錢。自七至九時半，趕看《暴風驟雨》，已看了十分之一。

十時聽志願軍楊軍長[1]做的報告：

我已離前綫二十天，這次回瀋陽治病，部隊情況已有一些隔膜，現在有幾個問題談談。

第一個問題：志願軍十月十九號出發，廿二號到朝鮮，今天已有五個月零三天。

今天比五月前大大改變，五月前，鴨綠江受美帝炮火威脅。美帝佔領了朝百分之九十的土地，西面到楚山、東面到長白山附近，東北面到咸興之北，美軍的炮已向我邊疆發炮。當時，毛主席派組織起來的人民志願軍赴朝作戰。

在五個月零三天的戰鬥，我們已解放了朝鮮國土三分之二，四個戰役，消滅美帝、李匪等十三萬人以上。

我們未去以前，朝人民軍向後撤退，而我們挺進了。

從一至四戰役，從小到大。

第一次一萬多人，消滅一萬多敵人，第二次三萬多。

第一次戰役俘敵三千多人，二次戰役一萬多人。

但這些勝利是〈的〉成因，在哪裏？

第一，是毛主席領導的正確，假使我們株守著大門，帝國主義還要來的，毛主席決定把志願軍派往朝鮮，抗美援朝，這政策是完全正確的。

第二，依靠全國四億七千五百萬人民的援助，特別是我們到鴨綠江以北後，看到全國人民對我們的熱烈援助，這援助是起了

---

1　應為梁軍長。梁興初（1912－1985），江西吉安人。解放軍中將。1949年5月任解放軍第三十八軍軍長。1950年10月率部入朝，參加了一、二、三、四次戰役。

一定作用，大大的鼓勵我們的。

第三個因素是朝鮮人民的援助，他們雖然受盡了苦難，但還是盡了一切力量（援助）我們，朝鮮人民之苦，是我有生以來沒有見過的，無吃無著，但晚上修公路，修工事，自己吃糠，而把大米給軍隊吃。勞動黨給我們的幫助也是很大的。朝鮮人民對我志願軍非常熱望，他們的信心一天比一天提高。

第四個因素是志願軍與人民軍英勇的比肩作戰，我們軍隊的特點，就是英勇，在國外是同樣的英勇和不怕死的決心，把血流在朝鮮領土上。

這些英勇的事跡，比在抗戰、解放戰爭中還要多。

因為我們戰士認識清楚，帝國主義野蠻殘酷的侵略，如朝鮮被滅亡，就要打到我們國土上來。

戰士對美帝的仇恨，一天比一天提高。雖然困難很多，比過去任何時期艱苦，我參加革命廿三年，沒有在朝五個月苦，比長征時還苦，沒飯吃，沒油吃，後方運去的東西□□，三個月每人分到三兩四錢肉□，國家每人（發）一百四十斤糧食。

但我們戰士清楚，他們是為朝鮮、為祖國人民而戰，任何苦痛都要忍受的，還是更英勇的作戰。

第四次戰役，我們和五十軍整整抗擊美帝二十三天的進攻，敵人花了三萬人的傷亡，我們才主動放棄漢城。

我們有些連隊一百多人只剩下三四個人，守住陣地。他們還保證，只要有一個人，一定守住陣地。

我們從祖國邊境到漢城一路看到每一村莊、城市被美帝燒毀，（對）他們的仇恨是空前的高漲。

這樣的勝利是否夠了呢？決不！非把美帝國主義的力量消滅在朝鮮，決不回國的。

國內過去有恐美病，部隊中過去也有的，以我們的三八槍能抵抗現代化飛機大炮的敵人嗎？這幾個戰役回答了唯武器論者的說法了，我們就以三八槍及手榴彈打垮了敵人。

現在前綫戰士信心更提高了，一定要徹底消滅美帝，解放全朝鮮，才回到祖國來。

事實上，經過這四次戰役，美帝的確是紙老虎，決不可怕，我們只要接近美國的士兵，他就繳槍。他強的只有飛機大炮，我們晚上打它就沒有辦法。美軍流行說，你們要打，不要黑夜打，不要偷偷摸摸打，要白天打，擺開來打，但我們偏偏要黑夜打，偷偷摸摸打，只要能消滅敵人，連麥克阿瑟也不能不承認我們是打仗專家了。

我們的信心是空前提高了。

美軍比過去日本人、蔣匪軍，也差，也比抗戰時的偽軍也差得多。

它們穿得好吃得好，就是不能打仗，離開了大炮飛機就不能打仗。

我們戰士都清楚，以今天的裝備就可以打倒敵人。

我們沒飛機，槍很少，只有三八式、手榴彈打了敵人。

但今天，我們的部隊都美式裝備了，我們三十八軍已有百分之九十美式裝備了。由於以上的因素，我們已打下最後勝利的基礎，必能全部消滅敵人。

第二個問題：

我們的確有困難，的確艱苦，戰爭比內戰時殘酷得多，我們幾十萬兵吃不上飯，連我們軍長半個月都吃不上油，我每天吃點辣子，有錢買不到任何東西。

現在我們控制下的朝鮮人口，還只有（一個）三百多萬，城市都化為焦土，平壤百分之七十變成焦土。

過去內戰，一仗頂多三四千人，而現在我們□軍已消耗五六千人。

糧飯送到前綫已成冰塊，三天只吃兩次棒米稀飯，可見的確比以前長征都艱苦。

我們部隊今天的要求，只要求吃一口熱飯，一個月以前，團以上的幹部回來受訓，他們只要求每天吃兩斤豬肉。

我們團以上的幹部共一百零八人開會，吃了五口豬，平均每人吃三斤肉。

晚上不能休息，白天防空，不打就走路。

體力腦力都要勞動，過去不要用腦防空。

最好的體力，在朝鮮拖五個月，也真有些吃不消。

三次戰役以後，生活稍微好一點，三次戰役前，部隊常常走路就倒下去。

我們一個兵團開過去，在東綫零下四十度打，一個連三天不吃飯，一百多人整連死了。

現在好一點，可以每天保證吃兩頓飯（還不能保證吃熱飯）。但菜還是沒有，國家送去的東西，還運不到前綫。

因為交通綫延長，我們還有許多困難，雖然只要苦，我們戰士不說第二句話，照樣英勇地戰鬥。

很多連吃不到飯，照樣打仗。很多爬上大山就倒下來了。

過去，在朝戰士不是喝水而是吃雪，現在往往喝自己的尿。

有一陣地守了七天七夜，雪不能吃了，只能吃〔喝〕自己的尿，這是長征時沒有的。

我們在後方也只能每天喝一次水，因為不能生火。

我們的戰士說，我們打五個月，比以前打五年還困難，今天也無法在戰地生產。

但（無論）任何困難，戰士的信心和決心還是非常高，決定完成任務。

第三個問題：現在部隊希望人民及政府在文化上及政治上給他們供應，軍以上的幹部下，看不到報紙，在朝鮮不可能做好轉達報告。

所以幹部除生活苦惱外，最需要知道外面情況，要文化，希望諸位將國內情況……

戰士對祖國的觀念非常深，幹部一過鴨綠江，就說："兩個不同的天啊！"

戰士一開口就是我們的祖國，他們熱切希望知道祖國的一切。

希望報紙，希望書籍，希望玩具。

同時他們希望知道政府及人民對志願軍的家屬如何對待，因為他們不能通信，不知道家中的情況。

他們血可流，身命可犧牲，但不放心自己的家屬。

我們應該詳細的告訴他們，安慰他們。

還有對於祖國的建設很關心的。他們說出國流〈留〉洋作戰，打了六個月帝國主義。

第四個問題：慰勞團去朝必能增加志願軍的信心，鼓勵很大。因為注意到防空，但飛機也不是了不得。

幾個戰役，最多看見一百三十架，炸新義州鐵橋最多二百七十架，我們不要大意，但也不要恐怖。

志願部〈軍〉被飛機打傷的不多。一軍四五萬人，被飛機打傷的二三百人，到前面美機是噴氣式多一點，射掃準一點。

晚上走時，不要睡覺，在汽車內警惕提高，但不要恐怖。

宿營在公路兩旁的山溝內。


（另頁）[1]

平壤東北，九兵團多一些人。

平壤北　中南

平壤南　西南

---

1　此段另頁記錄，應是作者所參加的第一屆中國人民赴朝慰問團第三分團（華東分團）入朝以後的內部分組活動情況。據有關史料記載，第三分團共有代表二十九人，隨團記者四人。整理者依據作者的其他記錄資料和相關史料，標注了部分成員。

鴨綠江附近　西北

平壤　東北　華北

西北　胡[1]、李世[2]、陳雲[3]、郭[4]、劉[5]、武[6]、姚[7]、欽[8]

九兵團　澄[9]、玉[10]、王[11]、楙[12]，女劉[13]、應[14]、壽[15]，

---

1　胡，即胡善甫。胡善甫，蕪湖工人，淮北蘇皖邊區勞動模範，皖南區各界人民代表會議協商委員會委員。第一屆中國人民赴朝慰問團第三分團成員，代表中國人民抗美援朝總會皖南分會。

2　李世，即李世軍。李世軍（1901－1989），字漢三，甘肅靜寧人。曾任甘肅省建設廳長、國民黨中央監察委員會常務委員、監察委員、立法委員。時任中國人民救濟總會南京市分會副主席。第一屆中國人民赴朝慰問團第三分團成員，代表南京市救濟分會。

3　陳雲，即陳雲章。陳雲章，山東大學教授、中蘇友協青島分會副總幹事，第一屆中國人民赴朝慰問團第三分團成員，代表中國人民抗美援朝總會青島分會。

4　郭，即郭崇毅。郭崇毅（1921－2002），安徽合肥人。時任民盟合肥分部主任委員、皖北區政協副秘書長。第一屆中國人民赴朝慰問團第三分團成員，代表中國人民抗美援朝總會皖北分會。

5　劉，即劉佛年。劉佛年（1914－2001），湖南醴陵人，教育家。時任上海師範學校校長、復旦大學教授。第一屆中國人民赴朝慰問團第三分團副秘書長，代表中國教育工作者工會上海市委員會。

6　武，即武和軒。武和軒（1901－1986），原名肇煦，山西文水人。曾任國民黨中央黨部秘書、蒙藏委員會委員、國民大會代表、立法委員，後參加民革。第一屆中國人民赴朝慰問團第三分團成員，代表中國國民黨革命委員會上海分部。

7　姚，即姚錦泉。姚錦泉，第一屆中國人民赴朝慰問團第三分團成員，代表上海五金工會。

8　欽，即欽本立。

9　澄，即李澄之。李澄之（1901－1966），原名李澄，字若秋，山東臨沂人。時任濟南市軍管會文教部長兼濟南市教育局局長，山東省各界人民代表會議協商委員會副主席兼秘書長。第一屆中國人民赴朝慰問團第三分團副團長，代表中國抗美援朝總會山東省分會。

10　玉，即李玉軒。

11　王，即王若望。王若望（1918－2001），江蘇武進人。時任上海總工會文教部副部長，華東局宣傳部文藝處副處長。第一屆中國人民赴朝慰問團第三分團秘書長，代表上海市總工會。

12　王楙德，第一屆中國人民赴朝慰問團第三分團成員，代表上海工商業同業公會聯合會。

13　女劉，即劉開榮。劉開榮（1909－1973），女，湖南醴陵人，著名學者，時任南京金陵女子文理學院教授，著有《唐人詩中所見當時婦女生活》。第一屆中國人民赴朝慰問團第三分團成員，代表中國人民抗美援朝總會南京市分會。

14　應仁珍，女，第一屆中國人民赴朝慰問團第三分團成員，代表上海民主婦女聯合會。

15　壽滿蓉，女，上海電影工作者，曾任中國福利會託兒所支部書記。第一屆中國人民赴朝慰問團第三分團成員，代表上海紡織工會。

彭 [1]、倪 [2]、閔 [3]，海 [4]、黃 [5]

西南　星 [6]、永 [7]、衛 [8]

中南　唐 [9]、童 [10]、汪 [11]

華北　潘 [12]、哈 [13]

---

1　彭，即彭文應。彭文應（1904－1962），字爵圍，江西安福人。政治學家，民盟上海支部主要負責人。1957 年被劃為右派，1980 年被宣佈 "維持原案"。第一屆中國人民赴朝慰問團第三分團成員，代表中國民主同盟。

2　倪，即倪松茂。倪松茂（1910－1995），福建福州人。化工專家，實業家。時任福州市工商聯籌備組副主委。第一屆中國人民赴朝慰問團第三分團成員，代表中國人民抗美援朝總會福建省分會。

3　閔，即閔子。閔子，又名閔玉如，實業家。時任民主建國會杭州籌備組召集人。第一屆中國人民赴朝慰問團第三分團成員，代表中國人民抗美援朝總會浙江分會。

4　海，即徐學海。徐學海，女，上海基督教女青年會副會長，1945 年至 1949 年任《婦女》雜誌主編。第一屆中國人民赴朝慰問團第三分團成員，代表上海民主青年聯合會。

5　黃應韶（1903－1995），教育家，江蘇揚州人。江蘇揚州人時任揚州中學校長。第一屆中國人民赴朝慰問團第三分團成員，代表中國人民抗美援朝總會蘇北分會。

6　星，即胡星原。胡星原（1921－1983），又名胡馨遠，筆名胡燎、石臨、葉敏。江蘇邳縣（今邳州）人。曾任《新民報》、上海《聯合日報》、《新聞報》、上海《聯合晚報》編輯記者。1948 年任香港《文匯報》編輯記者。時任上海《新聞日報》編委兼採訪部主任。1957 年被劃為右派。此時為第一屆中國人民赴朝慰問團第三分團隨團記者。

7　永，即李永慶。李永慶，第一屆中國人民赴朝慰問團第三分團成員，代表上海市政工會。

8　衛，即衛禹平。衛禹平（1920－1988），配音演員、譯製導演。第一屆中國人民赴朝慰問團第三分團成員，代表上海文學藝術界聯合會。

9　唐，即唐海。

10　童，即童潤之。童潤之（1899－1993），著名鄉村教育家，著有《鄉村社會學綱要》等，時任蘇南文化教育學院副院長。第一屆中國人民赴朝慰問團第三分團成員，代表中國人民抗美援朝總會蘇南分會。

11　汪，即汪普慶。汪普慶（1917－2002），筆名菲士、南父，江蘇泰興人。蘇中三分區前綫報及江海導報社副社長、總編輯，蘇北文聯副主任。第一屆中國人民赴朝慰問團第三分團成員，代表中國人民抗美援朝總會蘇北分會。

12　潘，即潘際坰。潘際坰（1919－2000），筆名唐瓊。江蘇淮安人。作家，曾任《大公報》翻譯、編輯，香港《大公報》駐北京記者、評論員，香港《大公報》副刊主編。時任上海《大公報》編輯記者，第一屆中國人民赴朝慰問團第三分團成員隨團記者。

13　哈，即哈寬貴。哈寬貴（1929－1982），回族，江蘇南京人。當時是復旦大學新聞系學生，上海市學聯副主席，後為作家。第一屆中國人民赴朝慰問團第三分團成員，代表上海民主青年聯合會。

平 二陳[1]、徐[2]、高[3]、周[4]


下午三時，東北軍區後勤部張副政委報告：

從志願軍赴朝後，打了四次勝仗。前後消滅敵人約十五萬人。

美軍裝備武器都是現代化的，我們裝備是劣勢，我們在前兩仗根本未使用大炮。

為什麼中朝戰士能打勝仗？到朝鮮一看，就得到解答了：

一、非正義性，美軍正殘暴到什麼程度，有很多事實還宣傳不夠。

美帝在朝主要的政策是毀滅。

北朝鮮被毀城市百分之百被炸，炸平了三分之一以上，如新義州十五萬人口的城市已經炸平。

平壤附近沙里院投了一百多個定時炸彈（最長達七十多小時），汽油彈投建築物。

最近敵為破壞我汽車，投下大量四角釘子。

敵轟炸給予損害最大者為朝鮮人民的財產及後方補給。

村莊被毀滅者，故在前綫及交通綫附近，很多山（林）被燒毀了。

漢城一百二十萬人口地區，收復漢城時只剩十二萬人，經過收撫後達三四十萬人。

李承晚匪軍所到之地，殺人最慘，還有北朝鮮的地主回到北

---

1　二陳，即陳巳生和陳俊明。陳巳生（1893－1953），浙江海寧人。上海實業家，基督徒。從事海運、保險、製筆等行業。中國民主促進會發起人之一。第一屆中國人民赴朝慰問團第三分團團長，代表上海工商業同業公會聯合會。陳俊明，上海實業家，從事棉布和毛絨綫製造和貿易。第一屆中國人民赴朝慰問團第三分團成員，代表上海工商業同業公會聯合會。

2　即作者本人。

3　高，即高事恆。高事恆（1902－1982），字敬基，浙江湖州人。上海實業家，從事絲綢製造和貿易。第一屆中國人民赴朝慰問團第三分團成員，代表上海工商業同業公會聯合會。

4　周，即周明。周明，即古瑞雲，台灣台中人，台灣 "二・二八" 事件中二七部隊主要領導人，曾參與創建台灣民主自治同盟。第一屆中國人民赴朝慰問團第三分團成員，代表台灣民主自治同盟。

朝鮮。大舉報復，燒殺一路，最少一村被殺三百多，多至三千人，勞動黨員被殺者最多。

強姦婦女，還要強迫簽字，說是自願。

百分之八十的耕牛被屠殺了。

三八綫變成無人地帶，縱深一百多里，幾無人煙。

從上列事實，可以理解到為什麼朝鮮人民軍如何頑強。

有一老太太，當我解俘到後方時，攔住美俘要咬，咬不到，把自己的指頭咬下來了。

敵人基本弱點是士氣弱。

美軍頑強是相當□的，所以可見□是士氣不高。

經過這幾個勝仗，敵人……

俘虜□□□國，有人所以朝南□□□北□

會□□可開戰爭□□□□□交換。

二、如此艱苦，不僅不影響士氣，相反的，士氣越來越高，幾次勝利後，政治部主要工作是如何糾正輕敵速勝思想。

作戰時，定計劃，預定消滅多少敵人。而任務下去，是層層加，而且彼次〈此〉挑戰。

有一連保證捉五十個敵人，結果只捉到四十多人，大家決定在黑夜到敵人陣地去，結果摸到幾個傷兵，完成任務。志願軍說，只要保證我們吃飽飯，有彈藥（受傷快扶回），後方工作做得好，家屬有安頓。我們保證打勝仗。

戰士表示，不想回家，不開小差，只要吃一饅頭就死也甘心。

醫務人員除醫治外還戰鬥，搭房子，一個醫務人員，最多的擔負一百五十傷員，又做飯，又背上背下。

三、朝鮮情況。

山明水秀，而人民很可愛，橫豎能吃苦，鬥爭性極強。

朝鮮解放後，農民元氣未恢復。

現在，工廠都已炸光，工人均已參軍。原來，朝鮮鐵路多，公路好，動力很充足，輾〈碾〉米都用電，敵人花兩三個月的時間，就全部毀滅了。

這證明，在帝國主義未打倒前，如無足夠的國防力量來保衛，一切都是空的。

朝人民軍的裝備，比我們好。

朝人民堅決支援前綫，婦女情緒甚高。

朝鮮的祖國統一戰綫由勞動黨、民主黨和青友黨組成。

民主黨，主要是工商業者、手工業者，也有基督教徒。

青友黨，有一部分地主富農，教徒多，是天道教。

房小坑大，桌小碗大，襖小褲大，車小輪大。

廚房不喜歡人進去。

送東西不要拒絕，菜不能剩。

到朝去：（一）準備吃苦；（二）服裝 —— 黑衣服。

朝鮮行政區劃，中央、道（省）、群（縣）、面（鄉）、里（村）。


# 三月廿六日

上午開小組會及分團團委會。

下午二時，赴北陵陸軍醫院分院，慰勞傷員。該院住有傷員廿幾名，內有朝鮮人民軍傷員九人。

六時半返東北大旅社。

# 三月廿七日

上午八時起身，出外洗衣早餐，並在三聯書店看書，想購買一部分土改材料，但沒有找到。這是因為東北的土改早完成了。

十時，聽各組典型報告，首由全國勞模趙國有報告：

東北人民的購買力，1950 年比 1949 年提高了百分之三十三。1949 年十個人買一匹布，1950 年四個半人買一匹。

鍾夢月，武漢市家庭婦女，丈夫的〈是〉板車夫，有四個兒子，只剩一個兒子。她參加了絮行工作，她響應號召，接受了棉衣的任務。這小兒麻癒〈疹〉，送至姊姊，她一晚完成四十套。但兒子死了，她當選了特等勞模。武漢市婦聯軍需加工絮行廠。

接著是李敷仁報告：

陝西商縣有一百多戶貧僱農，本來免繳公糧，但他們要求繳納，他們說這是抗美糧，有一農民只有一斤七兩棉花，但他全部交了。他說，我沒有吃可借，前方戰士是不可一天沒有得吃。

喇嘛捐出了他們的黃金和銀塊。

下午總團宣傳會議。

陳沂[1]：

一、錦旗慰勞品審查及分類；各分團印刷品、文件加以審查：

錦旗一類、信一類、印刷品一類。錦旗：吳群[2]；印刷品：丁雪松[3]；信：郭部長[4]；

---

1 陳沂（1912－2002），原名余立平，筆名陳毅。貴州遵義人。解放軍少將，時任解放軍總政治部文化部部長，三次擔任中國人民赴朝慰問團總團副團長。

2 吳群，時任中國人民赴朝慰問團直屬分團隨團記者。

3 丁雪松（1918－2011），女，鄭律成夫人，1946 年至 1950 年在朝鮮任華僑聯合總會委員長、中國東北行政委員會駐朝鮮商業代表、新華社平壤分社社長，1979 年後任駐外大使。時任第一屆中國人民赴朝慰問團直屬分團隨團記者。

4 郭部長，指郭開峰。郭開峰（1929－2009），廣東潮陽人。時任瀋陽軍區政治部宣傳部部長，第一屆中國人民赴朝慰問第七分團成員，代表中國人民解放軍東北軍區部隊。

錦旗：總團三百一十二旗，西南二百一十七面，五十面以西南名義；

宣傳委員會有權處理全權事項：統計、清點、分配包裝、運送。

人民軍一類、志願軍一類，（以下）再分若干項。

每人不超過八斤，慰勞品六斤。

二、把講話材料加適當補充，世界各國人民對中朝戰士的慰勞和鼓勵，列舉具體事例以及所起到的作用：

訪問提綱，對中國人民志願軍。

三、記者的分工問題：記者集中使用、登記照相機。

四、文藝隊的分工問題；曲藝分配，□，說，唱　練。

三部、一部，以練為主；平部，平壤以北一部以唱為主；安東附近，以女為主。

電影分三處。

文工團基本上隨本團走。

文章由各團看，分團各部門工作的報告編印，擁軍優屬的五個條例，統計數字劃一。

編輯組，田漢負責，各分團一人，各分團記錄員的決定。


熙修住四四八，來談報事。

丁雪松住四六三。隔壁黃藥眠[1]兄，詳談。


西南代表的報告：

內江高嫂子組織兒童婦女，監視土匪。結果有四百多名土匪投降，繳了三百多條槍。押金退回約百分之八十。

一般押金的數字，相當於一九五〇年的公糧的數字，有的甚

---

1　黃藥眠（1903－1987），原名訪蓀，筆名達史。廣東梅縣人。時任北京師範大學教授，第一屆中國人民赴朝慰問團直屬分團成員，代表中國民主同盟。

至超過一半。

長壽農民退押平均達四百三十斤。

土改後，啞吧〈巴〉說話，和尚還俗，寡婦生子，尼姑思凡。

川北流行的話，國民黨拉兵，共產黨要考兵。

重慶三八節十八萬婦女遊行。

華北代表的報告：

天津買的無軌電車被美帝扣留在朝鮮，工人弟兄就自己製造了無軌電車。

抗美援朝運動變成了一種藥，可以把什麼病都治了，不積極的積極了，鬧情緒的不鬧了，問題鬧不清的也鬧清了。

天津鋼廠完成全年任務百分之二至百分四十四。

天津鋼廠去年的任務比一九四九年加兩倍，第一、二、三季中完成百分之七十，第四季任務就更重。爐子又不正常，煤的成分又不好。那時展開愛國主義生產競賽而連廠長都失了信心，提出口號，多生產一條鋼，多增加抗美一分力量，而信心提高了，剛剛爐子壞了，於是由工會領導，提前三小時修好爐子，到十月廿幾日，又發生了阻礙，此情況，必須半月才能修好，四位工匠冒險修好，結果提前七天完成了任務。


# 三月廿八日

上午談檢查慰勞信問題。

中南的一萬五千封　只審查一千多封

西南五百九十封　金日成將軍　朝鮮難民

華東八千封　兩千　鉛印　三千原松 三千分團檢查

華北六十三　直屬三十八　八百封、八十四曲藝 西北二十八蒙古七。

數目清楚，分類（五類）

檢查內容，鼓舞鬥志

1. 反動分子鑽空子，企圖瓦解我們力量。

2. 後方人民説家鄉好，引起戰士的懷鄉病。

3. 對形勢不正確的看法，對外交認識不清楚。

4. 泄露國家機密。

5. 對朝鮮人民的禮貌，及其戰鬥業績。

6. 號召不對頭。

檢查方法 簽字 不用的退回總團


整天檢查慰勞信，到晚十時半才休息。這幾天任務堆得很多，檢信工作由東北軍區梁部長、黃藥眠兄及我三人負責，全團記者的組織及掌握，也由我和新華社的丁雪松同志負責，從這些具體工作中，可以鍛煉我的工作能力。

由於這幾天的報告，和參加實際工作，我自己相信，自己是的確提高也。

晚同欽、胡[1] 兩兄赴外吃麵。




# 三月廿九日


今天起得早，趕上了吃飯，八時，即開小組會。

十時開分團團委會，陳團長報告兩次總團團委會決議，傳達高崗主席意見，心理準備越強，警覺越大，危險性就越小。

---

1　欽、胡，即欽本立和胡星原。

三分團分三組：

總團——陳[1]、徐[2]△、周明

一分團（鴨綠江兩岸）——彭[3]、世[4]、俊[5]、劉[6]、雲[7]、郭[8]、欽[9]△、武[10]（定山為止）

二分團（平壤南）——衛[11]、永慶[12]、胡星原△；

四分團（平壤北）——童[13]、汪[14]、唐[15]△；

五分團（平壤西北）——哈[16]△、姚[17]；

六分團（東北）——高事恆△；

一分隊——潘[18]；

二分隊——倪[19]、女劉[20]；

三分隊——黃應韶；

文工隊——自己。

---

1　陳，即陳巳生。

2　徐，即作者本人，△為原文所加，下同。

3　彭，即彭文應。

4　世，即李世軍。

5　俊，即陳俊明。

6　劉，即劉佛年。

7　雲，即陳雲章。

8　郭，即郭崇毅。

9　欽，即欽本立。

10　武，即武和軒。

11　衛，即衛禹平。

12　永慶，即李永慶。

13　童，即童潤之。

14　汪，即汪普慶。

15　唐，即唐海。

16　哈，即哈寬貴。

17　姚，即姚錦泉。

18　潘，即潘際坰。

19　倪，即倪松茂。

20　女劉，即劉開榮。

下午二時，與第二組全組同志進城，擬遊故宮未果，在百貨商店吃飯。

晚，看《在新事物的面前》[1]話劇，甚為滿意，此劇思想性極高，對領導工作，啟發甚大。

# 三月卅日

在朝集中力量為新華社寫稿。用不用修改，由新華社決定。

決定任務和報道提綱，規定任務，歸來檢查。

各分團決定負責同志。

照相機的登記問題。

赴朝慰問和回國宣傳。宣傳委員會　指示　集中使用

每分團指定一人為組長，本團活動

審稿、登記攝影、報道要點

通過報道工作的綱領，作為工作的保證，一定遵照這綱領完成任務，回來後共同檢查。

報道要點、長稿審查問題。攝影、記者證

陳沂：

丁雪松的提綱打字發出

記者照相機由總團統一登記、沖洗

有關人民軍的要人民軍總部審查

發記者證、攝影記者證

各團組記者組，記者組

首要任務是（為）報告團的工作，為新華社工作

---

1　《在新事物的面前》，五幕話劇，杜印、劉相如、胡零等編劇，講述解放初期大城市工業生產中先進思想和保守思想之間發生的衝突。

（一）原則上通過丁雪松同志提出的工作綱領及報告要點，作為我們全國新聞工作人員的工作綱領及報道要點，保證實行，完成任務。

（二）請〈記者〉發給記者證及攝影記者證

（三）各分團記者成立記者組，每組推舉一組長

向分團報告：

1. 說明東北慰問傷兵。

2. 照相機登記，代表由大隊登記，慎重照相。

3. 收集資料，回來還是三分團（本團派出各分團）。

4. 發佈新聞（新聞組長），由分團掌握，分團潘際坰。

5. 畫報審查通過，五千酌留。

本團派出〈到〉各分團，回來還是三分團。不寫信。


# 三月卅一日

上午九時，開直屬分團會議，李頡伯[1] 報告。

到平壤初期的活動，以總團名義，慰問朝鮮軍民，任務完成後，分兩部分，一部分赴志願軍總部，一部分留平壤慰留〈問〉中朝戰士。

要採取認真嚴肅的態度，到朝鮮人民的首都。

分三個隊，一二分隊到志願軍司令部

---

1　李頡伯（1912–1987），河北豐潤人。時任全國總工會執委會委員、秘書長，第一屆中國人民赴朝慰問團總團秘書長，代表中華全國總工會。

（一）王士釗[1]（隊長）、趙國有[2]、徐鑄成、許寶騤[3]、陳巳生、田方[4]（八人）

（二）王[5]、雷[6]、吳組湘[7]、丁聰、藍馬[8]（九人）

（三）葉[9]、浦[10]（九人）

（四）王文彬[11]、潘[12]（組長）

（五）馬[13]、朱[14]、李濱生[15]（十一人）

（六）記者

共一百四十人左右，組三梯隊

一梯隊長 李頡伯（代表）

二梯隊長（工作人員）

---

1　王士釗（1910－2005），廣東東莞人。時任解放軍第十五兵團組織部副部長，第一屆中國人民赴朝慰問團第四分團成員，代表中國人民解放軍中南軍區部隊。

2　趙國有，遼寧遼陽人，瀋陽機械工人，全國勞動模範。時任全國總工會生產部副部長，第一屆中國人民赴朝慰問團直屬分團副團長，代表中華全國總工會。

3　許寶騤（1909－2001），浙江杭州人。中國民主革命同盟和三民主義同志聯合會主要領導人，時任民革中央宣傳部副部長，第一屆中國人民赴朝慰問團總團副秘書長，代表中國國民黨革命委員會。

4　田方（1918－2006），原名田培方，浙江海寧人。曾任延安《解放日報》記者編輯，第一野戰軍隨軍記者。時任新華社西北總分社編輯室主任、西北新聞局新聞處長，第一屆中國人民赴朝慰問團第一分團成員，代表西北新聞工作者協會籌備會。

5　王，不詳。

6　雷，即雷潔瓊。時為第一屆中國人民赴朝慰問團直屬分團成員，代表中國民主促進會。

7　吳組緗（1908－1994），原名吳祖襄，字仲華，安徽涇縣人。時任清華大學教授、中文系主任，第一屆中國人民赴朝慰問團第五分團副團長，代表北京市教育工作者工會。

8　藍馬（1915－1976），原名董世雄，北京人。影劇演員。時為第一屆中國人民赴朝慰問團直屬分團成員，總團文工團副團長，代表中國人民解放軍文藝工作者。

9　葉，即葉丁易。葉丁易（1913－1954），名鼎彝，筆名丁易、孫怡等，安徽桐城人。時任北師大校務委員會委員、中文系教授，第一屆中國人民赴朝慰問團直屬分團成員，代表九三學社。

10　浦，即浦熙修。時為第一屆中國人民赴朝慰問團直屬分團成員，代表中國人民抗美援朝總會。

11　王文彬（1907－1995），陝西蒲城人。1935年進入《大公報》，先後任天津館編輯，桂林、重慶館經理。1949年後任重慶《大公報》、《重慶日報》經理。時為第一屆中國人民赴朝慰問團第二分團團長，代表重慶市民主建國會。

12　潘，不詳。

13　馬，不詳。

14　朱，不詳。

15　李濱生，不詳。

三梯隊長（曲藝文工）

關於宣傳活動。在以總團出現階段，可能有工、農、婦、文各界的招待會議。

準備短小的說話稿子，有可能開座談會。

應有認真的準備。慰問方面，慰問朝鮮人民軍說話，必須先準備好，翻譯好，對人民志願軍也應準備好稿子。

關於行動問題，總團發了補充規定，準備行裝。

留下的行李，按新分隊為單位保管。

廖：總團指揮　陳沂，分團李頡伯。

注意：1. 人選如此定下來，服從總的利益。2. 充分團結一致。3. 宣傳工作，可能在平壤多留幾天，準備好各種說話材料，表示全國人民堅決支持朝鮮人民，關於"毛主席派出來的"只能限於向志願（軍）部隊說，其他只能說中國人民派來的，中國人民反侵略委員會派出來的。


王士釗（住）六二九，趙國有（住）四七四號，扎克洛夫[1]（住）交際三樓二四七號，陳巳生（住）交際三樓二〇五號，徐鑄成（住）三樓三二四號，田方（住）高幹樓四樓十五號，林厚周[2]（住）六樓四十九號，許寶騤（住）四樓四一八號。


下午二時，討論補充條例。

---

1　阿不拉·扎克洛夫（1918–1982），維吾爾族，新疆伊寧人。時任新疆省人民政府副秘書長，第一屆中國人民赴朝慰問團第一分團副團長，代表新疆省人民民主同盟。

2　林厚周，湖北漢川人，漢口工商界人士，開明貿易公司董事長，時為第一屆中國人民赴朝慰問團第四分團成員，代表武漢市工商業聯合會。

# 四月一日

今天換了志願軍服。

全國幣制統一，今天起，東北開始使用人民幣，上午到館子吃咖啡，已經用人民幣了。可見東北人民政府效率的好。

三時，先由西北農民代表謝茂恭[1]表演快板。

扎克洛夫同志報告新疆的情況，新疆十三個民族五百萬人民一致團結起來，堅決進行抗美援朝愛國運動。

慶祝平壤解放，迪化舉行了七萬人的示威遊行。

阿衣西罕（維吾爾族）六十一號〈歲〉的老太太説，我不能打美帝，也可以抓它一把頭髮。

哈山（薩）克族的婦女馬立克獻出了她的耕牛。

赴蘇表演的雜技團，決定參加慰勞團，丁同志報告在蘇見聞：

表演一百零六次二十七萬人（觀看），波蘭二十四場兩萬多人（觀看）。

十一月六日到莫斯科，第二天參加十月革命節。

許政委：

部隊在前方為什麼能打勝優勢裝備的敵軍？首先，經過幾個月作戰，瞭解敵人，它的表演是全世界帝國主義一切本事（除原子彈外）都拿出來了，戰爭中所能施用的手段都施用出來了。它幾次叫囂要解決朝鮮問題，就因為它施盡了力量，以為一定能解決問題。

我們就以原始化對付現代化，為何大量消滅敵人，取得大的勝利呢？

首先，因為有政治條件，勇敢，沒有彈藥時，抓起石頭幹。其次是戰術的優越。從實際戰鬥中，毛澤東的偉大戰鬥思想（來

---

1　謝茂恭，應為謝茂公。謝茂公（1904－1967），陝西三原人。農民詩人。時為第一屆中國人民赴朝慰問團第一分團成員，代表陝西省農民協會。

武裝）。

我們過鴨綠江後一面走一面動員一面解釋，一面打一面找經驗。

進攻中的材料，在漢城西北高陽附近，參加戰鬥，一營一個半連，面對敵人廿五師相當巨大的敵人及英國軍隊正在撤退時，我軍趕上了。敵人佈置坦克炮兵步兵各一營在後面高地，佈置了掩蔽撤退。我們一連從它中間插進去了。到處把敵人擾亂，敵人成群的跪下繳槍。

英國部隊最不幸，丘吉爾坦克被毀二十幾輛，俘虜少數口袋中發現了一個投降證。英軍口袋中都有投降證，要求我們廣播，美英士兵都願意當俘虜，不願被打死。

目前已有成百的一批美軍投降，他們已逐漸瞭解我們的俘虜政策。

某指揮官說，美帝攻不能攻，守不能守，它還想獨霸世界這不是開玩笑麼。

戰士們都說，我們不能丟人，在毛主席面前丟人，中國人民面前丟人。

戰場上也收到捷克等兄弟國家的慰勞品、慰勞信，得到很大的鼓勵，因而增加了很大的力量。

敵人打很多照明彈，我們戰士說是正月十五掛燈，運輸人員就“借光”完成任務。

中朝人民的軍隊共同作戰，團結一致，如何結成軍團的力量？真正是團結一致了，彼此鼓勵，親切友愛。

我志願軍與朝鮮人民之間是非常親密的。毛主席指示：“愛護朝鮮一山一水一草一木。”

戰士說偵察機叫“瞎子”。

對於機群飛過也不在乎。

黑夜掃射就不管它。

# 四月二日

上午，寫寄家中及俞兒信。

今天整天沒節目，聽說要重編組，因此小組工作也未進行。

在馬尼拉飯店吃飯，和本立[1]等四兄談搜集材料及寫作計劃，譚文瑞[2]兄剛從朝鮮來，詳談朝鮮情況。

# 四月三日

上午八時，與欽、唐兩兄上街，理髮沐浴吃飯，初起床時，就把內衣襯衫都洗了。

午後，與趙國有同往分團部領攜帶各物件。

三時聽報告。

廖團長：

講三個問題

（一）準備和協商期間已結束了。從瀋陽出發，行動開始，就要服從指揮，各黨各派的黨員朋友，都應服從指揮，完全軍事化，由團兵分團長的命令執行。

如乘車，要迅速靈活，一切要保證服從指揮，執行命令，完成任務。

初步準備四月三十日結束任務，十天回來，兩星期工作，是非常緊張的。

任何理由，不能妨礙命令之執行。

---

1 本立，即欽本立。

2 譚文瑞（1922－2014），筆名池北偶，廣東新會人。曾任天津《大公報》編輯、《大公報》駐北平記者、香港《大公報》編輯。時為《人民日報》記者、編輯。

（二）到戰地以後，可能發生下列情況，可能比預期更緊張，也可能比較鬆弛，應該從政治上瞭解朝鮮戰爭必勝的前途，朝戰是比較長期的殘酷的戰爭。

我們要有一切決心，到前方後，為情況不如想像得那麼緊張，大家切勿鬆弛下來，應以充分的緊張，有始有終的貫徹在工作中，最後完成任務。

（三）保密問題，要求有自覺的保密，大前提是求得戰爭的勝利，凡違反此項前提的，絕對不做。有些軍事機密只能領導的少數人知道，我們團員不該知道的不必去問，不該去問。

其次，瞭解各種情況後，不符合最高利益的事不做、不寫，看到的許多戰地通信，往往無意暴露了我們的弱點。蘇聯的通信只說明戰爭的英勇和必勝的前途。

陳沂副團長：

我們的準備工作，基本上已完成，我們的隊伍基本上也可以拉出去了。

（一）行軍情況，前方已派員來接我們了，年輕的有經驗的到前方。

準備要作戰的部隊，要鼓勵他們。

到平壤的，向朝鮮中央，訪問性質，加強中朝兩國的戰鬥的友誼。

行軍作戰中，不能有絲毫僥倖心理。

行軍宿營組，上車下車組。

車輛隱蔽組，互助組。

每車坐二十人，每兩車一組。

孤擔行車，群擔坐車[1]。

第一必帶，鋼筆、墨水、本。

---

1 原文如此。

第二必帶，牙刷、毛巾、牙膏、手巾。

第三必帶，吃的東西。

酌帶被、毯。

慰勞品，要像愛護自己的生命那麼愛護，共四五百億。

前方同志說，慰勞團去等於一百架飛機。

關於保密，報道不小心，為敵人作材料。

八六部隊。

宣傳問題，我們要宣傳：

（一）中國人民為什麼要、怎樣熱火朝天地抗美援朝。

（二）戰士的勝利對國內，城市、農村，以至全世界的影響。

後面人民應該苦一點。

什麼身份說什麼話。

有一士兵，高高興興地戰鬥了十幾天，上級叫他洗臉，他說，我就要這樣去見見毛主席，說他的小兵是這樣的。

田漢副團長：

人民的立場，不是政府的立場。

是勤務員的立場，不是欽差大臣的立場。是鼓動員的立場。

其次明確我們的任務：

（一）正確估計戰士們的勝利，明確其意義。

（二）報告他們出國後國內國外形勢的發展。

（三）鼓勵他們的士氣。

美國官方報告，朝戰後三月，肉漲百分之十，雞蛋百分之十八，蔬菜百分之五十。

我們的物價，始終很穩定。

美批發物價，比去年六月底（漲）百分之二十。

據美專家估價，美通貨膨脹的結果，物價可能漲到百分之五百，杜魯門想冷（凍）結物價，但當然不可能。

美國的鋼，從一九四八年至一九四九年產量降低百分之二百，現在，美蘇產鋼量已經差不多了。

土改，今年一億四千萬人口（完成土改），（加上）老區一億六千萬人口，已有三億（完成）土改

今年爭取豐收，如治淮（爭（增）產一成為目標）

治淮，花五十萬噸大米，三百萬民工。

治錢塘江，東北治太子河。

全國有二千零六十八縣已有一千九百六十八（百分之九十四點八）開過人民代表會議。

五十八蒙旗中有四十六旗開過人民代表會議（百分之七十九點三）。

麥魔[1]談話後，英國一個人說，不管他們為何繼續敗退，他們還吸引美國八個師和三萬其他附庸國的部隊，而這些部隊在世界範圍的防禦中是非常需要的。

文化方面：抗美運動及愛國主義思想教育運動，廣泛發動，以各種文藝形式進行宣傳工作，不僅教育了群眾，也教育了文化工作者。

攝影隊派到朝鮮的十個，四（個）放影隊，一個錄音隊。

去年十月舉行抗美援朝宣傳月，有一億一千多萬觀眾。

戲劇（包括曲藝等等），去年全國藝人演了四天的抗美援朝義務戲。

解放平壤，北京藝人舉行了大遊行。

〔一九〕五一年春節，全國各大城市都（舉）行愛國主義戲劇競賽，上海有四千多藝人參加。

廖團長：

朝戰證明了：（一）再一次證明世界人民力量比帝國主義的力量大；（二）證明美帝是紙老虎，發動戰爭是一種恫嚇；（三）大

---

1　指麥克阿瑟。

大提高了世界人民的信心，因此如朝戰打得好，世界人民，特別是資本主義國家殖民地人民為和平的鬥爭更堅決擴大。戰爭的企圖，可能被粉碎。

李秘書長：

每車坐二十人，三個司機。

到宿營地要在司機指導下，好好的隱蔽車輛。


晚直屬大隊開會。

第一梯隊，二十九位，九記者，五工作（人員），九通信員警衛員。

共五十二，十八，十七，十七。

第一車　二分隊　車長 陳平 [1]、副車長包嚴 [2]

第一組，行車宿營組 趙國有（組長）、丁聰、雷 [3]、徐鑄成、戴富有 [4]、逢景田 [5]

第二組 防空組（宿營地防空）聶維慶 [6]（組長）、李文達 [7]、許寶騤、布魯土魯 [8]

第三組，隱蔽車輛組 田方、吳組緗、扎克洛夫

第四組，互動組（機動組）王易之 [9]、陳巳生、逢景田（共

---

1　陳平，應為程平，慰問團工作人員。

2　包嚴，應為包彥。包彥，第一屆中國人民赴朝慰問團第六分團副團長，代表內蒙教育工會。

3　雷，即雷潔瓊。

4　戴富有，志願軍戰士，負責慰問團保衛工作。

5　逢景田，志願軍戰士，負責慰問團保衛工作。

6　聶維慶，時為全國學聯副主席，第一屆中國人民赴朝慰問團直屬分團成員，代表中華全國學生聯合會。

7　李文達，不詳。

8　布魯土魯，不詳。

9　王易之，應為王一知。王一知（1916–1987），女，原名郭維軒，吉林依蘭（現黑龍江）人。周保中夫人。周保中在東北領導抗聯工作時，與金日成結下友誼。1950 年隨周保中到昆明工作，負責僑務和外事。時為第一屆中國人民赴朝慰問團第二分團秘書長，代表雲南省華僑聯誼會。

十八人）。

第二車　車長田間[1]，副（車長）楊朔[2]

一組　潘[3]（組長）、李[4]、溫[5]、浦[6]、胡[7]、王書莊[8]

二組　郭[9]（組長）、孫[10]

三組　王坪，趙[11]

四組　葉[12]（組長）、黃[13]、劉[14]、遲[15]

第三車　曾平[16]、吳群（車長）

一、馬[17]（組長）、包[18]、許[19]、蕭[20]、周明

---

1　田間（1916－1985），原名童天鑒，安徽無為人，詩人。時任全國文聯研究會主任，第一屆中國人民赴朝慰問團直屬分團秘書長，代表中華全國文學藝術界聯合會。

2　楊朔（1913－1968），原名楊毓晉，山東蓬萊人。作家。時任志願軍戰地記者，第一屆中國人民赴朝慰問團直屬分團隨團記者。

3　潘，不詳。

4　李，不詳。

5　溫，不詳。

6　浦，即浦熙修。

7　胡，不詳。

8　王書莊（1904－1988），河北任丘人。文物鑒定專家。時任文化部科學普及局副局長。第一屆中國人民赴朝慰問團直屬分團成員，代表中華全國科學技術普及協會。

9　郭，即郭開峰。

10　孫，不詳。

11　趙，不詳。

12　葉，即葉丁易。

13　黃，即黃藥眠。

14　劉，不詳。

15　遲，不詳。

16　曾平，第一屆中國人民赴朝慰問團第五分團副秘書長，代表中國人民抗美援朝總會北京市分會和北京市中蘇友好協會。

17　馬，不詳。

18　包，不詳。

19　許，即許寶騤。

20　蕭，不詳。

二、邱浦[1]（組長）、唐新[2]、韓[3]

三、邵[4]、羅[5]、田野[6]

四、丁雪松、向達[7]、朱繼聖[8]，十七人

一組　二百米左右

王、彭、李、扎克、副車長

中、陳、雷、徐、許、吳、包

車長，戴、趙、李、許、周

總團通知證章，平時不帶出來

文件由各組織集中

緊急下車，動作快

平時集合 —— —— 二次長音

平時緊急集合　—— —— 一長二短

很緊急集合　—————— 多次短音

到宿營地後：與司機商量好，找好地方後通知各組。

第一組帶工作，先用第一組的米。

1　即秋浦。秋浦（1919－2005），原名貢厚生，又名後生。江蘇丹陽人。曾在晉察冀邊區從事
　　新聞工作。1947年奉命籌辦《內蒙古日報》，並主持該報工作。第一屆中國人民赴朝慰問團
　　第六分團團長，代表內蒙新聞工作者協會籌備會。

2　唐新，不詳。

3　韓，不詳。

4　邵，不詳。

5　羅，不詳。

6　田野（1911－2004），曾名田英魁。直隸束鹿（今河北辛集）人，攝影家。時任解放軍畫報
　　社副社長兼總編輯。第一屆中國人民赴朝慰問團直屬分團隨團記者。

7　向達（1900－1966），字覺明，土家族，湖南漵浦人。歷史學家。時任北京大學教授，圖書
　　館館長。第一屆中國人民赴朝慰問團第五分團成員，代表無黨派民主人士。

8　朱繼聖（1894－1972），字邊埏，浙江鄞縣人（今屬寧波）。實業家，在天津從事手工藝品、
　　古玩、地毯貿易。第一屆中國人民赴朝慰問團第五分團副團長，代表天津市工商業聯合會。

## 四月四日

上午十時半，全體照部隊集合。慰勞空軍，看到新中國人民空軍的新姿，大家都非常興奮。

## 四月五日

下午，舊三分團全團照相。旋本立兄邀我在馬尼拉吃飯，因為今晚直屬團及其他各團均出發；僅第一分團預定後天出發。購短衫褲各一，因為看到天氣逐漸炎熱，一二星期後，可能棉毛衫褲穿不了矣。

七時，列隊至車站，乘專車南行，深夜過本溪，即熄燈防空。

## 四月六日

十時抵安東 [1]，到了抗美援朝的前綫了，安東為遼東省會，現有人口卅萬。

安東前兩站為鳳凰城，小說中薛仁貴"三箭定天山"之地，地勢確甚重要，山勢甚陡。

住安東遼東飯店。

下午及傍晚兩至鴨綠江巡禮，江水暗綠，江面如黃浦，到了安東，益明白抗美援朝之重要。

---

1　安東，今遼寧省丹東市。1954 年 9 月，遼東、遼西兩省合併，設置遼寧省，丹東市隸屬遼寧省。

晚，與王坪、田方等又打五百分。

## 四月七日

九時，與熙修等往訪第五大隊，歸途忽警報大作，急躲入路旁人家，時炸彈與高射炮齊響，至九時三刻急回旅舍。聞今日敵機投下數彈，一彈中一大樓，死傷十餘人，有一家五口人家，其男人方挑豆腐腦擔出外買賣，聞轟炸急回，則一妻三子均死於炸彈矣。其人當晚即發瘋，美帝之暴行，真令人髮指。

下午，赴鎮江山[1]防空，該地為遼東勝地，櫻花盛開時，遊人尤眾。六時歸寓，當晚有警報四次，終宵被擾。

## 四月八日

上午五時半即起，六時吃飯，凌晨吃乾飯大肉，實為平生所未歷，飯後，仍赴鎮江山，昨天橋有微損，二、三、七隊未走成，我等行期，也要展〈暫〉緩了。

馬雲祥[2]、袁振新[3]。

---

1　鎮江山，現為丹東錦江山公園。

2　馬雲祥，志願軍戰士，慰問團司機。

3　袁振新，志願軍戰士，作者所在分團通訊員。

# 四月九日

晨起大霧，未防空。

九時，開車隊會議，決定分下列幾組：

行軍宿營組，許寶騤（組長），徐鑄成等；

防空組，邱浦（組長），周明；

車輛隱蔽，馬雲祥（組長），向達、朱繼聖。

下午四時半出發，原定過江後朝鮮方面舉行歡迎儀式，但抵鴨綠江橋時，又逢警報，而橋亦未完全修復，仍折回旅館。

十時半再出發，十一時過橋，橋上一段步行，到新義州後，忽信號彈大作，車乃滅燈急行，可見朝奸及特務之活動。一路行來，遇著兩次敵機，一次投下炸彈三枚，路上車輛及行軍甚多，多在黑暗中行進，中朝人民克服一切困難堅決抗敵之決心，在這裏可以具體體會到，同時，也深切感到空軍的重要，軍事情勢如此順利，而只因制空權在敵之手，條件乃變成如此困難。

# 四月十日

三時許，到宿營地，急將車輛隱蔽，並找到一民房借住，一夜困頓，疲困萬狀，請人民代煮稀飯充飢，席地睡四小時。

在朝鮮人民家，可見朝人在日帝長期榨壓下的生活如此苦痛。日帝已經撤離五年有餘，人民生活仍然貧窮。朝鮮農家的生活，比我國農民還要苦得多。

我寫此日記時，坐在家徒四壁的朝鮮農民家中的炕上，外面敵機聲嗡嗡，但我心中甚為安靜，在這樣的環境中，必需〈須〉有充分的警惕和冷靜的頭腦，而後者更為困難。今天有人出門小便都怕，其實天空並無敵機，麻痺大意固然不好，但以為敵機僅把自己當唯一目標，而它時時能夠看到，這樣的緊張，也大可不必也。

住宜川群深川面仁定里鹿山部落，（朝鮮百姓）桂若熙家[1]。

這個小村（部落）共有六十多家四百多人，現在已參軍有四十多人，參加保安隊及機關工作的二十餘人。據說美軍在去年十月底曾到過這村一天，第二天就被我志願軍趕跑了，所以這村莊還算完整。

昨晚，我們到此時，該村幹部正在開會：（一）歡送新參軍的；（二）響應金日成將軍號召發動春耕；（三）佈置為出征家屬代耕。六時半動身，因八號車陷沙坑，救助誤半小時，時風雨交加，但因此敵機甚少侵擾，十二時即抵安州。

在雨中翻小山，行四五里，至宿營地，此種苦況實為生平所未歷，亦稍稍體驗戰士之英勇艱苦矣。


# 四月十一日

六時休息，八時起身吃飯，九時又睡，疲困萬分。至二時醒來，唐海等一部分同志亦住此處，整日下雨。

下午七時許出發，天色已黑，在微雨中步行七八里，至汽車路等汽車，因聯繫不夠，在路旁空屋內靜等，當時群眾情緒甚為波動，幸司機同志九時許即來，至十時開車，過宿川，路甚顛波〈簸〉，二時許抵平壤附近，遇敵機，稍等即轉車至雲月里，覓地投宿。

---

1　此係作者所住之處朝鮮百姓的地址和姓名。

# 四月十二日

余與許寶騤、向達、朱繼聖先生等三老及兩通信員同志住一宅，宅甚小，炕亦不熱，睡時甚擠，因倦甚，旋即入睡。八時起，吃飯，菜為魚及牛肉白菜湯，余僅以榨菜佐飯，勉食半碗，飯後正與三老打橋牌，敵機來低飛偵察，勢甚猖獗。十一時，通知入防空洞，洞內有鋪位及電燈，亦相當保險。

到此後，始知此行任務之鄭重，在空中威脅下，活動亦甚困難，希望總團有全盤佈置，否則收穫將甚少也。

朝鮮人民抗戰情緒一般甚堅決，據鄭少文[1]同志昨日談，四五十歲之人，尚有一部分悲觀消極的，三十以下青年，則信心甚高。

到朝鮮實地一看，更深切體會國防建設之重要，同時，也更明白中蘇盟約之意義。

昨天黑夜，又見大隊東北同志，摸黑趕馬車向前方輸送供應，此種國際主義之精神，令人感動。據聞，東北某一縣中，即出動民工七千人，來此築路及做其他後勤工作。

今天遇到一位同志，他去年九月就來朝做後勤工作，他的精神極好，他說美國有坦克，我們有兩條腿，他有自動步槍，我們有三八式，他有飛機，我們沒有，但就是這樣我們戰勝了敵人。

據說周總理在北京說：在第五次戰役中，我們的東西也要拿出來了。我們在瀋（陽）參觀空軍時，也看到這一點。

一位通信員同志，關榮海，二十一歲，他來到這裏已五個月，他說為著保護翻身農民，到這裏抗美援朝。一個人死不死沒關係，讓美國鬼子到我們家鄉毀掉我們的家鄉可不得了。到這裏後，大家想到前面去，前面又熱鬧，又有意思。

又有兩位從黑龍江來的民工，他說他們家鄉已出動了民工兩

---

1　鄭少文，應為鄭紹文。鄭紹文（1905－1983），四川潼南縣（今屬重慶）人。時任中南軍政委員會民政部長，第一屆中國人民赴朝慰問團第四分團團長，代表中共湖北省委。

千多人。

今天是我們離開上海整整一個月了，這一個月，時間好像很長，經歷的和聽到的，實在很多，對自己的體驗和收穫實在不少，在上海，對於抗美援朝的意義和必勝的信心，是不會有這樣真切的。

今天又沒有洗臉刷牙，現在兩天不洗臉刷牙已慣常了，在這樣的環境裏多住些時候，對自己的生活習慣自然會改變的，生活的寬度展開，鬥爭的韌性也就更強了。

坐在防空洞口曝太陽，記日記，飲白糖開水，抽北陵牌香煙，覺得生活的意境很特別，下個月的現在，可能是很緊張的在上海做傳達鼓勵工作了。

和志願軍戰士李淳興交談，他是湖南省邵陽縣人，他是我們的警衛員。

今日住在大同群大同面雲月里。

安東勝利門對聯：

爬山臥雪，英勇善戰，抗美援朝，鋼鐵戰士；

勝利歸來，勞苦功高，保家衛國，人民英雄。

湯玉為，二十一歲，新民人，去年十月十二出國，新當民工，現為警衛員。

遼陽民工隊一大隊三中隊，出國三月來，無一傷亡，初出國時，有些驚慌，現在已習以為常。

松江省牡丹江，舊劇藝人多人也參加民工工作。


## 四月十三日

昨晚睡得還好，今天清晨三時就醒來，再也睡不著，一直等到六時才起床，在警報中到廚房去刷牙洗臉。

七號和十號車都來了，據說他們昨晚遇了幾次飛機，關著燈走的。

昨日和我們談的李渟興同志，是解放軍的一個典型。他原在陳明仁部下當兵，公主嶺一戰（一九四七年）解放了的，曾參加遼西及海南島等幾次戰役，十月間出國（四十軍）參加了雲山戰役，一戰大勝，後來四次戰役他都參加了，直到水原以南，因為淌水受了傷，現在調到這裏服務。他的政治水平相當高，對於必勝的信念，以及為什麼要抗美援朝，認識得很清楚。他說他出國時曾寫了保證書，朝鮮不全部解放，他決不回國。他們部隊中，是很民主的。戰役開始前，參□開民主的討論。他很關心家鄉的情形，告訴他湖南土改的情況很好，去年又大豐收，他非常高興。他叫我們老大爺，說"見到你們老大爺，真像見到自己的父親一樣高興"。他還再在說自己的文化不夠，覺悟太遲，這次又不能好好幫助我們，非常不安。這樣樸質謙仰而又真摯的態度，實在令人可敬可愛。

我們車隊的馬隊長，態度很好，技術也很高，他們的"白山運輸隊"一向發生的事故很少。這次他送我們來，一路車行的又快又好，而且常常救護並照顧旁的車子。他說在安東時，保證要安全地送我們來回，他說這是最光榮的任務。他昨晚來，我們的住處訪談，要我們給他簽個名，我題了"把抗美援朝的力量帶到前綫來"。

這一路來，有兩個印象是和過去完全不同的：第一是司機同志的忠誠服務，英勇刻苦，這和抗戰時內地的司機天壤之別；第二是安東的緊張而素樸，決不像過去的香港、澳門等地的充斥著煙賭妓女，從東北到最前綫，都是一樣的緊張而有自信，農村的婦孺，也一開（口）是抗美援朝，這個團結而偉大的力量，有力地保證最後的勝利，美侵略軍最後是非徹底失敗不可的。

第一大隊的隊長李頡伯昨晚到此，他說將開始與總團聯繫，佈置工作。他希望大家一不暴露，二注意防空，三注意健康。今天早餐吃到了豬肉，非常高興。這裏飲食供應很困難，蔬菜甚少，還要到十五里外的平壤去買（據說平壤西區還有市面），連白菜等等都是從國內運來的，我們這次的抗美援朝，真算盡了全力了。據說目前抗美的軍隊和民工約達二三百萬人。我們真算是盡全力了。

　　和志願軍第一中隊指導員包慶順交談，他是東北遼東省遼陽縣佟二卜區人，他說：

　　「雪地埋孩子，經不起考驗。」

　　「朝鮮婦女能勞動，很好，但是穿的衣裳不打腰，不進步。」

　　「到朝鮮一看，真是政府所說的無人地帶，不來抗美援朝不行，美國人真可恨。」

　　他們自己編的五更調：

　　「一更裏，援朝大軍離家鄉，由村區住，到縣省，支前渡過江，各城市被轟炸，各個怒火壯，罵一聲杜魯門，這樣的大猖狂（重句）；

　　二更裏的抗美大軍拉給養，從定州，過安州，又奔平壤城，在城上，領導人時刻防空講，切注意敵機特務信號槍（從句）；

　　三更裏的援朝住在朝鮮家，有百姓提美帝恨的都咬牙，志願的大軍隊難壓心頭火，個個的來要求把軍需拉（從句）；

　　四更裏的抗美大軍運給養，一個個都起勁要把模範爭，走黑道的要注意，敵機來轟炸齊努力抱奮勇，堅決來完成（從句）；

　　五更裏的援朝大軍來換防，遼陽大車隊勝利回家鄉。回村區來宣傳努力來生產，把美帝侵略者徹底消滅掉（從句）。」

　　六時忽接通知，七時半動身，途經平壤，西平壤多為草房平房，破壞尚少，東平壤及本平壤則一片頹垣殘壁。

　　十時抵萬景台，為金日成將軍故鄉，金將軍之叔父現尚住在此處。

　　朝鮮政府，現在雖然很困難，但招待我們很周到，深夜還吃一次飯（我睡了沒有吃）。


# 四月十四日

　　九時在山上開會，廖團長説話：

　　今天黃昏起開始分頭活動。

　　這幾天消息：

　　麥克阿瑟被杜魯門撤職，説明我們的戰鬥，已經使美國內部的矛盾近一步的發展到更公開化，美英之間的矛盾也進一步的發展。

　　由外交宣傳兩部副部長招待我們，一切招待員（都）是金日成大學學生。

　　人家以國禮待我們，我們一切要注意。

　　我們的工作，向他們表示，希望：

　　（1）向他們的首長致敬。

　　（2）多和朝鮮弟兄接觸。

　　（3）希望彼此人民團結，多作座談。

　　（4）向我們多作報告。

　　昨晚，朝鮮政府已提出全部日程。

　　（副首相決定，勞動黨總部通過，我們團部全部同意）

　　十六日以前分六組行動：

　　三組到工廠，三組到農村。

　　工廠組，訪三工廠，平壤紡織工廠，平壤化學工廠（今晚出發），成川礦山；

農村組，平壤附近，中和群，江西群，龍崗群。

工作方式，白天和工人農民組織訪問座談，晚上出席群眾大會。

十六日晚上，全部代表團文工團向朝鮮領袖獻旗（可能有一短期的座談會，參加座談同志團部決定）。

十七日，分成兩大組，向朝鮮人民軍慰問，一步兵，二特種部隊。

說話內容：

（1）向他們致敬。

（2）中國人民對中朝比肩作戰的勝利有絕對信心。

（3）中國人民盡全部力量支持他們。

（4）各單位的具體工作。

（5）中國人民不怕帝國主義的任何威脅，決心抗美到底直至朝鮮全部解放。

說話連翻譯準備六十分鐘。

十六到十八日，分頭舉行座談會。

十六日白天，工人座談會，文藝座談會。

十八日白天，農民，婦女，青年（座談會）。

十九日白天，戰鬥英雄座談會。

我們的歡迎會及演出節目：

十六日晚上，在國立藝術院，參觀朝鮮演出。

十八日晚上，國立戲劇院，兩話劇。

十九日晚上，我們文工團演出，招待。

二十日晚上，他們政府和勞動黨歡迎會。

二十一日，我們大使館歡宴。

六組

工人區組長

一組　李頡伯　包[1]

二組　雷潔瓊　曾平

三組　陳巳生　趙國有

四組　扎克洛夫　丁元禎[2]

五組　吳組緗　田間

六組　黃藥眠　聶維慶

座談會主持人：

工人　李頡伯主持

農民　丁元禎主持

婦女　劉[3]　雷[4]

青年

藝術　田漢

戰鬥英雄　陳沂

三時以前決定參加及演講稿

工作中兩（委員會）

　　宣傳委員會的任務修改演講稿，決定每一部分工作要點（郭主持）。

　　處理禮物委員會（許主持）。

　　陳沂：

　　今天起緊張工作，補充幾點。

　　（一）宣傳工作，是中心工作，總的精神是鼓勵，如何來鼓勵他們？朝鮮人民表示，什麼都免了，但他們的反抗精神很堅強，朝鮮同志只有一身衣服，他們吃的是公共食堂的山藥蛋，但他們

---

1　包，即包彥。

2　丁元禎，第一屆中國人民赴朝慰問團第七分團成員，代表東北農民協會。

3　劉，即劉清揚。劉清揚（1894–1977），女，回族，天津人。時任政務院文化教育委員會委員、中華全國民主婦女聯合會全國執行委員，第一屆中國人民赴朝慰問團直屬分團副團長，代表中華全國民主婦女聯合會。

4　雷，即雷潔瓊。

已逐漸恢復，市集恢復，工廠礦山恢復，人民軍生活比公務員高一倍，軍屬受招待。

他們沒有笑，也不掉淚，一切照樣工作，對此時生活摸到規律。

朝鮮人民對我們從心頭感覺到我們好。

中朝兩國有傳統有友誼，而真正深厚的友誼是從志願軍帶來的。

朝鮮的抵抗，確是對我們的重要貢獻。

朝鮮人民相信有中國有蘇聯，有勝利的絕對信心。

朝鮮大學生全部上前綫，高中學生十之七八上前綫。我們除慰勞外，要以一切熱情鼓勵他們。

（1）講我們最會克服困難，我們的民族、國家都是從困難中勝利來的，以我們克服困難的精神，來鼓勵他們。

他們也在做延安這一套生產方法，來安定人民的生活。

（2）特別講我們在支援朝鮮的戰鬥友誼。（我們的布最多分到四丈五　一村）

（3）我們克服〔困難〕的經驗，他們最重要的是恢復生產，金日成將軍號召，多耕一畝地，等於多鞏固一個城市。

（4）講戰爭為什麼關鍵不在一城一市的得失，聯繫到國際問題。

（二）防空問題，沉著，不要出洋相。

此間周圍三十里，道路都已改變了。

不要有"恐機病"。

（三）生活問題，原則，人家怎樣說，咱們這麼辦，尊重他們的風俗習慣。

朝鮮人民說，"志願軍什麼都好，就是不近人情（不接受任何東西）。"

在家六時起床，八時早餐，十二時午餐，四點晚餐，九時半晚覺。

七時半出發，參觀，我本排在農村組，因上海方面注意工廠，故要求參觀礦山。

這一組共五位代表，計田漢、陳巳生、趙國有、周明及余，另有由蘇回國之技術團等共四十餘人。八時許開車，原以為只二百里，結果愈走愈遠，且引導者也不識路，結果至上午七時始到。從四時以後，原應防空，但為趕任務，危險開行，真緊張極矣。

# 四月十五日

到此有色金屬礦後，即與該廠勞動黨書記談話，知該廠在美軍佔領前，即將機器埋藏，故解放後設備未受損失。該廠原為朝鮮一大財產，其生產之有色金屬（鋁）為對外貿易之主要本錢，今日朝鮮殘破萬狀，此更為唯一之本錢矣。

成川群共有工農三萬人，被美李匪幫裹脅而去，半途被其掃殺，結果生還者僅三千餘人（成川群共有人口十二萬人）。

該廠撤退時，大部工人均缺少信心，僅一部分技術工人隨行，大部工人到農村或參軍去了。他們回來時，只能補充新的工人，因此生產受到影響。勞模正在產生中。

該廠在日本佔領時代，原有工人二千餘，現僅有五百餘人。

（我們車子七時二十分隱蔽好，七時四十五分即發警報，敵機飛至上空，真險極了。）

中朝大軍反攻後，由於材料缺少，運輸不便，電力供應也不穩定，工人又多重視美帝武裝好，對中朝軍隊的勝利前途認識不清，因此工廠於恢復時很感困難。

該廠之主要困難，為機器設備，主要機器雖已埋藏，但零件失散頗多，機器多為外國貨，無法補充，因此只能用節用、不用、寶愛、修舊機器、用舊零件等方法來克服困難，不用方法之一，就是發動工人拾取零星鋁料等，第一次拾集五十噸。

其次為食糧困難，該廠工人待遇本來相當好，家屬均有照顧，現在只能大家吃粗糧（配給）（工人每日九兩，家屬六兩，薪水，技工一千八百元）。一般工人最低九百多，童工六七百元（按小米每五升一千元）。但此地物價甚高（做一套布衣服要二三千元），公司配給糧食每月每人僅付三百元。

四月一日起工資增加百分之三點五，糧食配給加百分之二點五。

現在工人情緒甚高，另一廠原定四月十五日復工，現在工人爭取四月一日復工。

戰前工資是一千二百，戰後方增加。另外，生產量增加，也照比例增加工資。

因交通關係，工人幾乎吃不到菜，連鹽也很難得到。

他們附近有一金礦，其中勞模很多，內有一女工勞模，現為全國最高議會代議員（崔樹梁，三十七歲）。

現在每天最高採量一百二十噸，以前到過五百噸。

該廠有四個坑口，現僅開一個坑口。

戰前每人九噸至十噸，現在勞模至十二噸，平均比戰前多百分之六。

要提高生產力之最大障礙，為電力供應常斷，如無此困難，記錄還可提高。

四個坑除一個以（已）開外，其餘二個本月二十二日前可開，一個在月底前可開。

去年還有一千三百工人，此次解放後，收集三百多人，逐步已發展到五百多人，全部坑口開採至少需八百餘人，因此，在農民中正添招新工人。

遇到朝鮮國立映畫攝影所攝影師申應浩和崔錫基，他們給我留言：

중국인민의 영명한 지도자이신 모택동 주석 만세!![1]

下午一時，參觀成川礦山，二時，該礦在山洞舉行歡迎大會，先由田漢副團長致詞，次趙國有致詞，主席台中懸金日成像，右毛主席像，左斯大林像，會場幽暗如廟宇，主席團有特點，中間為主席團席次，旁邊才是演講台。

由勞動黨組織委員長金載直致歡迎詞：

今天誠懇慶祝中國人民代表團來慰問這礦山，中國人民從我們開始解放後，就一直援助我們，今天，我們遭遇侵略，中國人民更熱烈的和我們一起前進，拋棄了自己的妻子，來參加我們的解放戰爭。這充分證明了中朝兩國的偉大情誼，中國人民的抗美援朝運動以及贈送我們許多的禮品和援助，及許多物資，大大的幫助了我們朝鮮的解放戰爭。這樣的援助，鼓舞了我們的勝利信心，因此我們兩國人民的友誼更鞏固起來了。

以蘇聯和中國為首的世界和平力量，大大的幫助我們，這些幫助更鞏固了我們勝利的信心。

現在朝鮮的解放戰爭是在很困難的條件下進行的，但我們有信心克服一切困難，取得勝利。過去我們已克服了許多困難了，我們可以克服一切的困難，爭取祖國全部的解放。

今天我們熱烈歡迎中國人民代表團，並學得了很多經驗，我們將記取這些經驗，轉用到生產任務上去，我們要湧現了無數的勞動模範，像中國工人階級一樣努力生產，展開生產競賽。

---

1　這段朝文的中文意為：中國人民的英明的指導者毛澤東主席萬歲！——整理者譯。

工人代表何昌玉致詞。

三時半遊藝，主要由蘇聯返國之雜技團表演，甚博歡迎。朝鮮兄弟平時不苟言矣，今天笑聲四起。

六時半飯後，舉行座談會，參加者除幹部外，有全礦勞模約廿人。

吳寶夏（女勞模）：祖國在進行抗擊戰中，錢特別重要，所以我要加緊勞動，為祖國增加財富。我想在打礦石時，掉下小塊一定比掉下大塊的損失大，因此我改變了工作方法，盡力避免掉下大塊。

金德鳳：一九四九年生產超過百分之四十一，得到功勞狀，以棍子打死兩個國防軍（偽軍）救了十一名人民軍，今年由國家選為英雄。他在廠裏提出保證要在今年超過百分之十六（去年百分之十一），因此全廠工人都熱烈響應，已參加者有百分之三十以上。

他說他的辦法是節約物資，節約時間，在操作方法上不掉東西，過去只能做十二噸，用此方法已達十五噸。

對這次代表團的訪問，礦山幹部說，共產黨的作用，在工作中起骨幹作用。如何起此作用，希望能夠知道，趙國有說，主要是先把自己的工作做好，起骨幹、橋樑作用。

金德鳳問中國工人完成百分之百的任務，有什麼經驗。

趙國有說，我們也是經過恢復工業的記錄，利用廢材料，廢鐵翻身，其次是工程師專家與工人團結合作，第三是新記錄運動，再就是發揮集體英雄主義，搞好小組，搞好車間，發揮工人的集體智慧。

金元柱，二十餘歲，團長，金日成將軍的弟弟，參加兩次戰役，因肺病回鄉休養。三二五部隊團長，一九四五年十二月一日參軍，戰士，司務長，排連，營長，參加仁川抗擊戰有功升為團長，並參加江原島戰役，其父金亨祿為金日成親叔父，其祖父金亨稷，現在東北（吉林）[1]。金亨祿現種地四千多坪（三百坪合一畝），沒牛，一人勞動，他有十六口人，元柱有弟兄六人[2]，有的在海軍，有的在蘇聯，有的在師範，在土改中分進一千坪地，住地萬景台，平南大同群古平面南里，萬景台為名勝，村中有一百零四戶八百多人，已有八十多人參軍，敵人曾在此住過四十多天，殺了十幾人。此村為模範村，勞動黨員很多，金日成的姑父母表兄弟四人均被殺死（住在離金家十里）。此村養豬養雞甚多，每家二三口豬，二十餘隻雞，十餘隻鴨及牛等，敵人來了都殺了，並姦污了婦女，所以現在人民的覺悟甚高，在第一次撤退未動的人，均表示敵人如再來，必拿手榴彈和它拚到底。

被服製造廠支配人韓泰侖説，對志願軍印象很好，他説志願軍和人民軍一起到的話，朝鮮人民是先歡迎志願軍的。他説和志願軍及朝人的感情是可通的。志願軍紀律甚好，如果朝鮮婦女和他們睡在一被，也決沒問題的。

萬景台小學有二百多學生，把炮彈頭、子彈殼在校門前佈置花園，可見對美帝的仇恨。

一同座談的有勞動黨平壤市黨委委員長金德煥（剛從蘇聯回來）、平壤人民委員會書記長張文虎、平壤市南區黨部副委員長金斗七、平壤市組織工場黨委委員長金秉元、勞動黨委部長洪如玉（女）。


# 四月十六日

昨天由礦山回萬景台的路上很順利，七時半開車，十二時即

---

1　金亨稷為金日成之父，金元柱之伯父。金亨稷 1926 年在中國病逝，葬在吉林。

2　有史料稱金元柱兄妹四人。

到達，洗臉後，一時睡覺。今天九時起身，儼然有回家之感矣。

上午本定開工人座談。

下午二時一刻舉行文藝座談會由李泰俊（主持）：

現在開始歡迎中國慰問團，由韓雪野[1]（作家協會主席、和大[2]委員）致歡迎詞：

中國人民派了自己的代表來此慰問，代表朝文藝界致熱烈的歡迎。

去年志願部隊到朝以後，我曾在北京親眼看到全國的抗美援朝的熱潮——

去年到北京有一種感覺，和中國人在一起沒有界綫，像一家人一樣。

英勇的志願軍抵朝與朝鮮人民軍比肩作戰，轉入反攻，——志願軍來的結果。

我在北京聽到勝利，將朝鮮的情況在北京報告，並將中國的熱情回國後告訴我們的同胞。

我在中國時，有一感覺，中國人把朝鮮的災難當自己的災難、自己的痛苦一樣，把朝人當作自己的親兄弟，派了自己的隊伍如何英勇，現在把敵人趕至三八綫以南，使我們很快轉入反攻，志願軍知道他們是來能救自己的弟兄，所以能如此英勇。

我離北京時，見到丁玲同志，丁玲說，她到過朝鮮，覺得朝鮮很美，她說，聽到朝鮮被炸，像自己的心被炸了一樣。

我再談一談朝鮮人民對志願部隊的反映。

只要是志願部隊到過一次，老百姓就說，我們盼望他們再來

---

1 韓雪野，朝鮮著名作家，著有《大同江》、《黃昏》等小說。時任朝鮮作協主席，朝鮮保衛和平全國委員會委員長。

2 和大，是世界保衛和平大會的簡稱。世界保衛和平大會，是蘇聯領導下的國際統戰組織。1949年4月在巴黎和布拉格召開了第一屆世界保衛和平大會，有七十二國的代表參加。許多國家設立了各自的常設委員會。1949年10月2日，中國設立了"中國人民保衛世界和平委員會"，郭沫若任主席。1950年10月26日，合併改組為"中國人民保衛世界和平反對美國侵略委員會"。

一次，再到我們家裏住一天，像自己的親人一樣，我們作家的任務就是要把這些情緒真切的表達出來，在文藝創作上表現出這種中朝兩國血肉相連的關係。

請中國文藝界將朝鮮人民最真切的感情傳達給中國人民，交流文化。

廖承志：

記得去年冬天掀起抗美援朝的運動以後，中國文藝界用他們很不完全的知識寫了幾個朝鮮人民鬥爭的事跡，受到廣大人民的歡迎。

中國的詩人、漫畫家、作曲家作了許多歌頌朝鮮人民英勇鬥爭的事業，但做的當然還不能表達朝鮮人民真切的（感情）。

參加者有，趙基天（詩人）、金南天（小說家）、崔明義、孫古宋（國立歌劇院院長）、文一峰（《我的故鄉》作者）、劉佳愛。

韓雪野報告戰時朝鮮的文藝工作：

"八一五" 解放以前，文藝工作者無法充分發揮他們的創作工作。

和解放一起，各種文藝工作都蓬勃起來了。

這些作家在戰爭爆發後都要求參加此一神聖戰爭，朝鮮戰場無前方無後方，因此文藝工作者都像在戰場上一樣參加鬥爭，分三階段來講。

一階段人民軍隊直到釜山附近的階段，有五十多個作家到了前綫。

二階段，戰爭撤退時期，有北南作家往來南北。

三階段，反攻階段，活動地區，第一綫，解放區後方。

像此次中國同志們一樣，分成各個小組，朝鮮音樂舞蹈家在部隊及廣大新解放區進行文藝活動，鼓勵人民及戰士，描寫美帝暴行及人民軍志願軍的英勇事跡。

由於出版條件非常困難，他寫了許多東西貼在飛機炸過後的殘牆上，向群眾進行宣傳。

他們在很小的房子裏演劇，沒有舞台沒有後台，但演出的效果還是好的。

電影工作者常常為了在前線活動而犧牲（了的）。

電影都拍實際戰鬥的情形，有一位電影攝影者，洪一成，早就在漢城附近隱蔽起來，準備照攻入水原紀錄片，但軍隊比預定日期遲了兩天，因此他也餓了兩天。

對於志願軍人民軍以及人民的自信等等的作品，現在還很少，這由於條件還不夠，相信不久將有大量的作品創造發表。

趙昌瑞，坐在坦克內拍電影，敵人坦克把此坦克打壞，將其捉住，結果他反將敵人俘虜過來了。（在大邱附近）

朝工人代表：

朝反侵略的戰爭已進行十月，為歷史上未見的殘酷的戰爭，美帝不僅在朝鮮，在世界進行侵略，但全世界人民的力量非常強大，朝鮮人民與勞動階級的鬥爭，是全世界人民鬥爭是一部分，所以這鬥爭是很光榮的，以蘇聯中國為首的全世界愛好和平人民來援助我們，中朝兩國在反侵略戰鬥中，有恆久的歷史。我全朝鮮勞動階級，知道中國工人階級展開抗美援朝運動，加強生產，來援助我們，我們每聽到此消息，非常感動，決定不惜流最後一滴血，把美國侵略者趕出朝鮮。今天收到全國總工會的禮物，非常感激，感到朝鮮人民工人階級，在中國及全世界人民國際主義的援助下，我們的報告只有一條，就是徹底消滅美帝國主義。

我們決心做好生產工作來報告中國人民的支援。

下午九時半晚會，由朝國立藝術學院演出，先為《金日成將軍之歌》、《斯大林讚歌》及《跟著毛主席走》等三歌，以後為各種舞蹈節目，朝鮮歌舞水平甚高。

地點在遺屬子弟學校，該校已搬至東北矣，門前之金日成像被炸毀，余等所住亦即此校之宿舍。

報幕為朝鮮著名漫談家申不出，過去在南朝鮮為嘲刺李承晚受迫害，乃逃至北朝鮮，現每星期有半小時廣播，繼續抨擊美李匪幫，今天他和侯寶林在台上合攝一影，極親密而滑稽。

# 四月十七日

昨天一時回宿舍，二時始睡，今天九時許起身，睡得相當好。

據翻譯同志說，平壤的天氣往年此時已相當熱，要穿夾衣了，今年還是那麼冷，老百姓說，打仗把天也打變了。

據朝鮮職業總同盟的負責人報告，朝鮮勞動者的反抗侵略是很堅決的，美軍侵佔平壤一個半月的期間，始終沒有方法恢復平壤自來水的供應，但平壤解放後第十一天，水電就完全恢復了，而努力搶救水管的工人，基本上只有六七個人。

到朝鮮後，生活上最不慣的是吃，本來就不好，加上牛肉、魚等我又不吃，比別人更多一層困難。我心理上有這樣的準備，只希望能相當維持住身體最低的需要，其他都不管了。這幾天幾乎在半飢餓狀態中。有時想，能夠吃到一碗排骨麵就好了。人的生活是多麼的可以伸縮啊！我平常是每天非燙兩次腳不可的，但這一次，從九日離開瀋陽，到現在已經八天不洗腳了，衣服有十二天沒有換了。

吃過飯後，在山上寫好了本組訪問礦山的報告。

三時許，看電影，最強烈的印象，是朝鮮人民堅決修築公路鐵路和搶修火車的情形。現在朝鮮的鐵路大部暢通，公路也多能通行，鐵路公路現在都築有備橋，是很值得佩服的。

昨天遊萬景台，覺得那裏風景有些像贛州的八鏡台，還要美麗些，大同江到這裏，分成四五股水流中間有幾大片沙洲，洲上有人家，有垂楊成林，天氣最暖和些，景色一定更好。作為一個遊人的心，是可以忘掉當前的許多困難的。

晚七時，全體代表乘車至人民軍總部，人民軍政治局長金載玉（迎接）。（路旁標語）"中國人民的偉大領袖，中華人民共和國的創立者誠心誠意幫助朝鮮的毛澤東主席萬歲！"

車行一小時許，後列隊入場，禮堂約可容三百人，佈置極為精緻莊嚴。九時半舉行儀式，時外面飛機聲與高射（炮）炮聲齊鳴，但會場依然寂靜熱烈，此實為對美帝侵略者的諷刺。

先由廖團長致詞，對朝鮮人民軍備致讚揚，措詞極為得體，始終掌聲不絕。後陳沂副團及金載玉局長先後致詞，金很像金日成將軍，大家都以為今天見到金將軍了，等到宣佈，才知道是金載玉將軍。

我文工團的表演很精彩，大都是赴蘇技術（雜技）團的人員，即使在國內也是少見的。朝鮮朋友說，看了簡直像機器人一樣。

朝鮮人民軍文工隊的節目也很精彩，開始的大合唱有一百一二十人，樂隊五十人，唱的六十多人，真是洋洋大觀，花舞也很好，朝鮮的歌舞水平都很高，但誠如扎克洛夫同志所說的沒有將新舊藝術好好結合起來，也可說他們對發展歌舞藝術的主導方向掌握不夠；我們就不同，著重民族形式，重視先普及後提高，所以我們的解放軍中，決沒有這麼大規模的管弦樂隊，而有腰鼓隊等。我們出國文工團，也以雜技團為主，這是毛澤東思想的具體表現，值得重視。

因為時間太晚，節目臨時宣佈縮短，那時，因為室內悶熱，幾小時沒有喝茶，真是渴極了，困極了。

人民軍總部請客，極為熱烈，但時間已很迫，等到辭出，天已漸晚，幸司機同志甚好，急速趕到萬景台，將車輛隱蔽好，不久即警聲大鳴矣。

# 四月十八日

今天七時睡覺，十二時半起身，吃飯的菜還好，因此把一盤飯都吃完了，是到朝後的首次飽食。

仁川登陸，發電廠，勞動英雄。

下午一時半，舉行婦女座談會，參加者有朝鮮民主婦聯副主席及其他婦女領袖。朝鮮民主女性同盟副委員長李金順和周同志、朝鮮人民軍總政治局申英淑和韓次男、朝鮮人民軍協和團朱月仙等同志。

副委員長李同志報告：

女盟在一九五〇年盟員一百五十萬人，主要的工作，在北朝的各種民主改革，向盟員號召，並在向反動力量鬥爭中，團結勞動女性。其次，將如何提高女性政治水平，以國際主義愛國主義精神加以教育，打破日本統治時代遺留下來的落後思想、封建殘餘思想，以提高婦（女）幹（部）政治水平，提高其在社會地位，與男性同樣擔任起各種工作。

女盟進行此工作結果，盟員參加政治的數字，參加最高人民會議的全國的女性議員（代議員）六十五位，北朝鮮有三十三位，道、市、群的人民代表會議的代議員（北朝）一萬一千五百零九人，參加審判官等司法工作有一千三百六十三位。

婦女參加經濟工作的，一九四六年及一九四九年的統計，計增加了百分之三十，一九四九年全朝工人中，婦女佔百分之二十，技工人一九四八年兩千五百人，一九四九年六月增加百分之兩百一十四，技術工人一九四九年比一九四六年增加百分之六百。

家庭婦女及店職員參加經建工作次數四千三百二十四次，二年經濟計劃，義務工作參加者兩百一十二萬四千七百七十二人，婦女參加經建的典型例子：南浦絹織工廠金秀子，在織絹中創作了很多紋花，最高人民會議給她功勞勳章。平壤絹織工廠工友唐雲實一九四八年全年計劃三個月就完成了任務。一九四九年全年計劃完成百分之一百四十八點五，一九五〇年全年計劃四個月零四天完成任務，國家給她功勞勳章，並派她參加羅馬尼亞職工大會。一九五〇年一月，到五月末，五個月中女工在經濟戰線上發揮積極性有四十八位女工得了功勞勳章，一百名得了國家的表揚。

國家對婦女照顧很周到，勞動法令規定女工按期休假，產前產後均有例假。一九五〇年一百八十四個工廠、一百零四個託兒所、一百三十一個兒童公園，因此婦女能夠發展（揮）其積極性。

農村婦女們在提（高）農業技術及公糧工作中，動員義務勞動一百三十五萬五千八百六十四人，動員次數三千三百五十四次，如季節託兒所、移動託兒所帶來保衛農村婦女的勞動，農村婦女積極參加生產的結果，一九四八年增加了五十三萬擔糧食，（比一九四六年），五十三萬擔的增加，比日治時代最高一九三九年的數字更高了。

女性養蠶種棉手工業等副業生產，一九四九年冬天，在平安南道、北道、黃海道三道，在農閒時，織一千萬米遠的土布（三個月）染成了草色，交人民軍作制服，金首相對此特別加以表揚。在此工作中，出了很多勞模，中央女盟給三道女盟一千多婦女以表揚，參加的有八十多萬人（三道中）。

以上都是解放後和平時期的婦女工作。在戰爭爆發後，婦女響應金首相的號召，女盟號召全國婦女，動員起來向敵人鬥爭。

戰爭爆發後兩月，參加前線三十四萬四千二百的。漢城解放後一星期有一萬九千人志願參加前線。黃海道煤礦女工金玉沈（運煤），戰（爭）爆（發）後，改為採礦工作，每天能超額完成任務百分之一百五十至百分之一百六十，每月超過責任量百分之五百，得了政府的功勞勳章，新南工廠女工一百七十二人得到國家的表揚，關於支援人民軍的工作，為婦女的重要工作，而重點放在解決人民軍隊的棉衣問題，除以國家材料來做軍服外，並以自己的布料來做軍衣軍襪軍鞋等。

接近三八綫江原道被敵侵佔時，婦女動員裝了五千三百套軍棉衣。

敵人佔北朝後的殘暴行為：

黃海道一道中被殺的人民十萬人。信川群被殺人民三千五百多人，栗子樹里留有日人的火藥庫兩間，一間堆得了許多母親，另一間放著孩子，將母親這一間放上汽油，將她們燒死，另一間七十多個一歲至六歲的孩子沒有吃，又凍得要死，都想從唯一的小窗戶爬出來，但後來發現，窗戶下有許多小孩的屍體，手指甲都抓掉，出了血。這是中朝人民軍趕走敵人後才發現的，去看時，看到一堆小孩屍體，很悲慘，但面目還未變。我們去時冬天，小孩屍體還凍得硬硬的，在倉庫外，有許多小孩的包袱及母親的針等，證（明）母親們在關入庫倉時曾拚死奪她們的孩子，國立攝影隊曾把此慘景攝下，孩子的祖父祖母們把這些屍體早已領去了一部分，所以拍得不全。

平安北道江西群，美李匪軍在三天中殺了不滿四五歲的兒童一千零一十五個，其殘殺的方式是非人的野蠻，在母親面前以鈍的刀殺兒童或以石頭打兒童的頭。

黃海道，鳳山群瑞中面，殺了五百多個農民。包括四五歲以下的兒童一百名，五十歲以上的老人九十一人。

黃海道黃州群黑橋面，美李匪軍倡言，不留勞動黨員的種子，把勞動黨員十七個家屬，不分老幼，全部殺死了。

黃海道黃州群金樹里（人口約幾百人）被殺一百三十九人，婦女佔五十人，四五歲以下兒童二十五人，五十歲以上老人二十六人，有二十家全家被殺。

黃海道永豐群新井里，養蠶，指導員的妻子李氏（四十歲）

有三歲到十二歲的四個孩子，匪軍將五人捆在一個草包內，先以棍子毒打後以開水潑上，將其全部殺死。

京畿道金浦群洋村面人民委員長的愛人，四十歲，懷孕八月，另有六個小孩，美李匪軍將其全部鎖入倉庫，將其殺死，聲言不留赤色分子的種子。

黃海道延豐面禮成里，林任淑二十九歲，被李匪軍輪姦，並命流氓（姓朴）將熨斗將其手足陰部燙。

江原道平江群西面玉洞里，徐明潮的兒媳將生產，被匪軍剝光衣裳，綁到山上倒掛樹上，毒打，肚子裂開，小孩流出，並將其腸掛在樹上。

她臨死時高喊："人民軍隊給我報仇啊！"

咸鏡南道端川群富貴面面委員長金昌涉的妻子，被插許多釘子的棍子苦打，並掛在樹上，用火烤死，將其染血的衣服，將水強迫婦女們喝，不喝的就說是赤色分子，將其苦打毒刑。

平安北道，寧邊群八雲面，李俊伯妻。七十二歲，四個美兵將其強姦，因而致死。黑人不認識朝婦老小，先用人摸其有無牙齡，有牙的就被強姦。

慈江道，美軍一連將朝鮮婦女十三人，放在學校教室裏輪姦。

其他像將懷孕的勞動黨員妻子破肚等等罪行，更舉不勝〔舉〕。美軍到北朝鮮後，將朝鮮婦女連同小孩殺死，而在轟炸中及在前綫死去的烈屬兒童共有四千多人。現國家已設保育院等，遺屬學院、技術學院、軍事學院去保育他們，非烈屬的兒童入愛育院、育兒院等去教養他們。

女盟幹部並自己收養孤兒，朴正愛[1]同志也帶頭自己收養。

在敵佔期間，被屠殺者大部為勞動黨員。在各種戰綫上，在建軍以後最積極的是勞動黨員，因而最遭敵人之嫉恨。

---

1　朴正愛，朝鮮勞動黨和國家領導人，朝鮮女盟委員長，1951年獲斯大林獎金。

平安南道一百四十六人，黃海道女盟幹部一百六十人，咸興南道六十五人。此足證明女性同盟為革命事業所貢獻的力量和犧牲。

在撤退階段中，婦女在敵後的英勇鬥爭故事：

李順任在一九五〇年十二月下旬在無名高地戰鬥中，有戰士傷口流血過多，她輸自己的血三百 CC。榮州安東戰役中，野戰病院被敵炮火包圍，她將全體傷員轉入安全地區，國家給以一級國旗勳章。

李明熙，五十二歲，其子為面人民委員長，被屠殺，她聽此消息後：即參加游擊隊，做偵察員工作，假裝瘋子或乞丐，一次故意被敵逮捕，關至馬廠，敵人醉後談到軍事機密，她設法逃出，反映上級，軍隊將偽軍包圍，殲滅偽軍八十多人。

趙玉姬，黃海道壁城群女盟委員長，二十八歲，共和國的女英雄，敵侵入時，她參加銀波山游擊隊，根據地在九〇〇高地。因被敵人包圍，需要移動，她擔任後勤工作，她沒有逃出。向首陽山走去，被捕，敵拷問游擊隊長是誰，她首先起來承認，以救隊長。敵人將其耳眼鼻手指拔掉並用火燙，但她始終不屈不招，她始終說一句話："你們要勞動黨員的秘密是不可能的"，她並鼓勵了其他二十三個黨員，不屈不撓，共和國後來追贈了英雄的稱號。

以上所說的是婦女的英勇故事，後來人民軍轉入勝利，女盟返平壤，南北朝鮮女盟於一月二十日合併，加強團結加強工作，為爭取最後的勝利奮鬥。

南北朝女盟合併後的主要工作：一、重建全國組織；二、照顧孤兒及災民的救濟；三、農業生產；四、支援前線；五、和平簽名運動；六、朴正愛得斯大林獎，動員全體盟員更積極響應和平理事會的號召，加強保衛和平工作，並加強各類戰時工作。

鄭珠卿，二十四歲，朝鮮民主女性同盟中央委員會組織部指導員。去年中國人民代表團到朝以後，她正受傷住院，和代表團同志見面，介紹過她的事跡，她又到中國治傷，得到中國親切照顧，傷已治癒，今天和慰問團代表見面，甚為高興感激，這事發生在一九四八年五月九日，她是勞動黨員，五月十日，南朝鮮傀儡政府單獨進行非法選舉，勞動黨堅決反對，黨命令她到仁川郵局（執行）放火燒毀的任務，她的工作，在使全世界知道南朝鮮人民堅決反對永遠分裂朝鮮的陰謀，同時燒毀郵局，也是以麻痺其傀儡的國家機關。

她以一包棉花倒了兩瓶汽油，並拿了一瓶汽油，一瓶克里斯及火柴，向郵局出發。傀儡對郵局內外有三重保衛，當時想到如將郵局燒起就是以引起人民暴動混亂，她搞此工作前，曾有準備。她曾在郵局工作過，曾有了組織，一部分（與）真誠的人，一部分馬虎的人，用不同方法和他們接近。她抱著引火物到郵局外面正門敵防禦綫時，利用敵人之腐敗，和他交涉，她說她妹妹在此工作，來此送飯，經一再交涉，將她放入到第二防綫（建築物正門）。她以同樣方法，她說她保證以後不和妹妹吵架，再就進去了。這樣同樣進入了第三防禦綫，她旋到了機器的地方（為著國內外通信）在樓上，交換所有二十多個交換台，另有其他人在（南朝鮮對暴力暴動注意多，對女同志比較忽略）。

她揭開有機器房子的門，見到很多警衛隊，她馬上把棉花放在機器底下，立即將火點著，並將汽油潑上。警衛隊聞聲將來捕她，她立即被火，火將容易撲滅。因此她想了一方法，對警衛員說你們不要靠近我，我有手榴彈，已經拋在機器裏，你們如不願死，趕快走。警衛員急將她拉著向外跑，其他的人爭先逃命，亂作一團。他們跑到樓下時，也慌張萬分，那時，敵消防隊、騎馬警察隊也迎著她趕來了。她走下樓時，樓上火勢已很大，被捕後不屈服。在門外，見到群眾已集合來看火，因此她利用機會進行宣傳，說放火為反對非法選舉，為著祖國的統一的自由。

她被捕後，在監中被拷打，非刑詢問，但她一直不屈服。至六月二十八日，在漢城西大門監獄中，第一次漢城解放時，人民軍將她救出，出來後，她不能走路。在漢城養傷三月未好，乃隨人民軍撤退至鴨綠江邊，後因病至中國養病。

　　她為了報答中國人民政府人民對她親切的照顧，一定要進行更堅決的鬥爭。

　　韓次男，二十五歲，她在一個月前在西海岸一軍團擔任敵軍瓦解工作。她在最前綫擔任此工作，決心不惜性命，她知道擔任的工作很重要，她思想上的明白將此工作做好，可以使國家早日得到和平與統一。她想用思想上來混亂敵人的工作，不比前綫戰鬥差，她用破壞敵人組織，利用俘虜瓦解敵人精神等等方法進行工作。

　　第一，瓦解敵人的宣傳工作，她組織了“喊話小組”將敵人的腐敗的情形揭露，叫敵人來投降。她親自做喊話的稿子，此外她並做了四十多種傳單，派人在靠近敵人地區散佈，前後進行調整，敵人接到此傳單後三三兩兩談話，而且精神頗有變化。

　　第二，瓦解敵人的組織工作，主要靠勞動黨員來做，選拔地方的黨員進行適當的教育。使他到敵後去可以工作，在此工作中，她親自掌握一切重要環節。

　　第三，利用俘虜問題。這是瓦解敵人最重要的工作，她吸收了中國的寶貴的經驗，知道打敗偽匪軍八十七萬敵軍中，有五十萬是投降的。因此她知道利用俘虜工作的重要，朝鮮戰爭是同類相爭的戰鬥，因此，必須掌握避免多受傷的辦法，應盡力爭取偽軍起義，向人民投降，兩方法的利用俘虜最為有效。

　　她的工作有效，國家給三級國旗勳章。

　　申英淑，二十一歲。她打了三年游擊，她只談一次大規模的戰爭。她是太白山游擊隊員。一九四八年五月，在慶尚北道，太白山游擊隊在青年山做了大的游擊，二十個游擊隊員面對一師敵人打擊，只有四五個人有武器，力量不成比例。她們只能吃土豆和生的麥子，在此戰鬥中，作了一星期的戰鬥，並無一個傷亡。而消滅了敵人兩個營，他們的主要武器是手榴彈，她的工作是護士，但同時也要戰鬥，並在敵人屍體上取下武器及衣服。

他們在青年山戰鬥中，俘虜了二十八個俘虜，游擊隊對俘虜毫無辦法，只好把他們殺掉，將此任務交給她們兩人（女子），他（她）們從來沒有做過，但游擊隊把敵人放走是非常不利的，因此他（她）們殺了三個，用槍刺死（因為不能用槍否則給敵人聽到），從此以後她就不怕了。（俘虜是偽軍，時間是一九四八年）

戰鬥結束後，有新根據地，派她新的任務，扮一貴婦人，到偽軍團部金聖玉那裏去。到團部後，金聖玉不在，參謀長問她與金什麼關係，她說是金的妹妹，參謀長毫不猶疑，送至金住宅。她乘此機會，進行偵察工作，關於偽軍配備武器等得到很好的瞭解，金什〈怎〉麼出差了呢，也因為我們自己的佈置，我們有一小隊長與金的朋友給他打一電報，說在永州負傷，請他帶人帶槍去營救，因此金去永州（小隊長是秘密做地下工作的）。等金回來時，申已經回到根據地，根據所有材料，訂了作戰計劃，做好襲擊義州群的計劃後，游擊隊因為兵力不夠，在效外路途設了埋伏崗，開始向市內掃開，敵人以為此方法（向）有相當大的兵力在此方向攻擊，因此偽軍先派人去佔領高地，途經埋伏地，被游擊隊俘虜，共三十人，內有三人是美軍，在此戰鬥成功，進入義州，佔領了三天，把警局、火藥庫及重要軍事建築全燒光了。回到山上，為著表揚她，賞給她一支卡賓槍。

一九五〇年，她由漢城南下，跟著營南下，在洛〈落〉東江岸擔任偵察工作，在馬山戰鬥中（人民軍第七師攻下的）。她到馬山附近偵察，向人民軍提供許多材料，人民軍又給她一支三號匣子的手槍。

她很會化裝，在馬山時，她裝了一個男人，代美軍拉炮彈，進行偵察。

　　在義州戰爭中，他們打的亂仗，東開槍，西丟手榴彈，並把偽軍衣裳上剝下，自己偽裝起來去混亂偽軍，取得勝利。洛〈落〉東江渡江戰役中，人民軍第四師擔任渡江，她擔任引路工作，在前綫中炮彈受傷住院，出院後入了人民軍。在三年游擊戰爭中，作戰次數很難統計，幾乎每天在作戰，南朝鮮比較大的山，如五連山、太白山等，他們經常機動來回，回後方後沒有什麼可說明了。

　　她準備今後以更好的鬥爭來爭取國家更大的勝利。

　　她家庭在慶尚南道，天安，貧農出身，小學畢業，父親已死，現在只有母親和哥哥，她是勞動黨員。

　　她十三歲時小學畢業，因家貧苦，不能唸書，就自己到漢城，想自力求書。她乃入紅十字會的免費學校去讀書，她兩年完成了三年的學習，入漢城女盟工作，女盟分配她地下工作，旋即被捕。在警察軍中，遇到一遠房哥哥（他們以前感情不好），被他拷打，她就和看守拉關係，和五個女犯同向看守，進行交涉，以五百元交給看守，（她原有五千元，入獄時藏起來的），那一天，她們説有事出去一次，看守先不肯，後來花錢放了，這樣她就出來了。從此她就開始化裝，於是就跑到江原道，由勞動黨員委派她入游擊隊工作，她十九歲時入的勞動黨。

　　朱月仙，因為洛〈落〉東江戰役中到最前綫勞軍，得了功勞章。

　　金次順，平壤煙草工廠工友，平時常超額完成任務，平壤淪陷被敵拘捕，兒子死在獄中，平壤解放後出獄，仍在該廠工作。

　　成德子，通信機械製造廠工友，曾得了工廠三次的獎。

　　朴正紅，最高裁判所判事。

　　黃德華，模範農民，人民軍家庭，平壤市代議員，今年在各種困難條件下，第一個在村中完成春耕。

吳大姐，兒子參加人民軍，她說要在後方努力，不能落在兒子後頭，在修理機場中，她參加了五十多天，她們村裏的人要回去，她一再解釋，要機場修完才走。

李蘭伊，平壤第四小學校長，她的兒女都參加衛國工作。

# 四月十九日

九時起天微雨。

兩天沒大便，今天向醫生要了卡司卡拉。到萬景台六天，已五過平壤城，但都在晚上，看不真切她的全貌，只知道敵機還天天去轟炸，使已經成為一度頹壁殘垣的平壤，還在天天改變面目。前晚敵機在平壤拋下五百多個炸彈，昨天我們經過平壤，就看到許多新的彈坑，像前幾次經過一幢大樓的殘壁，就聽到上面有朝鮮的廣播，昨天，連這殘壁都不存在了。但儘管美機如何殘暴肆虐，朝鮮人民還是堅強不屈的〈地〉鬥爭著。據前天有人到平壤去的回來說，朝鮮文化宣傳局〈部〉的大樓炸得七零八落，但該部還在這樓內辦公，一般說，朝鮮的機關都還堅持在平壤城內，有些在地下辦公，好一點的地下室，有十一米厚的土層，一般老百姓，也都在炸壞的房子下，掘一點地洞就堅持住下了。

補記工人座談會，先記慰問絹織工廠經過：

參加者有平壤黨委委員長金德煥，平壤人民委員會書記長張文虎，平壤市南區黨委副委員長金斗七，平壤市絹織工廠黨委員長金秉淵，該廠勞動部洪如玉。

先由金秉淵報告工廠情況，該廠有二十八年的歷史，日人為了剝削，建築設備很差，因此老百姓稱此廠為第二工廠，日人時有一百五十人，一百女工，五十童工（八歲到十二歲）。工人入廠後，即不准回家。每年發一次薪水，勉強維持生命，一般工人都餓著做工，日本投降時，只有卅六個工人，〔一九〕四六年，到三百個工人，〔一九〕四七年到七百人，去年戰前到一千四百工人。在解放五年的過程中，他們一面重新建築，一面發展生產，工人盡了很大的努力。一九四九、一九五〇兩年的建設計劃，在一九五〇年八月就完成了百分之一百一十。除此以外，還建了兩個宿舍，一座技術學校，日帝統治時的女工及不夠年齡的童工，都被稱為"工廠的女兒"，送入校讀書，畢業後回廠工作，所以覺悟程度很高，現在雖受轟炸，生產還在維持，而且還比戰前提高百分之四到百分之六，上工率比戰前超過了百分之十。所以該廠十位工人得到產業省的獎，並有三人得到最高人民會議的功勞勳章（金玉勝、唐雲實、林春花，勞模）。敵人佔領平壤時，將機器破壞，現在回廠工人有四百人，準備在五一前後到六百人，回廠工人都哭了，見到自己的家如此。

金玉勝，廿一歲，八歲就跟父母種地，八一五解放後，聽人說工人階級最偉大，他就在一九四五年十月入廠，一九四七年第一分季完成責任量的百分之二百五十，得廠長的獎賞，為慶祝五一節第二分季，他又完成百分之二百一十五責任量，〔一九〕四九年十月十二日，他又完成計劃全年任務百分之二百五十九點九，又得到最高人民議會常任委員會勳章。一九五〇年六月廿二日，又得到產業省榮譽獎狀，又得民主青年同盟中央模範勳章，現擔任工廠指導員，組織了競賽班。全班完成生產百分之二百三十五，戰時，組織曾分配他到新義州產業省恢復建設隊的工作，今年三月廿二日，他又回廠，擔任競賽班長。

開大會，讀到中國工人的感謝信，女工獻戒指。後開座談會，金德煥報告如下：

感謝中國人民的慰問和援助，認為此種友誼是敵人任何陰謀所不能破壞的。

平壤人口戰前四十五萬，人民用自己的手建築此城市，全市職工超過十萬，勞動黨員四萬多，現在平壤被敵人炸平，1月4日的轟炸，就炸壞了七千多戶房子，炸死三百多人，傷四百多人。在敵佔期間，殺死勞動黨員及人民約一萬五千人，大部是割耳挖眼活埋的。解放後，在監獄中還有二千多屍首。敵潰敗時，用種種手段威脅人民跟他走，許多人被迫走了，在過大同江橋時，敵機即炸橋，死在橋上者不知其數，今日還常發現屍體浮出，人民的仇恨因而愈深，更認清美帝的本質，更覺祖國可愛，更信任勞動黨和共和國，大家知道，沒有獨立朝鮮，人民是得不到永久的幸福的，因此人民比以前更堅定，雖敵機天天轟炸，但火車照樣開，破房下，人民照樣生活和工作，此次修機場，動員十八歲以上民工，北區東昌里有幾個六十歲以上的老人也參加了。他們說，我們的心並不比年輕人弱，保衛祖國，老年人也有份，金日成號召農民春耕，號召青年參軍。佈告發出後，全市響應號召，又有千餘青年自動參軍。這說明敵人越殘酷，人民的覺悟越提高，在敵佔平壤一個多月期間，自來水始終沒法恢復，光復後，不到一星期就恢復了，電燈廠在一月十五日就發了電，人民軍入城調劑糧食物價，比敵人在時便宜得多。

大米戰前四百元一斗，戰後六百元，敵佔時三千至四千元，現在一千二百一斗。此外軍屬得到救濟，難民得到安排，工廠被破壞後，廣泛組織小型合作廠，生產鞋、襪、豆芽、豆腐、毛巾等，解決他們的生活，豆芽市價一百五十，合作社八十元。失業工人盡力予以安置，因此平壤人民陸續回來，初光復時僅九萬，現在達二十多萬人了。這說明勞動黨和政府的政策是得到人民的擁護的。

朴錫均，四十六歲，八歲開始做工，織襪電訊工人。在日帝下受盡痛苦，他參加過抗日戰爭，被捕，一九四五年八一五解放，參加勞動黨。參加土改，一九四六年二月參加本廠抽絲工作，超過責任量。成為模範工人，當選黨支部委員長，經常向工友宣傳帝國主義的罪惡，平壤撤退時，他留下作地下工作，被捕，敵人將其倒掛樹上，割下耳朵，以刀棍毒刑，割下他的肉，用盡各種暴刑，他始終未吐出勞動組織，他成仁了。

這次，該廠把他生前的碗、湯碗、煙嘴送給慰問團。煙嘴是他一九四六年七月在金剛山用樹根做的（那時他因病休養），金剛山風景很好。當他工作時抽煙，就想到金剛山，想到朝鮮的可愛，因此決心做好工作，保衛祖國。

工人座談會，由朝鮮職業總同盟國際部部長韓仁相報告：

戰後朝鮮有四百七十五個工人組織開了動員大會，最大的二千九百多人參軍。金屬工會二十一個地方組織有八百多人參軍。

解放漢城時，十天中，有會區工人百分之五十五參加恢復工作，南朝鮮工人對鐵路、通信、道路橋樑的修復工作中盡了很大的努力。有姓韓姓朴的兩位工人，在敵人撤退時，人民軍渡漢江時，橋已破壞，此二人號召工人幫助人民軍作復橋工作，西平壤鐵路司機鄭道明（模範司機）運坦克到前綫，遇到敵機，他用方法使敵機始終無法炸到火車（猛開猛停）。但車頭鍋爐炸壞，他是用木頭將鍋爐補好，完成了運輸任務。一九五〇年八月以來，敵機轟炸的工廠、有興南肥料廠、本宮化學廠、黃海製鐵所、成津紡織廠等五十二家工廠，但朝鮮工人並不屈服，疏散到農村繼續生產，並開夜工增加生產。

去年 9 月撤退時，同盟號召在工廠所在地組游擊隊破壞敵人活動，在咸鏡南道，高原礦敵佔時，有經理領導游擊隊對敵鬥爭十二次，十二月有一次在陽德元山間與敵交戰，殲敵一百多，解放被捕幹部三十多，繳捕（獲）高射炮等武器一大批。江原道嘉恩礦山工人周宏奎游擊隊配合人民軍威脅敵人兩個團。

元山造船廠工人李賢述游擊隊有一百五十個工人隊員，俘敵三百，斃傷敵人六百多，繳獲各種炮五百門，子彈四萬多發。

鐵原製絲廠有八百多工人，三百多參加人民軍。三百多女工參加護士工作，二百多參加游擊隊。

漢城高麗紡織廠女工，幫助人民軍做飯及做傷兵工作，發生很大的作用。

其他如黃海、元山游擊，莊山警衛隊，都很活躍。在朝戰第二階段，今年一月二十日，在平壤召開南北朝鮮職業總同盟聯合大會，統一了組織，成立了南北朝鮮職業總同盟聯合會。

在第三階段，主要工作是動員工人恢復鐵路礦山等企業機構，保證按時供應軍輸，為今天最重要的任務，金日成在黨中央第三次會議報告中稱要根據現實條件，雖然是最後的條件，也要充分利用支援前線，為著今後和平建設打下基礎。總盟為將此號召具體化，正號召工人以一切力量來完成，現在的一個問題，因為工人被害很多，如何培養新幹部非常必要，現中央派人到鄉間辦工人訓練班。

在恢復工作中，平壤絹織廠提前十天完成了恢復工作，修好了五十二台機器。

現中央政府號召一九五一年的經建計劃，工人正展開競賽來保證完成。

總盟的另一任務為保證工人的生活，政府有決定，總盟保證能實現。

工人經過三個階段後，更為堅決在勞動黨及金首相領導下爭取最後勝利。

工人生活比戰前苦得多，但工人還是積極地奮鬥著。

有一個工人金錫元（平壤建築工會委員長）說，平壤被炸毀，建築工人已做該做的工作，主要是修橋，平壤橋八米高九十米長，被炸壞，三天就修好了，平壤撤退時，建築工人參加保衛平壤的修工事工作，並在敵機轟炸下十天內完成兩座石橋的修建工作，自來水是由他們八個工人參加修建的。

解放後，大同橋再被破壞，破壞很厲害，材料又缺，但工人還是按時完成任務。

在修石橋時，有十九位工人被敵機炸死，但並未因而影響修建工作，還是及時完成。

紙煙工廠工人林成職在今年一至三月修復六台機器，生產五十二噸紙煙，計劃三至五月再修復三台機器，生產五百六十二噸紙煙，慰問前綫朝中戰士。

電訊工人李冕玉今年二月二十四號下午三時三十分，收到一重要電報，給最高司令部的，距離司令部三十七里，一定要在下午五時送到，但沒有車子，他跑到離司令部一里時遇到敵機，腰部被敵機打傷，還繼續跑。四時五十五跑到，完成任務。回到原來地方會（彙）報後，再去治傷。

昨晚看朝鮮國立藝術學院及平壤市藝術劇場表演的兩個話劇，一個表演李承晚與美帝發動這次戰爭的陰謀，一個是説朝鮮人民熱愛志願軍的熱情，因為聽不懂話，沒有看完就回來休息了。

晚七時，朝鮮最高人民會議主席金枓奉[1]接見我慰問團，因地方小，僅廖團長等十一人前往。另一批代表，則招待朝鮮黨政軍及平壤市首長，參觀雜技。

據朝鮮同志談，朝鮮公務員待遇，最低為每月九百元，最高二千元左右，和工人相彷彿，食糧由政府配售，目前大約一小半大米，一半雜糧。朝鮮為應付目前局勢，大量發展小型的生產合作社，解決一部分人的生活，各機關消費合作社亦甚普遍。

又聞朝民主女子同盟副委員長李金順的四個孩子都被炸死。當初本住平壤，上次許廣平等來時的平壤常遭轟炸，勸其將四小

---

1　金枓奉（1886-1961），朝鮮獨立運動領導人，朝鮮勞動黨和國家主要領導人。時任朝鮮第一屆最高人民會議常任委員會委員長。1958 年被開除出黨。1961 年在勞改農場病逝。

孩疏散下鄉，許等走後，李果將小孩疏散，不幸，李在平壤無恙，其小孩下鄉均被炸死，故昨日在此開座談會時，李首先痛哭失聲。

農業座談及婦女座談，最後均相抱流淚，朝鮮同志表示，向中國同志訴述痛苦，引為感慰，彷彿備受痛苦的小弟弟，見了親哥哥一樣。

今天朝鮮對外文化聯絡局長的致詞，有兩句很精彩。他說，中國慰勞團來此，我們招待很隨便，因為我們不把你們當客人，而當自己的親兄弟一樣看待，所以毫不客氣。


## 四月廿日

陰雨，九時半起身，和趙國有交換材料，本來預定下午二時舉行工商界座談會，因為昨天平壤炸得很厲害，幾位工商業者沒有來，決定明天改在平壤舉行。

據翻譯同志金女士（金焰[1] 的妹妹）說，朝鮮過去在日帝控制下，真正的民族資本家是很少的，有一部分都與帝國主義有勾結，所以戰爭起來後，都到南朝鮮去了。留下的大部是中小工商業者，所經營的大部（分企業是）的半手工業之類。

聽陳巳生、朱繼聖閒談，他們對於在朝的生活都有些受不了了，昨晚熙修也表示長期的國外戰時生活有些難受，我因為飲食困難，生活更不易忍受，像今天，早餐吃得很少，午餐，完全沒有吃，只吃了兩三片粗餅乾，希望半個月內能夠平安回到國內，該好好休息一下。

---

1　金焰（1910－1983），電影和話劇演員，朝鮮人，生於漢城。女演員秦怡之夫。

今天理髮，理得很快，僅二十幾分鐘，這是我生平找外國人理髮的第一次。下次理髮，大概總可以在瀋陽理了。

據招待我們的李員衛同志說，她過去在南朝鮮做秘密工作，南北朝鮮的黨員，對於毛主席《反對自由主義》的十一條，都能夠背誦的。南朝鮮有些機關，表面是反對〈動〉機關，而裏面加標語都引用毛主席的著作。她來北朝鮮不久，但她們已很好的學習了毛主席的《實踐論》。

（四月初收到的報導）

今年一月底，堤川群有三千多人發起人民食糧暴動，結果美帝以戰車及機槍將其鎮壓，全部死難。原州群橫城在美帝撤退時，以欺騙宣傳強迫人民三千多人跟著他們走，走到半路，美帝將〈用〉汽油彈將其殺死。（以上女盟總部材料）

晚十時，朝政府舉行晚會，歡迎代表，各國使節均參加，相當隆重，首由朝文化宣傳相許貞淑女士致歡迎詞，廖團長答詞，後朝政府向毛主席及我國首長獻禮，並向代表團各代表贈禮，旋由我代表團向朝鮮首長獻禮。

會後又有我文工團表演，主要為赴蘇雜技團的表演，各國使節看了均很感興趣。

最後由朝鮮政府歡宴代表團，至一時半始回，時月色皎潔，不知今天是十四、十五，出國以來，日子過得糊塗，外面發生什麼新聞，也甚無所知。

# 四月廿一日

今晨因敵機低飛，總團六時許即下令防空，七時半上山，與朱王許丁[1]等位打橋牌度日，甚感無聊。

今天睡未好，午飯全是牛肉與魚，又餓了一餐，生活真有些難以忍受，劉清揚同志等均極盼總團能按照預定計劃，月底前回國，但不知果能做好否。

補記青年座談會記錄（十八日開）。

民主青年同盟委員長金旭鎮：

一九四五年八一五以前朝鮮即有共產主義小組，（CY），在大會中，即想創造共產主義青年同盟，任務為徹底剷除日帝的殘餘思想影響。

一九四五年十月十五日，建立了民主青年同盟，但南北朝的青年組織還未能統一。

南朝鮮那時並組織反蘇反共的青年組織，對南朝鮮青年起了一定的影響，因此使民青盟在南朝的發展發生困難（職業青年同盟）。

那時，金日成將軍指示要統一全國青年組織。〔一九〕四六年一月十七號開全國青年代表會議。當時部分青年反對，要保持共產青年同盟及民主青年同盟的各別組織，結果還是統一了。

在一九四六年九月二屆代表會議有一百一十六盟員（原來二十四萬），〔一九〕四八年十一月三屆代表會議有一百三十盟員（都是北朝鮮），內有勞動青年百分之八點六，農民百分之四點六，學生百分之九點六。

各群各道有兩萬九千零六十五個初層組織（北朝），民青亦為各黨派的組織勞動百分之十八，民主黨百分之二，青友百分之三，其他百分之七十八。

民主盟由勞動黨領導，幹部大部為勞動黨員。

南朝在美帝壓迫下，工作很困難，〔一九〕四六年春天，南

---

1　朱王許丁，即朱繼聖、王書莊、許寶騤、葉丁易。

朝鮮組織了幾十個青年組織，主要是大韓青年團，南朝青年團就在這樣的條件下進行工作，一九四七年被李承晚強迫解散，那時南朝有民盟員七十萬人，其鬥爭方法為以非法的名稱進行合法工作。一九四八年愛國民主青年（同盟）也被解散，因此只能轉入地下。

今天，金日成首相接見。朝鮮領導人還有：許嘉誼[1]，黨中央書記。朴憲永[2]，黨副委員長副首相。朴正愛，女盟委員長。南日[3]，人民軍參謀長。

金首相，風趣自信，充滿信心，對中國人民的熱愛，像一家人一樣，説中國話。

要侯寶林（〔中國的〕申不出）表演，要廖團長乾杯，笑口常開。

當台灣代表團周明敬酒時，金首相説，當（把）美帝國主義從朝鮮打出去時，台灣的解放也就快了，又説，當年朝鮮、台灣是一塊被日帝滅亡的。

下午八時，乘車到平壤附近，去晉見金日成將軍，代表中國人民向他致敬，並獻旗獻禮。這次獻給金將軍的禮物，來自全中國各地，各民族、各地區的人民都把他們最珍貴的土產特產呈獻金將軍，表示他們對朝鮮人民的領袖的敬禮，如西藏的紅花、雲南的火腿、江西人民燒了金首相的瓷像、西北人民獻了鹿茸以及其他土特產，還有熊膽、白藥、青海的紫蘭、四川銀耳等。

我們坐的車子，在中途走錯了路，遲到了廿分鐘，到時，金將軍的招宴已開始，他正以純熟的中國語言，向代表團致歡迎詞。

---

1　許嘉誼（1908－1953），朝鮮勞動黨和國家主要領導人。時任朝鮮勞動黨副委員長、中央書記、檢閱（監察）委員會委員長。1953年被宣佈自殺。

2　朴憲永（1900－1952），朝鮮勞動黨和國家主要領導人。時任朝鮮副首相兼外務相，勞動黨副委員長。1952年被判死刑。

3　南日（1913－1976），時任朝鮮人民軍總參謀長。朝鮮停戰談判期間任朝中方面首席委員。

他說，當朝鮮被日寇統治無法生存時，中國人民收容了我們，非常感激。今天，中國人民又流自己的血來幫助朝鮮人民的解放戰爭，兩國的戰鬥友誼，因此更鞏固而牢不可破了。

他說中國話，態度是那樣的和藹仁慈而又富於幽默，這是充分表示他的堅強信心，他在很多方面是和毛主席相同。真正的人民領袖，多是那麼純厚仁慈而〔有〕人情味的。

他提議為斯大林的健康乾杯，他提議請中國的申不出（侯寶林）表演一下，他親自為翻譯同志斟酒，說“你辛苦了”，他說中國的文工團大眾化，要朝鮮人民軍學習。

最後他起立說，諸位代表遠道來慰問朝鮮人民及人民軍，冒了很多危險，吃了許多苦，我代表朝鮮人民表示深切的感謝。諸位同志，請向中國人民帶個好，並且告訴他們，中國人民的抗美援助保家衛國運動，大大的鼓舞了朝鮮人民的反侵略戰鬥。請告訴他們，朝鮮人民的勝利是肯定的，特別在全世界人民的援助下，在中國志願部隊的援助下，勝利就要來的。

當送出大門時，他還對代表說，打完了仗，勝利以後，我要到中國來看你們的。

整個會議的空氣是那麼的融融，使人不感覺是外家集會，而像一家人的團聚一樣，金將軍給每一個人的印象是非常深刻的。

朴正愛兩次起來敬酒，說的話都很好，一次說：“為送自己的兒子到朝鮮來為幫助朝解放而流血的中國母親們乾一杯。”第二次說：“朝鮮的母親，向中國青年乾一杯。”

我起立代表中國新聞界敬酒：“中國新聞工作者在過去十個月天天報導朝鮮人民及朝鮮人民軍英勇的反侵略戰鬥，今天，我們親眼看到領袖這樣神聖戰鬥的金日成將軍，非常感動，為金將軍及在座各首長的健康乾一杯，並預祝即將到來的最後勝利。”

回來已一時半。

金首相向王一知同志所談：

在平壤撤退時，進至公路旁一小屋，屋兩間，里間住一老太太，四小孩，外間讓出給金將軍他們住，老太太丈夫為勞動黨員，已被敵殺害。大兒子八一五參軍，現已犧牲，媳婦改嫁，四小孩一為孫子，三個是她收養的，二兒子現亦在人民軍。

金問她要不要政府幫忙，她說，像我這樣的家，朝鮮不知有多少，政府如來幫助這樣的家庭，還不如拿去前線，我自己能種地，並捐出一小袋糧食，現我還有糧食。她原來有五袋糧食，是老頭留下的，四袋已招待了志願軍，另半袋多，我志願軍住她那裏，她又要求拿糧，志願軍寫一條子，說這半袋多糧食，留為種子，誰也不許吃，金將軍去時，還看到這條子，盛讚志願軍。

老太太又說，當二兒子參軍離家時，囑咐她說，中國志願軍來，要好好招待。

她問金將軍，現有一事還搞不通，面委員長說抓到特務，教育後可放，說是金將軍說的，她不同意這一點，要寫信問金將軍。金問她你問了沒有，她說沒有，金鼓勵她寫。

金將軍又告訴她，處理特務問題，面委員長是錯了，要看特務罪惡的輕重，該槍決的槍決，可教育的教育，不可一概而論。老婦說，這就對了，我相信金將軍也是這樣的意思。

又一，在平壤以北的小村中，在敵佔平壤後，有三個婦女剛結婚。她們的丈夫都參軍去了。她們看到美軍到處殺淫人民婦女，她們就逃到山中，但感覺又餓又冷（她們是夾衣）。

她們決定晚上回到村子田裏找糧回山吃，她們找到一山洞，以石頭堵住。住了一些時候，她們很有信心相信金將軍一定會回平壤，因此決定以此洞為她們的家，自己到平壤看看金將軍及政府回來沒有。半途被游擊隊抓住，她們就將經過告訴游擊隊，游擊隊告訴她們很多辦法，給她們針綫去賣。到了平壤，就做小買賣，在此時間，給游擊隊很多情報。

志願軍到平壤的時間比預定的遲了幾天，游擊隊很燥急，派她們去鴨綠江瞭解情況，她們走了兩天兩夜在宿州遇到志願軍，她們在路旁招手歡呼，我志願軍對此很奇怪，把她們抓起來，問她們，她們什麼都不說（因為還不知道中國志願軍的實情）。最後經解釋後，她們才說了。她們一面給志願軍帶路，並作偵察工作，經過半月，才與游擊隊會師。

　　她們並做了許多運糧修路工作，直到平壤解放，金首相號召春耕，她們才回家生產，現仍住在金首相附近。

　　又一，趙玉姬，三十二歲，已婚（在《東北日報》上已發表過她的游擊生活）解放後分到土地，在春夏秋三季種地，冬天，夫婦一起打獵。有一次（一九四八年）打到一個老虎，三個野豬，都送給了金將軍，金還和他們一起吃飯，照相，她們非常興奮。

　　戰爭開始後，夫婦商量，我們和金將軍照過相，不能做壞事，因此上山打游擊，見了老百姓就拿照片出來宣傳，發展到七十至兩百個游擊隊〔員〕，但沒有槍支，因此決定拿敵人槍支來武裝自己，利用李匪軍到村莊騷擾他們就拿下他們的槍支。

　　有一次他丈夫出去三小時未歸隊，趙玉姬就化裝老太太，帶槍下山偵察，到了村莊，遠看一堆人圍著，她偵察結果，見到美李匪軍正圍著她丈夫正要放上絞台，她就開一排卡賓，打死五個，她東打一排，西打一排，敵人慌忙逃跑，結果打死十三個美軍，五個李匪軍，她看到她丈夫還被帶套了繩子內，她馬上去放下，帶上山去。

　　金說，這是不靠幫助自己發展的游擊隊，她是唯一得到政府勳章的女游擊隊員。

## 四月廿二日

十時起，上午在山上和趙國有等交換材料。

下午一時，舉行教授座談會，朝鮮的教授來了十幾位，都是有名的專家。有教育省高等教育局局長杜俊泳，其餘大部是金日成大學的教授。朝鮮教授報告朝鮮的教育。

朝鮮北半部得到蘇聯的幫助，進行了許多民主的改革，北朝鮮在"八一五"以前一個大學也沒有，現在已有四個大學，內容比許多前（先）進國家的大學，也沒有很大的損失。金日成大學是農民選出他們優秀的子弟參加的。各大學的學生，百分之八十是工農勞動人民的子弟。

南半部的教授科學家，堅決反對美帝的奴化教育，反對"國大"鬥爭是很有名的，通過這次鬥爭，有上千的學者過三八綫到北半部來，他們按自己的專門科學在各大學工作，產業省研究院有四百多位專家，重工業省有礦業地質研究院，農業省有家畜衛生研究所，他們在這些研究所進行他們的專門研究，專家們受到人民和國家的尊重。

金大的一百七十位專家，組織了二十五教研組中進行教育工作，成績如下：

金大馬列主義教研組長寫著馬列主義的經典論文。有的寫"英勇朝鮮人民軍的思想根據在哪裏"的論文。

研究世界史的學者，對農民運動進行深刻的研究，有的寫朝鮮李朝的封建王國制。

金日成大學、平壤師範大學、元山農業大學。朝鮮不出硫磺，他們研究不用硫磺，製造肥田粉。朝鮮語言研究所，金科奉主席完成了拼字的研究，完成了語言改革。無所任相李克魯[1] 完成

---

1　李克魯，朝鮮民主人士，時任朝鮮政府無所任相（不管部部長）。

了朝鮮音聲學的研究。

去年六月底，美帝國主義發動對朝鮮的侵略戰爭，全國大學生及大部高中學生，爭先到了前綫，西部的學生也踴躍地參加前綫工作，學生專家也積極參加解放鬥爭。

四五個大學內，有四百五十六（四五六）個教員，參加戰時工作，有了五十五（人）參軍，幫助其他相同工作的二百四十五個。三個醫務大學有一百三十（人）軍參加部隊醫務工作，到工廠的專家為戰時生產，盡了最大的努力，因此已沒有一個教員留在外面。

南半部在實際工作中，作了堅決的貢獻。

到南部去工作同志（學界）還沒〈有〉七十一位教授，還沒有回來。

大部教育（機構）都撤退到慈江道，一部搬至東北，一九五〇年開始廣泛的政治學習。

集合南朝鮮一百五十二位教授，幫助他們研究和學習。

中國人民志願軍部隊來到朝鮮與朝鮮人民軍比肩作戰，擊退敵人，我們科學工作者轉移回到平壤，我們永久記住（金日成）一九四八年的談話，全體文化科學工作者都動員起來，實行他的號召，回來後到各工廠去調查，研究如何恢復的辦法。

經濟工作者幫助財政省造〔編〕成戰後經濟恢復與發展的計劃。

幫助高級中學教員的培養，幫助南部來的教授的政治學習。

歷史學者收集材料，準備編朝鮮人民反侵略戰爭的歷史。

大學高中的教科書的編輯工作，也花了很大的力量。

朝鮮人民共和國成立了學士、博士考試的組織，核定學位。對美國及日本過去給的學位一律不承認。

新義州現有教師大學，有三百多個學生，朝鮮文學、俄文學、生物、化學、歷史、地理、體育等系，兩年畢業，為了戰後教育。

五月一日，準備俄語大學開學八十名學生。

準備派一百三十個學生赴蘇留學。

準備在七月一日，平壤醫大、青城醫科大開學。

我們有充分的信心，我們將盡一切力量爭取勝利，恢復建設，我們相信，只有這樣才能對得起犧牲性命來幫助我們的中國人民。


《金日成將軍之歌》：

長白山巍峨奇麗，滿山印血跡，鴨綠水千萬里，丹血映碧綠，今日朝鮮人民呼喚著你，自由的鮮花開滿地。

啊⋯⋯那個名字，敬愛的我們的將軍。

啊⋯⋯那個名字，英明的金日成將軍。


工商界座談會。

歡迎詞：

朝鮮戰爭在最艱苦階段，中國人民不僅給我們以物資精神的援助，而且派了自己的志願部隊，流自己的血，在鞏固朝鮮的戰場。

我們能和中國的工商界代表一起談話，覺得非常光榮。相信經濟的交流今後一定會增加。

陳巳生致答詞，朱繼聖報告。

平壤工商部長報告平壤的工商業情況：

朝鮮在日帝侵略下解放只有五年的歷史，工商界的對比，平壤在解放前有四百二十四的工商單位，那時，特別在太平洋大戰後，敵人強迫許多工商界關門，另設配給所。

但我們不僅在解放後保存工商業，而且以接受了的公家的東西，提供〔給〕工商業者，幫助其發展，並將敵人強迫搶去的物資還給工商業者。

在政府這樣的政策下，一九四八年三千五百多個商店、四百七十〔個〕私營工廠（恢復）。在人民政權剛成立時，實行許可證制，後來取消許可證制，只要登記就可開業，因而平壤工商界更發達。一九五〇戰前商店四千五百零九家，工廠五百七十五家，以後，又設立對外貿易商以後，有了七家對外貿易商，礦業亦鼓勵私人去經營，政府支持私人工商業的發展，工商業者對政府也作了很大的貢獻。

去年政府準備建築文化宮時，工商界捐獻了六千多萬元（為著保存革命事跡）。

政府本準備去年實行強迫教育制度，七歲的兒童一定要入學，平壤就準備添設三四所小學，建築經費一部分由工商業者捐助。

去年五月間，政府發行人民經濟建設公債，結果由於工商業者的踴躍購買，很快就超額銷光。其次，關於戰爭的貢獻，戰爭以來，戰事供應要求增加。兩百多個工廠動員為人民軍製造被服等等軍用品。敵人曾散佈許多謠言來破壞人民對政府的關係，但絕大部分工商業者始終擁護政府，而且搜購了許多米及日用品來，穩定平壤的市場，在平壤撤退時，絕大部分工商業者仍照樣向政府納稅。

在撤退後特別在平壤遭受敵人的幾次轟炸後，平壤的工商業幾乎全部〔被〕摧毀，但工商業者還建立了工商業，現在有二百一十七個商店、三十七家工廠已經恢復起來了。

以物價來說，在敵佔時，米每斗四千五至五千元，解放後今年一月已降至每斗一千五至一千七百元。

現在民生必需品的工廠，如膠鞋廠、鋁製品等工廠恢復最快。膠鞋廠佔了三千五百至四千，現在一千三百至一千七百一雙，現在因為交通困難，物價不平衡，新義州米五百一斗，平壤一千五百，工商業者對此也盡了力。

今後兩國相互幫助的地方很多，原則上，自己能生產的東西不依靠別人，如機器汽車，將來一定要朋友來幫助。

一位朝工業家說，在日治時代，配給的米不夠吃。今天，在這樣艱苦的戰爭時期，能夠這樣招待各位，是不容易的。又一位說：美國口口聲聲保護私人資本，但美帝侵佔時間，把我們的生膠和織補機器都搬空了。

一首詩，《在火焰的城市裏》：

我們不會哭的，在灰燼中，你是不會找到朝鮮人民一滴眼淚的，朝鮮人民忘掉眼淚已經很久了。要把已經享受過自由的朝鮮人民淪為奴隸，奪去他們的自由是不可能的。

在宴會時，大家唱歌，我正唱京戲的時間，忽然警報高鳴，接著在一里外投下炸彈，把房子震得啪啪作響，窗紙通明，我為著表示鎮靜，照常把戲唱完了。

朝工商界送我們代表每人高麗參一匣。我們於十二時告辭離飯館，二時回到萬景台。

二時許入睡。


# 四月廿三日


朝鮮人民軍高射炮部隊，在五一是建軍兩周年，戰爭以來，十九聯隊已打下敵機四百三十餘架，英雄朴忠基組打了五十二架。他們一組是四門高射炮，有一連隊在漢城金浦機場，一星期內就打下四十多架。

除了高射炮外，他們組織步槍組在山地打飛機，李偽軍飛機，在開戰三天內就打光了。（共十二架）

以上是昨晚慰勞高射炮隊的記錄，第二兵〈軍〉團大部是中國回來的朝鮮人，都能說中國話，時時高喊毛主席萬歲，他們昨天包餃子招待我們代表團。

兵〈軍〉團長年歲很輕，近衛師也歸他指揮，主要是保衛平壤地區，直至東海岸。

他說在前綫作戰回來時，走到半道，有老百姓告訴前面有咱們部隊，就是說話不懂，後來會師，才知道是中國志願部隊，人民軍聽到中國軍隊來了，立即信心提高了百倍，決定好好配合作戰，那時的情緒真是昂揚極了。

下午一時半，全體舉行露天聯歡會，招待招待我們的朝鮮的同志，廖陳田[1]三位都說了話，獻禮獻旗。

宋局長說：我不是地理學者，但我否認鴨綠江是分隔中朝兩國的界綫，而是四億七千五百萬中國人民和三千萬朝鮮人民心的交流的大動脈。

他說，最近從前綫來的一位人民軍戰士告訴他，當我們感覺困難時，想到中國人民志願部隊，就增加了百倍的勇氣，就鞏固了我們克服困難獲得勝利最後信心。

人民（軍）第四軍在漢城撤退時，左右翼都退走，他們曾在鐵路附近孤懸作戰。他們記起過去在中國作戰的經驗，組織勞動黨員，組織群眾，先解決了吃的問題，後來解決了美軍一團，部分解決了穿的問題，但大部還是單夾衣。後來聽偵察報告，東北部到了國籍不明、人數不明的部隊，後來知道是中國部隊。見了面後，人民軍一部分哭了，志願軍忙將大衣棉（衣）脫下來蓋在人民軍身上，人民軍硬不要，這場面是可歌可泣的。

---

1　廖陳田，即廖承志、陳沂、田漢。

# 四月廿四日

十時起身，十一時在山溝開第三組會議，商討出發事。這次在平壤慰問，歷十二天，本團基本任務已完成，現分三組出發，一組出發志願軍總司令部，離此約有兩晚的途程；二組出發，平壤南百里左右，慰勞人民軍某部；我們的第三組返回至新安州附近，而先至雲月里住一二天，慰問傷員。我們的一組大部是年老的同志和女同志，因為到前面去是比較辛苦的，我們的一組，許寶騤組長，郭同志開車，任副組長，組員有劉清揚、黃藥眠、吳組緗、向達、浦熙修、朱繼聖、道爾基[1]、田間、邱浦等。

本組任務，一面慰勞，一面收集材料，十九兵站，三十八軍已為我們組織材料，慰勞的對象，有三個傷員醫院（十九兵站）。今晚到雲月里，明天白天瞭解情況，三醫院，一汽車隊，人民軍消防部隊及坦克部隊，及志願軍空軍後勤部，以後再到三十八軍，儘量將時間縮短，在十日前一定回瀋陽。

六輛車，代表記者警衛員共三輛車，分四組。

（一組）劉、田、黃、李、潘、吳、溫、唐，潘組長

（二組）郭、徐、朱、向、道、邱、浦、丁、許，徐組長

（三組）程、蔡及其他工作人員七人，蔡組長

（四組）警衛員

（十）三車隊（一）一組加四警員共十二人，車長曾平、田間

（十二）（二）二組加黃培海、許連凱、寶騤，車長郭、邱

（十九）（三）工作同志

行動指揮　閻平同志　秘書　周　三排十二號（蔡科長）

下午三時，與寶騤兄再遊萬景台，五時許返。七時，朝文化宣傳省及各團體舉行歡送會，由平壤市勞動黨委員長致詞，接著

---

1　道爾基，應為道爾吉。道爾吉，蒙古族，第一屆中國人民赴朝慰問團第一分團成員，代表新疆省蒙族。

由人民軍政治局副局長及文聯代表趙基天等致歡送詞，我團的團長答詞。會畢，全團赴我大使館歡宴。

## 四月廿五日

昨晚在大使館歡宴相當熱鬧，菜也相當豐富，半月來第一次吃到中國味的菜，飽吃了一頓，後來又有文工隊表演，三時半鐘離大使館，四時就到了雲月里十九兵站，分別半月，也有回到了家的感覺。

擠擠的睡了三個鐘頭，八時半起來，九時吃飯。

十一時半開全組會，組長報告在此階段的工作，要慰問四個醫院，一個汽車運輸隊。

四個醫院在兩個方向，今天預備在兩個醫院：一三二號醫院、一七一號醫院，一三二離此四十八公里，一七一離此二十八公里。一三二傷病員：總數一千七百二十四名，其中輕傷二百四十二，中重傷一千二百零一，重傷二百八十一名，其中軍官五十一名。

一七一情況：總數一千二百一十九，輕二百七十七，中八百二十九，重一百一十三，軍官七十六名。

準備黃昏出發，住一夜，早餐開始整天工作，晚七時返。

工作方式，有慰勞會獻旗獻禮（一個多鐘頭）。

重點訪問，請輕傷病員舉行座談會（一到兩小時）。

後天白天與汽車運輸隊開聯歡會。

分組：（今天）甲，劉（組長）、朱、邱、徐、溫、道、許、唐、蔡、譚（一七一）；

乙，向達、黃、田、浦、吳、李、潘、丁、程平。

座談會，甲，徐準備，乙，吳組緗（一三二）。

慰勞品及獻金，請溫幫助蔡科長搞好，慰勞金傷病戰士三萬元，連排級七萬，營團級二十至三十萬，師五十萬，軍八十萬。

其他兩醫院一六二號五百零四名，一六五號七百一十一名。

一六二輕四百四十四，中四十七，重十三名，軍二十一名。

一六五號，輕四百一十四，中二百四十五，重五十二，軍官二十一名。

座談會的採訪提綱：

醫藥缺乏，醫務員如何克服困難。

英勇的典型事跡，英雄人物。

需要知道他們需要哪些東西。


朝鮮人民克服生產困難的故事：

（一）閔順女，十六歲，平壤紡織工廠女工，父親去年犧牲（四十八歲），原來廠支部書記。平壤撤退時，正領回撤退金，準備撤退，當防空洞出來時無法過大同江，被捕。父親過大同江，五天後又回來了，但一回來被抓，第二天被槍決，臨死時向兒女說，你們一定要同〈給〉我報仇。敵人槍決其父親後，殺掉他們父弟三人。她立志參軍，平壤解放後，在報名處等了兩天，沒有報上，就參加工廠工作，並參加了廠的自衛隊，她親自抓到抓她的特務，送到公安局。

她說，只有做好工作，為父親報仇，她常常一月的工作，二十天完成。

（二）軍需五十五工廠翻砂工人，文基元，二十一歲，勞動黨員，戰前時化學工廠工人。平壤淪陷，他撤退到水豐，解放後入軍需工廠，工廠因機器破壞很大，生產是不合格者常在百分之三十以上，現在工廠能夠完成任務百分之一百四十，過去每月平均每日出產一百六十手榴彈，現在平均三百至四百個，現在又訂計劃，要增加百分之二十（最近期間）。他說，過去工人常躲警報，誤了很多時候，現在基本不躲避防空，因此更可增加生產。

（三）平壤紡織工廠技工（電氣），裴東奎，三十一歲，黨員，平壤淪陷時，未撤退，被敵關在監獄，解放後放出來努力工作，他主要努力於恢（復）電力問題，那時，全平壤只有六個電業技術工人，平壤解放後糧食困難，百分之六十糧食被敵挖去，他們常常餓著肚子工作。

他們和領導方面一起計劃，希望在一周內（1月4日至1月10日）（恢復），結果八條綫提前兩天完成了電氣，恢復生產，各廠都找他們去參加工作。

重工業部有台變壓器，在敵人臨走時□□破壞了。

大家都找他們去工作。

（四）白鎮愛，紡織廠工人，二十六歲，廠民青主席，黨員，紡織廠於去年五月以人民經濟建設公債建設起來的。戰爭爆發，工廠開始疏散器械，但那時只有十六、十七歲的女工，疏散工作主要靠她們。疏散中，撤退命令已下，疏散因而搞亂。平壤解放後，要困難很困難，工人又缺少，只有女工，技術工人少，初步只能做整理機器工作，但又不懂，民青小組，就決定以分散辦法整理機關〈器〉。二月底前完成。第二次整理機器，整理工廠，而機器工具又不夠，又發動工人，以家中的工具來工作，主要是女工做的。終於完成了，女工說不管男工多少上前綫，我們一定能完成任務，寫下決心書，一定要完成任務，結果完成百分之一百九十的任務，得到平壤市的獎狀！


朝鮮天氣從昨天起才開始暖熱，有點春氣了，櫻花和杏花都開放，大概江南的天氣已近晚春，今年的春天又這樣過去了。

八時出發一七一醫院，十時即到達，一路甚平順。院長致歡迎詞，中國派志願軍來打仗，又派代表團來慰問，今天到醫院來慰問，非常感謝。

許組長説，明共同敵人，今天來此共十五人，代表七人。

院長説，昨天就聽到你們要來，就集合一下，今天又派人去迎接。

今晚即舉行大會，獻旗獻禮，劉清揚同志致詞。金允禎（院長）、白洛殿（政幹部）、〔一九〕四六年參加解放軍一〇四師，到過湖南資江，去年才回來，本院有八位同志參加過解放軍，有四位女同志。

人民軍十八聯隊（原解放軍四十七軍的一部）直打到洛〈落〉東江，是人民軍中最有名的部隊，出了很多英雄，現在已改為師，稱近衛軍十八聯隊，攻大田時消滅敵人三千多，繳獲汽車五百多輛。

解放軍返回的幹部，成為人民軍的骨幹。

李鴻光支隊，全師稱為近衛師。第六師、第三師，都是人民軍最有名的。李鴻光支隊原在東北創立，十八聯隊有百分之九十立過功，百分之九十多是黨員。

本院有四個李匪軍俘虜的傷員，今年已有可能將國防軍俘虜陣前改編，去年無此可能。

本院每月約有八百人傷癒歸隊。

劉清揚致詞：

見面像親兄弟一樣，雖然過去沒有見過面，但看到你們一個個面孔，都非常熟悉，像我們生來就在一起的一樣。這一則由於我們兩國肉血相聯關係，把我們拉得那樣緊密，同時，你們的英勇事跡，正像歷史上一切的人民英雄一樣，看到你們就像〔見過〕。

你們的戰鬥，不僅保證了自己的安全，鞏固了我們兩國共同的安全，和全世界的和平，而且也改變了歷史的進程。你們都是光榮的負傷戰士，為全世界人民和平流血受過傷。

中國人民認識清楚你們戰鬥的意義的，除了編造志願部隊以外，派我們來慰勞，特別要向你們光榮的負傷戰士致最高的敬禮。

我們帶的一點禮品雖然甚薄，但代表著四億七千五百萬人民的心和感激。

金真根去年八月在洛〈落〉東江負傷，分隊長。

晚十二時許開慰勞會，會場設在被炸過的學校內，到輕傷病號二百餘人，由劉清揚致詞，獻旗，並報告禮單。可惜我們這次沒有帶文工隊來，很使朝鮮同志失望。

二時半散會，三時回到病號睡覺。


# 四月廿六日

一夜睡得很好，九時許起床。

十一時吃飯，飯也吃得很飽，十二時參觀並個別慰問傷員，這醫院規模之大，是北部朝鮮現有三大軍醫院之一，而且是模範醫院，最近得表揚。這醫院共有一百九十多個工作人員，四位醫生，十五名準醫。

這醫院在江東群柴竹面內里。

下午三時半舉行座談會。

黃泰成，二十七，六師團十五聯隊一大隊三中隊副排長。第一次進攻馬山受勳章，撤退時，抓了敵人及大隊長，（在江原道）一次殺了三敵人。

李昌順，二十二歲，八師三聯隊工兵分隊長，在水原一小隊打退消滅敵人一聯隊，他起了骨幹作用。他帶了二十兵，打破敵人三輛坦克（敢死隊），那時敵人十輛坦克進攻，都被他們消滅。

他得了三個勳章。

金泰彬，十九歲，十九師三十七聯隊分隊長，在一次進攻時，在開城以南，和敵一分隊攔擊，那時分隊長犧牲，自己進至五米處時，他打死敵六人，俘虜二人，虜獲二重機，得一勳章。

申承吉，四師十八聯隊偵察分隊長。

金明浩，二十六，六師教導大隊，在一次進攻時，回到三八綫（江原道附近），他在敵人包圍中繼續戰鬥，在二中隊一中隊，他做班長，六人，俘虜敵六人，殺死六七人，獲輕二重一機槍，一排機炮。時十八聯隊在鐵原一帶活動。

李龍隼，連長，三十歲（第一師）一次進攻時，他與排長，他打白骨〈虎〉部隊，打死七人，獲六〇炮（六點二八）又一次在三八綫以南帶二十七名戰士守著名高地，受敵人八次進攻（全聯隊），一百三十人剩七人，殺死敵人九十八名，俘四名，獲五輕重兩挺，及其他。又一次在甲山（已當連長）八〇高山，帶七十八名戰士，和美軍決戰，殺死敵七十八俘四人，繳獲美帝一聯隊的武器，受兩次傷。

李昌在，二十一歲，二兵團直屬部隊小隊長，在八〇山。敵四聯隊與他們一聯隊打的結果，消滅敵兩聯隊一小隊，他自己的小隊，戰果是子彈炮彈打光了，以刺刀和敵人拚，他自己殺死敵人六個，以鐵鍬打死兩個，以拳打死兩人，中隊全體立功。

在撤退時，在平壤附近，有二十七同志被敵包圍，兩天沒吃，和敵一團對壘，敵有汽車二十四，坦克八輛，結果，俘虜二百四十名，打破十八輛汽車。打毀六輛坦克，自己只犧牲兩位同志，得了勳章。

金榮益，二十八，六師一聯隊中隊長，在江原道，與志願軍四十二軍共同作戰，一大隊和兩倍的敵人對壘，上級命令堅守兩小時，結果堅持了八小時，敵衝鋒十三次，只剩十八名，子彈已盡，以石頭作戰結果，完成了守衛任務，殺死四十六人，俘四人，立了集體功。

吳一峰，十二師三聯隊小隊長，二十四歲，在二次進攻時，在平安南道成川一帶打防禦戰。敵以八坦克十汽車向陣地進攻，他們一排打壞敵兩坦克，九汽車，俘敵二十。

崔長明，模範護士。金和順，模範護士。

沈鳳竹，中國共產黨員，〔一九〕五〇年參軍（解放軍），參加東北解放戰爭，後來到漢口。去年回來，參加看護工作，原來是班長，現在看護長。她工作始終積極，初當分隊長，管一百二十個病號，人數天天變動。她在金剛山看護過的戰士有六百多名，重病號自己親自看護。她的領導作風很好，有任何困難，她都帶頭克服。她帶的十二名戰士，剛參軍思想不夠堅強，她經常教育他們，很快的鞏固了他們的覺悟。她的分隊發展很快，在金剛山及六百多個傷者，無一犧牲，她並組織互助組，幫助三位同志識字（不到一月）。

廉春子，一九五〇年參加人民軍，最近加入勞動黨（因戰地立功）從七月二十日起，一直在本院，接受了五千六百多傷員。她出身貧農，父親〔是〕勞動黨員，她受了五年民主教育，政治立場很堅定。在三八綫一帶掛彩的同志都是重病號，那時職員只有五十多人，她起了骨幹作用。本院護士都是中國回來的，只有她在國內參加的，那時護士只有十幾人，醫生一人，她很快掌握情況，誠懇服務。有一天她接受三百多傷病號，她很詳細的看傷病號，分別緊急治療，治療好後向〈送往〉病房。最忙時兩星期中往往整夜不睡，但她決不鬆懈，對消毒也很注意，所以接收科始終沒有發生事故。有一天，她整兩天沒睡，她倒下了，但有病人來了，馬上又起來，毫無叫苦的表示，接受了八個傷員，下午八時起來，六時半才睡覺，稍息又起來照常工作。

在撤退時，她不顧自己的東西，將重病號背上擔架，她的個性，連小事都不肯馬虎，對團結同志，在原則上掌握得很緊，該批評的還是批評。

有一次當分隊長時，她帶了分隊女同志走了六百多里，沒一個掉隊，到了目的地。

至此以後，她……今年二月十二日，將病號向後送。她帶一戰士，送二十五名重病號往後送，半途汽車故障，離目的地還有五十里，她馬上下來，和戰士一起背病號，動員老百姓，將病號運下，自己再找米柴做飯給他們吃。有一戰士問她，是不是十一號病院接收科護士，她答不是（因為晚上）。戰士說，我很明白一定是你，又說我對病院印象很好，你對我們幫助很大。於是這一戰士又幫助她找到一汽車，將戰士送到醫院，馬上檢查病院，發現有二人到四十度，她向院長報告，並做飯給他們吃。

她又跑步五十里回來，馬上做起自己的工作來。

座談會開到七時才結束，這次座談會由我掌握，基本上算是成功的，出國以來，這是我第一次主動做了的慰勞工作。

九時，告別離院，一路相當順利，十時抵大站。


# 四月二十七日

昨晚為了住宿問題，相當狼狽，辦事務的同志掌握得不好，一切應付，搞到最後一批同志回來，找不到住處，黃藥眠兄住在露天廊外。

晨九時起，和向許[1]諸兄閒談，都希望抓緊時間完成任務，由於環境的不習慣，和人為的種種不便，把大家的思鄉病更提高加重了。

今天微雨，十幾天不雨，氣候太乾燥，下點雨是很好的，對

---

1　向許，即向達和許寶騤。

人的健康有好處，而且金日成將軍號召四月底完成春耕，很多農村趕前十二天就完成了。下點雨，對朝鮮的農事大有好處，大概國內也在下雨了吧。

據向老說，他在一三二醫院看到不少慰問袋，都是常州人民捐獻的，醫院獻花時，就用慰問袋的布來著〈紮〉。

據朝鮮同志說，除阿爾巴尼亞外，各新民主主義國家都有慰問品送來，我們也看到各機關醫院招待客人吃的香腸等等，看來都是送〈從〉蘇聯和東歐來的。每到天黑，朝鮮廣大後方的每一條公路上，都充塞著往來馳驅的汽車。從這一點，也可見這一仗，沒有蘇聯的幫助也是不可能的。

十二時開全組會議。

兩醫院（今晚）西北醫院（明天）傷兵一千二百多，志願軍。

海防部隊（人民軍）（二十九）六十多華里，江西群。

十九大站（三十白天）民工（晚上）西浦車站附近。

一號晚上離此向三十八軍出發，主要任務，還要慰勞人民軍坦克部隊，四五分鐘，然後回安東。

今晚兩醫院。一六五甲、一六二乙。甲組帶文工團。

下午六時集合，六時半一定出發。

六時即出發，一六五醫院，一路尚順利，但到了目的地，要摸黑走五里多路。這苦真是生平沒有吃過，從八時走到九時半才到，到了以後，實在支持不住了，倒了客廳裏就睡，自己覺得有點發燒，口又渴得厲害。

在這院的慰勞工作，完全是為著任務，翻譯又不好，大家講的話也是照例文章，真是糟透了。

晨二時許辭歸，照樣又走了五里，來回摔了兩跤，左手本已腫痛，這一下更痛不可支。

五時回雲月里，寶騄兄給雲南白藥，吃了就睡。

# 四月二十八日

十時起，手病略好，再服白藥，飯吃一點點，也不覺得餓，離鄉背井，在這樣的環境下千萬不可生病。為了防止病的嚴重，今天整天沒出去，又吃了四片消發彈琴，下午睡了一覺。今天下午二時，本組慰勞西北醫院，我沒有去參加。希望能把病好好養好，平安回國。

據《文藝報》唐英[1]同志談，他昨天到民工大隊去住了一晚，瞭解些民工大隊的情況。

東北各縣都有民工大隊派到朝鮮來，初來的時候，很怕飛機，很多人嚇得跑回去了。後來看飛機也不過如此，有一次五架飛機集中轟炸他們住的房子，廚房炸垮了，結果無一傷亡，因此反而使他們的膽子大起來。幾個月來，在這裏的五千多民工，只有一個受輕傷。

他們初出來時，部分同志對群眾紀律還不大注意，現在，他們和朝鮮人民的關係比一般幹部還要好，因為他們來自農村。一有空就為老百姓餵牛、挑水。對於缺乏勞動力的朝鮮人民，是很感激（他們）的。有一個民工有一次拿了老百姓的蘋果呢〈吃〉，受到批評。後來他決心改好，他的褲子破了，自己不會補，他說一定要朝鮮老百姓自動代他補，他每天為老百姓放牛，修牛棚，以及保證這家老百姓的飲水和燃料，結果，老百姓果然為他洗衣服，並把他的褲子也補好了。

他們初出來時，領導方面對出征期限解釋不明確，因此他們有返鄉病，也有換班思想，現在正努力扭轉時間問題，提出勝利而來、勝利而回的口號。

他們對於已分到的土地很懷念，念念不忘他家的耕牛如何，

---

1　應為唐因。唐因（1925－1997），原名何莊，筆名于晴。上海松江人。作家，時任《文藝報》記者、編輯，中國人民赴朝慰問團直屬分團隨團記者。

田是否在耕種，小牛生了沒有。最近，有四位東北的縣長來到這裏，向他們保證包耕包糧，保證他家裏交糧吃飯，因此，大大提高了他們的情緒。他們的工作很有組織而細緻，每天總結經驗逐步改善，現在，各山坡都挖了貯藏庫，安排定位位置，裝一汽車汽油只費兩分鐘，裝一火車東西，二十分鐘就完成了。

這次慰勞團來，對他們起了很大的鼓舞作用，在這一大隊中，分到三條毛巾。他們把一條重點獎給成績最好的分隊，這分隊認為是莫大的光榮。


今天下午在房裏睡著，看到一位人民軍和我志願軍同志的交往，打打吵吵，正像一家的兄弟一樣。可以具體說明中朝戰士的友愛。

住在我們一屋的警衛班同志，是一九四六年參加民主聯軍，對於解放戰爭非常熟悉，他談了一段呂正操的故事，很有趣。

他們今天分到慰勞金，每人初步一千多元。


## 四月廿九日


六時半即起身，今天病還沒有好，郭開峰同志特別照顧我，囑咐廚房為我煮了一大碗粥，四枚雞蛋，吃了一個飽。

向老和熙修等到平壤去了。我因病未去，這幾天，真感到度日如年，急盼早日完成任務，回到國內去，團內很多同志，多抱著同樣的心情。

聽說前綫打得很好，五次攻勢，已消滅敵人五千，內美軍佔四千五，又人民志願空軍已出動，三天內就打落敵機十幾架，無怪這幾天這裏敵機的搔擾也減少了。

# 四月卅日

兩天沒有工作，休息得足夠，情況好轉。今天六時半即起，二組王書莊等同志回到此地，因後〈此〉早飯後即湊成一牌局，打至下午二時，參加開會聽十九兵站的工作報告如下：

史政委報告：

兵站組織開始六個月，出國五個月，幹部由各地方縣區幹部組成。兵站由松江省組織，分站大站的工作人員，大部分是學生。當初說組織到分配，只有一星期，武器裝備也較差，再經十幾天於十二月二日過江，除大站外，分站人員都走了八百至一千多里路才到目的地。幹部由和平環境突然到了戰時環境，工作沒有經驗，當時由三分部領導，分配在定州工作，主要任務是前運後輸，東西分配給我們，要我們往山上放（露天倉庫）。到了定州，當時定州還有三個面未解放，離敵人僅二十五里，在村中的群眾對我們不瞭解。第二天一看，除老幼外，都跑光了，於是開了一群眾大會，向群眾說明，群眾看到我們很老實，對群眾的東西完全不動，他們逐漸放心。那時，敵機十分猖獗，工作在那時最為困難。當時最主要的工作是到處找山洞按電話，找糧食。但半月內，接電話，燒飯都很困難。每一車站要修三四個站台，分別下貨，東西運到山上，要多修公路，當時車站的工作人員全是朝鮮代表，只得設一軍事代表，專管我們的貨物。車決不能按時到，民工常空守在車站內。（搜集美軍電線，接進四十五里電線）

民工的工作更困難，當時動員匆促，任務不明確，裝備不夠，鞋子是夾的，衣服是夾的，走到宿州，鞋子全穿爛了。吃的又不夠，一斤七兩糧食一天，又沒菜吃，都吃不飽，每天兩頓，一稀一乾，上面的命令是人等車，不能車等人，在車站受凍，到車來時又餓了。因為美國兵吃了許多牛，民工就各處收集牛皮，自己來補鞋子，有的後跟破了，就拉下棉褲的棉花塞著走路，這樣堅持了兩個多月。民工修的路有四百多里，修汽車掩體一千多個（一千零四十四）、露天倉庫二百七十多個，下了二千多車皮的東西，民工說，當時過的是兩冷一熱的生活，睡的全是冷炕，又不發棉花，沒有棉被。（從十二月下旬至二月初）

當時民工對於露天倉庫，有了很多創造。

領導提出四防工作，防空、防雨、防特、防火。當時民工研究出一些方法，第一是造假房子，做得像民房一樣，還做假窗戶，第二是做假倉庫，根本不放東西，第三是個假稻子垛。

那時（十二月底至二月初）基本上做好了四防工作，民工經常的話：

抗美援朝，吃苦耐勞；保家衛國，少發牢騷。

他們親自看到戰時的情況，他們的情緒決不低落。

離國經過幾個月，衝破了敵機的威脅，領導上號召與敵機作鬥爭，做好工作，現在一般幹部並不怕飛機，民工叫照明彈"提溜燈"，沒有特別緊急情況，一般都不防空，自己挖防空掩體，並組織防空哨，遇特別緊急情況，即打槍疏散。

如飛機威脅而影響工作的事，根本沒有了。

他們住的地方，也進行搜山，最近還破獲了一個特務案件，收出一個電台（逮了四個特務）。

經過這幾個（月）的工作，一般的做到物資安全與汽車安全，汽油全掩蔽了（除防空外，打穿了也不會起火）。

在群眾紀律方面，最初是不太好，老百姓當時說，穿黑棉襖的解放軍不太好，經過檢查改正後，群眾對民工比對幹部的印象還好，因為他們能幫老百姓做活。

有一民工王金貴為著吃不飽，拿了老百姓的米吃，經過批評，他決心改過立功，他到西浦後，住在老李家，每天掃兩次大院，並打水。李家說，自從他住來後，婦女就沒頂過水，有一次牛棚倒了，把牛壓了，他動員同夥，把牛救出，並搭好了牛棚

（那家是軍屬），並加以清掃（以下與前天所記相同），（在西浦釜山面）。目前，又幫助老百姓春耕。（一般民工）

有一民工模範王卓輝，有一天卸車，他不怕飛機，照樣搬貨，被敵機打傷。大隊去慰勞，他的情緒還是很高，入醫院前，還向小隊說，不要丟了咱隊的二等模範，他大大的 發並教育了群眾。

另一民工，本來是落後的范興元，掛彩甚重，臨死時向總隊長說，我對不起你，我過去開了兩次小差，我為中國人丟人，死了也不冤。這些話對群眾的教育意義也很大。

在立功運動中，一洋灰袋八十斤，有一民工背了四袋。他們看好錶，趕急完成任務，一般採取包工制，上級領導要為爭取一分鐘而奮鬥，他們準備得好，時間掌握得緊。

自發地幫助朝鮮人春耕。

本溪民工實行公票制，每人三角至五角不等。

本溪二三大隊裝十八大筒一汽車裝好，十八筒汽油，十二個人裝，五十秒鐘就完成了。

有一次本溪隊搶救被水泡的大米，每一中隊分五百包的任務，結果每一中隊超過了任務一百多包。

又一次汽油經特務放火，號召大家救火。時在冬天，戰士民工都把衣服脫了去幹，結果，救出二百八十筒汽油，三百五十雙鞋子（僅燒了四十筒）。

最近，一車皮被打著（人民軍的膠皮鞋），大家動員去救火，救了一大半車皮的鞋子，這事對人民軍是很好的教育。

民工，在定州時一千多人，現在六千四百七十人。

兩個月來，完成了八百多車皮一千一百六十四汽車的貨物轉運工作。

上面號召，搶裝，搶卸，搶運，主要是搶過大同江，往往一夜裝卸四次。運裝傷員兩萬一千人。

自開始以來民工受傷八人，犧牲七人（六個月）。

病號因營養不好，鹽吃得少，本溪大隊隊員多脹肚子，但民工還照樣幹活。又缺乏醫藥，什麼病多〈都〉給阿司匹林，抹上點二百二（紅藥水）。

現糧食已加到兩斤二兩，衣服鞋子都發了。

他們每天總要把毛主席說幾遍。米，發了一部分高糧，他們就說，為什麼毛主席還要為我們打這樣的算盤，國家糧多了，不該多運點來麼。

慰問團來了，省上也有人來，縣長也來了，帶了些東西，給他們很大的鼓勵。遼東省，科長，錦旗、煙、菜、慰問金。

又帶來包耕合種的證明和家書，他們更安心了。

犧牲的照烈屬待遇，出國期間照軍屬待遇。

民工從前綫回來說，馬路上的"提溜燈"打得比瀋陽還高。

門大夫，家有幾個孩子，一老父，無人做飯，自己報名來參加，他建立小醫務所，工作做得很好。

朝鮮人民說，你們不僅志願軍好，每一個人好。

朝鮮人民軍現在連民工都羨慕，因為每一民工離村時，老百姓總送出了村子，依依不捨。

他們立功的心很切，說抗美援朝出來，一定要立一功。他倆說，立功也受美機的氣，不立功也受美機的氣。

門大夫說，他的兒子在外國語學校讀書，他也要立功，為兒子爭氣。

他們從實際生活中，認識美帝是紙老虎，認清美國空軍不能起決定作用。他們說，美機整天轟炸，我們火車、汽車整天的運輸。

上級號召，為斬不斷打不破的運輸綫而奮鬥，他們都為此而努力。

其次，在這戰爭考驗下，大大的提高了幹部，鞏固了幹部，為翻身農民上了很好的一課，真正認清了帝國主義，實際加強了對美帝的仇恨。

這對於國防建設、經濟建設都有很大的關係。

# 五月一日

今天是國際勞動節，在朝鮮過勞動節是很有意義的，記得捷克共產黨員"繩索在頭上的報告"的作者[1]，在獄中寫過五一節的情緒，表現了勞動人民先驅者的最高品質。

今天一天之內，敵機整日擾騷，至下午三時止。警報已發過廿五次，我們在草棚外照樣打橋牌，可見大家對戰時環境已略能適應矣。

天氣日漸炎熱，白天敞開了衣服還嫌熱，朝鮮民房又是熱炕，夏天的生活真不可想像。好在我們的行程指日即可結束，否則既不能洗澡，又很難換衣，這生活堅持下去，就很難受了。想到前綫戰爭的痛苦，真覺得應該好好地宣傳抗美援朝，早日勝利結束這個戰爭。

連日夢見芳姊，離家日久矣。

下午四時，清理行李，準備當晚出發。

把一些不準備帶的東西送給部隊同志，他們很客氣，還送我一小包砂糖。

發現"吸卡"鋼筆的筆桿丟了，是到朝鮮的唯一損失。

七時許出發，到順川以北，又走錯了路，在魚波等了兩個鐘頭，敵機在附近鐵路擾亂，放了三個照明彈，把附近都照得通明，回程中，看到魚波車站大車隊民工搶運物資的緊張情況，和

---

1　即《絞刑架下的報告》作者尤里烏斯·伏契克。

昨天的報告，剛好印證。走了一段路再上車，最後於清晨四時許才找到三十八軍所在地，疲乏極了。

身上發癢，幾天已找到八九個蝨子，過兩天身上一定還很多，好容易才入睡。

路上無聊，和向老合作做了一個月令，一個古諺，描述目前的情況：

星月也，花初放，蛙始鳴，提溜燈現，行人不寧。送別西浦，到此魚波，提溜提溜，為之奈何。


# 五月二日

四時半，在松林山溝內三十八軍開會歡迎本團，地方甚好，氣氛顯較在人民軍為熱烈得多，由姜[1]副軍長致歡迎詞。

四次戰役中，去年殲敵二萬七千多人，繳獲汽車一萬多輛。

這次聯歡會，效果很好，與自己的志願軍兄弟在一起開會，情緒究竟不同。當我們的代表致詞後，志願軍同志們就高呼口號：「謝謝代表們的慰勞，我們一定加強戰鬥提高學習，打垮敵人，報答全國人民對我們的關切。」

會後，與該軍首長們閒談。據政治部副部長談，這次慰勞團基本上是成功的，使前綫的戰士，親切知道全國人民知道他們吃的苦，知道全國人民以全力支援他們。這對他們的鼓勵是很大的，文工團對他們的影響也很好，他們需要娛樂需要笑，部隊裏一個人拉琴，兩三個人跳跳，就圍著很多人拍手狂笑。可見部隊是多麼需要笑。

---

1　應為江副軍長，江擁輝（1917－1991），江西瑞金人。解放軍少將。時任三十八軍副軍長。後任軍長。

說到缺點，也是有的。第一是時間太短，沒有重點，對如此多的部隊，短期內要普遍慰勞，結果是沒法深入；第二是慰勞品名目太多，數量太少。幹部和戰士的距離太大，幹部可以多給一點，但不要這麼名貴的東西，紀念品發得也太少，如三十八軍得到六千多紀念章，連發給立大功的士兵都不夠（一萬多），香煙每人只發到三支，毛巾更少。文工團人數應該更多些，不必盡是頭等角色，三四等的也需要。再有些代表們的講話不夠全面，教授們講的話士兵不懂。

　　這些意見，都非常正確，值得我們回去好好檢討檢討。

　　又據姜（江）副軍長談，到二十八日止，敵人被殲一萬五，俘二千多，除漢城外，漢江以北都已解放，漢城敵人撤退中。

　　部隊發動向空射擊運動，有組織的射擊飛機，幾天來已擊落敵機十二架。

# 五月三日

　　睡得相當好，就是蟲子太多（昨天又捉到七個）渾身發癢，這樣的日子，也沒有幾天就過完了。

　　七時即起身，洗臉，吃飯，今昨兩天吃到豬肉，因此有兩頓飽食。

　　朱繼聖兄送我多種維他命八顆，因此這幾天天天吃一顆，對健康問題放心得多了。

　　劉政委[1]報告作戰情況（劉西元）：

　　作戰情況概說

---

1　即劉西元，（1917－2003），江西吉安人。解放軍中將。時任第三十八軍政治委員、軍黨委書記。

去年離祖國到朝鮮已五月，一百四十天連續作戰，中間空際不大，平均只有十天，作休息，其他時間在野外夜晚行動及作戰中，一百四十天中參加四次戰役，四個戰役的性質是三種情況。

第一、第二次戰役，都是運動的反擊進攻，第三次戰役突破三八線，基本是進攻戰，攻堅的，敵人是守勢。第四次是運動防禦，有兩種情況，由攻勢防禦轉為運動防禦。

第一次戰役，當時情況很緊張，敵人佔平壤，瘋狂的分頭冒進，直佔鴨綠江，一般以營為單位，勢焰囂張，我們的友邦正處在退卻的姿態。

另一情況，我們初出國，言語不通，地形不熟，找嚮導很困難，與群眾關係很難聯繫，我們的翻譯至多每連只有一個，購物也困難，帶來的東西很少，因此開始作戰就影響我們的生活。

我們在國內已做了半年和平生產工作，許多（戰士）沒有作這樣的急行軍，而且白天要防空，晚上行軍，戰士體力消耗，相當疲乏。

部隊的思想跟不上情況的要求，情緒都很好，但缺少實際情況的體會。

再加上情況要求立即作戰，我們十月廿二日過江，上面就命令立即堵擊並消滅敵人，因為不如此，連立足的地方都要沒有了。

那時，西綫敵人已到了清川江以北。

我們於二十五日就開始作戰，本軍十月卅日作戰，打擊熙川的敵人，敵人發現後就向南跑，我們就追到〈擊〉敵人到新興洞，殘敵一部，球塘〈場〉又趕上敵人，敵越清川江又往南跑，我們又追到飛虎山，又打了一仗，這樣才告一段落。

這是初戰，首先與美帝國主義見面，各方面採穩重態度，但穩重過多，因此沒有完全完成上級的任務，主觀上對敵太穩重。

那時，兩頭不亮吃飯。

好的是部隊看不起敵人，現在，部隊更看不見〈起〉美國人，他們說敵人有五個優點。

敵人守不硬，攻不猛。

（1）怕包圍；（2）怕近戰（他的刺刀從來不見血的），他們見了刺刀手榴彈就害怕；（3）怕夜戰（只要兩面一插，他就完了）；（4）怕迂迴。（5）他只有一個優點，有飛機大炮的裝備，他的步兵依賴飛機大炮，因而更加深他的弱點，所以，我們只要相對的改變條件，就完全可以戰勝他。

戰士們說，美軍不如蔣匪軍，不如敵偽軍。

從整個說，他當然有一定的戰鬥力。

經過初戰後，摸到了敵人的脾氣，知道他的本質，因此更加強了殺敵的信心，而只顧慮敵人的飛機。

在戰場上，敵機給我們的傷亡不大，而主要影響為威脅我們的生活，現在部隊都知道，祖國邊境物資如山，但前綫缺少物資。

在飛虎山有兩個部隊，平均三天沒有吃飯，但這樣的困難，並沒有影響我們的戰鬥情緒，當時實行環境教育，回顧歷史，認清這勝利的困難可以在勝利中加以改變。正視困難，予以克服，從軍到連都在山洞開會，從上而下都訂立功計劃，全軍士氣精神飽滿，經過約十天的時間，第二次戰役就開始了。

第二次戰役，敵人對第一戰給他的打擊還不瞭解，還不癢不痛，它對我估計產生了錯覺，以為我們的正面不上，我們在寶〈飛〉虎山五天五夜不動，他又上了我們的大當。

那時在西綫，美軍敵二師、偽三師、英土第二旅。

我們誘敵深入，分散他的力量。

敵計劃十一月廿四日發動攻擊，東西綫都動了，我們廿五（日）黃昏開始戰役的反擊。

我們的任務，一部誘敵，大部分配備敵人正面的側面，從德川以東穩蔽，二十五日開戰，不到兩天，二十七日就完了，基本消滅偽七師，我們對偽七師實行〝包乾〞，四十八軍〝包乾〞偽十軍。

我們陸續前進，迂迴在清川（江）南岸敵斷後路，中間有一百四十里路，敵人的特點，特別是偽軍，如不搜山，它跑得很好。我們一面搜山，一面在一晚的急軍，廿八日上午，早上到了任務地點，走了一百四十八里（一一三師）。

到了那裏，就搞了敵一個連，一面又阻止南援之敵，我們兩面作戰，十分頑強。

敵發現供應綫被攻，就全綫崩亂，我其他各軍分頭迫進，不到三天就解決了戰役。

本軍收穫最大，部隊情緒更高。真正從勝利中解決了困難。

但接受勝利品沒有經驗，得到物資沒有馬上轉移，被敵轟炸。

我們共俘了四千多人，內美軍二千多人。

大炮四百多門，小吉普就有八十七輛。

敵人受此打擊，拼命後撤，連平壤都在撤退，上級就命令繼續追敵。

那時天氣已甚冷，部隊越九百公尺的高山楊柳峰時，吃乾糧飲雪，但部隊情緒甚高，自己還要磨乾糧，因此部隊想休息過冬。

我派一一四師三十二團先遣部隊與人民軍第四軍團（敵後堅持）會師，當時見面時，情感的親熱真難以形容，（在朔林）我們把自己的棉衣脫下給他們。

在三八綫突破時，人民軍十軍團就給我們帶路，一起前進。我們不到一周準備，十二月三十一日下令攻進，不到一小時，敵所謂新防綫就全綫被我突破。三十八軍的前面，不到三十分鐘就突破深入甚遠，敵已有警覺，馬上坐了汽車就跑。我們只捉了一百多美軍、三百多偽軍，戰士都不過癮，我們佔領漢城，跨過漢江，敵一直退到大邱。

我們為著急休息補充，天氣又在"三九"最冷，部隊體力削弱，我們奉令休息不到半月，敵又集結殘部向我進攻。

第四次戰役，敵軍西綫其組織二十三萬人，它主要的企圖是打個勝仗，挽回面子，緩和矛盾，並打破我們的休整。一月二十五日它開始進攻，時間上這次戰鬥最長，本軍整整打了五十天，特別在江面守備中，戰鬥雖激烈，敵人所有的本錢都使出來了。因此，我們把敵人的底都看清楚了，它從天上到地上，什麼本事都使出來了，我們要不放手，它就什麼都拿不動。在二十三天的守備中，我們抗拒了敵二十四師、騎一師、二十七旅、偽六師等四個師，我們只有三個師，堅持了二十三天。大大便利了東綫，殲滅敵人一萬多人。

在二十三天中，敵人進攻平均進攻〈前進〉五百公尺，我們還是有意識的放手的，換得了一定的代價，而基本陣地決不放手，因此得了上級的獎。

敵人用飛機，至少四架，至多二十四架，每天至多只有一小時的空隙，其他大炮，汽油筒，坦克，（它每一陣地有二至五個炮兵陣地，坦克少至七八輛，多至五十二輛）它所有的本事本錢都拿出來了。

部隊真正表現了中華民族的英雄氣概、民族氣節。有一個班，在陣地上堅持四天，敵人最多有一營衝，但（一一二師）始終堅持。我部隊不僅頑強，而且智慧，我陣地工事，一面可以作戰，一面還可以防空，殺傷敵人八十多人，最後剩下二人。他們還自動加入其他班作戰。

敵人才真是羊群戰略。

為人民的事業，為祖國為朝鮮的英勇事跡。

有一副班長，體力不夠，指導員勸他下陣地，但他說，我死也不離開陣地。叫其他同志都走，要求一個手榴彈，最後敵人來了，與敵同歸於盡，殺了四五個敵人。

另一特點，是全軍的團結，上下一致，像一家人一樣，指導員才抬擔架，這多是毛主席培養出來的部隊的好傳統。

彼此友愛，相互鼓勵，我們的伙夫同志特別表現得好，他們送飯，擔架，送彈藥。

民工同志也非常辛苦，對戰爭的貢獻甚大。

這些都是美帝所不可能有的表現。

在江北（漢江）部隊是運動戰。

後本軍奉命調到此地來修整。

敵人在我們的陣地上死傷的一萬多人，殲滅美二十四師一個大隊，把敵三百多人消滅得乾乾淨淨，俘了八十多人，當初它是輕裝，把我們包圍的，結果被我們反包圍了！它縮到山上，被我們全部消滅。

第二，如何戰勝困難，消滅敵人，取得勝利，取得經驗。首先講困難情況，在第一次戰役，除客觀情況下，主觀困難是思想上追不上，工作上缺少經驗。

從第一次到第二次，有了經驗，適合了環境的要求，專門研究防空，白天擠時間做工作，晚上多做工作。

白天分散工作，晚上集體工作。

講清問題，提高認識，從思想上體會當前的困難，是解決困難的首要辦法，一切要提高積極性。

第二個最大的困難，就是人吃，馬餵，槍的彈藥，這三個問題往往接濟不上，前線根本沒有市場，什麼都沒有，一切依靠祖國的東西，東西來不了，就發生困難，使部隊最低的困難都維持不住。

本軍一冬天沒有人穿上棉大衣，棉衣在四次戰役後像掃把一樣，看外表，這部隊實在要不得。

五十天的生活統計：

八十天內一一三師全師中二十九個單位，師支佔十一單位，三十九團十三單位，三十八團二單位，三十七團三單位，平均人數四千三百五十人。

未吃上飯的一百五十頓，最多三三八團二營六頓沒吃上飯，吃稀飯的二百六十六頓。

吃豬肉，八十天內四千人中吃兩萬零八十二斤，平均每人四斤多，最多。

油，平均每人七兩二錢，最少單位四十二天根本沒吃到油，三十二團團部，六十二天沒吃上油。

鹽，平均每人半斤。

軍在五十天時間內從上級領到十天菜，二十天糧食，半月油、鹽，當時部隊還有點埋怨，說祖國不捨得本錢。本軍一共最初有一百六十汽車，一次戰役中就很快被消滅了。後來知道困難是敵人給我們製造的，因此更增加了對敵的仇恨，忍受困難，加強戰鬥。

大家說，越艱苦，越光榮。

解決困難的辦法，一是改進後勤工作，分裝物資倉庫，隱蔽汽車，加強發動分部與軍的聯繫，部隊自己〈發〉動人打柴。

另一辦法要勝，取之於敵，以老經驗來適合新情況。

第三辦法是得到朝鮮政府的同意，就地去借，這能解決了我們很大的問題。

朝鮮人民是很好的，我們部隊看到美帝的殘行，經過教育提高階級友愛，愛護朝鮮人民像對祖國的人民一樣，很多朝鮮老太婆做好飯和鹽菜給部隊吃，有些甚至傾家蕩產的來支援我們。

朝鮮人民有一特點，只要政府下一命令，馬上照辦。

我們過去在清川江兩岸借朝人的糧食，現在都已經還了。

再一辦法就是部隊的團結互助，有一次友軍沒有糧食，我們馬上撥五十萬斤糧食支援他們，有飯大家吃，這就更增加了中朝戰士的互助精神。

在前綫不分彼此，在漢江南岸，朝人民軍盡一切力量為我們趕運傷病員。

在休息期間，本軍吃到百分之九十的細糧，每月四斤肉，新的志願軍又來了，又年輕。

部隊急需祖國的營養，缺少精神的政治的營養。

我們的勝利，三十八軍的詳細的戰果（帶回去的禮物）。

四次戰役的綜合戰果：

殲敵兩萬七千七百三十人（包括美、英、希、澳、土及偽軍）；

內打死打傷兩萬一千三百二十二人，俘五千三百六十八人。

繳各種炮：

六〇炮火箭筒、輕迫擊炮、重迫擊（炮）、無（後）座力（炮）、機關炮、彈簧炮、野炮，自共五百五十四門，野溜〈榴〉彈炮一百一十五門。

各種步槍五千八百八十五支（包括輕重機槍）。

各種車輛（坦克十四輛）共一千五百七十六輛。

飛機兩架。

其他物資不計。

我們的部隊已全部美式裝備，炮已用不了，朝鮮不僅是戰場，已變成了我們的操場。

第三，已取得的經驗。

1. 對美帝的看法，五個月內，我們把美帝摸熟了，看到底了，認清美帝國主義侵略軍，在裝備技術條件比我們強，因此，它在反和平陣營上，他是強大的敵人，但從本質上看還不是強的，它是個虛胖子，不經拖，一拖就瘦，一瘦就垮。今天雖還未瘦，但多拖了，他的原形就畢露。

它飛機多，坦克多，汽車多，結合起來，它有相當的戰鬥力，尤其它的運動性快，這條件可不可以改變呢？可以的，那就是兩翼插入，阻斷它的後路，阻塞它的道路，這樣就改變了它的條件，汽車也可以追上了。

敵人的基本弱點，攻擊力差，怕死，怕苦。

除非我們的人完了，他們決不能奪下我們一個陣地，我們只要剩一個人，他們就不可能。

我們白天一般不反擊，小反擊不離陣地一百米，晚上反擊也不規律。三個手榴彈就可以擊退敵人，不到二十米不發手榴彈。

我們對它的步兵絕對輕視，大膽的採取包圍、迂迴、切開的辦法，一點兩面的戰術，其次，是破路，阻礙它的後方交通。

對付敵人炮兵，也有了經驗，它炮兵是車運的，離不開公路，它一定在公路上或交叉點。我們避免敵人的炮兵，陳兵在山的腰部，專門組織部隊專槍它的炮。在德川，一一四師，一晚上，把敵四門榴彈炮全奪下來了。

第二方法是破壞橋樑（執行飛機任務）。

（在漢江南，敵三十門炮，發一萬發炮彈，一天）

第三是以炮對炮（敵人最怕炮）。

對付空軍的辦法，敵機分野馬、噴氣及蚊式三種。

敵機對我殺傷的比例百分之零點五，主要是阻礙我白天作戰並威脅我供應線。

但等到我軍打到敵人裏面去，就一樣可以白天作戰。

方法第一是很好的偽裝，宿營離公路兩側五里路，取東北溝，不取南北溝。

〔其二是〕部隊到達那裏，就先掘防空洞。

其三是燈火管制，與群眾密切合作。

其四是對空射擊，十五軍最近打下了十五架。

最後一個問題，工作環境及工作的做法。

目前的情況，比抗日及解放戰爭要艱苦。

（一）統一研究，分散領導。

（二）通過基本幹部，由連隊，幹部幫助，如何加強連排教育是很重要的，教育是具體的，說明具體任務，機關控制機動力量，輪流下部隊幫助。

（三）抓緊時間，要小要快，開會不要開大會議。

（四）依靠黨員團員起骨幹作用，與群眾好好結合起來，毛主席說要從群眾中來，向群眾中去，在部隊工作，這指示也是非常重要的。

（五）我們的部隊榮譽心極高，所以評高工作非常重要。

（六）白天分散，夜晚集中。

（此地是平原群宿川面，湄南里）

呂本支，三十八軍聯絡部長：

（一）俘虜問題

一、對敵情瞭解

四次戰役來，我們的交戰對象

敵：美軍二師，二十四師，二十五師，騎一師，打擊最大的是美二師，連師部全套，都予以殲（滅）性消滅了。

英軍二十七旅，二十九旅，皇家團（澳大利亞）。

土耳其旅。

希臘旅。

偽：五、六、七、八四師團，其中七師團受我殲滅性打擊，連美顧問團全部被殲。

從兵種來看，敵步、騎、炮、工、坦克、特種都有。由人員來說，有牧師、工程師、歷史記錄員、顧問、參謀、雷達員、攝影員、船夫、軍郵。俘虜中最大的為中校。

從國籍人種〔來看，〕有美、英、澳、土、希、菲、西。在二次戰役中，的確俘到日本俘虜一人，但轉來轉去後找不到了。有白種、紅種、黑種、黃種，及混血兒（各種），有一混血兒（父華人，母朝人，而在美國成長）。

二、敵人特點

1. 怕死（俘虜首先要求挖防空洞）。押解時決不掉隊。怕落在朝鮮人手裏。

2. 馴服，好管。

3. 守紀律。

4. 老實坦白，說不裝病或隱藏身份階級，問材料時，只要顧住他的面子，什麼話都肯說。

5. 怕吃苦，生活情緒低落，患腸胃炎的就很多，一天能走五十里就算不錯。

6. 極點的思家厭戰，每人都帶著愛人照片。

7. 生活腐化，俘虜時收到許多賭具、裸體相片。

8. 文化水準高，俘虜中大多是高中以上畢業生。

9. 政治水平低。

土耳其軍不如美兵狼狽。

英兵，有裝腔傷〈作〉勢，喜歡唬人。

偽軍特點：（一）能吃苦；（二）不好管，容易逃；（三）不肯多說話；（四）不老實，好偷東西，裝病；（五）麻木；（六）文化水平低，受欺騙宣傳中毒甚深。

三、敵偽在幾次戰役中的思想變化

敵軍，在一次戰役中，恐懼中國人，但氣焰甚高。二次戰役前放走一批俘虜，對美軍起了一定的影響。在三次戰役中，很多美新兵被俘，但爭取工作並沒受影響。四次戰役，在爭取上比較困難，但當它失利時還是可以的。

我們爭取的量，還是一天比一天增加。

偽軍，在一次戰役時，氣焰也高。

白頭山（就是長白山）。

到二三次，爭取量也就大多了。我們部隊能說朝鮮話幾句。我們的俘虜政策，他們也有些瞭解。所以沒有大量投降，是因為過去在帝國主義受長期統治，不敢反抗。

四、敵偽兵員的補充

就在第一次戰役時（已經現出疲困，二次戰役時，它的兵源又困難，有一部以南朝鮮人補充）。

三次戰役中，出現有一些新兵被俘的。

偽軍補充比美軍容易，因為李偽軍拉夫很厲害。

五、敵人的戰鬥情緒與戰鬥力

美兵為了到朝鮮後一切失望，多病，罵杜魯門，埋怨麥克阿瑟，恐懼戰爭，常常為思家而痛哭。

對戰爭的認識，為什麼來朝鮮，根本鬧不清，和中國打仗，更鬧不清。他們知道中國是東亞第一強國。

反（動）宣傳的中毒較深，到現在還不清楚，他的政治制度的反動，還醉心美國生活方式，開口閉口要剷除杜魯門、麥克阿瑟等壞蛋。

贊成共產主義，但反對實行。

對戰爭悲觀，不肯承認美國一定會失敗。

戰鬥力不如偽軍。

怕夜戰，怕野戰，只有群戰沒有孤戰，怕迂迴，怕山地戰。

偽軍對李承晚不滿（很普遍），對金日成將軍有相當影響，討厭李承晚光說不練，對其賣國行為和美帝的罪行極為憤慨。

偽軍官兵關係極不好，士兵極不滿他們的軍閥統治。因此很多在戰場上發生黑槍事件，暗殺其軍官。

火綫上自戕的很多。

戰鬥力比美軍強，易敗不易殲。

過去對中國人看不起，等到接觸後，印象就大大的〈地〉改變了。怕八路軍。

六、敵偽間的矛盾和互相侵擾

美國對土耳其軍等像看偽軍一樣，在俘虜營中，他們還支使黑人紅人，種族階級觀念極深。

美兵每月八十元，而希臘軍在第三戰役時還只有三元一月。

七、敵人的思想統治

美兵所能看的東西，只有《星條日報》、《時代》、《新聞周刊》，每周有時事教育，內容是聯合國情況，朝戰情況及中國情況。

俘虜剛來時，接觸到我們的俘虜政策後，對我們為什麼採取志願行動不瞭解，對我們的士氣高，官兵關係好根本鬧不清楚。

有一俘虜看到我連長幫助伙夫劈柴，甚為奇怪。

對於我們的俘虜政策，不僅不殺，而且不侮辱，尊重他們的人格，因此情緒很高，很高興的〈地〉參加生活。

對我傷病員的處理，更使他們感動。

所以他們回去的家信，說他們感到生活有意外的滿意。

（二）我們對俘虜，不殺，不侮辱，不搜腰包。

但在搜山時，個別的搜腰包的還是有。

在困難的具體情況下，使他們吃上飯，住上房子。

對傷兵儘量給以傷藥。

在適當情況下，予以釋放，給以路費，路條。

准許他們寫家信，設法代他們寄回去，他們要求廣播。

死的予以適當安置。

對俘虜的教育，基本上　發其厭戰反戰的認識。

其方式：（１）上大課；（２）座談；（３）辯論。再就具體問題予以教育。準備英文版的材料及許多小說給他們看。俘虜的反映：經教育後，他們對寬俘政策更為讚揚。對我們士氣的高揚也懂得了，知道中國的軍隊最現代化，認為世界任何國家都無法戰勝。

經教育後，自動要求訴苦，朝鮮偽軍的訴苦更為熱烈，訴苦後要求參加人民軍報仇，對今天聯合國的面貌，認識也清楚了。

八、俘管工作

（一）組織，也有分隊大隊等組織形式。

（二）連排長由我們自己負責管理，基本採取以俘管俘的辦法。

（三）生活上採取自勞自食辦法，洗米做飯都由其自己管理。

（四）給以一定的文化娛樂。

（五）有一定的生活制度，安排好時間。


晚六時出發，慰勞朝鮮人民軍坦克部隊，中途一再延誤。僅三十里路，至十一時方到。開大會，文工團表演，宴會，至一時許離隊。

本來決定當晚趕到新安州五分部的，但田間、郭開峰等堅持不去，始則說路太遠，繼則又說車不好打燈，堅持全回三十八軍，不接受群眾意見，固執自始，這種主觀的領導作風，實在可怕極了。

這次的慰問團，總的方針掌握得好，廖、陳兩團長的領導也好，就是李頡伯以下的幹部真差極了，膽子小，腦筋不冷靜，不和群眾商量，處處是命令主義，而又粗枝大葉，不瞭解情況，分析情況，有時也絕對自私，對群眾不予適當照顧，比如每一幹部，不管是二十幾歲三十幾歲的，都帶了警衛員，而年老的文化工商界代表，都要以軍法管制，自己背著行李走路，這種作風，是在共產黨中從來少見的。回去以後，領導方面應該好好的批評檢查一下，實在給人的印象太壞了。


# 五月四日

今晨四時許回來，暗中摸索，仍舊住在昨天住的地方，一腔怒火，勉強壓下去了睡覺，今天九時半即醒，起了洗了一個好臉，乘大家沒有起來前，記了這頁日記。

下午五時，開全組會議，出乎意外的，決定今日提早出發，以定州為預定目標，如情況許可，即趕到安東，全體贊成這決定。

五時半即集合一車，一路甚為順利，司機同志亦精神旺盛，開車〔足〕馬力，六時半即過安州渡清川江，九時即抵定州，大家決定繼續前進，今天氣壓甚低，不雨而雲層低，判斷敵機不致猖獗，一路車走得甚好，而且根本沒有遇到敵機，連信號槍都沒有遇到一支，真是萬幸。二時半到新義州，因為有一批傷兵抬架，誤了半小時，安全過橋，橋千瘡百孔，大概最近又轟了幾次，但行車還很好，我們到安東，到兵站接洽，四時許天微晚，仍回遼東大旅社休息。

# 五月五日

一夜又冷又癢，並未睡好，起身便洗臉，並以熱水洗了腳，大為痛快，整整一個月沒有這樣洗腳了。

十時半吃飯，也大為香甜，深嘆祖國之偉大，出來，買了一雙襪子換上。

這次出國一月，備嘗艱苦危險，總算完全回來了。今天聽說，五分團犧牲了兩人，四分團傷了兩人，其他小團也沒有消息，可見這次全團六百人，損害的程度還不小。

下午十時上車站，遇到兩次警報。

在車上，有件事是很有典型性的，有幾位蘇聯空軍顧問買不到軟席票而硬坐在軟席座內，車中服務員再三請他們遷移，不肯，於是吳組緗等就這樣大肆批評。我覺得這對國際友人未免太苛刻了。在這問題上，如何照顧國際主義的友情，而又能堅持國家的紀律，這是很值得研究體會的。

## 五月六日

因為沒有睡鋪，一夜沒睡好，今天九時到了瀋陽，回到東北大旅社，真像回到家裏一樣，和許寶騄兄同住了四十四號，取出存的行李，並和欽本立、陳俊明諸兄見面，如遇家人。

下午，到浴室沐浴更衣，欽、陳兩兄請至南味食堂小酌，吃了三瓶啤酒，回來倒頭便睡，一覺香甜極了，睡了九個鐘頭。

## 五月七日

七時起身，收到父親的信，知道家中都平安，錫妹生了一女。

我前天到瀋陽，已經匆匆的趕寫了家信和寶兄的信，以免他們想念。

午飯和朱、許、向、吳諸兄在小館便餐，飯後打了四小時的橋牌。

晚飯後，與許兄搬到了六十八號，比較舒適，尤其床頭可以開燈，使生活更舒適些。

與李世軍等兄談嘮，晚十一時睡。

# 五月八日

七時半起，兩天的休息，把疲勞相當恢復過來了。

十時，開全組會議，聽說總團已回來了，四分團明天可到，二分團要來二十號左右才能回來，三、七兩分團要〈還〉沒有消息。

全組會議決定分工作及材料兩部分做總結工作，思想總結俟這兩工作做好後再做。

我參加材料小組，並被推為負責人。

犧牲司機王禮高[1]（二十五歲，四五團三連副連長）在接慰勞團途中被敵機掃射受重傷，臨（終）時說，我死不要緊，我的任務希望大家好好完成。

羅德正，受傷。

李數，一天把金日成的瓷像由安東送到平壤。

本溪大隊快速中隊（光榮稱號），下雨又下雪，山溝的大米被水泡了，十二月二十日，一天一夜大雨，三千多包浸在山溝，水已淹了米包，水面深到腰，搶時還下雨，國家的財產，運到山上，政委大隊長都親自動手（一百斤大米被水泡了成二百斤，路滑，無怨言，也有摔在水裏）（十時至十六時）。

快速中隊超過任務一百二十五包，頑強中隊也是一百二十五包。

遼東省人，一路開慰勞會，民工情緒甚高，上去說話沒有完。他們提出口號，我們在此抗美援朝，回去和後方人員比一比，不勝利不回家，扭轉期限運動，不掛獎章不回國，不扛紅旗不回家。

分區幹部隊的基層幹部農村出身，受黨的教育，病了不願休

---

1　犧牲司機應為王利高。

息，本溪大隊大隊長，邵隊長病了，改在現場工作，和民工一起工作。

他們需要獎狀，慰勞團的紀念章非常重視。


廖報告（五‧九）：

四十六天，每天進展八十至一百米遠，花了好多噸火藥，結果我們三天多拿回來了。

沒有空軍一樣會打勝仗。

大學生多上前綫。

美軍俘虜說，自有戰爭以來，從來沒有看見這樣的隊伍。

慰問團離前綫最近三四十里，縱橫全戰場，傷亡不足百分之二。

美軍俘虜將死時，其他俘虜開會，為著如何瓜分死者的東西。

俘虜伙夫燒飯，一鍋生的先拿出來，給全熟的，要每碗五塊三塊。

坦克裏女人身體，有一黑狐，將黑狐送孫夫人。

黑人說不知什麼來的，睡覺見到中國人，說 OK，就過來了。

說明抗美援朝的工作還不夠，可能長期的，要打勝那個仗，必需〈須〉以全國人民的力量來戰鬥。

小結，統一認識：

（一）慰勞團對朝鮮戰場所起的作用

司令說，慰勞團對志願軍幫助很大（不要這麼想）。

士氣普遍提高，刺激大，使他們感覺到全國人民團結的支持他們。代表性的人物，效果表現在，未去前，部分部隊有換班思想。去了以後，多寫決心書，堅決幹到底。

分到三支紙煙，說包好放在襪裏，說到前綫，吸一口，打一敵人。

傷員立即要求上前綫。

說毛主席和人民沒忘掉他們。

司令員說，效果等於七八十輛坦克。

1. 北京決定方針掌握好；2. 團員的努力。

工作一般是積極的，小結工作的重點，應該肯定，這些戰績，帶到原有崗位，更積極發揮。

基本上此精神開展批評與自我批評，如要批評某些缺點，應在兩前提下做：1. 積極；2. 幫助。

1. 工作總結。

2. 材料總結。

秋天可能再來一慰勞團。

注意：A. 軍機不能泄露，首長、長官、地點；B. 計劃，偽裝等等。

分量比較，不要忘掉朝鮮人民及人民軍，注意掌握適當比重。

說明戰勝必勝。

"八一" 開全國性抗美援朝展覽會。


# 五月九日

昨晚因為打橋牌，今天十時許才起身，是離家以後再〈最〉遲起身的一次了。

今天回來的只有總團第二組，第四團原定今天回來，可是未到，就說二分團要二十號以後才能到，三分團十號以後也可到，我很想念三分團那些朋友，希望大家能安然回來。

團長宣佈，十二〈二十〉號可離京，希望十五號做好總結，十五以後，到北京和抗美援朝總會擬定宣傳提綱，那樣子，廿二三日總可以到上海了。

今天給姚溱[1]同志寫一封信。

據説常寶坤[2]這次出國，工作很積極，而且非常注意群眾紀律，帶了很多鹽，很多火柴針綫之類，送給老百姓，並且挑水掃院子。一般説，曲藝大隊同志這次多有很大的進步。

晚上，趕寫民工大隊的材料。

# 五月十日

晨八時起，趕寫材料，十時寫畢，出外理髮，吃飯，從返瀋後，為著補充身體，幾乎每天出動吃一次飯，花幾千塊錢。

下午二時半，開全組會議，討論工作總結及材料總結，決定工作總結由我和黃藥眠同志負責審查。

晚八時，舊三分團抵瀋同志開座談會。


向金日成將軍的獻禮：

錦旗一面，金日成將軍瓷像一方（江西細瓷），中南區獻。

羊羔皮襖（青海名產），西北區人民獻。

鹿茸一支（青海特產），西北區人民獻。

熊膽一個（西藏特產），西藏少數民族獻。

麝香一對（西藏特產），西藏少數民族獻。

西藏紅花一包（西藏特產），西藏少數民族獻。

銀耳一盒（四川特產），西南區人民獻。

---

1　姚溱（1921－1966），又名姚靜，筆名秦上校、丁靜。江蘇南通人。1945 年後，在上海局地下文委擔任領導工作。時任上海市新聞出版處處長、上海市委宣傳部副部長。1966 年自殺。

2　常寶坤（1922－1951），相聲演員，藝名小蘑菇。第一屆中國人民赴朝慰問團總團曲藝服務大隊第四分隊隊長。1951 年 4 月 23 日在朝鮮遇難。

白藥二十二包（雲南特產），周保中將軍。

普洱茶三個（雲南特產），周保中將軍。

火腿二十四箱（雲南特產），周保中將軍。

茶葉一筒（杭州特產）、手錶、香煙。

血書兩封，重慶學生孫文英、曹嘯刺血致書金將軍，表示抗美援朝的最大決心。

尚有紀念章，畫報等等。


# 五月十一日

上午到新華書店買書，只買到一本《世界知識》，吃了豆漿油條，又去洗了一個澡。

四分團兩組已回來了，有唐海和童潤之，文匯的四位同事都安全回來了。

二分團的副團長廖亨祿[1]在前綫犧牲，另外傷了一位，全團的傷亡數字已達十三人，相當驚人了。

下午，請張沛、草明[2]等吃晚飯，花了卅二萬元。據田方說，前綫最需要維他命 A、膠鞋、兒童服裝、手電、洋蠟，及通俗書報，又說在志總[3]看到文匯，沒有套紅字，大公卻套上"獻給英勇的人民志願軍"的紅字，由此很受歡迎。

---

1  廖亨祿（1912－1951），福建永定人。時任平原軍區幹部管理部副部長。第一屆中國人民赴朝慰問團第二分團副團長，代表中國人民解放軍平原省軍區部隊。1951 年 5 月 7 日在朝鮮遇難。

2  草明（1913－2002），原名吳絢文，廣東順德人。作家，曾加入左聯，1941 年到延安，時在東北從事創作，主持東北作協工作。

3  志總，即志願軍總部。

熙修接到蔚明[1]的信，説報館捉到五個特務[2]，過去，我們的確太麻痺大意了。


# 五月十二日

本來説今天走，因為準備不及，改期了，我們團的事務工作，實在做得太差。

八時起身，今天因為舉行全市分區控訴特務大會，全市工商各業都放假，我們好容易找到一個小店吃了一點早點。

這幾天思想還不集中，想寫篇稿子，還寫不出來，不曉得到了天津怎樣。

下午四時，東北局東北人民政府東北軍區政委，並在紅星劇場舉行歡迎晚會，廖團長忽通知叫我講話，匆促準備，總算應付過去，我主要的發言是説，本團已基本完成了任務，對朝鮮人民、人民軍及志願軍起了鼓舞的作用，面對我們自己，也有了三點主要的收穫：第一是，更明確了最後勝利的信心；第二是，更明確了對美帝的仇視鄙視和藐視，看到美帝的瘋狂，也看到他的卑鄙無恥；第三是從實際體驗中，並向志願軍學習了愛國主義和國際主義，我們應該掌握這些可貴的材料，展開宣傳，使抗美援朝運動更進一步的深入展開，加強對中朝戰士的援助，爭取最後的勝利。

---

1　蔚明，即謝蔚明。謝蔚明（1917-2008），安徽樅陽人。早年從軍，參加過南京保衛戰。曾任重慶《掃蕩報》、《武漢日報》、《新湖北日報》、中央社武漢分社、南京《和平日報》、《每日晚報》記者。1949 年秋，任《文匯報》駐北京辦事處記者。1957 年被劃為右派並在北大荒勞動改造 19 年。

2　五個特務，1951 年 4 月，上海《文匯報》內部有五人因特務案被捕，他們是：張正邦（副經理）、童濟士（即童致楨，副經理）、周名廣（稽核，原國民政府兩路局負責人）、史曉峰（工人）、高慶升（記者，原《益世報》記者）。

會後演《葛嫩娘殉國》[1]話劇，做得還好。記得抗戰初期此劇在上海演時，我是和芳姊一起去看的，忽忽已十三年，我已由青年轉入中年，而且已很多人稱我鑄老了。

一時許睡。

# 五月十三日

整天沒有事，和欽、唐諸兄商量為上海各報寫稿事。

晚高事恆兄在奧林匹克請吃飯。

# 五月十四日

總團宣佈今日晚六時四（十）五分乘車離瀋，下午一時開全團會議，由廖團長報告。

檢討本（著）三原則：互助尊重，互相學習，先自我批評，加強我們的團結。

注意材料的組織和編輯，注意保密的工作。

接著陳沂副團長講話，他個人有五大收穫，認識很多朋友，知道了自己很多缺點。

自己來檢討，傷亡的數字，使我增加不安。

如何深入的宣傳抗美援朝，是最重的任務。

向全國人民說明戰爭的殘酷，需要相當長期的艱苦戰鬥。

---

1　《葛嫩娘殉國》，即話劇《明末遺恨》，阿英創作於 1939 年。描寫明末秦淮名妓葛嫩娘從軍抗清並就義的故事。

志願軍總部首長住在不足三尺寬的山洞裏，潮濕的〈得〉很。

另一方面，勝利信心很高，士氣極高，作戰的勁頭極大。

部隊同志堅決不勝利不回國，他們說回國沒有用，美軍會跟著來的。

慰問團提高了士氣，清除了他們換班的思想。有一戰鬥英雄說，我打了一輛坦克，毛主席就派代表來慰勞我，我要能打了五輛坦克，那就有機會看到毛主席了。

第五次戰役還有幾天吃不上飯的（一般部隊吃不到菜）。

夜盲的問題，捐獻維他命 A 是很需要的。

後方的生活如何與前方配合，使大眾盡力支援前綫，是很重要的·。

我們要比以前更團結，把自己的缺點克服，要提高自己，我們不應該"可以共患難，不可以共安樂"，這是舊社會的作風。

我們要堅決反對鬆懈、不和洽的情緒。

下午六時上車站，八時開車。

# 五月十五日

一路很安適，清晨起身，已到山海關。

下午二時，抵天津車站，各界歡迎很熱烈，有些團體還因為接到通知三時半到，所以沒有趕上歡迎。

四時半，在鎮南道招待所安置好後，即告假出外，至《進步日報》[1]，接到報館和家中的來信，知道童致楨等五人被捕，平時我們的麻痹大意，真該深刻檢討。

---

1　《進步日報》，天津《大公報》於 1949 年 2 月更名為《進步日報》。

赴美麗川菜館吃了一頓好飯，又赴華清池洗澡，買了短褲和襪子，又赴儲玉坤[1]家訪問。儲太太剛從上海來，因此知道很多關於家中的情況，十時半回招待所。

# 五月十六日

七時半起，寫了三封信，交報館、家中和姚溱同志。

九時，全團至烈士公墓，恭〈公〉祭常寶坤、程樹棠[2]兩位烈士，獻花圈，在致詞中，廖團長的話最為得體。

下午總團開團委會，廖團長講話。

重點搜集材料。

（一）原始素材越多越好。

（朝鮮的地形，美帝的殘酷，説明戰爭的長期性）

（二）寫材料時，不必注意保密。

（至編委會時注意保密）

宣傳委會下有三小組，組織：（一）新聞發佈組，包括照片、新聞發表、報館刊物。

（二）編審組。統一審查。

（三）文藝組。

對作家，代表有儘量供給材料的義務，其次是恢復秘書處工作，由許寶騤同志負責，掌握檢查各分團各組的工作。

---

1　儲玉坤（1912－2000），筆名儲華，江蘇宜興人。1937 年後任上海《新聞報》國際版編輯、《文匯報》總主筆、《申報》主筆、法國新聞通訊社中文部主任。1949 以後從事經濟學研究，時任中國進出口公司研究員。1957 年被劃為右派。

2　程樹棠（1910－1951），滿族，單弦演員、琴師。第一屆中國人民赴朝慰問團總曲藝服務大隊第四分隊成員。1951 年 4 月 23 日在朝鮮遇難。

宣傳委員會：陳[1]、田[2]、黃[3]、吳[4]、雷[5]、許[6]。

新聞組：陳（組長）、丁[7]（副）、吳、徐[8]、田、丁聰、欽[9]。

編審組：鄭紹文、雷（副）、許、李敷仁、周範文[10]、艾寒松[11]。

文藝組：田漢、黃藥眠、連闊如[12]、張魯[13]、田間。

今晚：宣委會開會。

晚，朱繼聖同志請在周家飯店吃飯，菜甚好，原來這飯店的主人就是宜興同鄉周鑒澄。

# 五月十七日

上午八時開直屬分團材料整理委會，十時，開總團新聞發佈組會議，由陳沂副團長主持。陳說道：

---

1　陳，即陳沂。

2　田，即田方。

3　黃，即黃藥眠。

4　吳，即吳組緗。

5　雷，即雷潔瓊。

6　許，即許寶騤。

7　丁，即葉丁易。

8　徐，作者本人。

9　欽，即欽本立。

10　周範文，時任民革中央候補委員，第一屆中國人民赴朝慰問團直屬分團成員，代表中國國民黨革命委員會。

11　艾寒松（1905－1975），原名艾滌塵，曾用筆名易水，江西高安人。曾任《生活》周刊編輯。參與創辦《新生》周刊，1935年因《閒話皇帝》一文涉及日本天皇，引發 "新生事件"。時任江西省教育廳廳長，第一屆中國人民赴朝慰問團第四分團成員，代表中國人民抗美援朝總會江西省分會。

12　連闊如（1903－1971），滿族，評書演員。時任第一屆中國人民赴朝慰問團總團曲藝服務大隊大隊長。

13　張魯（1917－2003），河南洛陽人。作曲家，歌劇《白毛女》作者之一。時任第一屆中國人民赴朝慰問團直屬分團成員（代表中華全國文學藝術界聯合會），總團文工團團長。

戰爭必須與技術結合，而我們技術差，因此戰爭是比較長期的。

這次我們具體看到，志願軍入朝，摸到了敵人的底，二是雖然艱苦，戰士已漸習慣。

從朝鮮人民軍來看，也有很大的變化，對中國人民的友誼，對接受毛澤東戰略思想等等都看清楚了，都可以宣傳。

同時，地區大了，後勤工作也改變了。

現在志願軍更進一步，幫助他們春耕、治病，幫助他們訓練軍隊。

把朝鮮戰爭作為中朝兩國人民共同的事實，集中一切力量，克服技術上的困難。

志願軍的生活之苦，到了慘的程度。

原始的生活，以原始對待近代，困難當然就多。

人民對朝鮮戰爭困難的印象不深刻，速勝思想還濃厚。

所謂抗美援朝的深入，就要深入這些東西。

作家們不要去找那種萬分之一的例子（這一個連全無傷亡），當然也不要宣傳犧牲的慘重，勝利的國家，不強調，而強調革命的樂觀主義。部隊的對子：

白日裏，在深山，修真養性；

到晚來，上前綫，解放人民。

部隊同志說，打完仗後應該幫助朝鮮人民修房子，領導方面應該把國際主義搞到底。

從上到下，充滿著革命的樂觀主義，這種樂觀主義，我們應該好好宣傳，有辦法的樂觀主義，承認敵人優勢的樂觀主義。

再就是部隊的階級友愛，也應該好好宣傳。

打完仗，大家好好慰問。

某團長帶了二瓶上〔好的酒〕，上山慰勞營長，營長喝了一口，就想到副營長，指導員沒喝。

孤軍作戰，打飛機，某師三個月打下六十九架飛機。

部隊要求三條，人有吃的，槍有吃的，受了傷退下來。

供應問題，今天是最重要的問題。

告訴全國人民，依靠志願軍一定能取得勝利，但依賴他們必須以全力在具體問題上支援他們，幫助他們。

宣傳要繼續深入，生動的宣傳。

全國人民對慰問團的要求很高，新聞報道要及時的報導，補充新華社的新聞，文藝工作和照片也很重要。

新聞組再分兩小組，一新聞，二照片。

各報要自始寫稿，配合新華社報導。


華東分團武和軒等都已回來，七分團全到，二三分團來一部分，其他尚有一部分在前綫。

前方最需要的：

飛機，汽車（擔架）、維他命丸（羊肝）、小孩子衣服、鞋子、燈（手電、洋蠟）、醫藥器材（特別急救包）、照像和印刷器材、炒麵要炒熟。


# 五月十八日

八時起，寫好新聞稿，大部團員去送常程二烈士之喪。

戰士要求三項：（一）人有的吃，（二）槍有的吃，（三）受傷能拉回來，就一定包把敵人打垮。

十八日總團委會決定：

全國二千多（兩千零九十六）城市都要去宣傳，每人平均要擔負三四縣，展開每人訂立愛國公約運動。

二十五日總結赴北京，另外還要舉行大歡迎會，團的工作最後結束要在七月中旬。購皮鞋一雙。

十八日下午，天津各界文娛招待慰勞團，在中國大戲院，由言慧珠演《鳳還巢》。

與唐海同至美麗川菜館吃飯，並至《進步日報》訪友，看到兩個月沒有看到的《文匯報》。

# 五月十九日

上午開分團會議，傳達總團決定，下午一時，集隊至中國大戲院，天津各界舉行盛大的歡迎會。

（一）軍隊番號、編制、裝備、指揮員姓名（團以上不寫）。

（二）戰術不細寫。

（三）軍隊活動的規律，工作的規律。

（四）慰勞團開會的地點地形。

（五）李偽軍俘虜生活提高，美軍俘虜的生活降低，不要比較。

晚市府交際處宴會，會後與秦錢[1]兩同志參加晚會，相當熱鬧。

# 五月二十日

八時半起身，九時參加分團編審委會，晚，陳高[2]二老請至周家食堂便餐，二時回舍。

---

1　秦錢，不詳。
2　陳高，即陳俊明、高事恆。

寫寄報館，家中及姚溱同志三信，説明至早要到下月中旬才能回滬。

## 五月廿一日

中午，周鑒澄鄉老在家歡宴，有周叔弢[1]副市長及李繼老[2]、資耀華[3]兩先生作陪，菜甚好。

晚赴利順德與李玉軒諸公閒談，三分團爭取我早日回去，我也希望一兩天就搬回去。

## 五月廿二日

昨天寫好一文，"人與獸的戰鬥"，尚順溜，今天被《人民日報》徵去了。

上午開新聞組會議，廖陳兩團長要我負主要責任，經我堅決推辭，決定丁、田兩同志共同負責。

陳沂同志為《天津日報》的題字很有意義。

"時時刻刻關心前綫，關心戰士，為前綫和戰士的需要而生產"。這是最具體而實際的抗美援朝。

晚，《天津日報》、《進步日報》歡宴，慰問團領導同志及新

1 周叔弢（1891－1984），原名暹，字叔弢。安徽東至人。曾任啓新洋灰公司總經理，北方民族工商業代表人物，在古籍收藏、文物鑒藏方面有成就。時任天津市副市長。

2 李繼老，應為朱繼老，即朱繼聖。

3 資耀華（1900－1996），湖南耒陽人。金融專家，曾任中國銀行天津分行副行長。此時在天津銀行界工作。

聞界同志。


## 五月廿三日

十時，總團召開宣傳會議，佈置到京後的宣傳工作。

座談的內容，一是感想，二是任務。

時間建議在二十五日以後，全團代表分別參加，而佈置會上的中心發言。

召集人：工人趙國有，青年丁聰，農民丁元禎，婦女雷潔瓊，文藝田漢，教育向達，科學王書莊，工商陳巳生，少數民族扎克洛夫、邱浦，宗教蕭俊銘[1]，新聞界徐[2]、王[3]。

廣播員意見，內容除感想外，反映朝鮮情況，能講一個典型故事最好。

方法上，時間每天一個半鐘頭。

希望至遲在下星期一二確名單，內容，以便早日宣傳（稿子預先寫好）。


## 五月廿四日

上午一早起來，就清理行李，九時半，全團搬至利順德飯店，因為招待所要準備招待班禪為首的西藏代表團。

---

1　蕭俊銘，第一屆中國人民赴朝慰問團第四分團成員，代表廣州市學生聯合會。

2　徐，即作者。

3　王，即王若望。華東分團安排作者和王若望負責蘇南地區的宣傳和傳達。

我和向老和王書莊同志一房。

中午，朱繼老[1]在開灤俱樂部宴請全團同志，飯後，領回高麗參。

# 五月廿五日

晨起，即至樓下新聞組審稿。

晚開各黨派會議，我以無黨派代表參加。

胡星原等回津，赴站歡迎。

# 五月廿六日

廖團長指示：（一）新聞界應做，以自己的崗位，號召加強報道，加強抗美援朝宣傳，把朝鮮戰爭當作我們每一個人的事，（號）召全面深入的抗美援朝。感想、看法、任務、母親們該做些什麼。（二）謹慎報道，勿增加讀者對朝戰浪漫主義的想法，如殲滅戰，殲滅不容易，使人民增加認識，加強支援，如何減少困難，號召物資捐獻，朝鮮青年捐機四架，口政府捐獻了一架，保證每一志願軍的家屬都得到優待，寫信給志願軍。

座談會，地點

（時間二至六）工商界　交際處樓下會客室

新聞（後天上午八時半）

---

1　朱繼老，即朱繼聖。

一九五四年

一九五四年，作者時任上海《文匯報》社長兼總編輯。八月，作者當選為第一屆全國人民代表大會代表。作者在回憶錄中寫道："是年（一九五四年）召開第一屆全國人民代表大會。我幸當選為代表，與劉思慕兄均由廣東產生。九月一日，赴京參加第一次大會，仍在懷仁堂舉行，隆重制定中華人民共和國第一部憲法，並選舉毛澤東為國家主席，劉少奇為人大常委會委員長，周恩來為國務院總理。廣東小組，由古大存為組長，朱光、張文、陳汝棠為副組長。代表中如雷潔瓊、蔡楚生、黃藥眠、黃琪翔等均為熟人，民主空氣和一九四九年開國時之政協差不多，代表的心情則十分舒暢。"

這段日記記述了作者在北京出席第一屆全國人民代表大會的經過以及和教育部協商上海《文匯報》和教育部合作的有關事項。一九五六年五月，上海《文匯報》社遷往北京，參加創辦教育部機關報《教師報》，上海《文匯報》停刊。

——編者注

# 八月二十三日　　　　　星期一

接上海市委統戰部轉來廣東省政府及省選舉委員會電，通知我已當選為全國人民代表，盼在九月四日前到京報到，領取當選通知書，並與廣東小組聯繫。

報館全體職工，貼出紅紙喜報。

聞今年國慶，將有十一個國家領袖來華參加盛典。

## 八月二十四日　　　　星期二

　　市選舉委員會通知，入京前先將國務院條例及五個法案[1]予以討論，以便開會前作好準備。

## 八月二十五日　　　　星期三

　　市選舉委員會邀集上海在各省市選出之全國人大代表開會，有江庸[2]、李步新[3]、梅蘭芳、巴金、舒新城[4]、趙丹、謝雪紅[5]、趙超構[6]、劉思慕[7]及我共二十餘人。吳克堅[8]報告代表入京日期大約在下月一日左右。又通知從明日起，每日下午三時開會討論憲法草案及五個法案。共推江庸老先生為小組組長。

---

1　國務院條例及五個法案，國務院條例即一屆人大通過的《中華人民共和國國務院組織法》，五個法案指《中華人民共和國憲法》（首部憲法）和《中華人民共和國全國人民代表大會組織法》、《中華人民共和國法院組織法》、《中華人民共和國人民檢察院組織法》、《中華人民共和國地方各級人民代表大會和地方各級人民委員會組織法》。

2　江庸（1878－1960），字翊雲，晚號淡翁，四川璧山（今屬重慶）人。法學家、法律教育家。曾任清大理院推事、北洋政府京師高等審判廳廳長、司法總長和政法大學校長、朝陽大學校長等。時任上海市文史館副館長，是由安徽省選出的第一屆全國人大代表。

3　李步新（1907－1992），江西上饒人。1930 至 1940 年代上饒地區游擊戰和皖南抗日游擊根據地主要領導人。時任中共華東局組織部副部長，是由安徽省選出的第一屆全國人大代表。

4　舒新城（1893－1960），原名玉山，字心怡，號暢吾廬。湖南漵浦人。《辭海》主要編纂者。時任中華書局辭海編輯所主任，《辭海》編委會主任委員，是由湖南省選出的第一屆全國人大代表。

5　謝雪紅，女，台灣彰化人。台灣"二・二八"起義主要領導人、台灣民主自治同盟首任主席，是由福建省選出的第一屆全國人大代表。1957 年被劃為右派。

6　趙超構，時任上海《新民報》社長，是由四川省選出的第一屆全國人大代表。

7　劉思慕（1904－1985），原名劉燧元，筆名劉穆，曾用名劉希哲。廣東新會人。曾參與共產國際遠東情報局從事地下工作。1945 年任香港《華商報》總編輯兼中國新聞學院院長。時任上海《新聞日報》副社長兼總編輯、上海市文化局副局長，是由廣東省選出的第一屆全國人大代表。

8　吳克堅，湖南平江人。時任華東局統戰部長，華東行政委員會秘書長，是由上海市選出的第一屆全國人大代表。

## 八月二十六日　　　　星期四

　　下午三時，赴政協開討論會，先逐條討論憲法草案。五時半始散。晚八時，陳市長[1]晚宴歡迎英工黨代表團。余與張春橋[2]同桌，來賓有四個英國記者，各人觀點及態度均不同，其中《工人日報》記者最進步，也善於辭令。路透社記者則不大發言。


## 八月二十七日　　　　星期五

　　下午仍討論。鄧裕志[3]由京回滬，也趕來參加。


## 八月二十八日　　　　星期六

　　下午討論法院及檢察院條例。晚，民盟小組在聚豐園餞別。


## 八月二十九日　　　　星期日

　　下午三時偕嘉稑赴新華影院看新攝之《梁山伯與祝英台》。

---

1　陳市長，即陳毅，上海市人民政府首任市長。

2　張春橋，時任華東局新聞出版局副局長、《解放日報》社長兼總編輯。

3　鄧裕志，女，湖北沙市人。時任中華基督教女青年會全國協會總幹事，中國基督教三自愛國運動委員會副主席，是由湖北省選出的第一屆全國人大代表。

## 八月三十日　　　　　星期一

今日政協討論完畢，市府辦公廳通知，所有在滬代表，均於一日下午一時許專車赴京。父親忽患病，即延醫診治。

## 八月三十一日　　　　星期二

父親已退熱，大慰。上午七時半，赴大光明影院聽陳市長報告四中全會精神。下午開編委會。晚社委、編委在知味觀為我餞行，十時返。

## 九月一日　　　　　　星期三

十二時許上車站。一時四十二分開車。至鎮江以上，水勢仍甚大，車在堤上緩緩行駛，四周楊柳僅露枝頭。天甚熱，車內溫度達華氏九十七度，無法安眠，與楊東蒓[1]、思慕等打撲克。至晚一時許，輪渡過江，車從浦口開出，始略有涼意。

---

1　楊東蒓（1900－1979），湖南醴陵人。馬克思主義學者，教育家，曾參加五四運動。曾任廣西師範學校校長、香港達德學院代理院長和廣西大學校長等職。作者1939－1942年主持香港《大公報》時，曾任香港《大公報》顧問。時任華中師範學院院長，是由廣西省選出的第一屆全國人大代表。

## 九月二日　　　　星期四

　　氣候轉涼，晨六時過蚌埠，水勢亦大。十時過徐州，始不見洪水蹤跡。上下午各小睡一小時。與夏衍[1]、榮毅仁[2]等打撲克五百分。與東蓀等談到十一時。

## 九月三日　　　　星期五

　　三時許即起，洗臉畢，車已到天津。上午七時二十分抵京。華東及中南代表住華北招待所。我與思慕同房，二六六號。下午赴北京飯店報到，領得當選證書，代表證則以照片未齊，緩日發下。寫信給二兒福侖[3]，約其星期天來聚晤，因星期日前佈置有會議。北京社會主義改造進度甚速，聞同仁堂、萃華樓、全聚德等均已公私合營矣。

　　與管文蔚兄晤談。

## 九月四日　　　　星期六

　　六時起身，因昨晚初睡時、被厚翻覆不能成眠。幸帶有薄被，換後即得安睡。上午，寫家書及致編委會信。飯後，與雲

---

1　夏衍，時任華東軍政委員會委員，上海市委宣傳部部長，上海市文化局局長，是由上海市選出的第一屆全國人大代表。

2　榮毅仁，時任上海市麵粉工業同業公會主委、華東行政委員會財政經濟委員會委員，是由上海市選出的第一屆全國人大代表。

3　福侖，即徐福侖，作者次子，時在解放軍第二炮兵司令部參謀部工作，曾參加抗美援朝戰爭。

彬[1]、思慕同至故宮參觀古畫，看到韓熙載《夜宴圖》及《清明上河圖》等精品。故宮正修繕中。晚赴和平賓館看電影。

曾赴辦事處[2]，晤熙修[3]及潘際坰[4]等。返招待所已十一時矣。


# 九月五日　　　　　　星期日

一上午等福兒來，未來；蓋未收到我的信。下午二時半，赴北京飯店開全體會，由林伯渠秘書長報告籌備經過及大會注意事項。齊燕銘作補充。三時半，廣東小組在北河沿工商聯開會。


# 九月六日　　　　　　星期一

八時許，廣東小組討論憲法草案。下午五時半，乘電車赴全聚德吃烤鴨，熙修、吳聞[5]、謝蔚明、際坰、梅朵[6]做東，並請超

---

1　雲彬，即宋雲彬。

2　辦事處，即上海《文匯報》駐北京辦事處。

3　熙修，即浦熙修，時任上海《文匯報》副總編輯兼駐北京辦事處主任。

4　潘際坰，時任香港《大公報》駐北京記者。

5　吳聞，即吳無聞。吳無聞（1917-1990），女，浙江樂清人。夏承燾夫人。時任上海《文匯報》駐北京記者。

6　梅朵（1920-2011），原名許綏曾，江蘇丹陽人。1945年加入《文匯報》，歷任文藝副刊主編、言論委員、編委會委員。1948年參與香港《文匯報》創辦工作。曾參與創辦《大眾電影》、《文匯月刊》和《文匯電影時報》等。時任香港《大公報》駐北京記者。1957年和夫人姚芳藻同被劃為右派。

構作陪。熙修轉來黎澍[1]兄一信，仍盼熙修參加旅行雜誌[2]工作。接福兒來信，準（備）下星期日來。福兒一九五〇年響應號召，十五歲即參軍（參幹），三年多未有音信。


# 九月七日　　　　　　　星期二

上下午都參加小組會，討論憲草。會後繞騎河樓妞妞房一帶躑躅，蓋當年投考北大時，曾寄寓妞妞房公寓也。北京天氣轉冷，有深秋氣息。晚十時返招待所，見月光皎潔，漸近中秋矣。

《十二把椅子》[3]看畢。


# 九月八日　　　　　　　星期三

早飯後赴雲彬房略談，知浙江組尚在討論憲草。廣東組已討論完畢了。聞葉聖陶、呂叔湘等連日從文法修辭上修改憲草，今日可畢。上午，小組又分幾個小小組，漫談《全國人民代表大會

---

1　黎澍（1912－1988），湖南醴陵人。歷史學家。曾任湖南《觀察日報》總編輯、國新通訊社經理、成都《華西晚報》主筆、上海《文萃》周刊主編、香港新華通訊社總編輯和《華商報》編輯。時任中共中央宣傳部報紙處處長和出版處處長。晚年任中國社會科學院研究員、《中國社會科學》總編輯。

2　旅行雜誌，即後來彭子岡主持的《旅行家》雜誌。

3　《十二把椅子》，蘇聯小說，作者伊利夫和彼得洛夫，發表於 1928 年，是一部諷刺幽默題材的小說。

組織法》。同組有曾生[1]、林平[2]、鄧文釗[3]、思慕等。下午三時，廣東小組會，討論憲草最後兩章。譚平山第一次參加，身體很衰弱，由二人攙扶。中央人物中，聞李任公最近也中過風，已治癒。柳亞老則中風已失明，嘴也歪了。晚，與周谷城[4]兄同至北海公園賞月，在五龍亭近月光下泡茶，每人千元，先購票。後思慕亦來，僅加開水錢五百。瓜子每包售千元。舊風氣已革除矣。遇陳其尤[5]、黃鼎臣[6]等致公黨領導人。據陳其尤談，今天憲法起草委員會整日開會，已將憲草及立法案修改通過，交大會審議。

## 九月九日　　　　　　星期四

上午，各小組醞釀討論《人大組織法》、《國務院組織法》兩個草案，由我逐條宣讀討論，古大存[7]組長亦來參加。下午小組

---

1　曾生，曾任東江縱隊司令員，廣東軍區副司令員，志願軍第十二軍副軍長。時在南京軍事學院學習，是由廣東省選出的第一屆全國人大代表。

2　林平，即尹林平。尹林平，曾任中共香港分局副書記、中共粵贛湘邊區委員會書記、粵贛湘邊縱隊司令員兼政委。時任華南軍區幹部部部長、廣東省軍區第二政委，是由廣東省選出的第一屆全國人大代表。

3　鄧文釗（1909－1971），廣東長樂（今五華）人。其先祖在香港從事建築業致富。曾任香港大英銀行華人經理、華比銀行華人副經理等職。自抗戰開始，長期募資支持中共抗日和發展。是香港《華商報》的主要投資人，曾投資香港《文匯報》並任董事長。時任廣東省商業廳副廳長、省僑聯副主任，是由廣東省選出的第一屆全國人大代表。

4　周谷城（1898－1996），湖南益陽人，歷史學家、教育家。時任復旦大學教務長、上海市人民政府委員，是由湖南省選出的第一屆全國人大代表。

5　陳其尤（1892－1970），廣東海豐人，早年加入同盟會，抗戰期間，任國民政府駐香港特派員。時任中國致公黨中央主席，是由廣東省選出的第一屆全國人大代表。1957年被劃為右派。

6　黃鼎臣（1901－1995），廣東海豐人。醫生。時任政務院衛生部醫政局局長、中國致公黨中央常委兼組訓部長，是由廣東省選出的第一屆全國人大代表。1977年任中國致公黨中央主席。

7　古大存（1897－1966），廣東長樂（今五華）人。東江革命根據地和東江紅軍的主要創建者之一，曾任東江蘇維埃政府副委員長、東江紅軍總指揮、紅十一軍軍長。時任廣東省人民政府副主席、華南分局第一副書記。1957年因"地方主義"被批判並撤職。是由廣東省選出的第一屆全國人大代表。

會，討論兩法案完畢。

午飯前，因買皮鞋帶，步行出西什庫夾道，繞西四大街至缸瓦市石化橋附近，在一山東小館吃雞半隻、白酒二兩、炸醬麵四兩，共八千五百元。飯畢即回招待所。大會已發來文件多種，並發全體代表名錄。

晚，看曹禺《明朗的天》，是他解放後發表的第一部劇本，似有江郎才盡之感。


## 九月十日　　　　　　　星期五

一夜大雨，今晨又萬里晴空。北京的秋天，真是秋高氣爽。下午，民盟在和平賓館歡宴各地盟員代表。張瀾主席及沈鈞儒、章伯鈞、羅隆基、史良、高崇民幾位副主席都參加。遇邵宗漢、千家駒、華羅庚、薩空了諸兄。

七時半，統戰部報告高饒事件。後赴實驗劇場看李億蘭之《張羽煮海》，廣東小組所招待也。十一時半畢，乘大車回招待所。傷風未癒。


## 九月十一日　　　　　　星期六

復兒來信，知父親舊病又發，甚為焦念。在來京火車上，遺失襯衫一件。今天由華東統戰部同志洗好送來，今日社會風氣之好，真令人驕傲。今天為中秋節，晚聚餐加酒菜。我與吳梅生[1]、裔式娟[2]、陸阿狗[3]、朱順餘[4]等勞模代表同桌，共度佳節。

晚七時，大會招待在北京劇場看《鋼鐵運輸兵》[5]話劇。回招待所，又每人發月餅二、梨一、蘋果二、葡萄一串，真周到極矣。


# 九月十二日　　　　　　星期日

福兒於八時許來。分開了三年零十個月，幾乎已認識不出了；他身體很健壯，服裝甚整齊，他是騎自行車來的。在寓所略談，即同往中山公園品茗一小時許。他對祖父母及母親很關心，也關心哥哥、弟弟。他說，初參軍時，幫助老百姓勞動，有些吃不消；經過長期鍛煉，身體好多了。茶後，同至公園後部柏樹林散步；又至天安門廣場，見烈士紀念塔已矗立，在加緊修建中。同至西單全聚德吃烤鴨，吃了半隻，叫啤酒一升，共五萬餘元。在燈市口《文匯報》辦事處休息兩小時，因他要在七時前趕回，乃在王府井西餐館吃了些冰淇淋、汽水、三明治、點心等。又赴照相館攝影。回到招待所休息半小時，吃些葡萄。六時十分，送福兒出大門，約他下周再來。

晚飯後，與雲彬、鄧文釗同至北海賞月。在五龍亭畔泡茶一壺。見月光灑滿全湖，湖色清澈，微風不波。今夜特別熱，有初夏之意。辦事處送來羊毛毯一條，可以解決睡的問題了。

---

1　吳梅生，機械製造工藝和內燃機製造專家，時任華東工業部吳淞機器廠第一副廠長兼總工程師，是由上海市選出的第一屆全國人大代表。

2　裔式娟，勞動模範，上海第二棉紡織廠工人，是由上海市選出的第一屆全國人大代表。

3　陸阿狗，勞動模範，上海第二紡織機械廠工人，是由上海市選出的第一屆全國人大代表。

4　朱順餘，勞動模範，上海汽輪機廠工人，是由上海市選出的第一屆全國人大代表。

5　《鋼鐵運輸兵》，軍旅題材話劇，黃悌編劇，反映朝鮮戰爭期間志願軍某部汽車兵的故事。

# 九月十三日　　　　星期一

上午九時，與雲彬同至北京飯店訪友，先至此生[1]房，小坐。東蓴[2]不在，後訪莫乃群[3]。陳、莫均為廣西省府副主席。又在何遂[4]房坐半小時。何老健談，多談民初軼事。

又訪包達老[5]，不遇。在管文蔚房間小坐，他的房間最好，有兩套間。

下午，龔之方[6]來。三時許，赴辦事處校正憲法草案稿寄報館，作為預排特刊之準備。至東安市場，購《四十年的願望》[7]及《被開墾的處女地》[8]各一本。晚飯後，代表同至長安戲院看馬連良之《群英會》加《借東風》，做工敷衍，唱亦一無可取，且不賣力。

---

1　此生，即陳此生。

2　東蓴，即楊東蓴。

3　莫乃群（1911－1990），廣西藤縣人。民盟成員。曾任桂林《廣西日報》和《廣西日報》（昭平版）總編輯、香港《新生日報》主筆、香港達德學院教授、香港《文匯報》總編輯。時任廣西省人民政府副主席，是由廣西省選出的第一屆全國人大代表。

4　何遂（1888－1968），字敘甫，祖籍福建福清，生於福建侯官。早年從軍並加入同盟會，曾任國民軍第三軍參謀長、國民軍空軍司令、北京政府航空署長，空軍中將。1927年後，曾任黃埔軍校代校務，立法委員、立法院軍事委員會委員長。抗戰初期和中共高層建立聯繫，長期積極支持幫助中共發展。時任華東軍政委員會委員、司法部部長、政法委員會副主任，是由福建省選出的第一屆全國人大代表。

5　包達老，即包達三。包達三（1884－1957），字楚，浙江鎮海人。早年曾加入同盟會，參加過辛亥革命、光復杭州、反袁稱帝等。後在上海從事房地產開發，創辦上海物品證券交易所。時任華東軍政委員會委員，浙江省人民政府副主席。是由浙江省選出的第一屆全國人大代表。

6　龔之方（1911－2000），上海奉賢人。早年曾任上海藝華影業公司、新華影業公司宣傳主任，先後創辦《開麥拉》、《光化日報》和《戰時日報》等報紙，出版《海風》、《清明》和《大家》等雜誌，參與《中國電影日報》。1949年後，和唐雲旌（唐大郎）合辦《亦報》。時任北京《新觀察》雜誌編輯。

7　《四十年的願望》，話劇劇本，任白戈、沙汀等編劇。講述鋼鐵廠工人努力工作，供應鋼軌修建成渝鐵路的故事。

8　《被開墾的處女地》，蘇聯小說，蕭洛霍夫著，描寫蘇聯農民集體化運動過程。當時僅出版第一部。

## 九月十四日　　　　　　星期二

　　大會明日就要開幕。今天發來座位名單，單位及個人均按第一字筆劃為序，廣字筆畫多，排在最後面，我的座位是二十七排二十三號（共有三十五排），所以也不算太後。毛主席的位置在三排邊上，蓋便於登主席台也。

　　上午九時，廣東小組在北京飯店三樓開會，由古大存組長傳達大會議程及代表資格審查委員會人選，徵求意見。又談到大會秘書長鄧小平提出常委可否兼政府職務問題。小組討論熱烈，一致認為常委責任重大，應全面看問題，以不兼政府職務為宜。

　　招待無微不至。從本星期起，每晚特約兩三個戲院，任代表擇一看戲，早一天通知秘書處。今晚，我看中國評劇院之《志願軍的未婚妻》。晚六時，師大教授陳先生，約我及谷城[1]、思慕在後門湖南館小酌。後沿什刹海步行，綠蔭夾道，風景甚佳。八時返招待所，取票後，坐小汽車到大眾戲院看戲，已演至第二幕矣。劇由夏青主演，唱做都遜於新鳳霞。歸時月色正明，天熱，洗澡後入睡。

## 九月十五日　　　　　　星期三

　　天氣仍熱。上午十時，廣東小組在工商聯開臨時會議，由葉劍英傳達昨日中央政府委員會臨時會議，最後對憲草作兩項修改：一為序言第三段，改成“通過中華人民共和國憲法”。一為總綱第三條，根據西藏代表意見，去掉“對宗教信仰的改革”字

---

1　谷城，即周谷城。

樣。毛主席在會上指示，憲草已容納全國意見，今天已是比較完整的了，當然，不可能是天衣無縫的，天衣無縫的東西，本來是沒有的云。

十一時半回招待所。午後未睡。二時一刻乘汽車動身，車臨時故障，換車至懷仁堂，已二時三刻。三時，毛主席入場，全場掌聲雷動。

毛、朱、劉、周及宋、李、張、林、董[1] 各位登上主席台。毛主席宣佈全國人民代表大會第一次會議開幕，並作了簡短的講話，生動而有力。毛主席甚健康，臉色比前紅潤，聲音洪亮，真全國人民之福。

大會先通過毛主席等九十七人為主席團，旋即宣佈休息三十分鐘，主席團開會。

四時，大會重開。毛主席、葉劍英等任執行主席。今日會議，始終由毛主席主持。通過議事日程後，劉少奇作憲法草案的報告，全文三萬多字。

今日會議甚隆重，外國使節均參加旁聽。

代表總數為一千二百二十六人，報到一千二百一十一人，僅十五人請假。很多老先生因病未參加，但柳亞老、齊白石仍由人攙扶參加，郭沫若昨日腿發病，仍策杖到會。

在休息時，見到李任公、章乃器、陳劭先、宦鄉等。宦兄新任駐英代辦，說正在等簽證，日內出國。

七時二十分散會，我與超構同乘愈之[2] 車到國際俱樂部會餐。

---

1　宋、李、張、林、董，即宋慶齡、李濟深、張瀾、林伯渠、董必武。

2　愈之，即胡愈之。胡愈之，時任政務院出版總署署長，是由上海市選出的第一屆全國人大代表。

有芸生[1]、宗漢[2]、純青[3]、洛峰[4]等到，商新聞界對台廣播事，要我和芸生、超構廣播。十時，仍由愈之以車送回招待所。

## 九月十六日　　　　　　星期四

上午，小組討論少奇同志報告第一段，對辛亥革命的功績估價問題展開熱烈討論。

下午大會，由宋慶齡、陳毅、賴若愚等為執行主席，通過提案審查委員會名單後，開始大會討論。今日發言者，有林伯渠、李濟深、王崇倫、張瀾、郝建秀等三十人。這次大會發言的特點，是結合實際，開展批評。一般評價，以陳明仁、陳蔭南、楊石先最為精彩。

休息時晤及林勵儒（時為教育部副部長），談教育部與《文匯報》合作事，尚未作最後決定。

又晤胡繩[5]，胖得不認識了。又晤龔彬[6]、安平[7]等。

七時半散會。晚飯後，赴長安戲院看中國京劇團演《雁蕩

---

1　芸生，即王芸生。王芸生，時任天津《大公報》社社長（1953年上海《大公報》遷往天津和《進步日報》合併，組建天津《大公報》），是由河北省選出的第一屆全國人大代表。

2　宗漢，即邵宗漢。邵宗漢，時任《光明日報》總編輯，是由江蘇省選出的第一屆全國人大代表。

3　純青，即李純青。李純青（1908－1990），台灣台北人，祖籍福建安溪。新聞評論家，日本問題專家。曾任重慶《大公報》社評委員、香港《大公報》編輯主任、天津《進步日報》副總編輯、上海《大公報》副總編輯。時任中宣部政策研究室和外交部國際關係研究所研究員、台灣民主自治同盟副主席，是由天津市選出的第一屆全國人大代表。

4　洛峰，即黃洛峰。黃洛峰，時任政務院出版總署出版局局長、新華書店總經理，是由雲南省選出的第一屆全國人大代表。

5　胡繩，時任中宣部副秘書長兼科學處處長，是由山東省選出的第一屆全國人大代表。

6　龔彬，即梅龔彬。梅龔彬，時任民革中央常委，是由湖北省選出的第一屆全國人大代表。

7　安平，即儲安平。儲安平，時任政務院出版總署專員，新華書店副總經理，是由江蘇省選出的第一屆全國人大代表。

山》、《秋江》、《黑旋風》等折子戲。其中《秋江》為第一次看到，葉盛章、黃玉華之表演絕佳。

今日颶風，天氣轉涼矣。晚著毛背心。


## 九月十七日　　　　　　星期五

今天上午小組會，下午三時大會。發言者有班禪、彭真、黃炎培、老舍、賀龍等二十餘人。黃繼光烈士母親鄧芳芝代表發言受全場熱烈鼓掌。

《四十年的願望》看完，實在不見精彩。晚，在長安看吳素秋演《紅娘》，與夏衍、潘梓年[1]、雲彬坐在一起。

福兒來信，出差山東，本星期天不能來看我。


## 九月十八日　　　　　　星期六

上午，小組繼續討論劉少奇報告，楚生[2]、潔瓊[3]、藥眠[4]等均請假，到者僅半數左右。

---

1　潘梓年（1893－1972），江蘇宜興人。潘漢年堂兄。長期從事中共文化宣傳工作，1937 年在南京創辦《新華日報》並任社長。時任中國科學院哲學社會科學部主任、哲學研究所所長，是由江蘇省選出的第一屆全國人大代表。1972 年在獄中病逝。

2　楚生，即蔡楚生。蔡楚生（1906－1968），上海人。電影導演，曾導演《漁光曲》、《一江春水向東流》。時任政務院廣播電影電視總局電影管理局副局長、中國電影工作者聯誼會主席，是由廣東省選出的第一屆全國人大代表。

3　潔瓊，即雷潔瓊。雷潔瓊，時任政務院文教委員會委員、北京政法學院副教務長，是由廣東省選出的第一屆全國人大代表。

4　藥眠，即黃藥眠。黃藥眠，時任北京師範大學中文系教授，是由廣東省選出的第一屆全國人大代表。

連續舉行三天小組討論者，僅廣東一組。內蒙古自治區送來牛五十頭，羊二百頭，因此各招待所每餐必有牛羊肉，對我無異為一個威脅。

下午大會，發言者有吳玉章、葉劍英等三十一人，丁玲的詩朗誦最為精彩，袁雪芬的發言亦有感情。

晚參加大會舉行的晚會，地點仍在長安，由李少春、袁世海演《野豬林》，比一九四九年政協時演出有新改進。在戲院遇伍黎[1]，說他們來京參加會演。據伍黎談，上海天氣也相當熱，寧、鎮間水勢已退多矣。


## 九月十九日　　　　　　星期日


昨晚通知，今晨繼續開小組會，由朱光報告明天通過憲法辦法，旋休會。十時赴辦事處，適中國青年出版社李庚等正與熙修談旅行雜誌問題。

十二時赴前門外全聚德，應振鐸[2]邀宴。同席有巴金、賓符[3]、

---

1 伍黎（1923－2006），重慶人。電影和話劇演員、導演。1949 年 5 月任上海青年文工團副團長，曾參加第一屆中國人民赴朝慰問團第三分團，任文工隊負責人。時任上海戲劇學院實驗話劇團導演。

2 振鐸，即鄭振鐸。鄭振鐸，時任中國文學研究所所長，是由江蘇省選出的第一屆全國人大代表。

3 賓符，即馮賓符。馮賓符（1915－1966），浙江慈谿人。曾任上海《聯合日報》總編輯、《世界知識》主編、《聯合晚報》主筆等。時任世界知識出版社（北京）副社長兼總編輯，是由浙江省選出的第一屆全國人大代表。

仲華[1]、空了及馮沅君[2]、朱君允[3]、方令孺[4]，飲酒頗多，菜也很好。此次入京，已吃過四次烤鴨子了，以此次最為滿意。三時，與仲華同赴王大人胡同中國新聞社，開理事會。除在京理事外，還有印尼、緬甸、馬來亞等地歸僑參加。初晤陳翰笙[5]、王紀元[6]諸兄。王大人胡同蓋了不少新房子，多為僑辦用，何香凝先生住宅也在內。

八時半，坐宗漢、高天[7]的車回招待所，我和福兒合攝的照片已送來。

寫寄家書，附照片。十時半睡，一周以來，甚少如此早休息也。


# 九月二十日　　　　　　星期一


今天是中國人民大喜的日子，第一部人民的憲法將誕生了！侖兒來信，説我參加決定中國歷史進程的兩個大會——開國的政

---

1　仲華，即金仲華。金仲華，時任上海市副市長、中國新聞社社長、英文雜誌《中國建設》（《今日中國》前身）社長，是由上海市選出的第一屆全國人大代表。

2　馮沅君（1900－1974），女，河南唐河人，陸侃如夫人。作家，古典文學專家。時任山東大學教授，是由山東省選出的第一屆全國人大代表。

3　朱君允（1896－1966），女，江蘇寶山（今上海）人，熊佛西夫人。戲劇作家，文藝理論家。時任武漢大學教授，是由湖北省選出的第一屆全國人大代表。

4　方令孺（1897－1976），女，安徽桐城人，作家、詩人。時任復旦大學中文系教授、上海市婦聯副主席，是由安徽省選出的第一屆全國人大代表。

5　陳翰笙（1897－2004），江蘇無錫人，經濟學家、國際問題專家。時任外交部顧問、外交學會副會長、英文雜誌《中國建設》副主編，是由河北省選出的第一屆全國人大代表。

6　王紀元（1910－2001），浙江義烏人。1933年任《申報月刊》記者。1936年和鄒韜奮、金仲華等在香港創辦《生活日報》。1940年任新加坡《南洋商報》記者編輯。1946年任雅加達《生活報》社長。1950年回國，時任中國新聞社副社長。

7　高天（1917－1994），原名高紫瑜，祖籍江蘇淮安，生於河南洛陽。1937年任《掃蕩報》和《時事新報》戰地記者。1938年參加中國青年記者學會。1945年後任香港《華商報》社務委員，國際新聞社香港分社負責人。時任《光明日報》總編室主任。

協和第一次全國人大，是莫大的光榮。我也深有此光榮感。

上午小組討論投票辦法後，赴辦事處小坐，在蓬萊春吃水餃三十個。回招待所後，即刮臉、整容，換新衣服。大家都興奮得不想午睡了。見郝建秀在理髮室理髮。廣東代表都理髮換上新裝。二時即赴懷仁堂。

今天由周總理任執行主席，先宣佈實到人數為一千二百一十二人，今天報到代表為一千一百九十七人。其中上海有一人不到，軍隊代表有七人不到，可見解放台灣任務之緊。

憲法先由秘書處（人民電台同志擔任）朗讀全文。四時許，發出通過票，粉紅色，以漢、蒙、藏、維吾爾四種文字印好。四時四十分開始投票。我於四時四十五分投入莊嚴的一票。核對票數無誤。六時開票結果，全體通過，無一反對，無一棄權。全場熱烈鼓掌，歡呼“毛主席萬歲”、“中華人民共和國萬歲”約長二十分鐘。休息後，又討論通過全國人代會組織法。會議於七時結束。

今晚，招待看《劉巧兒》，由新鳳霞主演。我因寫對台廣播稿，未去看。又今天讀夏衍所寫《考驗》，甚好。

在會場找楊廷寶教授，因接侖兒信，楊先生是南工老師。見面略談後，原來他就住在華北招待所二五五號，距我室很近。據侖兒來信，楊教授為國內建築學權威，與梁思成齊名。

晚飯後，即聞窗外鑼鼓聲不絕。蓋憲法通過消息傳出，群眾紛紛遊行慶祝。從走廊窗口外望，見西什庫後庫已為群眾隊伍擁塞，紅旗在電燈光下飄飄閃耀。

## 九月二十一日　　　　星期二

上午未開會。八時許赴辦事處，吳聞、宦邦顯[1]都在，宦係送其兄赴英，我留他在京多住幾日，為辦事處幫忙。二時許，乘羅隆基便車赴懷仁堂，因今天要照全體相。三時開始照相。站在毛主席後面者為常香玉。據說，她聞知河南代表適在中排後，十五分鐘前，她即在此等候。毛主席入座時，還和她握手。三時半開會，郭沫若扶杖任執行主席。今天，通過了《國務院組織法》等四個法案，並宣讀了朝鮮和阿爾巴尼亞賀電。六時不到散會，這是散會最早的一次。

晚飯後，與雲彬兄同乘電車至西單。沿途遊行隊伍相接，車輛通過困難；乃改乘三輪循宣武門城根出前門，在鮮魚口迎春書場聽相聲大會。十時半早出，在大柵欄一妙堂吃冰淇淋、酸梅湯等。復步至正陽門，天空探照燈光交織，蓋為國慶慶祝預演也。

今日在會場，晤劉導生[2]等。


## 九月二十二日　　　　星期三

今日因周總理報告尚未整理完畢，大會休會一天。整日無事。上午九時，與雲彬、思慕、新城[3]同乘小汽車到故宮文華殿，參觀"祖國自然資源展覽會"，有三部分，調查頗詳細。參觀一

1　宦邦顯（1915－1979），筆名范琰。貴州遵義人。宦鄉之弟。時任上海《文匯報》記者。
　　1957年被劃為右派。

2　劉導生（1913－2014），江蘇豐縣人，1933年就讀北京大學，曾任中共北大黨支部書記、
　　全國學聯主席，組織一二九運動。抗日期間任山東《大眾日報》社長。時任團中央書記處書
　　記，是由江蘇省選出的第一屆全國人大代表。

3　新城，即舒新城。

遍，等於上一大課。

　　飯後午睡片刻，陳其瑗[1]來訪，上下古今，談了三個鐘頭。六時頃，步行至德內大街，吃炸醬麵四兩，僅三千一百元。旋乘車至東交民巷，看將建成之新僑飯店。在台基廠乘電車到北京劇場，看話劇《龍鬚溝》，比電影好得多。看畢回招待所，已近十二時矣。

　　北京開始颳風，氣候也轉涼。蓋時令已屆秋分，北京的秋高氣爽時候已結束了。招待所給每人發羊毛毯一條。對代表生活之照顧，真可謂無微不至。


# 九月二十三日　　　　　　星期四

　　上午不開會，到雲彬房間談，見馬夷初[2]以所書橫屏並覆雲彬一函，蓋有留作紀念之意焉。

　　下午三時，繼續開大會。朱德、林伯渠、林楓、烏蘭夫等任執行主席。首由周總理作政治報告。報告約兩萬字，其要點：一、宣佈國營、合作社經營及公私合營工業產值已佔總產值的百分之七十以上；二、對印度為和平而努力表示讚揚並提出對世界和平問題的五項基本原則。總理報告後，陳雲、郭沫若、鄧子恢發言，係補充報告性質。程潛發言，則為一般討論性的，他提出了黨與非黨團結，中央與地方等有關問題的兩項批評。

---

1　陳其瑗（1887－1968），字伯玉，廣東廣州人。國民黨元老，民革創始人之一。香港達德學院創始人、首任院長。時任政務院內務部副部長，是第一屆全國人大代表中的華僑代表。

2　馬夷初，即馬敘倫。

# 九月二十四日　　　　星期五

　　北方天氣乾燥。我到北京二十餘日，僅下過一場雨。溫度也比南方變換快，近日天氣就已寒冷，這兩天非著毛衣不可了。因呢制服僅帶一套，想盡可能著布衣，留呢制服國慶日著也。

　　八時，赴辦事處，將社論稿寄報社。下午三時繼續開會，黃炎培、傅作義、柳亞子等任執行主席。今天發言共二十人，以李德全、傅作義發言最精彩。這次大會發言有一特點，大多能聯繫實際，做批評與自我批評；尤其這幾天各部長發言，說明五年來工作有成績，同時指出〔缺〕點。當然，有些批評是抽象的，不著邊際；有些自我批評流於形式。但此種風氣的轉變，實為國家繼續前進之一大關鍵。散會前發主席團協商國家負責人名單：朱德為副主席，劉少奇為人大常委會委員長，宋慶齡、林伯渠、李濟深、郭沫若、陳叔通等均為副委員長。國務院副總理有陳雲、林彪、彭德懷、鄧小平、鄧子恢、陳毅、烏蘭夫等。各部部長不兼人大常委。散會後，搭陽翰笙[1]、錢昌照[2]便車赴和大[3]開會（原意大利使館），成立中國新聞界聯誼會[4]，採用聚餐形式，由廖承志主持，發言極風趣。推定鄧拓為主席，金仲華等為副主席。會中，與田方[5]、陳翰伯[6]等晤談。

---

1　陽翰笙（1902–1993），原名歐陽本義，四川高縣人。劇作家。時任全國文聯黨組書記，中國人民對外文化協會黨組書記兼副會長，是由四川省選出的第一屆全國人大代表。

2　錢昌照（1899–1988），江蘇常熟人。曾任國民政府資源委員會委員長。時任政務院財經委員會委員兼計劃局副局長，是由山東省選出的第一屆全國人大代表。

3　和大，即中國人民保衛世界和平反對美國侵略委員會總部，位於北京東交民巷。

4　中國新聞界聯誼會，全稱中華全國新聞工作者聯誼會，成立於 1954 年 9 月 24 日。1957 年 3 月，該會和中華全國新聞工作者協會籌備會、中國青年新聞記者協會（青記）等合併成立中華全國新聞工作者協會（中國記協）。

5　田方，時任政務院副總理兼秘書長習仲勳秘書。

6　陳翰伯（1914–1988），祖籍江蘇蘇州，生於天津。曾隨海淪·斯諾去過延安。1942 年任重慶《時事新報》採訪部主任。1945 年任《新民晚報》副總編輯。1946 年任上海《聯合晚報》總編輯。時任中宣部理論宣傳處副處長。

# 九月二十五日　　　　星期六

今天趕了三個會，十分緊張。蓋大會必須在二十八日閉幕，以便安排國慶及接待外賓任務。而關於名單之協商，總理報告之討論，以及還有五十餘人報告發言，必須在兩天內，以大會、小會趕完也。九時，在工商聯開小組會，由朱光傳達政府負責人候選名單。此名單經中共中央慎重考慮，提出與各民主黨派負責人協商，又經大會主席團通過。毛主席、朱德副主席及少奇同志任人大常委會委員長，均在意料中。宋、李、張、郭[1]等任副委員長，大家也無意外。出乎估計者，一是副總理均是黨員。周總理說明，今後任務重大，每一副總理要各專一門，而這些同志久經鍛煉，甚有才幹也。二是國防委員人數達九十六人，黨外人士達三十人。鄭洞國、鹿鍾麟等都任委員。總理說明，我國之國防委員會，性質與蘇聯及美國的均不同，目的為集思廣益建設現代化國防並為解放台灣起好的作用。鄭洞國介於起義及被俘虜之間，但近年有進步。鹿鍾麟過去和我們有摩擦亦有聯繫，近年在天津做居民委員會工作，任組長，甚為積極。他們對國防建設都可能起作用。經此說明，大家思想恍然，一致同意，並保證表決時贊成。

下午三時，繼續開大會，由陳叔通、龍雲、竺可楨等任主席。發言者有羅榮桓、馬敘倫、章伯鈞、茅以昇、蔣南翔等二十人。張聞天預定發言，臨時未發，蓋為迎接蘇聯貴賓也。

區夢覺[2]代表為我鄰座。據她統計，夫妻同為代表者有十二對。晚八時半，繼續開小組會，討論總理報告。討論最熱烈者為中西醫結合問題。十時半開會。歸途遇豪雨，為此次入京以來所未見。

---

1　宋、李、張、郭，即宋慶齡、李濟深、張瀾、郭沫若。

2　區夢覺，女，時任全國婦聯秘書長、華南分局組織部副部長、紀律檢查委員會副書記，廣東省人民政府委員兼廣東革命幹部學校副校長，是由廣東省選出的第一屆全國人大代表。

外甥媳來電話，大姐約我及福兒明天去吃餛飩。但福兒究竟來否未定，因婉謝之。

## 九月二十六日　　　　星期日

今天臨時加班開大會，因等候福兒來，怕他白跑一趟，而電話又不通，乃請思慕帶去請假單。而福兒竟未來，可能又出差了。今天是星期日，隔壁四十中學聚集了好多少先隊員，均手執綠色或紅色紙花，列隊操練，蓋準備國慶遊行也。聞天安門昨晚已有部隊進行遊行演習。

下午三時，參加大會，有李書城等十七人發言。發言完畢，對周總理報告舉手表決，一致通過。

接父親手諭，知福體已痊癒，甚慰，當晚寫覆稟。十二時睡。

## 九月二十七日　　　　星期一

上午小組會，傳達今天大會注意事項。下午三時開大會。今天又是一大高潮，因今天要選舉主席、副主席及其他政府領導人選也。大家整容，刷衣帽，並提早乘車赴懷仁堂。

今天到會代表一千二百一十人，比通過憲法那一天還多，一向請病假的林彪、徐向前將軍也到了。執行主席多至十人，劉少奇、朱德、林彪、彭真、劉伯承均登台。林彪年僅四十六歲，頭已禿了，極現蒼老。

劉少奇同志為執行主席，宣佈第一項議程為選舉國家主席及副主席。清點人數後即發票，票長約七寸，寬四寸，上寫漢、蒙、藏、維四種文字。投票後，即繼續選舉常委會正副委員長、秘書長及常務委員。五時許，選舉揭曉。當劉少奇同志宣佈毛主席已以一千二百一十票全票當選時，全場鼓掌歡呼達二十分鐘，我的手也紅腫了，口也喊乾了。朱總司令也以滿票當選副主席，全場掌聲也經久不息。

清點常委會選票時，忽少了一票，雖劉少奇宣佈選舉為有效，眾咸詫異。到七時左右，始查出有一票夾在中間：因常委名單長，票約長二尺，有一票數時未疊好也。

毛主席當場提名周恩來為國務院總理。同時即進行最高人民法院院長、最高檢察院院長選舉，與國務院總理同時表決。票分紅、綠、白三色。七時許投票畢，清點票數無誤。主席宣佈休會。今天開會歷四小時，未休息，甚為緊張。今天羅馬尼亞等國代表團參加大會旁聽，代表熱烈鼓掌歡迎。

當離懷仁堂返招待所途中，沿途已有慶祝毛主席當選之遊行隊伍。我們的車經過時，群眾報以熱烈掌聲。九時半，重到懷仁堂。由陳雲擔任執行主席，宣佈選舉結果，劉少奇當選常委會委員長，宋慶齡等當選副委員長。周恩來當選總理，董必武當選最高人民法院院長，張鼎丞當選最高人民檢察院檢察長。掌聲不絕，十時許休會。歸途繞經天安門，群眾已略散去。

十二時前回招待所休息。


# 九月二十八日　　　　　星期二

今天為大會最後一天，上午未出去。下午二時一刻乘車出發，到懷仁堂開會。今天到會貴賓有波蘭人民領袖貝魯特，朝鮮人民領袖金日成。金元帥比三年前在平壤見到時更為健壯。

三時半開會。毛、劉、周、朱、宋、李、張、郭、黃[1]、陳[2]登主席台。代表又向毛主席歡呼歷十餘分鐘。毛主席親自主持會議。首由周總理提出國務院名單，劉少奇代毛主席提國防委員會名單，全場一致通過。後又通過法案委員會、預算委員會、民族事務委員會名單。最後毛主席宣佈：第一屆全國人民代表大會第一次會議已勝利完成了自己的任務，完畢了整個議程，會議勝利閉幕。全場又熱烈鼓掌歷十分鐘，四時乘車返招待所。

六時，赴北京飯店，參加大會會餐。先在仲華房內與夏衍、錢端升、邵宗漢等閒談。六時一刻入座，共一百二十餘桌，我坐八十五桌，同席均廣東代表。菜大都為冷盆，僅一熱菜、一湯、一點心。毛主席六時半入席，奏《東方紅》。宴會中，約定不離桌敬酒。代表們如鄧芝芳、郝建秀等仍舉杯向毛主席敬酒。並有王昆、郭蘭英、周小燕等唱歌。

宴會開始時，毛主席起立簡短發言：“祝各位代表的健康，為著我們各方面的進步，為著我們進一步團結起來進行我們的社會主義建設，大家乾一杯。”宴會將終時，毛主席又起立說：“最後，大家再乾一杯。”於是，毛主席首先離座，各首長也紛紛離去。

宴會中最令人感動的，是達賴和班禪雙雙起立，同時向毛主席敬酒。這象徵西藏內部及與全國各民族之緊密團結。

在大會期間，我幾乎天天看到達賴與班禪，同行同休息。開始還有些拘謹，後來一天比一天活潑，都穿了新皮靴。畢竟他們還是青年呀，班禪十七，戴了眼鏡；達賴十九，個子高一些。

八時，赴懷仁堂看戲，有常香玉的《斷橋》，做得很細膩，比越劇的表情和形象更好。第二齣為程硯秋之《三擊掌》，唱得

---

1　黃，即黃炎培。

2　陳，即陳叔通。

很賣力,唱腔和嗓子實在好;穿了宮裝,身段也不算難看。第三齣周信芳之《打嚴嵩》,周的嗓子比前好多了。加以配角很整齊:袁世海的嚴嵩,孫盛武的門官,江世玉之小生,更加強戲劇氣氛。最後一齣為梅蘭芳之《貴妃醉酒》,唱得很認真,可惜臥魚身段畢竟不如年輕時了。最難得的,蕭長華配高力士,姜妙香的裴力士,可稱牡丹綠葉,一時無兩。十二時許唱畢。我初在原座位看,後移至十六七排西藏代表的位子,清楚多了。


# 九月二十九日　　　　　星期三

上午民盟總部開座談會。因廣東小組預定今日照全體合影,乃先到北京飯店。攝影畢,與黃藥眠同車至太平胡同民盟總部。參加者有史良、曾昭掄、千家駒、沈志遠、宋雲彬等二十餘人。午飯後,步行至辦事處,路經王府井大街,見北京大劇場正在加工興建。在辦事處,看到連日上海本報,內容相當充實。

俞兒來信,盼我經過南京時與他見見面,又報告了他和陶陶[1]戀愛經過。

四時許,理髮。因連日疲勞,理髮時幾乎全在沉睡中。理髮浴身,為準備參加天安門國慶大會。昨天已接到首都慶祝國慶籌備會的請柬,我在二台觀禮。晚,北京市委、市府在懷仁堂舉行京劇晚會,我因連日欠睡,未去。據去的同志回來說,劇目有譚富英的《二進宮》、李少春的《三岔口》、馬連良的《四進士》,相當精彩。

晚飯後,林平來房間閒談香港舊事,直至十時,醫生來檢

---

1　陶陶,朱益陶,朱百瑞之女,1955 年與作者長子徐白俞結婚。

查，我的血壓九十至一百四十，下壓略偏高，當注意飲食，少吃脂肪。柳無垢[1]與思慕一起晚飯後，乘三輪回家，途經景山翻車，跌傷眼睛，急送北京醫院。仲華聞訊，急來問訊，而思慕已去北京醫院矣。乃與我談及，他明天即回滬，將出國參加世界和平大會及新聞工作者國際協會，為期約兩月。

# 九月三十日　　　　　星期四

九時許，與雲彬同至琉璃廠榮寶齋看木刻水印畫，幾可亂真。余購齊白石、任伯年畫各一幅，連錦裱及框共十四萬餘元。雲彬亦購十九萬元。出門經楊梅竹斜街步行至前門，在都一處對酌，吃三角及燒賣，共二萬五千元。十二時半回招待所，休息一小時。

三時半，中央人民廣播電台派孫同志來錄音。試聽之下，有一二處不甚清晰，其他尚好。

報載，蘇聯政府代表團已於昨日抵京，包括赫魯曉夫、布爾加寧、米高揚、什維爾尼克等多人。劉少奇、周恩來、彭德懷等均往機場迎接。

今晚提前於五時半晚餐、六時半即乘車赴懷仁堂參加中央人民政府舉行的國慶五周年慶祝大會。到會者除新的國家首長、全國人大代表、全國政協代表以外，還有十一個兄弟國家的政府代表團，以及各國來我國參加國慶的來賓共兩千餘人。大會由劉少奇主持，周總理作報告，赫魯曉夫、貝魯特、金日成等十一國代表團長講話。赫魯曉夫講話極為有力，明確指出：中蘇盟誼決不容許帝國主義挑釁戰爭，否則一定要自遭毀滅。他引用了好幾句

---

1　柳無垢（1914－1963），女，江蘇吳江人，柳亞子之女。時在外交部工作。

中國古諺語來說明，頗為恰當。周總理的報告和赫魯曉夫講話，必將引起國際的震動。其他外賓的講話，都在首尾講了一段，其餘均由翻譯直接譯出，以節省時間。今天的大會，又是一次歷史性的。五十多國的代表，尤其是民主社會主義陣營各國的大集會，在遠東還是空前的。

# 十月一日　　　　星期五

今天是我們偉大的國慶。六時半即起，七時早餐，吃乾飯，在我又是破天荒的事。

八時開車，經景山前街、北池子、東華門至勞動人民文化宮下車。然後步行至天安門登西二台觀禮。看台係新築，有休息室、廁所等，極為乾淨。休息室內備有茶、煙、汽水等。東台大部為外賓，西台為人民代表。政府首長及人大常委則登天安門城樓，各國政府代表團亦登天安門。

十時，盛典開始，彭真市長宣佈開會，國防部長彭德懷首先檢閱部隊，由華北軍區司令員楊成武引導。檢閱畢，彭部長宣讀對部隊講話，後遊行開始。

先頭為部隊，比五年前整齊雄偉得多，一式都是新式武裝；武器如重坦克、"斯大林風琴"[1]。飛機亦有各種類型，飛掠天安門上空而過者，有七八十架。

部隊檢閱畢，群眾隊伍陸續列隊受檢。首為工人大軍，約有一二十萬。學生隊伍最多，繼之為文藝隊伍與體育隊伍，非常整齊，充分顯示我們的團結和壯大。

---

1　斯大林風琴，又稱"斯大林的管風琴"，即喀秋莎自行火箭炮，在二戰中因殺傷力較大而聞名。

今天參加檢閱的飛機，一部分可能為自己製造；因為在前天報上，已宣佈我國自製的飛機已陸續出廠了，性能很好。又今天報載，鞍山第三座自動化煉鐵爐已參加生產，祖國建設真是一日千里啊！

今天遊行有三個特點：（一）領袖像中增加了陳雲同志，成為毛、劉、周、朱、陳五個領袖；（二）國際領袖中，未掌握政權之兄弟黨不列入；（三）不舉行向領袖獻花。今天參加遊行的群眾約達六十萬人，但到十時即如時完畢，可見組織工作大有進步。工人學生隊伍都著一色制服，各手執鮮花（每一方隊一種顏色），甚為美觀。

車子出文化宮，甚為麻煩，三時開車，四時才到招待所。四時午餐，備有加菜和酒，相當豐富。飯後呼呼睡了一大覺，直到六時半雲彬來才把我叫醒。吃晚餐，我吃小米稀飯。

七時開車，赴天安門看國慶晚會。初帶夾大衣，八時到場。旋即放煙花。火樹銀花，蔚為奇觀。規模比上海的大得多。約放了一小時許即停止，時天微雨，代表們均散去。我到文化宮覓車子時，焰火又放。我坐了河南代表的車子回來，一路在北海等處遙看天安門上空火花飛舞，直到我記日記時天空尚畢剝作響。

此次來京參加大會，歷時已一個月，屢經高潮，今天已基本結束了任務。參加國家生活中這樣大的喜事，每天比幼時過新年還鬧忙，還興奮。這樣幸福的生活，當然越活越年輕了。一直考慮為報館寫一篇特寫，材料很多，而無時間組織、落筆。

今天，俊瑞[1]兄又告我，已通知教育部當家副部長董純才[2]同

---

1　俊瑞，即錢俊瑞。錢俊瑞（1908－1985），江蘇無錫人。經濟學家，歷任《解放日報》和新華社社論委員會主任。1947 年後任華北大學教務長。1949 年至 1952 年任北平軍管會文化接管委員會主任、華北高等教育委員會主要領導人和教育部黨組書記、副部長。時任政務院文化教育委員會秘書長，是由江蘇省選出的第一屆全國人大代表。與作者是江蘇省第三師範學校的同學。

2　董純才（1905－1990），湖北大冶人。時任教育部黨組書記、副部長。

志，和我談合作出報事。十一時半，準備休息，窗外濛濛細雨不歇。


# 十月二日　　　　　　　星期六

晨起，氣候驟冷，北京已漸入冬令。上午無事，也懶於出門。

下午二時許，乘車赴西直門外蘇聯展覽館，參加開幕典禮。車在新街口附近被阻約三刻鐘，三時一刻到達，已在致開幕詞。三時半剪綵開幕。分三路參觀。展覽館建築不甚高大，中央大廳只有四層樓高下，但建築金碧輝煌，相當考究，彷彿一座精緻的小擺設。七時返招待所。大會整個程序已全部完畢。今後自由活動，只等秘書處通知束裝返滬。

為了福兒要看京戲，今天託招待組代購了兩張明天日場的戲票。


# 十月三日　　　　　　　星期日

九時，福兒來，外甥邦傑亦同來，蓋門口相值也。稍事休息後，同出門，邦傑赴東安市場，余偕福兒至北海，沿海邊走出大門，在府右街口僱車同至東安市場。在五芳齋吃雞絲火腿麵兩碗，為福兒加一客蟹粉包子。旋至鋪內購小孩毛衣一襲，備送邦傑之女孩。

十一時半回招待所，因福兒要看祖父母與父親來往信，兼取自行車也。余休息半小時，即乘車赴計委宿舍，福兒騎自行車隨行。門牌難找，至大姐家已十二時半矣。吃水果、吃菜、吃餛飩。又談家常至二時半辭出，趕赴長安看京戲。四時半未終場即出來，因福兒必須五時前趕回。乘三輪回招待所。北京的三輪，比上海貴兩三倍，只能坐一人，且頗危險，時有跑車出事，所以我輕易不坐三輪。今天星期日，電車擠，不得已乘一次。

大會秘書處送來全體代表合影一張，長二尺多。此照每張至少要二十五萬元。七時許，赴懷仁堂看戲，與裔式娟、趙祖康[1]同一排座位。我坐十排十六座，毛主席四排二十三座，此為我最靠近毛主席的一次。米高揚四排二十九座，布爾加寧四排二十一座，赫魯曉夫四排二十五座，師哲[2]四排二十七座，少奇同志坐四排二十八座，周總理坐第三排。

今日晚會，主要節目為音樂，以周小燕歌唱最受歡迎。另有雜技及李少春之京劇《雁蕩山》。聞此劇即將出國赴印、緬等國表演。

今晚有機會晤見教育部董純才、林勵〈礪〉儒、韋愨[3]三位副部長，談報館遷京的事[4]，約定明天下午到教育部再談。

---

1 趙祖康（1900－1995），上海市人，道路工程專家，曾任國民政府最後一任上海市代市長，1949 年後上海市副市長。時為全國人大代表（由上海市選出）。1960 年代任上海市政協委員。

2 師哲，俄語翻譯家，長期擔任毛澤東等領導人的俄語翻譯。赫魯曉夫訪華時也曾擔任翻譯。

3 韋愨（1896－1976），廣東香山（今珠海）人。早年加入同盟會，參加過辛亥革命。時任教育部副部長兼文字改革委員會副主任，是由山東省選出的第一屆全國人大代表。

4 報館遷京的事，有關上海《文匯報》遷往北京一事，文匯新民報業集團於 2001 年編撰的《文匯報六十年大事記》中記載："1954 年 9 月 16 日，國家教育部副部長林礪儒會見本報總編輯徐鑄成，談教育部與《文匯報》合作辦報意向；1954 年 10 月 1 日，文化部副部長錢俊瑞告訴徐鑄成，已通知教育部常務副部長董純才，和徐談合作作出報事。3 日、4 日，徐鑄成和教育部副部長董純才、柳湜分別會談；1955 年 4 月 13 日，徐鑄成、嚴寶禮、孫葵君（新任文匯報黨支部書記）、張樹人（新任文匯報總編輯）赴京與教育部談合作辦報事；1955 年 4 月 28 日，徐鑄成報告北京之行的經過，要求經理部著手遷京的準備工作；1955 年 5 月 7 日，編委開會研究向教師報過渡的工作。"1956 年 5 月 1 日，文匯報社遷往北京，參加創辦教育部機關報《教師報》，上海《文匯報》停刊。

## 十月四日　　　　　星期一

　　上午八時半赴辦事處，小結代表大會及國慶報道工作。下午二時在燈市口乘電車至西單商場下車，轉乘三輪至教育部，副部長柳湜[1]出面會談，談與《文匯報》合作問題。據談，主要問題在基建。此次為初步交換意見。晚，蘇聯民間藝術團在懷仁堂演出。十一時半散會，微雨中歸招待所。

　　在懷仁堂晤黎澍，約明日下午見面。聞欽本立已調《人民日報》，來電話約談。代表已有離京者。曾生昨日回粵，周谷城今早回滬。


## 十月五日　　　　　星期二

　　十二時欽本立來，同至六芳齋湘菜館，菜甚地道。在辦事處午睡一小時。四時，黎澍來，略談旅行雜誌事，旋坐他的車子同到新僑飯店，參加新聞工作者聯誼會招待各國記者的酒會。共到二十餘國記者五十餘人，十時半返，今天陰雨，更覺寒冷。

　　招待處交來車票，明日晚車離京。


## 十月六日　　　　　星期三

　　早餐後，清理行李。在京已三十三天，離滬已五周矣。代表

---

1　柳湜（1903—1968），湖南長沙人，時任教育部副部長。後曾負責聯繫《教師報》工作。1957 年被劃為右派。1968 年死於非命。

昨晚今晨離京者多；食堂原開二十餘桌，今只剩七八桌矣。

六時半上車站，臥車只有一輛，我與思慕、新城及項南[1]同房。同車則有吳克堅、沈志遠、宋季文[2]及超構等。七時半開車，十一時過天津，入睡。

# 十月七日　　　　　星期四

一路陰雨。下午過蚌埠，大水仍未退盡。

午飯，與超構共飲一小瓶白蘭地、一瓶啤酒，午睡了兩小時。

# 十月八日　　　　　星期五

晨六時車過蘇州。八時二十五分準時到滬，報館全體編委、社委及嘉樨來站迎接。

晚，三報[3]在錦江十二樓餞宴張春橋、魏克明[4]。魏以事未到，九時頃歸家。

---

1　項南（1918－1997），原名項德崇，福建連城人。時任華東軍政委員會青年工作委員會書記，是由安徽省選出的第一屆全國人大代表。1980 年代，項南擔任中共福建省委書記時，曾積極支持作者創辦廈門大學新聞傳播系。

2　宋季文（1917－1999），安徽定遠人。時任上海市財委副主任、財辦主任。

3　三報，指當時上海的三家報紙《文匯報》、《新聞日報》（1958 年 6 月併入《解放日報》）和《新民報》（1958 年 4 月《新民報·晚刊》改名為《新民晚報》）。

4　魏克明（1908－1982），湖北均縣（丹江口）人。曾任《新華日報》華北版副總編輯、《新華日報》太岳版社長、總編輯。時任《解放日報》副總編輯。

一九五七年

一九五六年十月一日，上海《文匯報》第三次復刊，作者任社長兼總編輯。一九五七年三月，作者應邀去北京參加全國宣傳工作會議。會議期間，毛澤東接見了參會的部分新聞出版界人士。毛澤東對作者說，你們的報紙（指百花齊放）很好，琴棋書畫，花鳥魚蟲，應有盡有，我也愛看。同年三月二十七日，經毛澤東同意，作者擔任中國新聞代表團團長，率團出訪前蘇聯，歷時四十四天。該團團員共十二人，即徐鑄成（團長）、徐晃（副團長）、盧競如（女，副團長）、張又君、邵紅葉、富文、邵燕祥、羅林、劉克林、陳泉璧、唐平鑄、丁九；翻譯人員二人，張焱（女）、王器。

訪蘇期間，作者並未意識到國內"事情正在起變化"。作者回國後，撰寫了長篇通訊《訪蘇見聞》，於五月二十九日起在上海《文匯報》連載，十八天後因作者受到批判而終止。這段日記記述的是作者訪蘇期間的活動和思想活動過程。

——編者注

# 三月二十四日　　　　星期日

由滬出發。

昨晚一夜沒有睡好，因為小和[1]昨天墜樓，雖幸而獲救，但一家徨懼，又擔心母親過分傷感。今晨四時即醒，行李芳姊早已為我全部整理好了。六時二十分別家出發，芳姊、復兒、小平[2]送行，四十分到龍華機場，寶禮、本立、火子、唐海、才榮[3]、景泰[4]

---

1　小和，即倪致和，作者外甥。

2　小平，即倪致平，作者外甥女。

3　才榮，即韓才榮。韓才榮，時任《文匯報》社務委員會委員。

4　景泰，即崔景泰。崔景泰，曾任上海、香港《文匯報》記者，時任上海《文匯報》採訪部主任。

均去送行，劉、唐兩位小姑娘並為我獻花。

七時許登機，二十分開行，此為我解放後第一次乘機，機較小，又為橫坐式，乘客僅四人。

八時二十分到南京，五十分開，添一乘客。

十時到合肥。加六位乘客。

十一時半到徐州，午餐。

十二時十分從徐州開，三時十分抵京，到徐州及北京降落後〈時〉，機身頗震蕩，同坐頗有吐者，我鎮定自若，可見身體很好。

侖、陶兩兒及李朝宗[1]、林廷賓[2]同志去機場迎接，旋即到辦事處[3]，離我赴滬恰足一周[4]。

晚飯時，本立來電話，知小和已脫危險，心神為之大定，並知報館已出力照料。

長江[5]通電話，談史脫朗[6]稿事。

林朗[7]同志八時來訪，談團內工作，聞林兄因事不去，為之悵然。

領導上決定以我為團長，如此安排，使我感奮、徨懼，我一定要將工作盡力做（好），不負黨對我如此的信任。

---

1 李朝宗，《文匯報》駐北京辦事處工作人員，記者。

2 林廷賓，《文匯報》駐北京辦事處工作人員，記者。

3 辦事處，即上海《文匯報》駐北京辦事處。該辦事處於 1956 年 9 月 13 日恢復並擴充編制，浦熙修兼任辦事處主任，共有十名記者。1957 年 7 月至 9 月，十名記者中，浦熙修、劉光華、楊重野、謝蔚明、姚芳藻、梅朵、朱嘉樹等七人被劃為右派，其中四人被判刑或勞教。

4 指作者 1957 年 3 月上旬去北京參加全國宣傳工作會議，一周前回到上海。

5 長江，即范長江。范長江（1909-1970），原名范希天，四川內江人。早年從軍，畢業於北京大學。曾任《大公報》記者，參與創辦《華商報》、"青記"和國際新聞社。1949 年起任新華社總編輯、上海《解放日報》社社長、《人民日報》社社長。1952 年離開新聞界，先後任政務院文化教育委員會副秘書長、國務院二辦副主任、國家科委副主任和全國科協副主席兼黨組書記等職。1970 年逝世，死因不明。

6 史脫朗，即美國記者安娜‧路易斯‧斯特朗。經范長江推薦，《文匯報》於 1957 年 2 月 24 日開始連載安娜‧路易斯‧斯特朗所著《斯大林時代》的部分章節，由於文中涉及肅反等內容，引起廣泛關注。

7 林朗，曾任新華社副總編輯，時任中蘇友好協會副總幹事，俄文《友好報》總編輯。1957 年被劃為右派。有史料稱，組建中國新聞代表團時，原定由林朗擔任團長。

## 三月二十五日　　　　星期一

上午赴大姊家，並到國際友人服務社取回衣服，去五芳齋吃飯。

午後，人民大學同志來訪。

二時半，徐晃[1]同志來談團內工作。

四時半，與蔚明兄同訪葉譽老[2]。

晚飯後，赴俄文《友好報》。代表團會議，請戈寶權[3]同志談話，對赴蘇應注意事項談得很詳盡，十一時許返，決定二十七日出發。

## 三月二十六日　　　　星期二

上午八時三刻，赴清華園洗澡，擦皮鞋、購毛衣等。

下午二時，赴人民日報開會，請胡績偉[4]同志講訪問蘇聯經驗。

五時半回辦事處，侖兒旋即來，晚，辦事處同志敘餐為我餞

1　徐晃（1914－1984），原名許煥國，回族，山東泰安人。早年從事學生運動和地下工作，1944年到中共中央社會部工作。1949年後，曾在中南局和湖南省公安機關任領導職務。時任外交部新聞司副司長。後擔任駐外使節。此次擔任中國新聞代表團副團長，臨時黨支部書記。

2　葉譽老，即葉恭綽。葉恭綽（1881－1968），字裕甫（玉甫、玉虎、玉父），又字譽虎，號遐庵。廣東番禺人。書畫家、收藏家、政治活動家。北洋時期交通系成員之一。時任中央文史館副館長。

3　戈寶權，翻譯家，作家。曾任駐蘇聯大使館臨時代辦和文化參贊。1954年擔任中蘇友好協會總會副秘書長。

4　胡績偉，時任《人民日報》副總編輯，曾參加中央宣傳工作代表團訪蘇。

行，李子誦[1]同志亦來參加。

陶陶為我整理行裝，侖兒又為我去購兩件棉毛衣褲，他們十時半方回去。

本立來電話，小和已能吃粥，今晚母親、芳姊去看戲，可見小和已無問題，真等於重生矣。又聞福福已出差到上海，這時機很好，可以好好安慰安慰家中長輩矣。

今晚為我出國前最後一晚，心情有些緊張，第一次出國，又擔任團長職務。鄧拓[2]同志今天和我談話，對此行頗有啓發。

睡前還要起草到機場的演（講）詞。


# 三月二十七日　　　　　　星期三

四時許即醒，起身，整理行裝，侖、陶兩兒六時前來。

六時十分，動身，侖、陶外，熙修同志及李朝宗同志送行，六時三刻到機場。

初謂八時開，結果時八時四十分開，到場歡送者除同業外，尚有蘇聯大使館人員。

飛機為巨型馬托〈螺旋槳〉機，共有二十四個座位，結果只有本團十四人，等於專機。

九時半即出長城，從此一片黃色，間有積雪，集二路[3]如一條縵子曲折於黃土盤中。

十二時許抵烏蘭巴托，僅四十分鐘，因天氣晴朗，不算冷。

---

1　李子誦（1912−2012），原名李頌，廣東順德人。長期在廣東地區和香港任編輯記者，曾任香港《華僑日報》、《華商報》編輯、廣州《聯合報》總編輯。時任香港《文匯報》總編輯。後任社長。

2　鄧拓，時任《人民日報》總編輯。

3　集二路，集寧至二連浩特的鐵路，是北京—烏蘭巴托—莫斯科鐵路的一部分。

三時頃抵伊爾庫茨克，開始踏上盟邦蘇聯的領土，機場懸布爾加寧、列寧、毛澤東三像。

有風，寒入骨，去旅館休息，即飯，飯後在機場外走一圈，因太冷即回。

未睡覺，與徐晃、紅葉[1]等同志閒談今後佈置，並召全團會議，商集體紀律幾條。

晚十一時二十分，又乘機西行，（該）機比北京專機頗大，有三十二座位，服務員也改為蘇聯人。

機開不久即脫鞋入睡，清晨二時許抵克拉斯諾雅爾斯克，下車食晚餐，三時許繼行。

# 三月二十八日　　　　星期四

六時許抵新西伯利亞，余未下機。

天明後看似機貼地面行，而實則在兩千四百公尺高空，原來是遍地白色，覺天地小矣。

又有似湖者，實際是樹林。

今天過的天氣特別長，七時許天亮，飛機愈往西行，時間愈縮後，至北京時間晚十二時，天尚大亮也。

九時許抵鄂木斯克，換機。

十二時前抵斯維爾德洛夫斯克[2]。歷三時，又抵喀山，即入歐洲境矣。

---

1　紅葉，即邵紅葉。邵紅葉（1912－1990），原名邵伯南，上海人。1938 年任《文匯報》記者。1939 年後在晉察冀根據地報紙任編輯記者。時任《天津日報》副社長、總編輯。1958 年初受到處分，被撤職。

2　斯維爾德洛夫斯克，現名葉卡捷琳堡。

七時半（即莫斯科時間二時半），抵莫斯科，歡迎甚盛，蘇聯外交部及《消息報》總編輯致歡迎詞，余致答詞。

住蘇維埃旅館，我的房間甚華麗，為平生所未住，聞彭真同志前即住此房間。

四時吃飯。

六時，赴克里姆林宮，參加蘇聯政府招〔待〕卡達爾晚會。並看到聯合聲明簽署儀式，來莫斯科即遇此盛會，甚為榮幸。

九時回，看電視，開小會，十時許沐浴，記日記，睡當在十二時左右矣。

莫斯科機場離市區有二十餘公里，首先入市西南區，看到列寧山[1] 上矗立的莫斯科大學及建築群，聞這一帶將發展為住宅區，新建樓房甚多。

路過莫斯科河，繞至克里姆林宮紅場，列寧、斯大林墓外參觀者列成一長行。

又過蘇聯科學院，高爾基大街為熱鬧中心，汽車如織，莫斯科（市區）沒有自行車，市內交通只有汽車、電車、無軌電車和地下鐵路，因此，汽車雖多，往往排成三列，在紅燈時積成幾十輛，而交通秩序不亂。

市容極整齊，各種食品及其他商店，往往有排隊。晚上我們從克里姆林宮回旅舍時，街上電燈通明，較北京明亮，還有活動廣告。

今晚的克里姆林宮招待會，規模彷彿北京飯店舉行的招待會，一共用三個相連的大廳，有一廳裏過去我常常看到照片，舉行樅樹節的，還有一廳似為六角大廳，四壁金碧輝煌，屋頂及四周都繪有耶穌事跡油畫。

今天在宴會上，遇到《真理報》總編輯，《消息報》總編輯，

---

1　列寧山，現名麻雀山。

《文化報》總編輯，以及作家西蒙諾夫、波列伏依，（哲學家）米丁及兒童作家……西蒙諾夫比一九四九年來華時蒼老了很多，波列伏依説，他遊華五十天回來不久，正在寫訪問記，準備去《星》雜誌上登載。

今晚，蘇共領導人幾乎都看到了，除赫魯曉夫、布爾加寧、米高揚一九五四年在北京看到外，今天看見的有伏洛希洛夫（甚強壯，酒後臉紅）、馬林科夫、莫洛托夫、卡岡諾維奇、別爾烏辛、薩布羅夫等，匈領導人除卡達爾外，還有馬羅山。卡達爾在出場時，看到我代表團人員，特趨前握手，可見他是如何重視中匈友誼。

在宴會時，遇到劉曉[1]大使，略談一二分鐘，今天到車站接我們的是大使館文化參贊宮亭[2]。

莫斯科天氣不算冷，今天是陰天，街上已因化雪而看〈有〉些濕滑，好在我們沒有穿皮大衣來。

晚上商量，遊畢莫斯科和列格勒[3]後，將分兩路[4]，我準備帶遊歐洲的一路。


# 三月二十九日　　　　　星期五


昨晚睡得很好，所以雖然只睡六小時，但也香甜。早上起

---

1　劉曉（1908－1988），湖南辰溪人。曾任上海市委第二書記，上海市委黨校校長等職。1955年至1962年任駐蘇聯大使。

2　宮亭（1917－1967），山東煙台人，曾任中國駐保加利亞大使館一等秘書，駐芬蘭大使館參贊等。時任中國駐蘇聯大使館一等秘書。1967年死於非命。

3　列格勒，即列寧格勒，現名聖彼得堡。

4　將分兩路，指代表團按計劃分兩路活動：一路去拉脱維亞、愛沙尼亞、烏克蘭，並訪問巴庫和斯大林格勒，由作者帶隊；另一路去吉爾吉斯、塔吉克、烏茲別克、哈薩克，由副團長徐晃帶隊。

來，略整行裝，補記日記一頁許。

上午九時許，往外交部訪新聞司長伊里卻夫[1]，外交部在斯摩棱斯克大廈，大廈共高二十七層，兩千多房間，與伊里卻夫大體商訪問計劃，並向其送禮。

旋回旅舍，與招待同志葛里高利也夫及布洛夫兩同志共商細目，外交部對訪問甚重視，已擬訂了詳細計劃，我等基本同意，並提出若干希望。

蘇聯對我團訪問甚重視，昨天到車站〈機場〉歡迎者有文化部副部長等。晚日《莫斯科晚報》登有詳細消息，今天廣播及《真理報》及其他各報都登我團到莫斯科詳情，並在記載克里姆林（宮）昨晚宴卡德〈達〉爾消息中將我團參加也記入。

午後未休息，即訪大使館，與張映吾[2]、宮亭等晤談，張映吾同志談了一些情況和意見，比較重要者，希望我團能瞭解一些蘇聯最近情形，又謂蘇聯經濟組織正在改變中，如全國分為幾個單位，各單位基本能自己滿足工農生產要求。又謂，蘇聯正在努力加強與人民民主國家的關係，對我特別重視，唯對南斯拉夫關係則進一步逆轉。謝皮洛夫最近談話，未將南列入社會主義國家。又前天卡達爾談話，謂匈牙利叛亂，與南有關，布爾加寧談話也支持這說法云。

三時許趕回旅舍，即乘大旅行車出發參觀莫斯科市容，由葉夏明[3]引導並釋介，先到白俄羅斯車站乘地下火車，由地面下去有自動電梯（如上海中百公司的）。我等由此坐了三站到共青團站下車，共行七公里，僅費約六分鐘，可謂快矣。每列車有五節，

---

1　伊里卻夫，通譯伊利切夫。列昂尼德・費奧多羅維奇・伊里切夫，曾任《消息報》、《真理報》總編輯、蘇共中央書記，是赫魯曉夫時代意識形態的主管之一。勃列日涅夫時代任外交部副部長，曾參加中蘇邊界談判。

2　張映吾（1918－2005），解放初期曾任上海《解放日報》副總編輯，上海市政府新聞出版處處長、文教委員會秘書長和文教辦公室副主任。時任駐蘇聯大使館參贊和黨委常委。

3　葉夏明，塔斯社記者，長期在中國採訪，曾任塔斯社上海分社副社長。

可乘三四百人，每兩分鐘即開來一列。

又至莫斯科舊城大劇場，及莫斯科大學等處看了一回，莫斯科大學，高三十多層，四萬多房間，現有學生二萬餘人，儼然一城鎮矣。

去列寧山一帶西南區，正在建築大群住宅，都高十幾層，為計劃中三大住宅區之一，兩三年後，該區將大改觀矣。

六時許回寓，晚飯後即往看馬戲，比上海演出的蘇聯馬戲團有過無不及，惜余困倦，後幾場未看清，十時三刻畢，歸即休息。

莫斯科大學新聞有一中國學生來訪（下午）。


## 三月三十日　　　　　　星期六

上午參觀東方博物館。

下午三時，參觀天文館。

晚，在莫斯科大劇院分院看歌劇《魔鬼》，係根據萊蒙托夫原著改編，劇場氣派甚大，有五層看台，觀眾穿著甚整齊。

十一時半晚飯，飯後與大家討論今後的活動安排及程序。


## 三月三十一日　　　　　　星期日

上午，參觀克里姆林宮，先到蘇聯部長會議辦公大樓，瞻望列寧生前辦公室及住宅，甚樸素，列寧能自由運用英、法、德等五種文字語言，善於接近群眾。

今天星期日，街上人極多，莫斯科人一般服裝都整齊，來此四日，幾乎沒看見一個衣著襤褸的。今天星期日，許多人穿了節日裝束，在大劇院等處更是整齊，可見蘇聯人民生活的確已相當好了。

伊里卻夫同志説，（我們訪問他的那一天説的），我們兩國不要談什麼老大哥小弟弟等等的話，但我們的友愛是特殊的，恰為同天生的兩個兄弟，這話非常懇切。作為兩個國家，這是對的，但蘇聯畢竟遠遠走在我們前面，蘇聯可以給我們學習的東西很多，我來此只有幾天，就看出很多東西是我們要誠懇虛心學習的，不要説蘇聯的工業遠遠跑在我們前面了，就是文化方面，人們的道德思想方面，也有很多好東西。莫斯科一看就是富裕的、有文化的城市，也許紐約有比莫斯科穿著更好的人，但莫斯科絕沒有紐約這樣的貧民窟……再舉些莫斯科的好地方吧，前晚看馬戲，一個演員失手兩次後成功，觀眾不斷鼓掌鼓舞他，最後一次成功了，大家熱烈鼓掌祝賀，還有兩天看大劇院表演，觀眾對演員的歡迎，對樂隊指揮的歡迎，真令人感動，自己要寶愛勞動，而又極重視別人的勞動成果，這就是熱愛勞動的共產主義品德之一。

在克里姆林宮，參觀部長會議大樓後，（也看見了卡岡諾維奇、米高揚等的辦公室，這座大樓，過去是很少向外賓開放的），又參觀大克里姆林宮及三座教堂。又參觀武器陳列館，這個館陳列沙皇和主教等的奢侈生活，武器只是一部分（館名是沿用以前的老名詞，因為這個館在十九世紀就有了）。

今天整天參觀克里姆（林宮），上下午兩進兩出，上午參觀後，並瞻謁列寧、斯大林墓，我團並獻了花圈，由我和徐晃同志謹獻，這是蘇聯同志提出來的。過去，只有政府代表團這樣，可見蘇聯同志如何重視我們這個團了。

晚上，在莫斯科大劇院看芭蕾舞《湧泉》[1]（普式庚[2]長詩），不論劇場、佈景、演員、藝術，實在太好了。

在場上，遇到賀綠汀[3]，他們是二十五日來的，參加音樂工作者代表大會。

十一時返館，吃飯，今天一天走的路很多，實在有些倦乏了。

## 四月一日　　　　　　星期一

昨晚睡得很好，今天晨七時許起，酣睡了七小時。

十時出發，參觀莫斯科小型汽車廠，該廠規模不大，目前每天生產 "莫斯科人" 小汽車十七輛。

又參觀了該廠的工人宿舍和託兒所。

下午四時，赴百貨公司參觀，並參觀了時裝表演會。

今晚因無節目，九時後，在旅館看電視，準備早睡。

中午三時半，新聞司長伊里卻夫來共餐。

## 四月二日　　　　　　星期二

七時起，今天天氣又晴朗，這已是莫斯科第三個大晴天了。幾天來積雪很快在消融，因此街邊有些泥濘，特別在郊外，昨天我們訪問的莫斯科小型汽車廠，在東郊，彷彿上海的楊樹浦區，

---

1　應為《淚泉》。《淚泉》是依據普希金長詩《巴赫奇薩賴的淚泉》改編的芭蕾舞劇。

2　普式庚，通譯普希金。

3　賀綠汀，時任上海音樂學院院長，中國音樂家協會副主席兼上海分會主席。

幹道還是碎石路，泥濘而不平，葛里高利也夫同志說，莫斯科忙於造房子，道路還顧不過來，確是事實，有些道路正在大力翻修中。

莫斯科近來的天氣相當暖和，今天我只穿棉毛衣褲和羊毛背心，毛褲前天就脫掉了，我看，氣候和北京差不多，也許冬天更冷一點。

上午參觀莫斯科中心市場，這裏有集體農莊莊員及農莊本身將其多餘貨物來此出售，彷彿我們的自由市場，但比我們更有領導也更有積極意義。

後又參觀寄售舊貨商店，這個商店是寄售半成新以上的商品（成衣、料子、美術品等都有規模，不及霞飛路[1]的）。另外，莫斯科還有幾家舊半新以下的舊貨商店。

因時間有富裕，到住宅大廈看了下面的食品商店，從各方面看，蘇聯商品的供應是充足的，遠沒有我們那種副食品緊張情況。有些地方要排隊，是由於店員來不及，所以像百貨公司等已想出了許多簡易售貨的辦法；第二，盧布的實際購買力，大約只等於我們的百分之十，如西裝一套要一千四至兩千元，皮鞋要五六百元，一般講，輕工業品特別是手工業品比這還要貴，重工業品農產品要便宜些。

下午二時，訪問對外文協，由副主席及東方部主任接見，極隆重，我們送了禮物，我也說了些話。

飯後，四時到莫斯科影院看影片《在此生活》，是描寫新墾地的第一年的生活，可惜不懂。莫斯科影院只有八百座位，是革命前舊戲院改建的。

七時半，訪問《真理報》，極為隆重的招待，總編輯撒卻可夫和全體編委（十二人）都參加，（副總編輯茄可夫出差未來）。

---

1　霞飛路，今上海淮海中路。這裏指位於當時上海淮海中路重慶北路的上海舊貨商店。

撒卻可夫和我都說了話，我並問總編輯如何工作。有匈牙利愛國歌唱作曲家華爾加來訪，當場〔唱〕其自寫的蘇匈友好歌，熱情激昂，唱後與撒卻可夫擁吻，並和我擁抱，兄弟友情揚沸。他說，在十月事變[1]中，他有很多友人被吊死失蹤，他深知蘇匈友誼之貴，他說他所說的蘇匈友誼當然也包括蘇中匈友誼的。

十時回旅舍，開團長會議，佈置一下今後工作。

## 四月三日　　　　　　　　星期三

上午，參觀農業學院，據副院長說，蘇聯科學院並無農學研究所，僅有一博物館，所有蘇聯高等學校教師，必須兼做研究科學工作。在這方面，我們學蘇聯也過頭了。

下午，參觀列寧山上的莫斯科大學，副校長親自接見，談了很久。

晚上，在莫斯科歌舞劇院看芭蕾舞《天鵝湖》，美極了，這個劇團，"丹欽可·史丹一"劇團[2]，一九五四年曾到北京演出，所以，劇終後，我們赴後台與之會見，大家非常熱情，並合照了相。我今天又兩次即席，談了話，在這方面，我太少經驗，說話也不生動。

一時許才睡。

---

1　十月事變，即"匈牙利十月事件"，是指 1956 年 10 月 23 日至 11 月 4 日，匈牙利民眾對政府表達不滿而導致蘇聯入侵的暴力事件。最初以學生運動開始，期間蘇聯兩次進行軍事干預，最終以蘇聯軍隊入侵匈牙利參與鎮壓抗議民眾而結束。事件共造成約兩千七百名匈牙利人死亡。

2　"丹欽可·史丹一"劇團，即今俄羅斯國家芭蕾舞劇院，由斯坦尼斯拉夫斯基與涅米洛維奇·丹欽科領導創建。

## 四月四日　　　　　　　星期四

上午八時起，九時出發，到離莫斯科三十五公里高爾克鎮謁訪列寧逝世處，一時半返抵旅舍。

下午三時，赴莫斯科市蘇維埃，由領導商業的一位副主席接見，談了兩小時，主要談商業工作。

五時，至電車（無軌電車）公司，談一小時，招待甚熱情。

晚八時，新聞司長伊里卻夫同志在家招待我代表團，伊里卻夫過去為名教授，現在外交部任要職，非常熱情。宴會在由衷熱烈空氣中進行，我飲酒將醉，但為熱情所鼓舞。伊里卻夫說我應為一好的布爾什維克，並說他已有三十五年黨齡，願為介紹人。我非常感動，我說我希望立即成為黨員，並寫信告訴他。

他送我一對花瓶，龔澎[1]一個大理石枱燈，盧大姐[2]一合（盒）化妝品。

十一時，興辭歸寓。

伊里卻夫同志說，中蘇兩國的友誼，好比高質的金屬，使歷史的飛機可以快速地前進。這話很有意義。


## 四月五日　　　　　　　星期五

今天六時半醒即起，八時吃早飯，八時半出發，到離莫斯科一百五十多公里的原子發電站參觀，車子走了近三小時才到，那

---

1　龔澎（1914－1970），女，安徽合肥人。時任外交部新聞司司長。

2　盧大姐，即盧競如。盧競如（1904－1993），女，湖南平江人。1931年赴莫斯科學習，1938年回國在八路軍辦事處和南方局工作。曾任東北局外事秘書、翻譯、俄文《友好報》第一副總編輯、中宣部翻譯組副組長。此時參加中國新聞代表團，任副團長、臨時黨支部副書記。後從事廣播工作。

地方房子很多，簡直成了原子城市了。

大約瞭解一些原子發電站的情況，因為這對於我們來説是不容易瞭解的。印象裏發電廠很乾淨，三公斤的鈾反應堆，可以發電一百天，（約一百天要停一下），這對缺少燃料的地方是很方便的。

就在原子彈招待所吃中飯，房子和飯都很好，可惜我昨天喝了些酒，肚子不好，不敢多吃。來蘇聯後每天吃飯的"質量"是很高的，早日每天吃一瓶酸牛乳，還有雞蛋肉類，麵包汽水，中午晚上還要了些。

四時半回到莫斯科。

今天走的是通往明斯克和波蘭的路，半路經過卓婭[1]被難處，下來行禮並照了相，法西斯軍曾到離莫斯科十八公里處，終於被英雄的蘇軍打退了。

一路的白樺林很多，雪尚未化淨，而樹已透青了，甚為美麗。

蘇聯城市近郊及農村的木屋很多。

五時三刻，看寬銀幕電影，比普通幕寬一倍，看來很有立體之感，這幕影片演的是烏克蘭人民俄羅斯人民保衛基輔的故事，非常好，是五彩〈彩色〉的。

八時，拜訪《消息報》，就在那裏吃晚飯，主人非常熱情，滯留到十一時才回來，在席上，遇到羅果夫，他是該報國際部主任。

來了《人民日報》，等了三天的報，晚上洗澡，看報，十二時半入睡。

今天在《消息報》宴會上即席講了三次話，比前進步了，也有真的生活體驗，感情起了變化的關係。

---

1　卓婭，蘇聯衛國戰爭時期的女英雄，1941 年 6 月被德軍殺害。

# 四月六日　　　　　星期六

九時五十分出發，參觀列寧博物館，另一組參觀西南地區建設工地。

莫斯科有許多博物館，我們只參觀列寧博物館及武器博物館，及東方文化博物館，另有革命博物館、蘇軍博物館、工藝博物館及畫廊等。列寧博物館等不售門票，一般博物館也只收幾十哥比[1]的門票（相當於我們幾分錢），這確是對群眾進行教育的最好方法之一。

今年是十月革命四十周年，全蘇聯到處準備慶祝，工廠都以超額完成任務迎接這一節日（俄羅斯共和國肉類乳類第一季度收購任務超額完成，比去年同期增加一倍多）。另外，世界青年聯歡節今夏在蘇舉行，各方面也已積極準備。如時裝、飲食業以及各個公共場所都準備迎接來自世界各地的青年。

今天是在莫斯科參觀的最後一天，明天即分兩路出發，我們的一路即赴愛沙尼亞首都塔林，在莫斯科已參觀了十天，看的東西不少，當然，要細細參觀，可能要一個月的時間，到月底（二十九日晨）還要來莫斯科，但那時僅逗留三天，還要參觀"五一"，舉行一些招待會和告別會，不會再有時間參觀了。所以，下午將赴市街閒遊一番，買些東西，以備回國作紀念。

下午五時，大使館參贊陳楚[2]及宮亭同志來訪，乃於五時許與徐晃同志同至大使館訪晤劉曉大使，略談十日來印象。劉曉同志說要注意蘇聯新的發展情況，注意政治思想工作，學習結合生產，農業除大力開荒外努力改進農業機器，改進勞動組織，以提

---

1　哥比，即戈比。戈比，前蘇聯輔助貨幣，一盧布＝一百戈比。

2　陳楚（1917－1996），山東榮成人。曾在《大眾日報》、《遼東日報》、《東北日報》、《長江日報》任社長等職，曾任中南局宣傳部副部長、外交部蘇東司司長。時任駐蘇聯大使館公使銜參贊。後任駐日大使、常駐聯合國代表、國務院副秘書長、中央外事工作領導小組秘書長等。

高單位面積產量。工業方面，為適應新的發展情況，調整關係，對人民生活也更加注意。此外對民主生活也進一步擴大，如此次最高蘇維埃會議（五月將開會）代表選舉，婦女比重增加、生產工作代表增加、非黨代表也佔一半以上，這些新情況都要注意。這對我們的工作啓示很大。

六時辭出，宮亭同志談，蘇聯工業下放，有幾點要點：（一）下放是逐步的，不是一下即變；（二）國防工業不下放；（三）下放工業，為了克服本位主義，但下放後要注意分散主義，這是中央已注意可以避免。如莫洛托夫汽車廠，與之聯繫協作的工廠有五百多。如下放後，要防止另拉一套，破壞協作關係；（四）工業劃區，將相應地調整政治區劃。

七時，開全團會議，檢討工作，開展批評並提出會後注意事項，因明天兩團分開，越到下面，可能越熱情，工作越緊張，我們來蘇十天，一般情況是好的，但生活方面注意還不夠，對蘇友好熱情的表現還不夠，今後應特別注意。

今天還要收拾行李，估計只能睡四五小時，明天要在愛沙尼亞的首都塔林記日記矣。

今天一部分同志上街買東西，我沒有去，到今天為止，我還一分未花。


# 四月七日　　　　　　星期日

五時即醒，僅睡三小時，整理最後行裝，六時半早餐，七時一刻出發。

八時五十分飛機離莫斯科十二時許抵里加，午餐，拉脫維亞對外協代表來接談訪問日程，二時續飛。

三時二十分抵塔林，宣傳部長、《人民之聲》總編輯及通信社社長均來接，下榻宮殿旅館，我單住二二〇號，旅館小巧玲瓏，別有風味。四時午餐後，塔林市蘇維埃主席接見，極為隆重，全市首長都在座，談後並舉行晤會，內容十分豐富，七時辭出，參觀市容。

　　塔林靠波羅的海，氣候較莫斯科略冷，而風景絕佳。全市近三十萬人，到處引人入勝。沿海一帶有海濱浴場，附近有樹林，隔樹看日落，上赤下黃，蔚為奇觀。

　　九時，天尚未黑，據宣傳部長（共和國黨中央）說，到六七月時，晚十一時，尚可在露天看報，每晚僅黑兩小時。

　　九時許，看電影，愛沙尼亞人民喜歌舞，從片中可以看出。

　　十一時歸旅舍，又吃晚飯，胃真不勝負擔矣，十二時許洗足，記日記，睡約一時，疲乏極矣。


# 四月八日　　　　　星期一


　　七時半起身，八時半吃早餐，塔林的伙食調味很好，尤其合我的胃口。因為愛沙尼亞肉食以豬肉為主，聽說他們有這樣的話：有豬肉和土豆，就什麼都滿足了。蛋糕特別好，當我生平從未吃到這樣好的，鬆軟而香甜。昨天在市蘇維埃備了好多蛋糕，可惜那時剛吃過飯，沒有多吃，今晨吃一塊，味美無窮。

　　九時半，乘車赴哥霍拉也特爾維 [1]，參觀泥炭聯合公司，該地離塔林兩百公里，汽車快駛了兩小時才到。一路沿波羅的海行，風景頗好，尤其特別的，路旁遍立木柵，聞為防止積雪衝淹公

---

1　哥霍拉也特爾維，通譯科赫特拉耶爾韋。

路，而不使國內多積雪的，聞愛沙尼亞田地多石不肥，因此要多施肥料，而收穫不高。

在哥城參觀了工廠，主要是煉製煤氣及高級汽油（泥炭實際是油葉岩之一種），煤氣且遠輸至列〔寧〕格勒（離此六百公里）供應。

又參觀該地之文化宮，十年制中學，及工人宿舍，學校手工勞動課與生產緊密結合（女學生縫衣，男學生製造機器零件），予我印象很深。

該地蘇維埃辦工廠聯合歡宴，非常熱情，該地在戰前只有三千人口，現已有三萬人口，蓋完全為一新的工業城市也。

六時宴畢（來蘇後，凡遇宴會，必延長至二小時以上）。出門已大雪紛飛，清明後遇大雪，也生平奇遇也。

八時半回到塔林，即至廣播電台與新聞出版界會見，免不了我講了一些話，即席講話，到蘇十天以來即略有訓練了。

會後，電台邀我，我、邵紅葉同志廣播，各約五分鐘，這也是我在國外的首次廣播，我主要是講這次來蘇參觀訪問的目的。

今天晚飯又至深晚十二時才吃（上海時間已是凌晨五時），記日記時已凌晨一時矣。

雪已止，天相當冷。

離家已半月了，我一直沒空寫信，不知家中安否，小和是否痊癒，估計一路緊張，未必有時間寫信。

塔林離芬蘭甚近，白天晴時，隔海可看到芬蘭的房子，相當清晰（相距只六十公里）。


**四月九日**　　　　　　　　　　**星期二**


起身已八時半，早餐後出發，至離塔林二十二公里處之"未來集體農莊〞參觀，先與農莊副主席（已六十六歲）及農藝師談話。據他們的談話，在前幾年產量有減少，去年前年才有大發展，除因雨水多（這是愛沙尼亞的大災害）肥料少以外，在農莊組織之初，勞動組織不健全，平均主義，農民的積極性不能發揮，也是主要原因。

談話在農莊的文化宮進行，以後即先後參觀農牛、農雞、養豬場，今天很冷，北風冷冽，撲面刺骨，為上海所罕見，而路又顛簸不平。

後訪問兩個農民住宅，農家有沙發，有收音機，佈置井然，蘇聯農民的生活的確好，無論如何，已享受了人的生活，我們的農民基本還是苦的，總要再過三個五年計劃，才能追上這樣的生活。

由農民家中出來時，又大雪紛飛，四時回到旅舍吃飯，昏昏睡了半小時，醒時已近六時，即匆匆刷鞋洗臉下樓，訪問波羅的海蘇軍艦隊，艦隊政委同志親來迎接，同至一布雷艦先介紹情況，原來此艦為一舊艦（一八九三年造）新裝，衛國戰爭爆發第二天即參加戰鬥，曾炸沉敵艦數艘，後曾參加列〔寧〕格勒保衛戰，因功接受了〞近衛軍〞的光榮稱號。

參觀船內部後，全體官兵開歡迎會，十分隆重。我又演說一次，還相當熱情而得體。

會後茶會。

九時辭出，至愛沙尼亞歌舞院看歌劇，係印度劇本，劇場頗富麗堂皇，演藝也甚精彩，如此小城，有此文化水平，完全令人欽佩。在這方面，我們也落後得很多，要大力追上。

演到中間，我們又被邀至後台與演員會見並拍照，我又即席講了幾句話，中蘇人民的熱情，無處不洋溢也。散場時，有人以前上海京劇團在此所拍的照交我，託轉至周信芳。

昨天參觀工廠，今天先後訪問農莊及軍隊。我戲謂同志們說，這樣參觀程序，很符合毛主席的工農兵方面的。

昨天星期一，年報，今天各報都難〈刊〉出我團在塔林消息，地位甚顯著，並都登一二幅照片，當留在蘇所登我團消息各報，以留紀念。

昨晚在電台的廣播，今天下午播出，並譯了愛沙尼亞的言語。

又《人民之聲》報約我寫一短文，我乃於出發時抽暇寫了約五百多字，請列娜[1]及張熒[2]代為翻譯。

今晚又飄雪，散戲後踏雪步行而歸，旅〈旋〉又吃晚飯，每天十二時吃晚飯，已成常規了。寫此日記時已一時一刻，又要二時才能入睡矣。

# 四月十日　　　　　　　星期三

昨天在飯店遇到蘇聯的電影男演員[3]（易北河會師等片的男主角）和他打招呼，他很親切地和我們談話，他説來愛沙尼亞拍製一部電影，描寫在資本主義時代被誘騙出去的愛沙尼亞人如何回來的故事。大約要到五六月才能拍好，我為他別了一枚毛主席像章，他很高興。今天，又在飯店見了（原來他就住在我房間的間壁），又老遠揮手打了招呼。

今天，廣播電台送來稿費一百三十盧布，《人民之聲》報送來稿費二百盧布。這是我以自己的勞動在蘇聯獲得的首次報酬，甚為興奮。

今天九時才起身，十時，訪謁愛沙尼亞共和國文化部長，談了該國文化，教育的情況，直談到下午二時。

---

1　列娜，蘇方陪同人員兼翻譯。

2　張熒，隨團翻譯。

3　B. 達維托夫，曾主演前蘇聯電影《易北河兩岸》。

又赴愛沙尼亞兒童院訪問，該院收容了從出生到三足歲的一百九十個兒童，都是私生子，或母親因病、因情況不好（為多子女）而無力養育的孩子。該院設備很好，一百九十個孩子有一百六十個工作人員工作，可見蘇聯如何護愛新生的一代。

從四時到五時，遊玩塔林市街，市中心相當熱鬧，很有中世紀歐洲城市的風味，我買了一個橡皮玩具青蛙，預備給小和，又買了四枚小別針，作為送人的紀念。

五時，赴愛沙尼亞黨中央，由第一書記凱賓同志親自接見，可見對中國人民是多麼重視。我也講了話，感情很激動，自以為講得還好。

送給我們每人一大套書籍，一合〈盒〉唱片和一面愛沙尼亞國旗，盛意可感。我們只送一個景泰藍花瓶，實在不相稱。

今天是我們訪問愛沙尼亞共和國的最後一天，的確，我們對這個國家充滿著留戀。這樣一個只有一百十幾萬人的國家，有這樣優美的文化和建設成就，真不簡單，我從心底裏熱愛這個國家。

從七時到九時，沒有事，我寫了這些日記。

愛沙尼亞給我們的禮物不好帶，如直接運到莫斯科去再分發。

晚九時，塔林文化界舉行盛大宴會，歡送我代表團，愛沙尼亞黨中央代表、文化部副部長、人民演員及新聞界領導同志都參加，席上設中蘇和愛沙尼亞國旗，甚為隆重。並互送禮物，席間一再乾杯，直至深晚一時始盡歡而散。寫此日記時，在愛沙尼亞首都只有最後九小時的逗留矣。我真為離開此可愛的城市而依戀不捨。

在薄醉中準備行李，準備明天出發飛往拉脫維亞首都里加。

# 四月十一日　　　　星期四

七時半起，整理行裝，又送來若干照片。

十時從旅館出發，十時三刻登機，今天塔林天氣陰而有風，以為機必顛動，殊知十一時開行後，相當平穩，始終在八百公尺左右低飛。

十二時半抵里加，歡迎者數十人，機場又講話，並有獻花等等，相當隆重。

住里加飯店，戰時該飯店被毀，最近剛在修復。房間小巧，室內有浴室衛生設備，比塔林的方便多了。

二時飯，即出發參觀市容，里加有人口六十多萬，比塔林多一倍以上，街市規模亦大。據對外文協主席談，拉脫維亞與立陶宛如兄弟民族（另一兄弟民族普魯士已被德國侵略者消滅，二次大戰前僅剩一東普魯士之空名），而愛沙尼亞民族則接近芬蘭云。

在河岸，詩人萊尼斯墓及烈士墓共照了十張照片。

公園很大，而〈有〉大河有小山，風景很好，參觀群眾露天音樂店，波蘭〔羅〕的海三國都有全民歌唱節。該音樂店足可坐三萬人。拉脫維亞上次的音樂節也在一九五五年，聞舉行此節日時。學校工廠機關都放假了。

五時，拜訪對外文協。送我們每人土儀若干，里加的東西比塔林多。

旅館的餐廳尚未修好，吃飯在離旅舍約一千米的月亮飯店。

七時半，看芭蕾舞，所坐的包箱〈廂〉是特等的，後面還有專用休息室，高兩層，過去迨為貴族所坐，該戲劇建於十九世紀之末，氣派很像莫斯科大劇院。

聞拉脫維亞的芭蕾舞還是一九四五年開始學習的，已有相當高的水平，殊為可佩。

拉脫維亞文字用拉丁文，比俄文易認，文化方面，大概受德國的影響較大。

里加今天氣候溫暖，比塔林暖和得多。前幾天有雪，正在融化中，聞索奇 [1] 已達十六度左右，下周到索奇時，大概要穿夾大衣了。


# 四月十二日　　　　　星期五

七時半起，八時半理髮。這是一九五一年去朝鮮萬景台後第一次請外國同志理髮，很快，不洗頭也不刮臉也不吹風，十五分鐘即解決問題，理髮費由里加方面招待，聞如此理髮，每次要十盧布。

九時半飯，十時，赴漁業集體農莊參觀。這農莊一般漁民每月有四五千收入，船長及機械師達七八千。我怕這會影響其他方面的情緒。

二時回來吃飯，四時參觀里加第三兒童之家。

五時半，赴海濱遊覽，濱海區離里加市約二十五公里，那一帶大都是暑期休養之地，風景及房屋建設均好，海邊沙極細，所有一切，都比香港淺水灣好得多。

七時，同唐平鑄 [2] 同志同往百貨公司一遊。

七時半，往看話劇。

連日節目排得太緊，精神有些不繼〈濟〉。在訪問時，有些同志態度不好，徐晃同志不在，思想工作太鬆了。

---

1　索奇，通譯索契，黑海沿岸城市。

2　唐平鑄（1913－1985），湖北武漢人。長期從事部隊宣傳政工工作，1955 年授銜大校，時任《解放軍報》副總編輯，中國新聞代表團團員。1966 年至 1968 年任《人民日報》代總編輯、解放軍總政治部副主任。1968 年至 1975 年被關押。

附記一事：蘇聯同志對中國的確熱情，聞蘇匈會談公報發表後，一些工廠討論時，個別工人表示，對匈牙利還要看看，至於中國，就是把最後一件襯衫脫給他們也是放心的。

幾天沒有看報，不知天下大事如何，今天葛里高利也夫同志說，蘇聯已發表成立原子及氫原子科學研究所，兄弟國家都有專家參加云。

今晚月亮很好，而且很圓。不知今天陰曆是哪天，如是十二三，那麼，這裏的月亮是圓得早了。

天氣相當冷，而且時常飄小雪。

今天記些日記時，又快一點倦了，又要到二時才睡，希望明天能抓一時間睡一下。

## 四月十三日　　　　　星期六

七時半即起身，八時半早餐。

九時到無綫電工廠參觀，這廠是蘇聯最大的無綫電工廠，現在有三個大車間，製造三種收音機（一種大的兩千多盧布一個，帶有電唱機，還有一種手提的叫“旅行家”可以用乾電，也可以用普通電，電壓可隨意變化，我想買一個回去）。另外，還製造電話機及所有電話的一切機器，聽說上海擴大的電話設備就是該廠做的，今年可全部製成，他們很關心上海電話新裝後的情況。

二時，拉脫維亞共和國部長會議第一副主席接見（主席不在）。談了很多基本情況，拉脫維亞從一九四〇年到現在，工業發展了五倍多，進步可謂奇速。

四時飯後，預定參觀里加港及碼頭，我因為要預備明天的電視稿，未去，回來後，先整理 VOX 主席[1]要的關於我國高教情況的材料，後即寫稿，約寫了一千多字，列娜等著翻譯成俄文，電台方面，還要早些把拉脱維亞文翻好，聽説從來沒有中國人去這裏電視節目中廣播過。

六時把稿子寫好，還有多的時間，就抽空寫了一封家信，這封信芳姊收到時，可能我們已去巴庫了。

波羅的海的天氣很奇怪，今天里加不斷飄雪，有時碧空無雲，也飄雪。我記此日記時，窗外的雪飄得相當大，今天可能要積雪，但天氣並不算多麼冷。

今天已是四月十三，到蘇聯已十八天了，在蘇聯訪問可寶貴的日子，五分已去其二了，我還要打起精神，多聽多看些東西，不要如入寶山，空手而回。

今天去見部長會議副主席前，有半小時空，抓緊時間睡了十分鐘，精神比昨天好多了。

七時，赴《鬥爭報》（拉脱維亞黨中央機關報）參加對外文協邀請的與新聞界會見的宴會，文協主席及拉脱維亞文化部長及各報刊負責人都參加。我當然又講了話。講得還好，主要是説來蘇訪問後的三個深刻印象：一、共產主義建設的成就，二、人民生活的愉快，三、中蘇友誼之深厚。

新聞協會送了我們一個紀念品，拉脱維亞部長會議送我們每人一個“旅行家”收音機。我本想買一架，這樣當然可以不買了。

相形之下，我們送的禮太微薄了。

文化部長和我傾談。他説，他自己在一九二二年就參加革命，領導一個部隊和資本主義作戰，其中有一個排是中國人，所以，他和中國同志的戰鬥友誼很深。他説，中國有毛澤東同志領導的黨，實在是幸福，毛澤東同志像列寧一樣謙虛。又説，中國

---

1　VOX 主席，即前文所述拉脱維亞共和國部長會議第一副主席。

七年來的經驗和馬列主義的發揮，對各兄弟國家，對蘇聯各共和國都有深刻的影響。他自己對中國黨的八大文件一再學習，覺得非常深刻，特別有四點是十分重要的：一、黨的群眾路綫；二、黨代表大會常任制；三、對個人崇拜的分析批判；四、百花齊放與百家爭鳴。至於對農業，手工業和資本主義的改造，當然是非常英明的辦法。

另據《鬥爭報》的副總編輯說，他們對彭德懷在八大的報告十分注意。（唐平鑄說軍隊報紙的編輯也如此說，特別對軍隊民主化、軍隊的黨委制，認為很新鮮，最初他們不敢登。）

今天下了一天雪，晚上又月明如畫〈畫〉，一輪高懸。

十時半就回來，明天九時才吃早餐，今天可以好好睡一覺補足一下精神了。

發寄上海的信已寄出，一盧布四十哥比，不算貴。

# 四月十四日　　　　　星期日

八時半起，一夜睡得很好，九時半參觀集體農民市場，辦法與莫斯科的差不多而規模甚大，佔地一萬多平方公尺，分肉類、乳類、魚類、蔬菜、雜貨等部分，每部分有集體農民（包括市民自己生產而多餘的食品在此出售，蘇聯嚴禁投機漁利中間剝削，即自己的舊貨，必須送舊貨市場出售，直接買賣是違法的）、代銷部分（農民收貨物託銷，交百分之四的手續費）及國營商店的貨櫃。農民中甚至有人從烏資〈茲〉別克來的，他們賣了貨物，買回自己所要的東西。

十時許，赴百貨公司，我買了幾件賽璐璐小物件，備帶回去送給小孩們。

在街心花園小坐，拍了幾張照片，那裏有專門為人拍照的，兜攬生意的辦法很好。

十二時許，赴電視電台播講，這是我首次上電視節，在電幕中與群眾見面，連翻譯共講了半小時，未收到稿費。講後，參觀了電台，聞蘇聯各共和國首都及大都市（如斯維爾德洛夫斯克、新西伯利亞等）都有電視，前年還聽說蘇聯只有莫斯科、列〔寧〕格勒有電視，可見蘇聯各方進步之速。

四時前往機場，各方同志已來送行（有文化部長及文協主席等），飛機於四時二十分開行。

里加天氣好，但飛出後顛動甚烈，從里加到明斯克飛二小時整，始終在六百公尺高度低飛，到明斯克下機飲茶休息二十分鐘，買了一包香煙，一盧布五十哥比。

從機上看明斯克，規模甚大，到處在建新樓，工廠林立。九時十分到基輔，這是我們到的第三個共和國首都。下機時大雪紛飛，殊出意外歡迎者十餘人，有文協及各報紙代表，還有一位來基輔實習的莫斯科大學新聞系中國學生（姓李），她說，基輔前幾天曾到零上二十度，往年早不下雪矣。

烏克蘭有人民四千二百萬，為蘇聯第二大的共和國（按人口說），基輔遭受戰事破壞甚大，但現在已極繁盛，有人口一百萬，可惜我們這次不能多玩，只有半天的時間。

住的旅館很好，僅次於莫斯科所住的。尤其可貴的是熱水甚熱，可見燃料很充足，安排停當後，立即抓緊時間洗了一次腳，舒服極多。來蘇聯後，這是舒服的一次洗腳，因為莫斯科、塔林、里加多沒有這樣熱的水也。

十時半飯，樂隊看見我們，特別奏了《全世界人民心一條》及《東方紅》，中蘇友好的氣氛，到處洋溢著。

飯吃得很多，可見我的身體實在不錯，大家坐了全天的飛機後不舒服，我若無其事，連葛里高利也夫同志也說我是好漢。

飯後洗澡洗頭，睡覺，極為舒服。


## 四月十五日　　　　　星期一

上午八時起，窗外一片白色，昨晚的雪下得不大，而且霧很重，街上泥濘不堪。

九時半參觀基輔市容，基輔在衛國戰爭中犧牲甚大，僅大街剩幾幢房子，現到處高樓大廈，主街一面為機關大廈，一面為住宅大樓，都高七、八、十幾層，街燈都是大理石裝的，氣派之大，不下於莫斯科。

到第聶伯河僅匆匆一過，過一長橋，長一千八百公尺而無橋拱。據說這是全世界少有的，這橋僅比我長江大橋短二百公尺。

基輔很像重慶，有上下城，馬路時高時低，今天因為霧重地煙，僅參觀了謝甫琴科大學、上坡電車等處。

一時許上機場，二時零五分開機，升上千餘公尺後，天氣晴朗，四時，停第聶伯彼得洛夫斯克，下機後春風拂面，完全南方天氣矣。

五時半抵斯大林諾[1]，下榻頓巴斯旅館（為本市唯一像樣之旅館，比基輔的差多矣）。

同旅館有來此考察的我煤礦工業代表團，和他們暢談。他們已來此三日，極盼知國內情況，我和他談了一些。他們在此與蘇聯接觸的突出印象，一是蘇聯人民真誠與中國人民友好，此在"再論……"[2]發表後尤甚。他們向礦方要材料，只提一兩個題

---

1　斯大林諾，現名頓涅茨克。

2　"再論無產階級專政……"，即《人民日報》1956 年 12 月 29 日發表的社論《再論無產階級專政的歷史經驗》。

目，他們就説，不要唸下去了，什麼都給。第二是蘇聯人民比過去更謙虛了。

據他們説，頓巴斯有好幾百對礦井，大都是薄煤層，開採條件越來越難，而任務甚大。（到一九六〇年，蘇聯要產煤六億噸，頓巴斯要三億噸，因此決定撥了六億盧布改進設備，擴大斯大林諾的建設。目前頓巴斯的產量等於我國的全部產量）

晚飯後，步行街頭，《頓巴斯報》同志一路指點，説赫魯曉夫去年來此視察，批評未建高樓大廈之不對，現在市政建設方針已有所改變。

這位同志又説，中國同志甚勤於學習，我們要學習中國同志的謙虛樸素。

床頭無燈，很覺不便。住房也很像上海的東亞旅館，開水要自己去打。

# 四月十六日　　　　　星期二

昨天還有些事忘記，據煤礦參觀代表談（他們大部分是北京煤礦學院的同志）蘇聯對學生政治思想工作，最近極為注意。首先，今年高等學校所招新生，規定百分之六十為工作勞動過兩年的人。這樣，使學生知道建設的艱難。有人説，有些青年，對於一百盧布是什麼意義都不知道。第二，學校加強生產勞作課程。

十時，赴礦井參觀，先由礦井主任介紹該礦情況，然後換工人下井衣服，提燈下礦（二百零四公尺）。該礦在德寇佔領時曾放入洪水，迄今未乾，又頓巴斯一帶煤層極薄，但煤質甚好，可以煉焦。

今天真真體驗了一次生活，在巷道內高低走了幾公里，又爬了掌子面[1]，有二三百米長，最矮處必須爬行，出井時，筋疲力盡，而印象甚深，為赴朝慰問以來最艱苦之一處，恐在國內也不會有如此深刻體驗的機會。

這個礦並不完全機械化，截煤還用爆炸，運載木材還用馬，可見蘇聯工人並不如國內所想像，按按電鈕就好了。煤礦工人，每天採十五噸礦即作為一工作日，每日大約可得三千五百盧布，生活是相當舒服，勞動也相當艱苦。

該礦送我們每人一個礦燈，是極為隆重的禮品，又出井後，照了一些相。

午飯在工人家裏作客。

五時半，看足球，蘇軍中央部隊與頓巴斯足球隊比賽，結果一比〇，頓巴斯勝。球場可容三萬人，可踢夜球，有三四百盞照明燈。

頓巴斯的足球甚狂熱，球票有訂至一年的。到賽球時，幾乎全市動員，電車四周都掛了人，買不到票的，在廣場堆上看，在比賽時，掌聲噓聲（口哨聲）不絕。

晚八時，與斯大林諾新聞界見面，直至十一時半便冒大風步行而歸。

在礦井為《礦井報》寫了一篇題字，《頓巴斯蘇維埃報》又堅約為寫一短文。

今天一天能堅持得住，身體又受一考驗。

晚二時才安睡。

---

1　掌子面，即採煤工作面。

# 四月十七日　　　　星期三

六時半即醒，八時起，整理行裝，九時早餐，斯大林諾州委書記親來餞別，席間又一番酬酢，吃了約二小時，十二時出發機場。

在機場與州委書記閒談：（一）頓巴斯範圍甚大，延綿四個州，在斯大林諾州（頓巴斯中心）即有五十二對礦井，此外尚有頓巴斯彼得洛夫斯克、羅斯托夫等州；（二）頓巴州礦原由中央直接管理，最近州委已決定接管，他說，過去有些企業多那種材料，有些企業又缺那種材料，彼此不能調劑，由地方管理，今後可方便多矣。我問，一個大企業往往與幾十幾百廠礦發生聯繫，聯繫面可能遍及全國，如由地方管，今後如何統籌，是否有困難。他說沒有困難，因為計劃方針仍由中央領導。

在開機前十分鐘，又開了兩瓶酒，各乾一杯。他們說這是烏克蘭送行的規矩，而且，在飲完酒後，大家還要沉默兩分鐘，大概是惜別之意。

一時開行，今天的飛機較大，天氣也好，沿途甚為平穩。二時半後，即看到黑海，海色深綠，並非黑色，飛機降至三百公尺沿海飛行，等於空中旅行，約行了半小時。降落索契機場，市報及市工會代表等五六人來接，他們有的已著了薄香港衫、戴草帽。

從機場到索契市旅館有三十多公里，索契市本長即長三十二公里，人口有七萬，都是為休養服務的人員，到這裏來休息的，終年不絕。

我們住的旅館就在海邊，我住在三樓沿海房間，相當舒適，美中不中的是沒有暖水，因為鍋爐壞了。

這裏簡直已入初夏，到處丁香及李花盛開，聽說已經有人在海浴，這裏是蘇聯有名的休養療養所。我們看到伏洛希洛夫休養所（軍官）、頓巴斯休養所都很漂亮，規模很大。晚飯後，乘車遊市區一周，天然景色有些像香港。而建築規模遠過之。公共汽車候車站有候車室，甚別致。參觀火車站，規模之大，為我國所未見。此七萬人城市建如此大站（每年來休養者約三十萬人）似乎浪費。伴遊的同志說，索契還要擴大，所以車站建大一些，以免將來再麻煩。

飯堂有一女侍能講中國話，甚以為奇。五時遊市回來時看到她和丈夫一起出去，她丈夫的中國話也講得很好。原來，他們去武漢住過幾年，擔任華中師範學院俄文教師，兩年前才回來的。

離莫斯科後，即未看到報紙，偶然看到俄文報，也是目不識丁。據說，這幾天報上最吸引人的消息，是伏羅希洛夫到北京，歡迎甚盛。我們在宴會時一再提到這事，為中蘇友誼進一步發展而乾杯。還在聽說毛主席關於人民內部矛盾問題的講話提綱在《真理報》發表了，蘇聯人民非常重視。

頓巴斯有些礦用爆炸截煤，相當危險，領導方面正在大力改進中。

今天五時即休息，為來蘇以來所未有。由於昨天在礦洞爬行，今天腿舉起困難，下樓尤其吃力。

來蘇聯已三星期了，過了一大半了，大家的心情有些矛盾。一方面是想祖國、想家；另一方面，這樣難得的機會，也想盡可能多看看，多找點材料。好在一共只有四十天，希望人民代表大會不要在五月開。那麼，回京後即可束裝回滬，休息休息，並整理稿件，迄今為止，我看可寫的材料已不少，至於如何寫法，還待考慮。

# 四月十八日　　　　星期四

昨晚十二時許才睡，今晨七時即醒，窗外陰霾，推窗一望，知道昨晚又下了雨，氣候轉寒。晨起脫下棉毛衫褲，覺得有點兒冷。壞天氣老追著我們走，令人氣惱，但據唐平鑄同志說，他今天五時許即到海灣散步，看見兩女一男在洗海水浴，蘇聯人民的身體的確好得驚人。

早餐後出去散一會步，十時，全團出發去參觀休養所。我沒有去，在旅舍寫了三封信，一寄家，一寄報社，一寄辦事處，並附給侖兒一信。他們收到這信時，想必我已在斯大林格勒或列〔寧〕格勒了。

我們住的旅館叫海濱旅館，地址適當海濱，風景甚好，在旅舍終日可聽到海濤聲，寫完信後，赴海濱漫步一周，照了許多相。今天稍稍活動，腿部比較好一些了。我出國以來，始終能吃能睡，情況正常，長途坐飛機也能眠食如常，可見身體很好。但有時工作覺得疲乏，一定要打起精神，愉快地完成此一段出國任務，這是很難得而光榮的任務，一定要給朋友以好的印象。一定要多瞭解一些東西，以便回國好好報道，特別著重報道蘇聯人民的生活和精神面貌，不要入寶山而空手回去。

昨晚和今晨看了中蘇友好訪問團〔一九〕五三年訪蘇所出的書，覺得內容相當充實。特別他們在斯大林格勒只停留半天，而寫了四五篇共近七八千字的報道，的確不容易，但我認為也有些缺點。就是把蘇聯天堂化了，只強調蘇聯進步發展的一面，對於他們現存的困難和勝利的過程，談到很少。由於過去對蘇報道的片面性，因此造成一種印象，以為今天蘇聯工人農民今天的勞動不怎樣艱苦了。以採煤而論，我們國內以為蘇聯工人每人只要坐了電車下井，用聯合機採煤，非常舒適。其實，我們在頓巴斯所見，採煤工人的勞動還是很艱苦，勞動條件還要繼續改進。農民一般的生活當然比我們好得多。大城市的建設很快，但房子問題也到處緊張，供應趕不上需要的情況也還到處可見。

值得注意的，是在重工業方面，蘇聯的成就的確很大，我來蘇聯有一個突出的印象，就是發展輕工業是必要的，否則就不能改進人民的生活。但要改變國家的經濟面貌，則非大力發展重工業不可。這一點，蘇聯是做對了。斯大林有嚴重錯誤，但在大力發展重工業方面是完全正確的，這也可說是他的成就功績是主要的論據之一。

講到斯大林，蘇聯各地對待他的態度不一，有的照樣擺著他的照片，有的已沒有了。一般說銅像等都還照樣保存著，在列寧斯大林墓前，常常排著幾百人的長龍，這也不是偶然的。但蘇聯同志對我們談話，絕少談起斯大林，我們也自然避而不談。

熱愛平凡勞動，安心本位工作，我認為是蘇聯人民的優點之一。在莫斯科，有一位為我們開車的司機，他在衛國戰爭中當中尉，退伍後還是當司機。在里加，遇著一位在東北解放時的空軍中尉，他現在在漁業農莊當黨委副書記，他決心學習當漁船技師，他本是俄羅斯人，在拉脫維亞退伍，就在那裏安家立業。至於在斯大林諾，幾乎所有的人都熱愛頓巴斯，談起頓巴斯就津津有味，他們都決心當一輩子頓巴斯工人，把生命獻給他，他們也談起，伏羅希洛夫、赫魯曉夫都是頓巴斯工人。以此為榮，但並不認為自己也要做政治工作。

三時午飯，出外散步，附近有一斯大林廣場，中間在擬造斯大林像，現改建列寧銅像，已落成。準備二十二日列寧誕辰那天揭幕。

四時，訪索契市區域療養管理局，由局長接見，瞭解了一般情況。

六時辭出，參觀水上碼頭，碼頭規模之大，我國所未有。我恐怕這些建築，都是蘇聯批判形式主義以前建造的。昨天在飛機上看到的，我還以為是水上大俱樂部，其實就是這個碼頭。這些可反映蘇聯氣魄之大。

今天準備八時晚飯，以便早些收拾行李，早些睡覺，明天很早就要赴機場啓程。

下午天氣更冷，又把棉毛褲（穿）上。據來訪的塔斯社記者說，在索契的人每年也要到別的地方去休養，原因是索契氣候一日三變，人多不易胖，亦可謂奇聞。

街頭多小亭，都是小商店及小手工業者，其中有修理皮鞋及修理錶的。

在海邊看到一個小孩，長得很有趣。據他的同伴說，他生長在上海，回來剛兩年，他父親在國際旅行社工作，但這小孩不會說中國話。

又在旅社門前遇著一批中國人，是林業部派來考察參觀的，他們在塔什干曾遇著我二組的同志。今年我政府派出的參觀代表團真不少（都是我政府自費，如我們在斯大林諾遇著的煤業代表團，來此三個月，每人要花一萬五千盧布）。


# 四月十九日　　　　　　星期五

為了今天要早起，一夜只睡三小時，五時許起身，收拾最後的行李，六時半早餐，七時二十分出發，八時到達機場，八時二十分開機。

十時許，到第比利斯，為格魯吉亞共和國首都，斯大林故鄉哥里離此不遠。

格魯及〈吉〉亞文字與俄羅斯文（字）完全不一樣。

十時半，飛機繼續出發，機上來一格魯及〈吉〉亞婦人，同一嬰孩，機上特為她掛一特製的搖籃，可見民用航空在蘇聯已十分普及矣。

十二時半到巴庫，機場歡迎甚盛，對外文協主席，外交部部長助理作家，新聞界約二十餘人並每人獻一束大花。

從機上下視，即是到處鐵塔。離機場後，一路都看到油井，都是自動抽油的。

從機場到市中心約有三十里，下榻國際旅行社，沿海，海濱景色頗似上海黃浦灘。

阿塞拜疆均為回教，我的吃飯乃大成問題。

五時，阿塞拜疆共和國最高蘇維埃主席兼部長會議主席接見，極為隆重，各部部長或副部長都參加。

談話後，遊覽市區。

七時半，參加晚會。適我科學家代表團也到此一批（由馮仲雲[1]領隊），阿塞拜疆特為我們組織晚會，都是民間音樂及舞蹈，樂器很像我們的胡琴三弦。

因今天有熱水，洗腳時把澡盆坐壞了，非常懊喪而且不愉快。

回旅館已十一時半，飯罷已十二時半，明天還要早起，無心緒詳寫。

巴庫時間比莫斯科遲一小時，比北京早四小時。

巴庫人口一百萬餘，在蘇聯為第四大城市，僅次於莫斯科、列格勒及基輔。

巴庫天氣已入初夏，到此時炎熱非常，急將大衣毛衣及棉毛褲脫去。

---

1　馮仲雲（1908—1968），江蘇武進人，東北抗日聯軍領導人之一，時任水利電力部副部長兼華東水利科學院院長。

# 四月二十日　　　　星期六

昨天一夜又沒睡好，今天六時，翻譯同志以電話把我叫醒，七時早餐，七時三刻即出發，乘汽車至離巴庫一百七十多公里的古班區，參觀集體農莊。

阿塞拜疆為大草原，與中亞西亞各國彷彿，主要缺水，但他們在蘇維埃政府成立後，在這方面作了很大努力。他們搞的小型水利很有經驗。今天我們所見，一為巴庫附近正在搞人工蓄水湖，規模相當大，一為古班區的奧爾忠尼啓則等六個農場聯合舉辦的小型水力發電站。這個電站水力來源很差，大部靠人工積聚，但居然能發七百五十瓦的電，解決六個農莊的照明及耕作和小型工廠用電，正〈真〉是不簡單。這方面的經驗，我們大可學之，我們的水源不知（比）他們充足多（少）倍，搞起來要容易得多。

十時半到了古班區，區黨委及各方負責人均在三里外迎接，極為隆重，我又講了話。

先在區俱樂部吃早餐，甚豐盛，特別是一種甜的餅很好吃，據說是他們區的特產。

早餐後，出發至國營農場參觀，該場經理每月二千五百盧布，工人好的也有二三千（連獎金）。

後參觀水電站及奧爾忠尼啓則農場，這農場在蘇很有名。所以四年前我國農業代表團也參觀過個農場。我們問的主要是四年來的發展和變化。據說，該農莊有兩戶全家一年收入達五萬左右盧布，以購買力而論，也相當我們七千元左右，生活當然好了。以我們在蘇參觀的三個農場看來可以得這樣一個結論，農民的收入至少不比工人少，所以工農聯盟是有基礎的。

後另至一農莊吃飯（已四時），區負責人及在該區視察的兩位共和國副部長（公用事業和教育部）都參加（早餐時也參加），非常熱情，阿塞拜疆在蘇聯東部，東方人民之間的感情特別濃厚。

飯後已六時半，即出發回巴庫（原定住在那裏的，我們都帶了牙刷手巾，後因照顧我們休息，決計回巴庫），七時出發，在三里處又道別並照相。

回至房間，浴盆已修好，今天拿去洗的衣服也已送回，服務真好，解決了我很多問題。

洗一次腳，非常舒服，為來蘇後之最。大多數代表不再想吃飯，我也只要了一杯檸檬茶，準備洗過澡後即睡覺，明天九時早餐可以睡一好覺了。

昨天參觀市容時，有一廣場為紀念六十四個市議員，原來在十月革命後一星期，阿塞拜疆工人即起響應，巴庫即成立市蘇維埃，後英法帝國主義干涉，將此六十四議員全部拘捕並殺害，此六十四人至死不屈，阿塞拜疆直至一九二〇年重新組織蘇維埃政府，參加蘇聯。

今天出發時，帶了毛背心及夾大衣，殊（不）知這裏天氣甚暖，已有初夏氣氛，出發後即將背心除下，夾大衣則到歸途中始穿上。

訪蘇日期，已過去五分之三了，在外第一個不慣是飲茶，我不吃魚及牛羊肉，最為麻煩。今天在農場招待時，送上來的羊肉捲，味難聞極了。我坐中間首坐，實在為難，幸而今天有雞，解決了問題，雞燒得極硬，材料卻是充足。這一次，至少吃了十幾個雞。


# 四月二十一日　　　　　星期日

中國黨倡導的謙虛，對蘇聯人民印象很深。在莫斯科時，《真理報》總編輯撒卻可夫和《消息報》總編輯古平在我說話要虛心向蘇聯學習時，他們一再強調要相互學習，說中國同志的謙虛態度，就是我們應該學習的。在斯大林諾，一位《頓巴斯礦工報》的記者説，在外國在此實習的人員中，中國同志成績最好，因為他們謙虛而踏實，他説，中國同志謙虛樸素是特點，這是毛澤東同志的教育。在巴庫，阿塞拜疆部長會議主席在歡迎我們的時候説：阿塞拜疆有句諺語，結滿果子的樹是向下垂的，真正有了成就的人才最謙虛。昨天在古班村，一位農藝師也説了這個故事，説只有空無所有樹枝的才張牙舞爪地向著天。這些話，都可以反映蘇聯人民對我們的印象，的確，我看蘇聯人民也比以前謙虛多了。在較小的共和國中，我們謙虛的態度特別重要。因為他們感覺最靈敏。總的説，毛主席和黨在這方面的教育，真是必要和英明的。

今天是星期天，上午十時出發時，看到整隊整隊的孩子在過隊日，見了我們還熱烈的招呼。

參觀了煉油廠，登九十幾公尺的塔頂。據説這裏〔是〕全蘇最新式的工廠，一部分專煉高級汽油，石油工業部副部長和該廠總工程師等特地來引導，可惜我們在這方面的知識太少，只覺著他們的操縱間很有趣，各種機器表現生產進展情況，有一個機器能同時作六種計算，用看錶表現出來。

後來又到松加以脱工業城[1]參觀，本來想參加他們列寧銅像揭幕典禮的，因為時間晚了，乃乘車遍遊各處。這裏在六年前還是一片荒地，現在有無縫鋼管，人造橡膠、煉鋅等好多廠，新樓如林，還在繼續擴展。

在巴庫附近的人工湖，水是從山間引來的，築了有一百多公里的運河引水。

今天巴庫颶風，遍天灰黃色，像北京颶風沙時一樣。據司機同志説，巴庫經常颶風，一年很少不颶風的日子，巴庫原來的阿

---

1　松加以脱工業城，通譯蘇姆蓋特，阿塞拜疆東部城市，距巴庫三十五公里。

拉（伯）文，就是風城的意思，巴庫夏季很熱，最熱時達六十度。冬季雨雪很少，一下雪，地來不及吸收就被颳跑了，巴庫附近三十五公里處有一地方風涼，很多人去避暑。

三時半，應邀到巴庫電台作了廣播，是今天上午邀請的，二時回來後，趕寫一廣播稿，到電台後，電台負責同志説是向土耳其及伊朗廣播的。因此臨時又重寫一個稿子，由張器[1] 同志趕譯，這是我來蘇後的第三次廣播，而對資本主義國家廣播，這還是生平第一次。

五時，由對外文協副主席陪同逛百貨公司，我買了兩個茶葉筒和兩個膠盒，來蘇後，就買了這些零碎東西，別的東西太貴，只能回到列格勒和莫斯科後，再計算力量買些東西回去分送親友作為紀念。

今天天氣涼一些，上街穿夾大衣。

前天下飛機時，盧大姐的一包東西和我的一包書都未取下，我的書好在只是幾本畫報和別人送的詩集等等，關係不大。據陪同我們的同志説，是可以取回來的。

今天一天吃的東西很少，原因是初到蘇聯時，還可以勉強吃些牛肉，現在更不想吃了，而且巴庫的牛羊肉味道特別重，連咖啡也不敢要。我對巴庫別的印象都極好，就是吃東西太不方便，經過這次，證明我是不相宜到西北或伊斯蘭教國家去做客的。這次我幸好決定參加第一組，第二組參觀的地方為阿拉木圖、塔什干等處，我是沒法吃東西的。

今天早晨抽空寫了一段日記，下午六時半又抽空寫了今天的大部活動，這樣可以減輕晚上的負擔，可以早一些睡。

七時三刻，赴巴庫音樂和芭蕾舞劇院，看古典樂劇《阿思麗與恰拉蒙》[2]，內容根據阿塞拜疆民間傳説，説有一王子，夢中會

---

1  張器，隨團翻譯。

2  《阿思麗與恰拉蒙》，通譯《萊伊麗和馬季農》，是阿塞拜疆的著名歌劇。

見一女郎，後遍訪覓得，為一亞美尼亞回教教長之女阿思麗，兩人一見，誓相親愛，王子告稟其父王，傳教長來見，教長口頭答應，而實際在四個月遠走高飛，後王子遍處尋找，有一仙人助其到土耳其，尋得阿思麗，正想攀繩而上，為教父所見，執見州長，州長同情此一對愛人，判其結合，而兩人熱情，化作烈火而終。這故事相當美麗，演出亦好。

阿塞拜疆歌唱很有些我民間劇的味道，聽來極有滋味。但以民間音樂與西樂結合，終覺有些勉強。

今天劇院招待甚周到，主要是此間對外文協主席重視，親自主持招待工作，看戲前後即休息都備有茶點，並請人民演員陪我們看戲，還介紹男女主角與我們一起談話和照相，給我們的印象甚深刻。

聞阿塞拜疆有十幾個全蘇的功勳演員，有一百多共和國的人民演員及功勳演員。

一路來我都一人住一套房間，好處是生活自由方便，缺點是孤單沒有說話，又不會說俄國話，很不方便。到巴庫後，我們代表恰恰分處二三四五樓，更覺得孤懸矣。

蘇聯東方國家與其他共和國風俗習慣有些不同，比如，俄羅斯及波羅的海二國，劇院氣氛較沉靜，休息時也極有秩序，到劇院看劇都換鞋換衣，這裏就不這樣，還有莫斯科及其他地方劇院都鋪掛紅包絲絨，這裏什麼都是黃色的。

十一時半回，吃晚飯畢已十二時半，睡覺又要在一時後矣，幸好今天在汽車中一再瞌睡，所以今晚看戲時能始終未露倦容，精神飽滿。

# 四月二十二日　　　　星期一

七時起身，八時早餐，九時出發，乘車至離巴庫七八十公里處的海上採油站參觀，我最初以為是坐船去的，結果到了那裏，先駛上一條柏油路的堤，約走了十分鐘，轉入鋼架木堤，就這些木堤，聯繫了一層層的採油井，最遠的地方，深入海中的二三十里（我們參觀的是第六海內採油站，另外有在海中六十公里的）。

從海上油站歸途，又略略參觀某油井的掘井工作。

三時，阿塞拜疆第一書記接見。

五時，對外文協主席設宴，宣傳部長、外部部長助理及各報負責人都參加當場互送禮品。

七時，參加列寧誕辰八十七周年紀念大會，我們被邀上主席台，我並坐在部長會議主席旁邊，報告者為俄羅斯人，大概也是黨委書記。

十時返（會未參加完畢），因為明天一清早就要出發，還要吃飯備行禮，所以不多寫了。

今天宴會時，宣傳部長說中國人是最勤勞勇敢而又是最謙虛的人。

# 四月二十三日　　　　星期二

四時半即起，收拾行裝後，還只有五時一刻，因此抽暇記上幾行，昨晚已和黨第一書記及部長會議主席道別。對外文協主席也來旅館道別，據他說，錢俊瑞[1]上次來巴庫，也住在我這房間

---

1　錢俊瑞，時任中蘇友好協會秘書長、文化部黨組書記、副部長兼國務院文教辦公室副主任。1955 年曾訪蘇。

裏，他説今天不到機場送我們了。一路行來，以塔林最為真誠而熱烈，迄今同仁懷念不止。

在斯大林逝世前，各共和國黨的第一書記大部是俄羅斯人，近年已有改變。但殘餘的大民族主義思想還存在著，如昨晚的報告由俄人做，而報告節日也用俄文。葛里高利也夫在對我們的談話中，也時常流露瞧不起小民族的情緒，這些方面也需要努力克服。

收拾行裝，雨衣再也放不下了，好在斯大林格勒不會再增加什麼東西，到列格勒就乘火車到莫斯科，那就好辦了。也幸而這兩天冷一些，又把各衣都穿在身上，減輕了一些份量。據葛里高利也夫説，列格勒這幾天相當冷，昨天是零下五度，在蘇聯過的夏天結束了，還要準備在列格勒和伊爾庫茨克重過冬天呢！

六時十分從旅舍出發（在這裏住的旅館，也叫國際旅行社，主要的旅客都住在這裏，如昨天在列寧紀念會表演的希臘樂隊指揮也住在這裏），歷一小時始達機場（三十五公里）歡送者不多（因時間太早）。七時四十分開，機始終在裏海上空飛行，約二小時半，到阿斯特拉罕，為伏爾加河通裏海河口，停約四十分鐘，飲茶兩杯。十一時（莫斯科時間十時）續開，僅一小時許，即到斯大林格勒[1]。下機後，有對外文協等同志來歡迎，一路行來，天氣晴朗，但有風，故飛機升降時有震動。

斯大林格勒這個英雄城市，早已名震寰宇，這個城市的戰鬥，挽救了蘇聯，挽救了人類免於法西斯奴役。我在機上看到田野小麥初綠，即有親切喜悦之感，亦有對這名城人民的感激之情。

機場離市區十八公里，到處都在建設，途中一段在修路，顛動了一二十分鐘，頗為難受，又看到一列火車全載著拖拉機（這

---

1　斯大林格勒，現名伏爾加格勒。

裏有巨大的拖拉機廠），很是壯觀。

住的旅館很現代化，雖然是新建，我住三十三號，有一套房，比巴庫的房間還要舒適，僅次於我在莫斯科住的房間，一路行來，住的條件最差的是斯大林諾，其次是塔林、里加、巴庫、基輔、索契。

今天已是來蘇後第十次坐飛機，合計起來，總走了一萬五千公里了，今後只有幾天再乘機到列格勒，然後是回國途中再坐了。

斯城天氣亢熱，下機後穿著厚大衣，很是難受。但日落以後又覺涼氣逼人。

五時出發參觀城市（斯城時間與巴庫一樣，比莫斯科早一小時），先到伏爾加河岸高地看敵人進攻最激烈的地方。該處將建十六層高的烈士紀念塔，附近還有一坦克紀念，是拖拉機廠所製造，當年此坦克首先由伏爾加河衝出與頓河部隊會師。

斯城有許多地方建有小坦克紀念碑，是標明當年敵我陣綫分界的地方。

又參觀當年打得最激烈的巴甫洛夫大廈，現該大廈已修復，將來四周將建一軍人之家。我與該大樓裏的兩小孩合拍一照，以留紀念。

在很多地方，還可以撿到彈片，可見當年戰爭之激烈。

在參觀城市前，四時曾到察里津，斯大林（格勒）戰役歷史博物館參觀，講解員對斯大林的功績方面講得很含糊。我認為這樣也不合適。在參觀畢後，我又代全團在紀念冊上寫了幾句話，這都是額外的負擔。

七時，請斯城總建築工程師講解斯戰復興情況及計劃，地點在建築家之家，有一房，陳列一斯城建設規模模型。每一建築都設計在內，斯大林格勒有七十公里長，一面為大水電站（明年第一期建成，一九六〇年全部建成），一面為列寧運河，所設計的為市中心，長約十公里，中間一條列寧大道，甚寬綽，將來還要建兩條並行的大道，斯城戰前人口五十萬，戰爭中房屋被毀達五分之四（約一百五十平方公尺住宅）。十幾年來已建築新住宅大樓一百八十萬平方公尺，總計劃共建二百七十萬平方公尺，目前每年建房屋十五至二十萬，如擴展到每年三十萬，總的計劃，將來十年內基本完成。唯有些計劃要修改，計劃中有一州蘇維埃大廈，為市建築群的中心，高二十餘層，是設計華沙文化宮的建築師設計的，現蘇聯也在批判建築中的形式主義，反對高檔大廈主義，這個建築是否修改正在討論中。

斯大林格勒路燈甚特別，很多地方都是用霓虹燈組成的（每燈四桿），極為別致。

九時前回來吃飯，在巴庫這幾天，飲食最傷腦筋，即使要雞蛋，也是羊油炒的，要咖啡也是羊奶沖了一大半，因此前幾天常處半飽狀態，今天到斯城吃了很多東西，在吃的方面，總算解放了一半了。

住的旅館叫"斯大林格勒大飯店"，也是按著計劃新建起來的，規模很大，我住的房子很舒服，可惜無熱水洗澡洗臉，沒辦法，要了一壺開水，房裏居然有腳盆，洗得相當舒適。

今天因為起得早，在飛機上也只打一會兒瞌睡，飯後也抽不出功夫睡，下午參觀歷史博物館時，困得不堪，在旁邊的小凳上坐坐，居然瞌睡了幾分鐘。這樣緊張的生活，實在有些吃不消，好在還有十三天就回國了，希望回國以後，能早早回到上海，徹底休息幾天。

十時半準備入睡。

# 四月二十四日　　　　星期三

今日六時許即起，因為昨晚講好，七時早餐，七時半出發，殊（不）知跑三次餐廳，門都深閉，近八時始得入，而葛里高利也夫在早餐時反說出發又遲了一刻鐘，當時我頗為不平，想質問他究竟誰的責任，但再三克制。此行本為加強友誼，不要為此小事不愉快，我為領隊人處處都要為團結友好著想，在蘇還有十二天，要特別注意，勿留任何不好的印象。

八時半出發，向東行約三十公里，至伏爾加河渡口，汽車都在此渡河，渡口擠了十幾輛車待渡，為了我們的車，負責調度的人不僅將其他車攔住，而且將已上船（載滿貨物）的一輛卡車也請其下船。當時司機同志說，如不為中蘇友好，早吵起來了。我們覺得即使為了友好，也不應該如此，但權不在我，只好聽之而已。

渡口處伏爾加河不寬，和黃浦江差不多，聽說最寬處達七八公里。

過河後，先至斯大林格勒水電站管理處，先由總工程師報告水電站修建計劃及日前施工情況，該電站於五十年開始修建，明年第一期發電。一九六〇年建成，共有二十二個連動發電機，每機十萬五千瓦，共發電二百三十一萬千瓦，將輸送至莫斯科、頓巴斯及烏拉爾等處。工地勞動高度機械化，工人有三萬人（連技術人員及職員），總工程師密得維苗也夫在講解的室內有水電站全部的模型，我將此模圖簡單地畫了一個。

講畢，由工程主任陪我們看工地，先看伏爾斯基[1]新城市（完全是為水電站職工新建起來的），水電、暖氣等等應有盡有，該地已有五萬居民，有一大體育場、足、籃（球）田徑場以外，還

---

1　伏爾斯基，通譯伏爾加斯基。

有室內室外游泳池及室內運動場，此在我國除少數大城市外，還無此設備。又看他們的文化宮，規劃極大，有各小組的活動室，劇院有八百座位，每座間隔甚寬，座都以花絨為席，尤其令人驚奇的，舞台為轉枱，還有一鐵幕（真正的鐵幕，重七噸多）為了防止火災。

像松加以脫、伏爾斯基這樣的新城市，蘇聯有很多，我在參觀時想，這是蘇聯人民的頑強地為共產主義事業和和平建設的精神，值得欽佩。此在斯大林格勒最為顯著突出，戰前，斯城已建設得相當美麗，在法西斯侵略下，幾乎全部破壞，戰後有美國人曾建議不再修復此城（他們認為不可能修復），不如留作為一大的戰爭紀念地，但蘇聯人民的頑強精神，十五年來，不僅市政建設超過以前，工業也有了大發展（石油開採量僅次於韃靼自治共和國、烏拉爾、巴庫，佔全蘇第四位，蘊藏量則超過巴庫）。所有這些建設，都是為了和平，為了共產主義。

後至工地參觀，壩上高如鐵塔的大起重機有幾十架（每架只有二人操作），還有鐵路及輕便電車運載東西，總之，工程之浩大及勞動之機械化，為生產〈平〉所未見。

後又至堤下看進水閘工程。

工地有一水泥廠，砂石均由對岸用傳送籃轉運而來，籃下有網，這一鐵橋也有鐵索可以走人。

參觀至一時許始畢，甚為滿意。

歸途，與盧大姐商量，水電站也看了，漁業農莊也參觀過了，是否可改變計劃，在伊爾庫茨克不再停留。在莫斯科多停一二日，直接坐圖一○四[1]回北京（主要想坐坐這個飛機，也為了照顧有些同志，坐長途飛機實在吃不消）。她很以為然，回來吃

---

1  圖一○四，前蘇聯圖波列夫設計局研製的雙發動機噴氣式客機，是前蘇聯的第一代噴氣式客機。

飯時與同志們談及，邵紅葉、羅林[1]等都非常贊成準備明天到列格勒，再與徐晃同志商量後，然後向蘇聯方面提出此建議。

歸途，曾在拖拉機廠門前小停，拍照。

有一莫斯科大學新聞系學生（曹葆華[2]之子）在此實習，兩天來陪我們，很熱情而活躍，和我們一起吃飯，此在我國，是受歡迎的。但這裏不同，葛里高利也夫顏色很不愉快，列娜也很為難，我們也尷尬得很。

飯後並未休息，即出發赴列寧運河（伏爾加河—頓河運河）參觀，這一大建設在斯大林格勒的另一頭，離市中心約有四十公里。

由河閘主任招待，除講解外，還特別為我們放了一次水。據說，一共十三個水閘，可以通過四個噸左右的大船，但我看閘身並不大，而且我們在那裏近兩小時，並未見一支（隻）船通過（據說去年平均每天通過十幾隻船，多時每天六十艘）。總之，我的印象，這運河的規劃不如我們想像之大，利用率也不大，軍事及經濟價值上可能意義不大。

在他們紀念冊題幾個字作為留念。

歸途繞至運河旁，在斯大林銅像前照了三個相。這像實在大，彷彿比雍和宮的大佛還大得多。這也可見當年個人崇拜的厲害，但在今天參觀時，蘇聯同志對此像隻字不談。

今天還（買）了八個別針，兩個相夾，作送朋友之禮物，除在塔林外，其他各地寫稿及廣播均不送稿費，不知何故。否則至少多四五百盧布，可以多買些東西。

回至旅館為莫斯科時間下午七時，晚上不再有節目，此為來蘇後少有的閒空的時間，因此抽空把今天的回憶大部記好，因此

---

1　羅林（1919－1992），原名譚福初、譚聲俊，湖南安仁人。曾任新華社北京分社主任，時任北京日報副總編輯、中國新聞代表團團員。後任北京市委宣傳部副部長等職。

2　曹葆華（1906－1978），四川樂山人。翻譯家、作家。時任中共中央宣傳部翻譯組長。

也記得詳細些。

來蘇不久，原子筆即寫不出，兩支鋼筆寫來都很澀，在巴庫時在羅林同志處借了一次墨水，也沒有大效，這事也頗為傷腦筋。

今天下午出發時，有一位老太太剛在旅社對面的烈士廣場獻了花。她對我們說，他的兩個兒子都在衛國戰爭中犧牲了，家中還有三個人在斯大林格勒包圍中餓死。說著說著，她就哭起來了。斯城的人，我發現很少笑容滿面的，大家都像在嚴肅地做事。這也難怪，受了這樣慘重的災難，儘管是站起來了，而家家家破人亡，親人雕〈凋〉落，怎能不傷心到底呢！戰爭的殘酷性於此可見。

九時晚飯，吃了三杯白蘭地，大家和葛里高利也夫同志聯歡一下，氣氛甚好，飯後又同至街頭散步，因有風，五分鐘即回。

十時許，在三〇二號漫談今後十幾天應注意的幾項。我提出三點，大家同意，因為明天兩組就會合了，聽說蘇聯方面還要多留我們幾天。


# 四月二十五日　　　　　星期四

今天睡得很甜，六時半起來大便後，又和衣入睡到九時才起身，一月來從無此好睡。

起身後即清理行李，雨衣寄入木箱中，連照相機也放入皮包內，頓覺一身清〈輕〉鬆多了。

十時早餐，二十分《斯大林格勒州真理報》來送行，並將我們在此所拍的照片送我們。我代表團〔內〕送給他們福建漆器茶具一套，他們很感激，說準備送至察里津斯大林格勒保衛戰博物館陳列。

再過一小時許，就要離開這個可愛的英雄城市了，我對這裏的同志說，希望三五年後再來，那時大水電站已建成，城市建設計劃也大部分實現了。

昨晚想一想，在蘇聯最深刻的印象。一為蘇聯人民衷心對中國人民的熱愛，這不僅表現在歡迎歡送中，尤其流露在一般人民和我們的接觸中，對我們友愛，對中國熱愛，這種國際主義精神，甚至小孩子對我們也是如此的。二是蘇聯人民建設共產主義的頑強精神，為了明天，為了和平，為了孩子，他們信心百倍的戰鬥著，所有的建設，禮堂、大樓、水庫，新的工廠，一切氣魄都很大，都是為了和平，而不是為美國那樣為了賺錢，為了戰爭。還有，參觀蘇聯以後，更加證實了一條真理，社會主義工業化必須以重工業為基礎，只有重工業才能根本改變國民經濟的面貌，改變國家的面貌。這一點，在蘇聯已很明顯，落後的俄國和各民族國家，已經一去不復返了。蘇聯由於四十年來對重工業的基礎打得堅固，同時，對科學技術的發展也有了很大的成就。因此，工業的進步很快，相信今後的進步將更快（特別是國民經濟發展的比例更正確，經濟工業下放以後）。在若干年內，按人口比例追上或趕過美國這一目標，是一定可以達到的。

十二時半從斯大林格勒大飯店動身，行前州、《真理報》各送一些照片及禮品。飛機十二時許起飛，一路平穩。三時三刻即抵莫斯科，葛里高利也夫即乘車回家，我們在機場等四小時許，五時飯後，赴機場外樹林散步，遇著一群四年級學生。

六時三刻回機場，即在休息室看電視。

八時三十五分飛列格勒，天空景象頗是奇觀，起先是上面明亮，下是灰暗，地平綫黑白分明，後來慢慢地機後天空逐漸黑暗，地面時見燈火成堆，十時左右，全部變黑，但至列格勒附近，又是現明亮，此殆為北極光之餘諸歟。

十一時抵列格勒，機上看到城裏燈火密佈，甚為美觀，到旅舍兩組會師，倍覺親密，分別十九天矣。他們比我們辛苦得多，許多同志瘦了。

和徐晃同志談起，他也贊成改變計劃爭取在伊爾庫斯克不停或少停，希望能坐一次圖一〇四飛機。

十二時半晚飯，上樓沐浴，洗襪，準備睡覺，已近二時，北京時間則清晨七時矣。

訪蘇之行到此已整一月，主要日程及最艱苦緊張階段已過去，今後是接近尾聲了。希望大家保持飽滿精神，全始全終，彼此留一好印象，我們歸去，也能勝利完成報道任務，以加強中蘇友好。

列格勒不算冷，經過莫斯科時，更溫暖如春，聽說今天是十二度，在莫斯科機場候車室遇著甫自北京飛來準備繞至柏林的對外貿易部代表，據他們說，北京天氣也很好，比莫斯科稍涼一些。


# 四月二十六日　　　　　　星期五

七時半起身，本擬將污衣服給出送洗，但旅館說後天來不及洗好，只能作罷。

十時，出發參觀市容，列格勒的風景的確優美，今年列城將紀念彼得大帝建城二百五十年紀念。今天所參觀者有尼古拉一世、彼得大帝等銅像，冬宮、涅瓦河、芬蘭灣海濱（有一可容八萬人的大運動場）等處。

我們所住的旅館叫阿斯托利亞旅館，為列格勒照待貴賓之處，十分漂亮。

今天還到斯莫爾尼宮及阿芙樂爾巡洋艦（現在在修理，不接待參觀）。

　　買了三幅〈副〉撲克牌，和一個香煙嘴，共花了約六十盧布。

　　下午，市蘇維埃主席接見。

　　後參觀基洛夫少先宮，孩子們還為我們戴了紅領巾，這是蘇聯最好的少先宮。

　　又參觀日丹諾夫區手工業者文化宮，規劃極大，看了他們演的話劇。

　　全團開會，討論今後日程及應注意三點。

　　市蘇維埃主席說，列格勒五月底即有白夜，目前晚上有白光，即為白夜到來之徵兆，今天從工人文化宮出來，已九時半，天尚未黑。

　　看到二十五日的《人民日報》，知國內正對百家爭鳴內部矛盾問題廣泛展開討論。


# 四月二十七日　　　　　星期六


　　我們住的旅館叫阿斯托利亞大旅館，在起義廣場[1]，是列格勒的中心，對面是一座古老的伊薩阿基也夫大教堂[2]，正在修理，左邊有尼古拉一世的銅像，旁邊市蘇維埃所在地，那座大樓革命前是公主府，現在大廈前整了列寧勳章和紅旗勳章，因為列格勒在革命時和衛國戰爭中立了功，得了這兩座勳章。

　　今天上午九時許早餐，十時出發參觀斯莫爾尼宮，那是十月革命時發源地，是列寧指揮革命的地方，在離開列格勒赴莫斯科前（一九一八），列寧一直在這裏休息和工作，我們看了這裏的

---

1　起義廣場，現名依薩廣場。

2　伊薩阿基也夫大教堂，通譯伊薩基耶夫斯基大教堂。

大廳，那是列寧宣佈土地法令和和平法令的地方，後來又看了列寧的休息的住宅，實在簡陋極了。房很小，只有兩張軍人床和一個茶几，房外工作的地方也只有一個小平台，一架電話，間壁房裏有三個沙發，我們看了不少列寧工作和休息的地方，看了許多有關列寧的文件，最突出的印象，列寧是艱苦樸素的，是善於接近群眾的，是非常謙虛的，斯大林不及列寧，以至犯錯誤的地方，主要就是不謙虛。

昨晚看職工們表演的話劇，內容很庸俗，離現實主義十萬八千里，尤其其中有阿飛舞，使人看了不耐，但群眾很欣賞，掌聲四起。同樣，我們每到一地，總聽了不少庸俗的舞曲。今天同同志們談起，我認為這是多年來教旨主義在文藝工作中的反動影響，同志們頗以為喜。這也反映我國所倡導的百花齊放的方針的正確。只有齊放，才能使人民更加磨亮眼睛，更加喜愛社會主義現實主義的作品，這也是辨證的。

參觀斯莫爾尼宮後，我和邵燕祥[1]、張又君[2]、丁九[3]等同志先回旅館，其他同志去參觀基洛夫重型機器廠。我們回旅館後，即相偕步行至涅瓦大街，赴最大的百貨公司，我買了三塊毛巾，兩件玩具。

一時，赴普式金[4]故居參觀，並照了些相。

三時飯。

飯後午睡了一小時，舒服極了。

五時，寫了兩封信，一寄上海，一寄侖兒。

---

1　邵燕祥（1933-　），北京人。詩人。時任中央人民廣播電台編輯、記者，中國新聞代表團團員。後任《詩刊》副主編等。

2　張又君（1915-1992），筆名黑嬰，廣東梅縣人。曾任印度尼西亞《雅加達生活報》總編輯。時任《光明日報》編輯、副刊《東風》主編，中國新聞代表團團員。

3　丁九（1920-1969），原名丁燦成，江蘇淮安人。長期在新華社從事戰地採訪和軍事新聞採訪工作。時任新華社黨總支副書記，中國新聞代表團團員。後任浙江省文化局局長，1969年自殺。

4　普式金，即普希金。

又買了一些徽章，準備分送朋友。

七時半，赴列格勒基洛夫芭蕾舞、歌劇院看芭蕾舞，劇情根據果戈理作品，描寫哥薩克的愛國主義精神，極好。今天因為睡了午覺，自始至終精神飽滿。

我們坐的是中間包箱〈廂〉，這劇院格式很像莫斯科大劇院，全部以綠色天鵝絨裝飾。

又遇到一批中國人，是內政部的代表。

晚上，取來一批《人民日報》閱讀，國內討論人民內部矛盾甚熱烈，我要好好補補課。


# 四月二十八日　　　　星期日

昨晚看了好幾天的《人民日報》，但主要文章都沒有看到。

前天和葛里高利也夫和布洛夫等同志會談，他們說，莫斯科方面的確有意多留我們幾天。我們提出，如在莫斯科多留，則是否可以不在伊爾庫斯克停留。一則我們希望坐一坐圖一○四，二則也免得他們送我們到伊爾庫斯克，他們說可以考慮。同時，他們還問如在莫斯科多留，是否再去別的地方參觀一下，比如到克里來的薩波斯托爾去，但那裏火車要坐一晝夜，飛機坐五十小時。後來和同志們談商，很多同志（特別是亞洲一組的同志）願意到裏海去一下，邵紅葉、盧大姐不去，我也怕再跋涉一次。如果他們去，我們就留在莫斯科補補課，順便整理整理筆記。昨天我又對布洛夫說，無論去不去裏海，總之希望不要把整個日程放得太長，來蘇已一個多月了，日程相當緊張。天天坐飛機和汽車，全團的主要情緒一是歸心似箭，二是望機生畏。

今天八時起，天陰濕，大概從昨晚起就下了小雨，好在我們在列格勒的主要參觀項目已搞完了，前幾天的天氣的確是很好的。葛里高利也夫開玩笑說，因為我們不準備在基輔參觀，所以基輔以最壞天氣對付我們，而斯大林格勒和列格勒則對我們十分歡迎。

昨天在百貨公司門前，遇著一個蘇聯人和我們搭談，他說過去曾在新疆當過領事，現在也很關心新疆的進步。總的說來，蘇聯人民的確衷心地和中國人民友好希望中國強盛起來。

十一時，步行至冬宮參觀。這是沙皇的宮，規模極大，樓梯有一百多個，大小廳房有兩千多間。我們當然不能全看，匆匆走了一過，已倦極了，印象最深的是陳列的美術（品）極多，從古代到現代，有些名畫，都是在雜誌中見過的，中國美術品也陳列了十幾個室，但精品似乎不多，最後參觀金器室，其中有四千年前出土的金器，是在巴庫一帶出土的，可見那一帶歷史的悠久。

下午，乘車赴離列格勒約四十公里的列寧避難木棚和草棚參觀，七時半返抵旅社。這次我們到蘇聯，凡是列寧的遺跡，除他的出生地和流放地外，都參觀到了。

在列寧避難木棚的紀念館旁邊，有一座房子，就是當年幫助列寧避難的工人住的，他已八十多歲了。

八時，列格勒州委宣傳部及新聞出版界歡宴見面，極為熱烈，適同廳有民主德國工會代表團也在歡宴，我們強調以蘇聯為首的社會主義陣營大團結，他們也過來為我們敬酒，祝中國人民和毛主席健康。

十一時，上車站，在站上，又歌又唱，與歡送者聯歡，氣氛非常熱烈。

這是我第一次坐蘇聯的火車，車廂比我們的寬，每節八室，每室二人，沒有上鋪，房內有枱燈，壁燈等各九盞燈，上面有行李架，掛衣服的地方也很多，好像比我們的車廂也高些，唯一缺點是室內無洗臉設備，據列格勒大學學生對我們說，國際列車比這還要好些。

睡前，看《人民日報》，並與徐晃同志談今後的工作，應抓那些思想，總希望最後一段能做得好。

# 四月二十九日　　　星期一

睡得還好，只是怪夢連連，大概是和衣而睡的關係，八時起身，洗臉。

列格勒離莫斯科約六七百公里，聽説是世界最直的鐵路。據説當年造此鐵路的，將原計劃送給彼得大帝，他看了説太曲折，就用筆在地圖上畫了一條直綫，説要照此綫建造[1]。九時四十分到莫斯科站，依然住在蘇維埃大旅社，我住三〇七號，和以前住的格式一樣，彷彿更舒適些，馬上洗了一次腳，離莫斯科二十二天，重〈出〉行回來，頗有回家之感。

在巴庫、索契、斯大林格勒和列格勒，已經看到處處在油刷房屋，整理市容，準備迎接五一。今天到莫斯科，更是一片節日景象。到處高懸馬克思、恩格斯像及 MAR.I 字樣的紅旗，經過紅場附近，已在高搭牌坊。

三時，參觀畫廊（即美術博物館）珍品極多，美不勝收，我們只看了一部分。

五時許，《文化報》記者來訪，約我寫一段中國的文化生活，以紀念五五出版界〈節〉[2]。他説各民主國家都有了文章，希望中

---

1　聖彼得堡（列格勒）至莫斯科的鐵路是在尼古拉一世時（1842 年）修建的，此處或為作者在蘇期間聽到的傳説。

2　五五出版節，前蘇聯將馬克思的生日（1815 年 5 月 5 日）和《真理報》創刊日（1912 年 5 月 5 日）定為出版節。

國同志也寫幾百字，並盼有《文匯報》的報頭，我答應了。五時，即抽空寫了約七八百字，主要寫中國農民的文化生活。

下午六時，有一個工廠開"五一"紀念晚會，邀我們參加，我們當時決定分兩批，一批去畫廊，一批去工廠，輪流休息，五時半我正預備休息，徐晃同志來電話，堅決主張我去，我實在疲倦，毅然回絕了。後來想想，態度不對。固然，蘇聯同志的佈置有些主觀主義，但我們來既然為了友好，一切還應忍耐。留在蘇聯的日子越來越短了，今天有些態度不好，或者不好好工作，將來是要後悔的。

據蘇聯同志反映，準備我們八、九號坐圖一〇四回國，這樣在蘇聯至多只有十天了。

蘇共負責同志可能接見我們一次，又聽說要邀請我們參加七日開幕的最高蘇維埃會議。

莫斯科的天氣很溫暖，白天出去，不穿大衣可以了，晚上我開窗在陽台上站一下，也不覺得冷。

六時洗澡後，酣睡了三小時，舒服極了，醒來已九時半，因為昨天沒開會，停了。十時，王器電話，說他們已回來等我吃晚飯，即整裝下去。飯後，又和徐晃、盧競如同志談了個把鐘點，本來想看看電視，等他們走後，已經沒有了，收拾準備睡覺。


# 四月三十日　　　　　　星期二

昨晚一夜沒睡好，大概因為下午睡了三小時午覺，翻覆睡不著，最後，四時已天明，又起來洗一個澡，朦朧睡了兩小時。

前睡（日）離列格勒時，下了一場小的雨夾雪，這大概是今年看到的最後一場雪了。在列格勒時，天氣已相當暖和，白天出去可以不穿大衣，但在拉多加湖上，冰塊還成片，涅瓦河上還不斷源（漂）流著白色的水塊。最奇怪的，我們去巴庫時，已經炎熱如初夏，那天到古班區去，一路燥熱得很，而離古班只有幾十公里的群山上，還白頭皎然。

莫斯科四月的天氣，似乎比北京還暖和些，記得去年在北京時，早晚還非穿大衣不可，今晨我看窗外馬路行人，已多穿了薄薄的春衣，很少穿夾大衣的了。

九時早餐，《文化報》同志來取稿。

九時半，開全團會議，一再叮囑要保持與招待同志之間的關係。據布洛夫同志告訴我，一二日放假，不佈置節目，五日參加蘇聯出版節，與蘇聯新聞出版界同志見面，七日旁聽最高蘇維埃會議，其餘幾天節目，還要雙方商量，但因為日期很促，克里米亞可能不去了，在八、九、十三天中，那〈哪〉一天有圖一〇四，那〈哪〉一天就回北京。布洛夫同志並希望我們主動提出意見。在會上，我把上面的意見報告了，同志們基本無意見，有些同志還希望爭取到克里米亞去一次。

十時，赴立體電影院（在大劇院附近）看立體電影，劇院甚小，而且相當舊，大約只能坐四五百人，大概是因為光的關係，戲院是長條形的，也就是說只能正面看，幕是玻璃的，上有條紋，晶晶發光。今天開（看）了兩個短片，初看時並無立體感，後下邊的一條紅帶看不見了，才有立體感，但我因為近視而又散光的關係，看來總不那麼逼真，同志們看了也極不舒服。大概立體電影在蘇聯還在試驗期間，寬銀幕電影要好得多，也有立體感，而看得很舒暢。

據陳泉璧[1]同志今天從《人民日報》記者站來說，最近中央表揚了《文匯報》，而且（對）《人民日報》進行了批評，說還不

---

1　陳泉璧（1916–2010），江蘇武進人。時任《人民日報》國際部主任，中國新聞代表團團員。後任《人民日報》駐莫斯科首席記者，新華社莫斯科分社社長。

及《中國青年報》、《北京日報》等北京報紙，要《人民日報》在一星期內採取措施，進行改進。所以《人民日報》最近的版面有很大的改變，活潑得多了。我在蘇聯也看了各地和中央的報紙，雖然不懂俄文，版樣等等是可以看出的，我看，《真理報》很死板（最近也登了象棋等等），《莫斯科晚報》、《莫斯科州真理報》就比較活潑，各地報紙也一般比較生動，但一般化的毛病是最重的，我認為“再論無產階級專政……”[1]一文中提到學習蘇聯的幾個原則，在新聞工作者也是完全適用的，蘇聯報紙明確了階級鬥爭武器的性質，有明確的工人階級立場。報紙注意絕對的真實性，報紙不是為著消遣的，而是鼓舞群眾改進工作的工具，因此必須聯繫實際，聯繫群眾，在報紙上開會批評與自我批評，這是資產階級社會報紙不可能有的特點。這些特點，對各社會主義國家報紙都有普遍的意義。我們應該在這些方面好好向蘇聯學習，不僅學習他們辦報的基本精神，而且要學習他們四十年來貫徹上述原則的一些經驗，至於在此原則下，如何為群眾所喜聞樂見，如何安排自己的工作的版面這些，必須根據本國的具體社會特點，人民喜愛的特點，以及每一報紙本身的傳統和特點，創造性地進行適當安排和計劃。這方面，不必向蘇聯亦步亦趨，正如蘇聯人民的飯菜，和我們的飯菜決不可能一致。因為彼此的習慣和喜愛不同，問題只在我們的菜都是營養的，有益衛生的，在這方面，正如少奇同志說的，蘇聯並不（什麼都）是先進的，即使他們是好的，也不完全適合我們的要求，等於他們的魚子，我們不一定喜歡吃一樣。上面這些意見，我回去想好好考慮考慮，寫一些文章，爭鳴一下，以前在復旦和《解放日報》講的，太抽象了。雖然已引起了新聞界的注意（新聞與出版以及一些地方報紙由部刊物都轉載了），爭鳴爭鳴，這對於改進我們的報紙工作相

---

1　"再論無產階級專政……"，即《人民日報》1956 年 12 月 29 日發表的社論《再論無產階級專政的歷史經驗》。

信是有好處的，我應該在這方面多發表些意見。

中央如此重視《文匯報》，對同志們當然是一個鼓勵，最近在這方面，報社接二連三的喜事，令人興奮，但正因為這樣，目標大了，各友報和讀者都密切注視著我們，今後要更加努力，好好發揮創造性，我回去後，更要打起精神，在這方面多下點功夫，總之，要更謙虛踏實，要向鄧拓、夏衍、姚溱、西民[1]等同志多請教。《文匯報》這次如此受重視，是和他們的鼓舞和關切分不開的，今後還要在這些方面多多加強聯繫。

今天街上更是一片節日景象，到處在張掛紅旗。關於領袖像，排列很不一致，比較一致的是赫魯曉夫第一，布爾加寧第二，而斯大林的像等，則到處不見，只有在地方和有些學校裏的畫像和石像還存在。

中蘇友好的標語，到處可見。

三時，大使館陳楚、張映吾同志來訪，帶來了一個多月來的《文匯報》，看了以後，覺得同志們的確很努力，內容有很大的改進，尤其是周揚同志的談話和關於伏洛希羅夫同志到北京和上海的消息和新聞處理，很有特色，中央的嘉獎是完全是有根據的。當然，《文匯報》能夠有些成就，是與鄧拓等同志的支持是分不開的。我在晚飯時，把這個意見和感想的同志們談了。

據陳楚同志（前《長江日報》社長，現為大使館代辦）談，一周來，約旦局勢在惡化中，印尼有好轉，芬蘭的情況也不好，尼赫魯的聲望在低落。關於蘇聯方面，關於工業下放的問題，下面討論的意見很多，基本是贊成的，但也有顧慮，聽說這次最高蘇維埃會議要通過，是否太匆促了一些呢？這樣重大的問題，全民討論只有約一個月的時間。

---

1　西民，即石西民。石西民（1912－1987），浙江浦江人。時任中共中央華東局委員、上海市委書記處書記、宣傳部長。後任文化部副部長、國家出版局局長、社科院新聞研究所名譽所長等職。

一個多月沒看到自己的報，今天大體翻了一些，覺得非常親切，六時，睡了二小時的午覺。

八時，徐晃同志把我叫醒，同志們都來，說據李何[1]同志的估計，是否蘇聯方面對我們熱情不夠，是否可以主動要求早日回去。

八時半，葛里高利也夫和布洛夫來訪，談今後日程，據談，我們回去的日期，決定在九日晚，坐圖一〇四，在此以前，大體前有了安排，我們提出是否可以提早回去，他們說有困難。因為這次最高蘇維埃會議，如通過工業問題，全世界注意，中國同志不參加，非常遺憾。後來我們又召集全體同志談話，大家同意留到九日走，但多不希望到托爾斯泰故鄉去，因為來去很麻煩，坐汽車太久。

晚飯，大家為慶祝五一節，飲了幾杯白蘭地，飯後在我的房間舉行晚會，大家歌唱並說了些笑話，我唱了三段戲，說了三個笑話。大家情緒之高，為出國以來之首次。的確，出國一個月多以來，精神上有些疲乏了。這樣調劑一下，是有好處的。

明天要起早，今天爭取早些睡，記此日記時，已經十一時半了。

**五月一日**<sub>勞動節</sub>　　　　**星期三**

今年能在世界第一個社會主義國家——蘇聯歡度勞動節，感到極大的光榮。

---

1　李何（1918－1962），原名洪履和，福建福州人。1950年與夫人瞿獨伊（瞿秋白之女）到莫斯科創建新華社駐莫斯科記者站，任特派記者。時任《人民日報》駐莫斯科記者。1958年回國任《人民日報》國際部副主任。

今天六時起，整容整裝。七時早餐，向看見的人，包括餐廳的同志問候節日的好，布洛夫、葛里高利也夫早來了，葛帶了他九歲的孩子一起來，也問了好，這孩子和他長得一樣，不介紹也可認識。

八時許出發，大家自己帶了護照（我的是外交護照）和入場請柬，一路已看到參加檢閱的戰車隊伍和群眾隊伍，車到高爾基大街，即轉入花園環行路，繞至克里姆林宮旁，下車檢查護照，至觀禮台（我們是第七台）又檢查一遍護照，紅場遠沒有天安門大，檢閱台即在列寧斯大林墓上，分兩層，當然也沒有天安門高，兩旁看台更遠比天安門的小而簡陋，即在斜坡上以石條隔成若干區域，石條可坐，沒有另外休息的地方，大小便要跑到二百米外克里姆林宮一入口的地方，所以也不方便。我們到的時刻，已是九時零五分，石條上已坐滿了人，我好〔不〕容易在第三排佔著一個位置，坐了看。

九時半，樂隊及各種部隊儀仗分別由東西北各面進入紅場，行列甚整齊，軍隊約有八百人。

克里姆林宮伊萬雷帝鐘樓的鐘每到一刻鐘即鳴一陣，剛十時，鐘鳴聲中，即由廣播宣佈五一儀式開始，蘇共中央負責同志登檢查台上層（下層為元帥們），赫魯曉夫和布爾加寧並（排）向觀禮台以草帽招呼，觀台掌聲一片。

旋朱可夫元帥坐一新汽車疾馳至紅場中央，另一將軍坐車馳來向其報告，即並馳至各種部隊前傳達問候和命令。這些聲音，廣播都播出。聽到朱可夫講了幾句話，部隊"啦，啦，啦"幾聲，朱可夫再講幾句，又三聲"烏拉"（昂揚的聲音）。這樣，他又到其他部隊去，約一刻鐘，他回到觀禮台，奏樂。克里姆林宮的禮炮轟鳴，然後又奏樂，朱可夫宣讀"五一"命令，約十分鐘，檢閱即開始，首先是在場的樂隊，蘇沃洛夫軍校學員，各兵種，每一兵種受檢者分三組，極為整齊，和我們天安門比較，他們的服裝質量好得多，色彩也較鮮豔。地面部隊剛過，飛機即出動，首先是一個噴氣式重轟炸機帶四個噴氣戰鬥戰（機），然後三個一隊，五隊一組，都是噴氣機，有的四發動機，有的二發動機，後來就是五機一隊，其中有一組是螺旋槳式，但也很好。最後，每隊（五十架）白頭，行駛更速，聞聲即已劃空而過。今天參加檢閱的飛機約有一百八十架左右，隊形整齊，聞其中很多是新的東西，最難得的，低飛到好像剛剛比紅場兩旁教堂的塔尖高一些些。

飛機過後，地面即出動戰車、坦克等等，開行甚速，每排四機，每組五六排，先是裝甲車、降落部隊，降落小坦克，然後，坦克、戰車、各種炮、喀秋莎、火箭炮、高射炮、大炮。後來我和唐平鑄上校談，他說，其中很多新東西，喀秋莎比以前見到的式樣不同，火箭炮也很特別，平射炮炮身極大，還有一種炮後面附帶的機點像一座小發電機一樣。

武裝檢閱畢，已十一時許，接著是少先隊，至檢閱台前，也放鴿子和氣球，人沒有我們天安門前多，氣球也不那麼出色。

少先隊後，是體育大隊，非常五光十色，豐富多彩。先由機器腳踏車幾十輛，每輛上有一女子，穿短褲背心，立在高架上，手執各色旗幟（每旗代表一運動隊如斯巴達、火車頭等），由相反方向駛過紅場（大隊是由西向東而行進）。

體育大隊遠比我們的多而複雜，每一種運動項目，都有男女運動員兩大隊作相應的動作而過（有的還在場中停下來表演），最令人驚奇的是網球、籃球、足球隊伍，除大批選手執球遊行外，有好幾隊帶了活動的球門、籃架、網架，兩隊一路進行比賽而過，踢打同時有好幾個球，真是奇觀。

體育大隊後，是群眾隊伍，也像天安門和上海人民廣場一樣，由糾察人員隔成幾路同時並進。

那時，廣場中不斷喊各種口號。

群眾隊伍沒什麼可看的，我們比較，相同的是標語牌都是列的生產的紀錄，不同的是我們群眾的花整齊些、多樣些，他們的服裝整齊些。

紅場列、斯墓對面為百貨公司大樓，面向檢閱台，高懸馬克思及列寧二人像，四周有蘇共中央主席團成員像，遊行隊伍中，也多是馬列像和主席團像，我沒有看到斯大林像（徐晃同志說，他在遊行隊開始時看到兩個）及各國領袖像。

今天觀禮台上，各國的來賓都有（我們看到非洲黑人和穿蘇格蘭裝飾的），我國的代表不少，幾乎到處聽到中國話，約略估計，可能在一百五十人左右。在遊行隊伍，也時常看到三三兩兩的中國人，大概多是去蘇聯工廠實習的人和各學校的我國留學生，我們也看到一面寫著"和平"中國字樣標語的牌子。

十二時後，觀禮台上即有人陸續離去，布洛夫一再約我問是否要先走，我仍決定於一時半率隊走出觀禮台，繞至克里姆林宮後（約步行一兩公里）乘車回至旅館。

二時半午飯，我們和蘇聯同志相互舉杯祝賀節日，我吃了三杯白蘭地。

飯後，即看報午睡，由四時睡至六時，極為酣適。七時後，部分同志至紅場看熱鬧，我因為聽說要走好多路，而又颳大風，天文台報告可能有雨，因此沒有去，留在家裏，看電視節目。

昨晚徐晃同志到大使館彙報情況，十二時許方回。今天他對我談，大體同意我們的估計，即留我們是重視的，我們要打起精神，做好最後十天的工作。又據大使館方面談，伏羅希洛夫主席這次訪問我國的消息，蘇聯報紙登得不算多，遠不如赫魯曉夫、布爾加寧去年訪印、緬的熱鬧，《真理報》迄今未寫社論，我們《人民日報》的社論未轉載，很多重要文章也未轉載，不知何故。

據在紅場遇到的我們農業代表團同志說，他們也坐九日的圖一○四回國，這飛機於九日下午十一時離莫斯科，十日北京時間下午三時到北京。這樣説來，不到九整天，我們就回到北京了，我們來蘇已三十六天，也就是説，整個旅程，已經過了五分之四了。

今天上午電視節目一直播送紅場遊行情況。二時半，看電視，紅場遊行尚未完畢。

晚，在家開電視，迄九時，還多是遊藝節目，大部是歌唱音樂節目，沒有多大興味。

到晚十時半，還沒有收到有關紅場夜景的電視，很悔沒有去看看，失掉此一機會，一個人在三間燈火輝煌的房間裏，很有孤寂之感，想寫一廣播稿，因為莫斯科電視台要我廣播一次。


## 五月二日　　　　　　　　星期四

昨晚正在紅場狂歡之時，莫斯科忽大雨。據徐晃同志説，紅場的情況並（沒）有我們天安門熱烈，焰火也不集中。這樣説來，我沒有去關係不大。

今天天氣驟冷，穿了夾大衣出去還嫌冷，據天文台報告，今晚最低溫度將降至零下三度。

上午先和葛里高利也夫、布洛夫等同志全面確定了最後一星期的參觀日程。十一時，開全團會議，初步總結工作，大家一致同意，這次來蘇，收穫很大，印象很深刻，內部團結關係也很好，沒有發生任何不愉快事件，缺點是出發時任務不明，事先的組織工作做得很差，因此開始工作時陷於被動，蘇聯方面對我們很重視，佈置也很周到。

下午一時午飯，二時前即出發至中央運動場看全蘇足球比賽開幕禮。中央運動場在列寧山下。與莫斯科大學隔一莫斯科河，規劃極大。以前中國報刊雜誌都介紹其興建消息，現在大部分建成，有兩個是球場，一個小的，一個大的。今天比賽在大的舉行，看台下面有三層高的辦公室，還有電影院等等。場內照明的水銀燈密如天火，約有千餘盞，座位當在十至十二萬之間，中間綠草為茵，與黃沙坑兩映。

蘇聯人極愛足球，今天萬人空巷，門口等退票的如一字長蛇，門前有步騎兩道巡邏隊維持秩序。

儀式開始，先由約二十個球隊（包括男女各種球隊）入場式，升旗，講話，然後看各種表演約歷半小時許。四時，比賽才開始，今天比賽的兩隊，為斯巴達（去年的冠軍）與狄那莫（亞軍），技術之好，當然沒有話說，結果是斯巴達贏了一球。這一球打得非常漂亮，兩內鋒交叉前進，同時突破狄那莫內衛，球門顧此失彼，乃被射入一球。

在門前找車，找了很多時候。

一部分同志去看寬銀幕電影《序幕》，我和劉克林[1]、邵燕祥等先回旅館，飲茶後出發再到中央運動場，看奧地利的冰上芭蕾舞，場子大概是原來的室內籃球球場，改裝得很好，用了原場的一半，約可坐二萬人，舞台是一塊大的人造冰，四邊是紅白電燈，場四周有冰花形的五色電燈。

這種冰上芭蕾舞是生平第一次看到，等於舞台上做戲一樣，各種節目，各種服裝，各種佈景道具，男主角是世界滑冰冠軍（比利時選手），女主角是奧地利冠軍。

我們看了一半，休息時已十時四十分，大家商量早些回去休息，到門口，有人要票，即給其去看下半場。

出口，看到對面莫斯科大學校舍燈火輝煌，簡直像水晶宮一

---

1　劉克林（1924－1966），湖北新化人。曾任重慶、香港、上海《大公報》編輯記者。時任北京《大公報》國際部主任，中國新聞代表團團員。後到中宣部工作，曾參加＂九評＂寫作。1966 年自殺。

樣。中央運動場在四處燈火高樓，回顧市區，斯摩棱斯克大樓和居住大樓也燈火輝煌，真如置人仙景一般。蘇聯政府對於公共建設，不惜鋪張，美侖美奐，這在各地都可看到。這也是社會主義建設的一個特點吧。

司機也討到票子進場看戲去了，朗斯柯[1]同志到處聯繫，我坐在車裏等（太冷）一直到十一時半，司機才來，即回到蘇維埃旅館。

吃晚飯時，和劉克林、邵燕祥（這兩次〈位〉同志都很有才華）暢談了一點鐘，飲了兩杯酒，一時半回房，洗了一個澡後即睡覺。

來了二十九日及前幾天的《人民日報》和《光明日報》，看得很過癮，在莫斯科，盼國內消息的心情日濃。

# 五月三日　　　　　星期五

這幾天主要管招待我們的是朗斯柯的同志。這位同志非常誠樸細緻，他每餐都問下次吃什麼，為我準備了豬肉，因此我的生活上更覺得方便了。

上午，一部分同志再次去看博物院，我出來也想再去看看時，因為要寫今晚電視廣播的稿子，沒有法子去。

早餐後，理了一個髮，全套。這裏理髮的技術，比里加的高明得多，花的時間也長些。在蘇聯已理了兩次髮，下次理髮時，一定已經回家好幾天了。

理髮出來，順便要了一支自動鉛筆，又買了三個徽章，一共花了十個盧布。

---

1　朗斯柯，蘇方接待人員。

據盧大姐說，她昨天在朋友家裏，遇著管莫斯科城市建設工作的同志。他說，莫斯科市區是五百萬人，連郊區不到八百萬。這幾年，建設了許多新房子，主要是照顧專家、教授、高級知識分子，還有的是優先讓原來住了地下室的勞動人民居住，一般的居住條件，都比過去改善得多了。今年，莫斯科要新建住宅一百八十萬平方公尺，在第六個五年計劃期間，共建一千一百平方公尺（都不包括廚房、衛生設備等公用面積，只算住房）。

和丁九同志談，他說我們這次來蘇，全團裏團結很好的，很融洽的，當初要我當團長，是中央決定的，就是林朗來，他也是當副團長。黨對我這樣信任，我很感激，來蘇四十天來，所有同志對我都很尊重，使我一點也不感覺有黨與非黨的界綫。大家都說，我是沒有領黨證的黨員，所有這些，使我很感動，因此，在最後一階段，以及總結工作中，我更要努力克服自己的自由散漫習氣，和同志們一起，把工作做好。

據葛里高利也夫同志說，昨天比賽的斯巴達球隊是合作社的，狄那莫是內務部的，觀眾對狄那莫的印象極好，昨天為它打氣的最多。

上午，徐晃同志等到文化部新聞局去，我在旅館裏寫好了電視稿，並為盧大姐寫了一稿。

下午三時，參觀《真理報》印刷廠，規模的確很大，有四千多職工，印《真理報》外，還有《共青團真理報》、《蘇維埃俄羅斯報》，各種畫報、雜誌等印報機有二十一部。

六時，趕至電視台廣播，我和徐、盧兩位都講了話，個別同志因為參加〈觀〉而沒有照上，有些意見。晚上開全團會議，討論了這件事，決定繼續發揮主動友好精神，維持到底。

來了卅日的《人民日報》和《光明日報》，《真理報》又送了幾本畫報，晚上有書看了。

明天蘇聯出版節，要預備講話，全蘇廣播電台也要廣播一次。這幾天的工作還是緊張的。


# 五月四日　　　　　　星期六

莫斯科在"五一"前後出現了新的無軌電車，除車燈個架外，幾乎全是玻璃的，從車外望去，幾乎每個乘客都浴著太陽光。

早餐後，與葛里高利也夫商談我們請客的名單，這次我們本來想要求大使館請一次客，結果大使館説沒有錢，因為大部分預算都在總理和彭真同志他們兩次宴會請客了，現在只有三四萬盧布，要留到國慶宴會用。所以，這次決定我們自己請，由我出面，請使館代辦，預算就是我們所有的三千多盧布。

十時，文化部長米哈依洛夫同志接見，由我提出了三個問題，談了一個半鐘頭，米哈依洛夫剛訪中國回來不久，所以談得很熱烈。

十二時，預定參觀莫斯科電影製片廠，我因為要準備講稿，又今晨腹中有些瀉，所以先回旅館，準備休息休息。

又買了一支自動鉛筆，花了十個盧布，很有趣，是準備送人的。

今天天氣比較暖和了。

四時午飯，五時，到工會大廈參加蘇聯出版界紀念大會，會場就在赫赫有名的"圓柱大廳"，廳也並不大，圓柱是純白色大理石做的。

我被邀登上主席台，同時還有法國新聞界代表團，主席致詞時，首先歡迎我們的代表團，其次是法國的。

大會由黨中央宣傳鼓動部副部長作報告，對報刊工作有所批評，也談到兄弟國家的報紙，首先是中國，特別是《人民日報》，共講了一點半鐘。

在會場有好幾個售書處，大家排隊爭購，據說很多是平時買不到的書。

七時，繼續舉行晚會，有歌唱、雜耍、芭蕾舞等，不見太精彩。我們看到休息時（九時許）就先乘車回來了。

工會大廈是老房子，離紅場很近，隔壁是新建的部長會議大廈，高十幾層，因此把這個大廈顯得又矮又小了。

晚上寫三封信一寄家，一寄京辦事處，一寄瑞弟，這些信到達時，我也快到家了。主要是多買了些郵票，不用了可惜。

因為肚子不大好，今天吃的東西比較少，晚上準備好好洗個澡，早些睡覺，回莫斯科匆匆已六天，再過六天，就去北京了，今天我寫信給京辦事處，託他們早訂十二或十三號的車票，希望能買到高級包房，可以好好休息休息。

# 五月五日　　　　　星期日

昨晚休息得很好，今晨七時半起身，九時早餐，腹瀉已止了，昨天東西吃得少些，這原則很對。

赴四三七號陳泉璧同志處取回雨衣，並將禮品約略分配，以便送給招待我們的幾位同志。

十時半，出發赴高爾基中央文化休息公園，有一位《莫斯科晚報》記者並該公園的職員去門口等著我們。今天下雨，但高爾基公園景色甚好，該公園大約一千六百畝，分兩部分，一為公園主要部分，一為莫愁園，共長十幾公里，沿莫斯科河，其中特別遊玩部分如飛機、跑車、滑板等等最有趣，大人和小孩可一起玩，也是特色，一切都可以訓練年輕人航空航海的習慣。

小池內有許多天鵝。

在公園遊玩約兩小時，出來前，到捷克餐廳，各飲捷克啤酒一大杯，盧張[1]兩同志各倒給我半杯，我實際飲了兩杯，有些微醉了。

回旅館午餐前，向葛里高利也夫等幾位同志送禮品，場面很熱鬧。

午餐，又飲了兩杯白蘭地。

將昨天寫好的信寄出。

四時半，赴五月一日剛通車的地下電車列寧中央運動場站及伏龍芝站參觀，這兩站比舊的車站建築得比較樸素，但也是大理石（烏拉爾的）為主要材料，從高爾基公園到運動場站，電車要走三十五分鐘，地下電車只走八分鐘，而且只要買五十哥比票，在地下可跑遍全城。

六時許回旅館休息片刻，（從高爾基公園回來午睡一小時，極為酣適），即赴記者之家，應邀參加外交部新聞司宴會。今晚的宴會，為慶祝新聞出版節，應邀參加的有各同志莫斯科新聞界（包括資本主義國家的大使館新聞人員及記者）。伊里卻夫司長邀我等三人[2]立在主席台前面。

在這樣的場合，吃是沒有什麼吃的，主要是飲酒，我今晚特別戒備，主要是飲葡萄酒。

日本記者一再和我乾杯並交談，兩個美國記者（去年到過中國的）也和我們周旋，在這些場合，最可以體會國家強大了，處處受人尊敬。

九時半辭出。

---

1　盧張，即盧競如和張又君。

2　我等三人，即作者和徐晃、盧競如。

# 五月六日　　　　　星期一

莫斯科的天氣今天又變好了。我因為昨天睡得早（十一時），今天六時半即醒，已見朝暾耀目，起來熱水甚熱，洗了一次腳，盥洗完畢，還不到八時，因此坐下來記幾行日記。

再有四天就要回國了，這幾天思想上越來越矛盾，一方面，離家日久，歸心似箭，一方面，對這可愛的兄弟之邦，的確有些依戀不捨。雖說北京莫斯科朝發夕至，但真要來一次也不容易，今後不知何年何月再出國再來蘇聯。

在蘇聯，我覺得最不習慣的還是吃，蘇聯沒有醬油，也沒有醋，就是雞和豬肉，吃起來也一點味道也沒有。他們吃得津津有味的魚子之類，我又不吃。回莫斯科後，管伙食的是朗斯柯同志，照顧得比較周到，每人不吃的東西，都有調查，但對我有時太仔細了。前一陣頓頓是豬肉，就是吃雞的時候也給我換上豬肉，這幾天聽說我要吃雞，又頓頓是雞，吃豬肉的時候也換了雞塊，使我頗有啼笑皆非之感。

蘇聯宴客也沒有什麼可吃的，反而比平常東西少，只有一些冷菜，就是喝各式各樣的酒，像昨天伊里卻夫請客，我就沒有吃飽。

在莫斯科為《文化報》寫了一短稿，又作了一次電視廣播，也都沒有收到稿費，因此，想買的東西都不能買了。現在我還有四百盧布，預算一下，買了箱子約一百二十，幻燈機一百六十，為芳姊購一皮包七十，還想為二叔祖購一手杖，買兩匣巧克力糖，錢是很緊了。

蘇聯為我們花的錢的確不少，據同志們說，在這蘇維埃旅館，我們每人每天要吃四十盧布，普通不帶澡盆的房間，每人每天三十五盧布，像我這樣三大間帶兩套衛生設備的房間，每天至少要一百二十盧布，再加上坐車，看戲（芭蕾舞三十多盧布一張，電影約七八個盧布）坐飛機（從斯大林格勒到列格勒約五百盧布，蘇聯和〔坐〕飛機和坐軟席火車的票價相差不多）。約略算一下，這次我們來四十天，蘇聯方面為我們每人要花一兩萬盧布，我當然更要多些。

高爾基公園的門票，成年人下午十時前一盧布，十時後五十哥比，小孩減半，小孩在下午十時後反而要貴些。在蘇聯，最便宜的要算坐地下電車了，買一張票五十哥比，下去後，就是坐一天車子也不再花錢，電車、無軌電車、公共汽車是按站計算的，就要貴多了。地下電車平常很空，也很方便，像新開闢的運動場站和伏龍芝站，每小時有四十班，我在下面計算一下，的確每隔一分半鐘就來了一列，停三十秒鐘就開走，上下車要很迅速，好在有很多門，每列車有五至九個車箱〈廂〉，每箱〈廂〉要比我們的公共汽車大兩倍，所以很少有人找不到座位的，座椅也很舒服。

在里加和列格勒，電車都有拖兩節的（共三節）。據說，里加最初的電車，是用四匹馬拉的。

我這次出來帶了四條多香煙，一路節省，有時發一包蘇聯煙。今天，還有十包未吸，而在蘇的日子只有五天，平均每天有兩包非常寬裕了，而許多同志帶來的煙早吸完了。（有兩位同志因為在斯維爾特洛夫斯克沒有禮品了，把自己的香煙送了蘇聯朋友），這也是精打細算前緊後鬆的好處。

在昨天伊里卻夫的宴會上，新華社記者李楠[1]同志問我對新華社莫斯科新聞的意見，我倉率〈促〉談了幾句。在這裏的同業中，我覺得李楠比李何謙虛些。

十時半，出發至農業展覽館參觀，地址在莫斯科西北郊，也是一個新建住宅區。這個展覽館大極了，而且佈置得非常好，像

---

1　李楠，1922 年生，四川峨眉人。長期在新華社從事國際新聞採編工作，時任莫斯科分社社長。1958 年乘飛機到達北極點，是第一位到北極採訪的中國記者。

一個十分優美而自然的大花園。展覽會今天要到六月一日正式開幕，現在還在佈置中，中央大廳旁邊，有二十多個各加盟共和國和一些地區的展覽館，建築外形都採各地的民族形式，內部也很講究。我們僅參觀了吉爾吉斯的展覽館，後來又到水利水電館參觀，其中有各水電站各水力灌漑系統的模型，非常逼真。據講解的同志說，目前已建成的水電站，以古比雪夫的為最大（世界第一）發電二百一十萬千瓦，斯大林格勒的比古比雪夫的還大（二百三十萬）。我們曾參觀斯大林格勒大水電站的工地，現在看到建成後的模型圖，分外覺得親切。

農展會裏還有許多餐廳（各共和國的菜都可以吃到），還有兩個電影院，一個露天音樂廳，還有寶石花的噴花等等。總的印象，這裏正像《阿麗思漫遊奇景記》的仙景一樣，只有社會主義國家，才能為農業生產花這樣多的錢，建設這樣瑰麗的東西，看了很使人感動。

為我們講解的同志，中國話說得相當好。

一時三刻離開，直到中央農業部，部長會議副主席兼農業部長馬思凱維奇同志接見我們，談蘇聯農業問題，談得相當深刻。過去三年，蘇聯農業生產有很大發展，各種作物生產都有極大增長。今後，大規模墾荒將暫時停止，主要是擴大灌漑面積和提高單位面積產量。在今後農業工作的新措施，最重要的是設農業工作區，根據最新科學，結合一地區具體條件，制定發展各種農作物的計劃。這和工業方面的劃區改變領導的新辦法，我認為同等重要。

四時離開農業部回旅館吃飯，飯後看到新來的《人民日報》一日至三日報紙，有"五一"消息及有關整風消息。

本來不想午睡的，但躺著看看報，不知不覺地睡著了，結果是電話鈴把我叫醒。原來下面主人們已到，等著我們下去，我急忙洗臉換上西裝。電話來了四個，到餐廳，主賓幾乎已到齊。這次宴會是外交部新聞司和莫斯科新聞界專為招待我們而舉行的，大使館陳楚代辦和宮亭同志也參加了。

宴會上，伊里卻夫同志和《真理報》的撒卻可夫同志都講了話，我和徐晃同志也講了話。

《新時代》的秘書長來問我對《新時代》的意見，聽說他們準備出中文版。

九時半，辭回房間（宴會就在蘇維埃大旅館舉行），莫斯科廣播電台的記者來找我，列娜同來翻譯，電台要我作一次對中國的廣播，講這次遊蘇印象，我答應了。準備後天去講，據電台同志說，我們在莫斯科期間，電台幾乎每天向中國人民廣播我們活動的消息。

《文化報》編輯部來電話，約我去作訪問，約定明天參加最高蘇維埃會議後即去。

撒卻可夫說，莫斯科的天氣越來越好了，問我們再留蘇聯兩星期如何。我說，在蘇聯再多參觀是很高興的，但國內正熱火朝天討論人民內部矛盾問題，如再不回去，怕落後得太遠了。

十時後，趕寫廣播稿，因為明天的節目排得很密，怕沒有時間寫。這是在蘇聯最後的一個重要任務，爭取做好。我想，北京和上海的朋友可能收到這廣播，他們能聽到幾萬里外的我對他們講話，一定很有意思。


## 五月七日　　　　　　星期二

昨晚看三天的《人民日報》和一天的《光明日報》，直到三時半才睡，黨中央已發出整風通告，一些機關已開始整風，國內的政治思想高潮已經熱火朝天了。看了上海文藝界，北京大學、科學院等的座談記錄，的確許多知識分子都把心底的話說出來了。這一下才真有可能百家爭鳴了，黨中央的領導都是偉大啊！只有這樣才能調動一切力量，發揮一切智能把我們的國家很快的建設起來，黨中央報告中，特別指出要把我們國家建設成為強大的……生動活潑的國家，生動活潑非常重要。我看，蘇聯由於它具體的歷史條件不同，因此革命發展的道路也和我們有所不同，加上斯大林晚年的個人獨裁作風，今天雖已在改變中，但總使人覺察到，蘇聯什麼都好，就在這四個字缺少一點。

報紙是反映客觀存在的，因此，今後的報紙工作，也必須更多注意生動活潑的一方面，要有思想性，同時必須是反對教條主義的，在這方面，今後要多發揮力量，多做一些創造性的工作。

七時半被電話叫醒，即起身整裝下樓吃早餐，因為這幾天肚子不太好，沒有吃多東西，又為我燒了一盤白雞飯，我沒有吃，對此實在沒有什麼胃口了。

聽盧大姊說，飛機是九日飛，但赫魯曉夫如在十日接見，可能多留幾天，大家歸心如箭了。我也已寫信回去通知北京和上海了，但願不要再改變吧！

九時許，出發赴大克里姆林宮，參加最高蘇維埃全體會議開幕禮，我們被邀坐在列席第一排，很受優遇。會場門前有好幾張報到的桌子。

在會場上，遇到愛沙尼亞黨第一書記和阿塞拜疆最高蘇維埃主席，連忙和我們招呼握手，很有他鄉遇故知這樣的親熱。

大克里姆林是蘇聯重要會議開會的地方，座位比我們懷仁堂寬，每兩個座位中有一小圓形播音器，就安在桌邊上，一般座位都有幾種民族語言的“譯意風”。我們所坐的幾排位子，有法、英、中、德和西班牙語五種“譯意風”，比如，把指針撥在“三”上，就聽到中文，但今天上午僅是開幕式，通過了資格審查報告和議程，沒有播“譯意風”。

今天赫魯曉夫、布爾加寧、米高揚沒出席，可能在最後討論赫魯曉夫的報告，其餘為馬林科夫、莫洛托夫、卡岡諾維奇、別爾烏辛、朱可夫等都看到了。

大會表決比我們簡單，問是否同意，大家一舉手，問有無反對，沒人舉手，一兩秒鐘就解決了。

全國使館節坐在廳旁的小圍裏，各國記者坐在樓上旁邊的長方形廳裏，後面有幾張放著電話的桌子，休息室則和各國使節在一起。

今日清晨有小雨，相當冷，會議十時半即結束，宣佈下午三時開會，出來時有太陽，立即覺得暖了（今天穿了棉毛衫和羊毛衫，未穿大衣，為了避免寄存衣帽）。

汽車在紅場前拋錨，我們（向）葛里高利也夫（要求），下車步行一段坐電車回去，他無論如何不同意，結果還是另叫汽車回來。在這些方面，是比我們死板得多。

有一位叫郭紹唐[1]的同志，紹興人，早期的留俄學生，參加了革命，他的哥哥是在上饒集中營被害的，他早已入了蘇聯籍，改名什麼"郭維洛夫"，在東方學院工作，對中國歷史很有研究，早娶了蘇聯老婆，有了女兒，聽說正在爭取回國工作。在大革命中，這樣的人很有幾個，前天聽說一個學生（四川人）也是如此，以上都是盧大姐談的，他們都是朋友。

下午二時，（二時前午睡了一小時），再赴大克里姆林宮，坐在前排旁廳旁，三時開會，由赫魯曉夫報告，主要是關於工業建設的管理問題，工業下放，六月就開始，以後中央的部減少，而且只管政策方針。

這個報告已印出，要講四個半鐘點。我因為今天宴客作主

---

1 郭紹唐原是中共早期黨員，1925年赴蘇學習，後在共產國際機關工作。蘇聯肅反期間，他受冤入獄，流放西伯利亞，十八年後才得以平反回莫斯科，時任蘇聯科學院東方研究所研究員。1957年秋，郭紹唐應周恩來邀請，偕同蘇聯夫人及女兒回國訪問。

人，和邵紅葉、劉克林、邵燕祥、羅林等同志先退，乘車至大使館練了清唱，抽中華牌香煙，和宮亭、李楠暢談了很久。大使館還是國民黨時代留下的房子，這房子是舊俄資本家的建築，現在還是租用，已決定在列寧山建新大使館，後年可以全部落成。

大使館有職員五十餘人，商務參贊處兩百餘人。

七時，客人陸續來，塔斯社社長一向不參加宴會，今天也來了。會上情緒甚高漲。可惜大使館為我們準備的酒菜太少了，原預定三千盧布，結果僅用了二千，同志們對此都表示不滿。

回旅館後，向列娜送禮品，全體同志都參加。

《消息報》送我們每人一把電刮鬍子的刀，送女同志每人一手錶，盧大姐的很名貴。

徐晃同志和我談了許多話，主要是說對我這次領導的穩當很感激，又說，當初決定我當團長是宣傳部批的，可見是很正確云云。

來了四日的《人民日報》。

伊里卻夫說，蘇聯將有比圖一〇四更快的客機出現。李楠說，蘇聯今後主要將發展噴氣與螺旋槳結合的烏克拉式飛機，這種飛機用油很省。每小時可飛六百公里（現在，普通飛機每小時三百多公里，圖一〇四，八百多公里，順風可飛一千公里），而且乘客每機可達一百五十多人。

蘇聯外交部遠東司副司長[1]的中文講得很好，他昨天一再問我蘇聯有哪些缺點。他又說了一個笑話，說羅果夫已經多年自己不會穿脫皮鞋，他不照鏡子，就看不見自己的腿。

---

1　蘇聯外交部遠東司副司長，即賈丕才。賈丕才，全名米哈伊爾·斯捷帕諾維奇·卡皮查，曾多次出任蘇聯駐華外交官，後任蘇聯外交部副部長。

# 五月八日　　　　星期三

昨晚睡得早，而且相當甜，今晨六時半醒，即起身，盥洗燙腳，補記一段日記。今天又陰天，當多穿一點衣服，還有兩天就要回到北京了。我們在蘇訪問的日程，基本已經結束了，就要準備收拾行李了，目前唯一的未知因數〈素〉，是赫魯曉夫究竟是否接見，何時接見，希望千萬勿因此而拖延行期，全團同志對這一點非常關切，實在大家歸心如箭了。伊里卻夫昨天說，八九兩天很可能接見。

九時半早餐，十時，到莫斯科廣播電台作華語廣播錄音，是專門對華廣播的，同往者有葛里高利也夫、邵燕祥、張又君、王器等，電台房子並不好，正在改建中，對華廣播部分有好幾位會說中國話的，又看到兩位我國電台來這裏實習的學生。

在電台，看到赫魯曉夫昨天講話的大綱（電台準備廣播的稿子）。

由電台辭出，赴百貨公司，我買了一個皮箱，兩個皮夾，一個幻燈放映機，一共花了三百五六十盧布。

一時，趕到蘇維埃文化報訪問，房子很小，他們設蘋果酒、點心等款待，談了一些他們的經驗，並彼此商定了今後加強聯繫的辦法。

出來時，該報交我上次給他寫的短稿的稿費二百四十個盧布，因此又可以多買些東西了。

在《文化報》時，即聞赫魯曉夫今天要接見我們，二時半趕回旅社，三時吃飯，即刮鬚整裝，三時一刻出發，至蘇共中央辦事處，由外交部新聞處副處長哈爾拉莫夫陪同前往。

四時接見，即在赫魯曉夫同志辦公室，接見時極為親切，表示對我們的歡迎。我提出了三個問題（經濟改組後蘇聯工業的新面貌，美英對中東陰謀以及國際一般局勢，中蘇友誼）。他一一詳細答覆，並且還談了蘇聯的農業問題。

談話一共談了一點四十分鐘，在座的有伊里卻夫、撒卻可夫和《人民日報》記者李何、新華社記者李楠等。

談話後一起照了相。

兩個多月來，我先後和毛主席和赫魯曉夫進行了親切的談話，真是畢生的幸福之事。

赫魯曉夫的辦公室不很大，辦公桌上放了好幾個飛機（大都是民航機）的模型，和一塊玉蜀黍的玻璃板[1]。

他的談話，有許多涉及機密的，他都先說不是為了發表的，如美國在台灣設導彈武器的對策問題，少奇同志等來蘇問題，毛主席過去對訪蘇的意見問題等等，說得非常輕鬆而親切。

回到旅館後，形勢急轉直下，聽說圖一〇四只有今天晚上的票，否則就只能改坐小飛機，大家決定立即整頓行李，趕在今天出發。

我又趕忙去旅舍的售品部買了一些香水、玩具等等，又同邵紅葉到列格勒大街買了三盒巧克力糖，回來又把多餘的盧布買了一把木梳。

七時，對外友協送我們每人一對鋼筆，一個皮包，未到拉脫維亞去的同志，另送每人一收音機。

使館張映吾、宮亭同志來訪，談了很久。

廣播電台送來稿費三百八十盧布，沒法花出去了，晚飯時交給葛里高利也夫同志，請他代買一手錶或電視機，有便帶到中國去。

十一時上機場，同機有阿爾巴尼亞議會代表團及我國農業部等代表。

---

1　原文如此。具體所指，現已難以考證。另據相關資料，20 世紀 50 年代，赫魯曉夫擔任蘇聯最高領導人後，為解決糧食問題，曾大力推行種植玉米（玉蜀黍），此時正值高潮。有史料稱，赫魯曉夫的辦公室裏有許多玉米概念裝飾，如玉米形狀的玻璃工藝品，在辦公桌的玻璃板底下放置種植玉米宣傳海報等。

到機場送的有伊里卻夫、羅果夫、外交部東方遠東司副司長賈丕才及《真理報》等代表，使館陳楚、張映吾同志也來送行。


## 五月九日　　　　　星期四


晨一時，乘圖一〇四噴氣機離開莫斯科，計從三月廿七日出國，共歷四十四天。

離行前，《真理報》送來我們和赫魯曉夫合照的相。

《真理報》同志並說，因為我們提早一天走，他們的禮品來不及送，決定明天帶到北京，聽說送我們每人一個照相機，一個手錶。這次我們收到的禮品不少，加上自己買的，可以說是想要的多〈都〉有了。

圖一〇四共四十多個位子，中間有兩間包房和一間廚房，兩個廁所，兩個掛衣間，行李間在機身下部，設備相當好，共有三個女服務員。

飛機起飛後，即在一萬公尺高空飛行，莫斯科時間四時十分（北京時間九時十分，以下即寫北京時間了）即到鄂木斯克，上次由鄂木斯克到莫斯科共飛了十二小時。

離莫斯科不到一小時，天即微明，不久即東方發紅，三時頃，紅日即徐徐上升，因為太陽向西升起，飛機每小時以近千公里（等於向陽的速度）向西行，兩相湊和，太陽的上升比平時所見快了一倍。

在鄂木斯克上油，休息了幾達二小時。

一時五十分到伊爾庫斯克，那一帶天還相當冷，山頭尚有積雪。

三時離開伊爾庫斯克，從此離別了蘇聯。

五時十分，到達南苑機場，先等阿爾拜〈巴〉尼亞代表團過去後（機場有盛大歡迎儀式），少奇同志等都親到歡迎，代表團在鄂木斯克曾和我們交談，對中國極友好）。

蘇大使館參贊、林朗、趙恩源[1]以及我報葉岡[2]、嘉樹[3]、朝宗[4]、小林[5]等都來接，齊向我獻了花。

回到辦事處，晚餐吃了稀飯、醬菜等。

侖侖七時許來。

八時，掛了家中和報館的電話。

熙修到哈爾濱視察未回。

# 五月十日　　　　　　星期五

生活一時還改變不過來，昨天十一時睡，二時半即醒。怎樣也睡不著，朦朧中總是在蘇聯的生活，把幾天來的報都看完了，七時，叫老趙買來豆腐及油炸圈（過去有一時期沒有）七八個，都吃了再睡，結果是做了一個怪夢，十時半醒即起。

《人民中國》的同志來談工作經驗。

《新聞與出版》轉載了我的文章，給了五十元稿費。

去朝宗處再支了一百元。

三時與葉岡、嘉樹、蔚明赴中山公園看牡丹。

---

1　趙恩源（1909－1980），北京通縣人。1930 年起任《大公報》天津館編輯、北平辦事處主任、漢口館編輯、昆明航空館負責人、重慶館編輯、天津館編輯主任。時任北京《大公報》副總編輯，1957 年被劃為右派。

2　葉岡，時任《文匯報》駐北京辦事處記者，朱嘉樹之夫。

3　嘉樹，即朱嘉樹，時任《文匯報》駐北京辦事處記者，作者妻妹，1957 年被劃為右派。

4　朝宗，即李朝宗。

5　小林，即林廷貴。

嘉樹給我看芳姊的信。

侖陶兩兄七時半來，同時森隆吃晚飯，飲了一升大麯，有些微醉。

回辦事處，給兩兒各種紀念品，他們都喜歡，可惜福兒不在這兒。

十一時許，他們回去，我準備睡，換著一身新睡衣。

# 五月十一日　　　　　星期六

車票已定好，為十三日的，本擬訂十二日的，沒有了，福兒十五日離家，還可以看到他。

上午九時，邵燕祥、劉克林兩同志來，後與別的同志聯繫，會議決在下午二時起舉行，看劉克林記的赫魯曉夫談話，很不錯。

邦傑來電話，約他明天早晨來。

中午，赴東安市場逛逛，吃了一碗雞絲麵，回來後請李朝宗去買一隻帆布箱子，二十三元。

下午二時，代表團同志陸續來齊，後談了總結計劃，晚上我請他們吃飯，林朗同志也來了。

帶來的禮品一部分還未到，我先取了收音機和礦燈，其他恐怕要等將來寄去。

飯後，與徐、盧兩同志往訪鄧拓同志，酒後談多了些，回來，侖陶兩兒已走了。

# 五月十二日　　　　　　星期日

晨十時，侖、陶兩兒及邦傑兄弟先後來，十一時同至三里河大姊處。

午飯後，與侖、陶兩兒同遊北京，歸後，兩兒代我清理行李，我和陳銘德兄談話。

晚飯在嘉樹處吃，菜做得極好，樣樣好吃，在這方面她大有進步了。

晚上，匆匆寫了一篇工作總結，睡前開始看《六十年的變遷》[1]。

北京這幾天天氣好極了，無風而暖和，終日萬里晴空，入晚一輪皓月，光耀四射。

十二時和欽本立同志打了電話，告訴他明天一定動身，並從他瞭解了最近報館的情況。

# 五月十三日　　　　　　星期一

八時起身，整理零星行李，來時一個箱，回去多了兩個，還有些東西莫斯科還未帶到。

---

1　《六十年的變遷》，是李六如所著長篇歷史小說。李六如（1887－1973），湖南平江人。1955 年從最高人民檢察院副檢察長兼黨組書記崗位上退下來後，開始發表文學作品。

一九五八年

一九五七年九月，作者被劃為右派。一九五八年一月，被免去上海《文匯報》社長兼總編輯職務，同年三月進入上海社會主義學院學習。學習期間，作者先後在原上海縣顓橋人民公社和原嘉定縣外岡人民公社進行勞動改造。一九五九年，作者學習"結業"後，調離上海《文匯報》。

這段日記記述了作者一九五八年在顓橋的勞動情況和生活情況。一九五八九月至十二月，上海市委統戰部安排上海市民主黨派中的右派四十八人舉辦勞動學習班，地點在原上海縣顓橋人民公社（又稱磚橋，位於上海西南，現屬閔行區）。該班共分四組，作者被分在第二組，該組成員共十三人，除作者外，分別是：勾適生、劉哲民、姚梓良、李樾卿、許卜五、許傑、傅守璞、潘世茲、方子藩、姜慶湘、王子建、王造時（後調入）。

該冊日記扉頁上寫："學習日記　徐鑄成　顓橋友誼社　五八年九月。"

——編者注

# 九月十五日

上午五時起身，最後清理行李，七時離家，到協商會 [1]，交掉

---

1　協商會，即上海市政協。參加此次學習班的有被劃為"右派"者共計四十八人，作者記錄名
　　單如下：（第一組）徐中玉、莊鳴山、李樾卿、陳仁炳、程應鏐、徐旭、吳贊廷、陸詒、吳
　　企堯、郟方雲（存疑）、邰雲舒（存疑）、李季開，（第二組）許傑、勾適生、劉哲民、姚梓
　　良、許卜五、許傑、傅守璞、潘世茲、方子藩、姜慶湘、王子建、徐鑄成，（第三組）周永
　　德、朱仁、李小峰、梁俊青、連瑞琦、吳茵、沈志遠、王載非、王中民、吳沈釔、徐啓堂、
　　李炳煥，（第四組）吳藝五、李康年、王造時、楊蔭溥、錢瘦鐵、毛嘯岑、葛克信、朱立波、
　　陸晶清、陳豐鎬、趙銘彝。

行李，即與吳藝五[1]一起乘車直赴顓橋。

十一時半，大隊人馬到，適逢大陣雨，同往搬運行李，遍體淋濕。

午飯後，與勾適生[2]等到鎮上去搬運竹床。在鎮又遇雨，雨後與莊鳴山[3]共搬一床五凳，路滑，沿路停四次到"家"。

我暫住在原定的公共場所，這裏本來是豬牛棚，經前幾天折翻粉刷一新。因為自己也參加這一勞動，住在這裏。格外舒適。

二時開會（全體）討論作息時間，勞動生活紀律和學習計劃。紀律等是我起草的，大家提意見，的確裏面有不少不恰當的地方，需要重新修改。

聽了劉部長[4]談話的傳達，是大隊在政協出發前給大家講的。整篇講話，非常感動人，真可說是語重心長，千言萬語，希望像我們這樣的右派，要真正認識形勢和時代發展規律，認識自己錯誤的性質，真誠地徹底改造，將壞事變成好事。

晚上，將我們的住房臨時改為會堂。

八時許，社主任等領導幹部來作報告，社主任主要講農民在解放前後生活各方面的對比，很生動具體。

對解放前的農村情況，我所得〈知〉很少。解放後，又未參加土改。現在想來，我對地主也許還有些仇恨，對富農並無仇恨。這是和我的已爬到資產階級的地位〔是〕分不開的。

直到十時，才佈置床鋪，不久即入睡。

---

1　吳藝五（1891－1976），又名吳澍，別號藝夫。福建長樂人。早年加入同盟會和中華革命黨，參與二次革命和護法戰爭。1944 年參與創立三民主義同志聯合會。1950 年，負責籌備民革上海市分部。後任民革上海市委副主任委員，華東軍政委員會監察委員、上海市民政局副局長。1957 年被劃為右派。

2　勾適生（1913－1987），山西臨汾人。經濟學家，統計學專家。曾任上海大夏大學教授。1949 年後任上海財經學院教授，九三學社上海分社理事會委員。1958 年被劃為右派。

3　莊鳴山（1908－　），浙江寧波人。上海醫學院教授，民盟上醫支部負責人，1957 年被劃為右派。

4　劉部長，即劉述周。劉述周（1911－1985），原名劉其鎬，江蘇靖江人。時任中共上海市委統戰部部長。

# 九月十六日

今天上午，第一次參加勞動，作剷除門前至河浜的草〔的〕工作，剷草還可以，後來挑草只三四十斤，就有些吃不消，因為肩膀上從未挑過東西，社主任說我們應該換換骨頭，的確是至理明言。

下午二時開小組會，談聽了劉部長講話後的體會、感想，暴露思想不夠。


# 九月十七日

天氣越來越冷，已有深秋意味。

上午，到田間拔草，後來又翻山芋。

下午學習中，繼續談參加這次下鄉勞動的真實思想情況，除勾適生外，一般暴露得還好。從暴露看，對此次勞動真正態度正確的絕少。而態度不端正，就不可能在勞動中得到改造的收穫。

上午，開了第一次辦公室和組長會議彙報了各組學習情況。


# 九月十八日

上午，參加剷草勞動，已比較熟練，但勞動了一個多小時，就想休息，就想抽煙，在這些方面，還不能堅持。

四組要二組支援，全組到顴橋去買米買菜，後來毛老[1]告訴我，已備到車子，只要四五個人去就好了。當姚梓良[2]徵求報名時，我並未要求去，這樣的例子最近已有幾次，説明我對勞動，並不如何主動要求，思想上還好逸惡勞。對通過勞動改造自己，理性上認識，但還有些口是心非。

清晨，和彭雲飛[3]同志談起昨天學習情況，他説，像許卜五[4]的談話，就可以立刻展開討論批評。許的談話，我當時聽了有些刺耳，但並未立即引起反感。這説明我的政治敏感不夠，這種政治敏感也就反映自己的政治立場未根本改變，所以愛憎不分明。

下午午睡後，到馬路上去接米，等了約兩小時方來，我一共來回了三次，搬了一次，肩挑上已不那麼痛，而且今天開始用左右肩換挑，可見在這方面已有了一些進步了。

四時一刻開始學習，晚上繼續補課。主要是集中批評許卜五的錯誤談話，大家發言熱烈，分析逐步深入，後來徵求大家意見，都認為這樣學習，很好，可以相互幫助，逐步提高。

今天晚飯後開第一次碰頭會，交換關於學習的意見，各組進展不平衡，決定分析對學習勞動的各種不正確看法，樹立正確的勞動觀點。

---

1　毛老，即毛嘯岑。毛嘯岑（1900－1976），字兆榮，江蘇吳江人。早年參加革命活動，曾參加鄧演達組織的"第三黨"。1935 年，在上海參與創辦由中共投資的上海中級信用信託公司（後改名中信銀行）。長期從事情報工作。1949 年後，曾任中國通商銀行公方代表、上海分行總經理、上海公私合營銀行副經理等職。1957 年被劃為右派。

2　姚梓良，即姚楠。姚楠（1912－1996），字梓良。上海人。歷史學家，東南亞史、華僑史專家。華東師範大學教授。1957 年被劃為右派。

3　彭雲飛，時為中共上海市委統戰部黨派處幹部，"顴橋勞動學習班"常駐幹部。

4　許卜五（1904－1983），河北深澤人。1924 年參加中國共產黨。1926 年參加中國國民黨，曾參加抗日反蔣活動。1939 年至 1945 年在汪偽政府任職。1947 年參加中國國民黨民主促進會，從事地下工作。1948 年參加民革發動的"京滬暴動"。1949 年後任上海市政府參事室參事，民革上海市委文史資料工作委員會委員。1958 年被劃為右派。

# 九月十九日

今天上下午多參加勞動，上午到大豆地裏割草，每人一壟，幹得比較起勁，有些社會主義競賽的意味。

下午一時一刻，許傑[1] 來叫醒我，說社裏要我搶收棉花，除四組一部分管伙食同志外，全部下地，到五時才收工。

今天這兩次勞動，我都是生來第一次做，在大豆地裏，豆株和有些新草分辨不清，鋤頭使用也不能稱心，往往無意碰傷了豆株，到後來，操作才比較熟練些。

摘棉花所花勞力較輕，但彎腰操作，相當吃力，特別因上午也是彎腰勞動的，所以到後來很感疲勞。

晚上開會，談談今天全日勞動後的意見，全組都表示沒什麼意見，只希望能多一兩次休息，勞動組織能好一些。

今昨兩天，睡得多不好，起來小便兩次，今天到十一時許才入睡。這還是因為多年來老的生活習慣在作祟。

來鄉已五日，還沒有換過洗過衣服，明天要抓緊時間換洗一下，這樣的不注意清潔衛生，還是思想上有短期的 "抗一次" 的打算，而不是身心都到了農村。

對全組的關心不夠，特別沒有深入瞭解組員的思想情況。

今天第一次寫家信。


# 九月二十日

今天全日大雨，未下田，上午學習，下午自學，晚上開聯席

---

1　許傑（1901－1993），浙江台州人。作家、文學理論家、教育家。復旦大學教授、華東師範大學中文系主任、教授。上海市政協常委、上海市民盟副主委。1957 年被劃為右派。

會議。

上午學習時，先對許卜五繼續批評，後來討論如何正確樹立勞動態度。因為勾適生發表談話時很多，〔有〕言行不一的地方，我就立即對他開展了批評。事後很顧慮，恐怕這樣會使小組生活太緊張，使大家今後不敢暴露。晚上在聯席會上提出請彭雲飛同志和其他各位討論。彭同志說，今後大是大非問題，應及時展開批評。關於一般思想作風問題，可在生活會上討論。如群眾對某些問題提出批評，應予以支持。

後來，看到今晚小組紀錄，也有人提出小組空氣是否太緊張，有人主張和風細雨些，姜慶湘[1] 說的，和彭同志有相類處。

為這件事，我思想上相當緊張苦悶，對勾適生的批評應該說是正確的，但時間、方式都有錯誤。這不僅是經驗不足，脾氣急躁水平低的問題。主要：一是搞工作的群眾路綫問題。從上面的例子，可見不僅其他工作，就是小組生活要搞好，也必須堅決貫徹黨的指示，堅決相信和依靠群眾中的多數，走群眾路綫。而我，還有高高在上，命令主義等的壞作風。二是思想問題，檢查我對勾的態度，主要有些不耐煩，反感，而不是耐心地千方百計幫助他，啓發他的覺悟，這裏面，也有個人主義的立場，表現自己掌握得好，及時開展批評，同時，對黨交給我的任務，沒有處處的體會和貫徹黨的政策方針，特別是體現黨的心出發，而是自以為高人一等，翹尾巴；不是黨交給我的任何任務，全心全意盡力而為，老老實實，有一分熱發一分光，而是把這一組的工作當作自已〈己〉表現的機會。這些都是我的老毛病，可見一經具體考驗，就處處露出尾巴。

---

1 姜慶湘（1918－1990），字蔣萊，浙江瑞安人。經濟學家。復旦大學經濟系教授，民建上海市委常委，上海市政協委員。1957 年被劃為右派。

# 九月二十一日　　　　星期日

上午，在院內揀棉花，五時頃，孫宗英[1]同志來，找我和沈[2]、陸[3]、毛[4]、陳仁炳[5]、吳藝五等談話。瞭解這幾天的生活、思想、勞動情況。

孫同志還講了最近他赴京看到的大躍進情況，的確令人感奮。

下午，開全體評比大會，新會堂在第一組的努力下，已收拾得乾乾淨淨，由自己努力勞動而建立起來的東西，對它格外有感情。

在評比會上，受表揚的有李樾卿[6]、楊蔭溥[7]、陸晶清[8]等，受批評的有勾適生、許卜五、李康年[9]等。

晚上，漫談對大會感受，大家說這樣的會，教育意義很大，受表揚的許傑談了他覺得有許多地方很不夠，受批評的許卜五、勾適生說心頭很沉痛，決心努力改造。

彭雲飛同志談，目前社內正全力討論公社問題，生產任務較輕，決定乘此機會，分兩批休假一天，明天二、三組回去，後天一、四組回去。

---

1　孫宗英，時為中共上海市委統戰部黨派處幹部。

2　沈，即沈志遠。

3　陸，即陸詒。

4　毛，即毛嘯岑。

5　陳仁炳（1909－1990），湖北武昌人。歷史學家。曾任上海聖約翰大學教授兼文學院院長，復旦大學歷史系教授。上海市政協副秘書長，民盟上海市委副主委兼秘書長。1957 年被劃為右派，未予改正。

6　李樾卿，上海市印染工業公司副經理，民建上海市委常委、長寧區委主委。

7　楊蔭溥（1898－1966），字石湖，江蘇無錫人。經濟學家。曾任中央信託局儲蓄處經理、上海證券交易所協理等職。1949 年後任上海財經學院教授，上海社會科學院經濟研究所研究員，民建上海市委常委。1957 年被劃為右派，1966 年自殺。

8　陸晶清（1907－1993），女，原名陸秀珍，雲南昆明人。詩人、散文家。主編《掃蕩報》（後改為《和平日報》）副刊。1949 年後任上海財經學院教授，民革上海市委常委。1957 年被劃為右派。

9　李康年（1898－1964），浙江寧波人。實業家。曾任上海中國國貨公司經理、萃眾股份有限公司經理，創立鐘牌"四一四"毛巾和"三五牌"掛鐘、台鐘等國貨名牌。1952 年任民建上海市委委員、上海市工商聯執委。因提出"二十年定息"而聞名。1957 年被劃為右派。

## 九月二十二日

五時三刻出發，上車不久即找到座位。

六時許到徐家匯，七時不到就到了家，家中對我的突然回去，感到意外。

上午看報，睡了二小時。下午，和母親愛人同上街買電筒等物，並在附近的公園散步了一小時，寫給兒、媳信，告訴他們我在鄉間的生活。


## 九月二十三日

五時四十分離家，到徐家匯車站，遇著幾位同學。

七時，回到了"家"。一、四組早已出發了。

七時半，參加勞動，一部分挑泥草，一部分拍蒼蠅。挑草地方，要跳下泥潭。當時大家有些躊躇，彭雲飛同志立即赤足先跳下去，很多同志跟著也赤足下去，我當時畏縮不前，最後還去拍蒼蠅了。雖然在拍蒼蠅中，也出了汗，拍了三四百隻，但終日思想負擔很重，下午學習時，大家談參加勞動體會，我就開不得口。在勞動關中，赤足也是一關，在這關前，我沒有通過，充分反映我對勞動的自覺性很差，挖掘根源，還是自己對這次下鄉參加勞動，努力改造自己的思想認識不夠。

下午四時半學習後，一大部分同志到附近去取回了糞桶，開始挑糞送到田間去施肥，我也挑了三四擔。晚飯時，糞味飄來，並不覺得怎樣臭了，可見對糞的思想感情有了些變化，這也是一關。我過得比較好。

晚上，在生活會中繼續談勞動態度，勾適生又暴露了些錯誤思想，經大家批判，他始終狡賴，可見他們的思想問題還很嚴重。

睡上睡得很好。


# 九月二十四日

上午，一部分劃草積肥，一部分打蒼蠅，我首先報名參加割草積肥，思想上準備和昨天一樣去赤足下河，結果只是到竹園裏去清掃除草，但我主動積極參加勞動，比昨天有了進步。

在勞動中，手擦了幾條血痕。

下午學習，開始討論兩位社主任報告，發言比前熱烈，冷場的情況很少。

下一部〈步〉如何開展討論，向彭雲飛同志彙報。他最後對我說，多注意組內思想情況，主動關心別人，搞好組的工作，一方面是責任，另一方面，也是積極自我改造，靠攏黨，聽黨的話的一種表現。我聽了這話很受啟發。

晚飯前後，開了辦公室會議，各組彙報情況，彭同志指示，對勾適生可以暫時放開，對一、三組某些同志，啟發其自覺談自己的思想情況，決不強追歷史，對某些堅決不暴露的人，也採取啟發他們的自覺自願，真正不覺悟，也就算了。這些原則性的政策交代，對掌握討論，極有關係。

彭同志又說，勞動必須與改造結果〈合〉起來，有些人勞動態度好，但不一定在好好改造自己的思想立場，因為勞動只是推動改造的一種方法而已。這些話的意思，和習仲勳所說的三個關——即生活關、勞動關、改造關，差不多。

晚上生活會，漫談回家一天的所見所感，大家談了，但暴露不深。

今天飯粥都燒得好，我的飯量今天也特別好，晚上，試用左邊牙齒吃菜，也能勉強對付。這樣，使右齒免於刺激，果然晚上的牙就沒有痛。

這次回鄉後，生活更加習慣些了。


# 九月二十五日

上午，清掃竹園，從今天起，二組勞動進一步組織化，並分為三個組。

七時半，正在勞動時，有人通知說江華[1]、孫宗英同志已下鄉，囑回去商談。商談內容，主要為估計目前各組學習情況，擬訂一個月的學習計劃。

中午沒有午睡，十二時半即出發，到社裏去，約有二三里路，社裏就〔有〕合作社（供銷），有醫療室，如此也可見幾年來農村面貌的改變。

下午的勞動，主要為社清掃場地，搬運稻草，整理麥草，等等，勞動了一二小時，場地頓見改變，勞動的力量是多麼可貴！

三時半後，與江處長、彭同志及志遠[2]先回，草擬學習計劃。

晚上，學習前，在一組清唱了兩段京戲，又在新的禮堂聽了王子建[3]等的崑曲，都是為了籌備國慶慶祝會，覺得年輕了些。這些都反映集體生活的可愛。

生活會今天為了整天勞動，時間掌握在八時半前結束，主要

1　江華，時任中共上海市委統戰部黨派處處長，上海市社會主義學院籌備負責人之一。

2　志遠，即沈志遠。

3　王子建（1905－1990），江蘇常州人。經濟史家，中國棉紡史專家。曾在中央研究院從事棉紡業的統計和研究，並參加國民政府的有關管理工作。1949 年後任上海棉紡織工業同業公會副主任委員，上海市工商聯執行委員。1957 年被劃為右派。

談國內局勢，我談得較多。


# 九月二十六日

上午，彭同志本關照九時前自學，九時後下地摘棉花。八時許，八隊康隊長來，大聲批評我們到時不出工，說農民早晚幹，你們為什麼到上午八時還不出工。當時，我思想上有些抵觸，認為他不瞭解情況又亂批評，但後來仔細想想，他所說的道理是對的，應該從他講的農民如何積極勞動這一面接受教育，同時，我們在出工前時常不能按時出動，的確對參加勞動、按時勞動，還不夠重視。這樣的批評也就是對我們的監督，我們應該虛心接受，並向他們好好學習。

在勞動時，後來挑草，我開始不拿手去分草，以致挖的草多埋在土裏，到後來看到彭同志如此做，也跟著做了，但思想上並沒有重視草就是肥料，就是糧食，總之，思想深處還是從他個人怕髒怕苦出發。

勾適生思想包袱很重，甚至害怕，人家懷疑他偷東西。這些方面，說明我對他的幫助很不夠。


# 九月二十七日

上午仍舊除路邊的草，今天工作量較多，中間也未作多少休息，比較勞累了些。

中午時，志遠談，劉部長在民盟代表大會報告，說過渡到共產主義社會將在不遠的將來，大約十年，我們的速度，真可認為火箭速度了。劉又説，在我國，將不採取蘇聯那樣等級待遇差別太大的辦法，而是拉平提高，這的確是一個關鍵問題。我們的思想改造中，一是要加強勞動觀點，把勞動作為生活的必需，二是努力克服特殊化，也就是生活群眾化的問題。

下午學習，補第一單元一課，分析批判下去勞動的各種錯誤觀點。

三時三刻，下田摘棉花。

晚上，為了過節，未開生活會，大家在一起講笑話，講戲，集體生活，過得比較輕鬆愉快了。

今天月色還好，有些亮，晚上到九時半才睡。

# 九月二十八日

今天全日勞動，上午除草，分段進行，到十一時半全部完成任務，工作比以前已熟練，也比較做得細緻了。

下午，未睡午睡，即赴鄰村幫助做愛國衛生工作，直至晚八時後始回來。

九時不到即上床，不久即入睡，是下鄉後第一次早睡。

# 九月二十九日

下午，江華、孫宗英同志來了，約我們談話，因此未下地。

談的內容是準備小結過去半月的收穫，對今後三月作總的規劃。因為各方面都在提出國慶獻禮，政協各方面也在熱情討論規劃，右派不能獻禮，也可提出自己的打算。

除四個組長外，另約李樾卿、陳仁炳、吳茵[1]、陸晶清、楊蔭溥、姜慶湘六人參加。下午，繼續談具體內容，決定分為兩組，我和姜慶湘起草第一部分，志遠、陸詒起草第二部分。

以上繼續討論。九時後，我和姜開始起草，直到深晚二時許才寫好，這是下鄉後第一次睡得這樣晚。

四組特為我們準備了麵條作消〈宵〉夜。

上午，進行大掃除。

# 九月三十日

五時半即起，實際只睡兩小時半。

起身後，將初稿修改了一遍。

八時，全組繼續討論，提出了很多意見。

後來，我們將全稿全部刪削改寫，花了三小時到十二時才寫好。下午，付印，政協帶去十五份，各組每組四份。

今天周永德[2]的收音機帶來。晚上聽了周總理的招待外賓宴會上的講話。

下午學習到四時，下地摘棉花。

---

1　吳茵（1909－1991），女，江蘇吳縣人。電影演員，民盟上海市委委員。1957 年被劃為右派。

2　周永德，民盟上海市委委員、徐匯區委副主委。1957 年被劃為右派。

# 十月一日

今天國慶，晨起大雨，又因國慶，未下田。

八時聽上海遊行廣播，八時半，小組漫談在鄉間過國慶的體會感想，十時，聽北京廣播。

今天中午吃肉，每人四兩。

下午，二時半開聯歡會，由我當主席，唱了兩段戲。

晚上，和程應鏐[1]等打橋牌。


# 十月二日

上午，組長及各組生活幹事開會，討論解決了一些管理方面的問題，如組長回組住宿，以及輪流回家等問題。

下午學習，討論總結規劃，對半月來情況估計，聯繫本組及本人情況討論。大家發言相當熱烈。

晚上，開生活會，也開得相當好。

聞四組對毛嘯岑有意見。我檢查自己，認為要做好組的工作，不僅要經常注意組內思想情況，關心大家的情況，最重要的關鍵，在於自己對自己要求要嚴格，自己的思想先和別人見面，然後別人才能對你敞開思想。

和季〈計〉同志談，他說，應盡力和組織縮短距離，老老實實地一步向前走。這幾句話，對我很有啟發。

---

1  程應鏐（1916－1994），江西新建人。歷史學家。上海師範大學歷史系教授，古籍研究所所長，民盟上海市委委員。1957 年被劃為右派。

# 十月三日

上午去挑草肥，每次來回約二點五里，我一共挑了七擔。全組中有人挑了九擔，大部七八擔。我在這次挑擔中，肩挑上增加了力量，也算是竭力以赴，但對自己還要求不高，特別是作為組長，沒有很好的起帶頭作用。

正午，彭同志來，召開辦公室組長聯席會議。我在會上作了自我批評，並對沈、毛兩人提出了批評，認為他們對組內的思想工作沒有抓緊。

下午，開會學習。

晚上，辦公室組長繼續開聯席會議，繼續對休假等問題作了討論。彭同志說，看問題，應該首先從政治上考慮問題。這對我說來是很大的啟發，右派分子犯錯誤，這也是原因之一。

今天未睡午睡，晚上睡得很香。


# 十月四日

今天，整日下雨，未下地勞動。

上午，學習規劃，對勾適生繼續幫助。

下午，統戰部馮國柱副部長來作報告，共報告四小時，前一部談國內外形勢，後一部談改造問題。這一報告，對我的啟發很大。

宿舍調整，我搬到第二組，比較擠一些，但也比較搞特殊好一些。

晚上，辦公室召集開會，討論學習馮部長報告的提綱。

# 十月五日　　　　　　　　星期日

　　上午，和陸詒同到“禮堂”，我整理昨天馮副部長的報告，很緊張地寫了三小時半，結果還只整理出一小半。

　　下午，開始討論馮部長報告的國際部分，我在討論中檢查了過去對國際問題的看法，並加以批判。其他人也發了言，勾適生發言，説他害怕戰爭，結果又引起全組的批斥，他又多方解釋辯護，糾纏了兩三小時，後來我和彭同志商量，決定會後不再零碎的〈地〉批評他，以免妨害別人的學習。

　　晚上，討論規劃。

　　今晚天氣驟寒，三組很多人要求放假回家。辦公室決定明後兩天分批放假，但暫不宣佈，以免大家在學習中分心。

　　今天幾乎整天下雨。


# 十月六日

　　上午，復到“禮堂”整理馮部長報告，到十一時半尚未完，飯後，趕在二時前整理完畢。

　　早飯後，彭雲飛同志找我們一起商談休假問題，決定下次休假在十至十五日之間。

　　下午和晚上都學習馮部長報告，已將國際部分學完。晚上，吃了一顆一特松。結果，晚上起來了兩次。

## 十月七日

上午天晴，恢復勞動生活，鋤草積肥。今天因為路短，一再爭取加碼，有幾擔大概已有六十斤，還能勝任，而且左肩也一樣能挑。在這方面，是有了不少進步了。

今天抽空向報社領導上寫一封信，簡單彙報我下台後的情況，請求幫助。

下午和晚上，都繼續討論馮副部長的報告，我自己暴露了很多錯誤。在暴露方面，我自己想已經接近了有什麼說什麼的程度。這也說明要求改造的自覺性已有所提高。除此以外，對人的關心也比較多，而且，從下台以後，消極情緒有大大的改變，對改造有較大的信心。委屈情緒基本上已消除了。

晚上睡得很好，這也說明我的生活情況已逐漸正常了。

## 十月八日

這幾天睡眠很好，上床不久就睡著。這主要是作了體力勞動，同時，在學習中多少有收穫，比較認清了前途，對自己的罪行有進一步認識，對改造可謂已沒有什麼抵觸情緒，相反地，自覺性漸提高，對鄉間的集體生活也漸慣常，所以有些身心愉快，個人主義患得患失的心情也逐漸消失了。

上午，大部都去鋤草積肥，我們幾個組長商量如何作學習劉部長和社主任報告的小結。

下午，搶收棉花，從一點半至五點半，四小時內我摘了九斤多棉花，如按工分計，還不到兩公〈工〉分，可見我在勞動方面多麼無能，要自力謀生，談何容易。

今天摘花最多的十二斤四兩。按組來説，我們二組平均每人八斤十二兩最高，一組八斤二兩，三組六斤多，四組三斤多。

# 十月九日

上午，八隊到六隊去深翻土地，叫我們去鋤草積肥，走了三里多路才到。今天的勞動強度較高，鋤草深，挑的挑子也重，大約每擔已加到五六十斤，我兩肩都能挑，很覺過癮，由此可見，把勞動當作生活不可缺的感情，是可以培養的。

在勞動中，看到農民在一起勞動，有説有笑，非常快樂。這是幾千年來少有的事，是個體勞動所不可能有的事。

下午四時，搶摘棉花，昨天大家記了成績，二組平均超過一組。今天大家熱烈競賽，固然是件好事，但也發生了偏差，有些搶時間，有些少摘爛花，有些彼此責怪，變了競賽第一，比之勞動人民在競賽中處處協作，大不相同，可見立場未變的人，一涉具體行動，就反映了唯 "利" 是圖，損人利己，少勞多穫等等毛病，政治就不掛帥了。

下午和晚上開會，對傅守璞[1]進行了幫助。

又寫了一封家信，報告可能在下星期初放假回家。

今天眼鏡腳斷了一支，臨時把綫穿起來應付。

天氣很暖和。

---

1　傅守璞，曾任中華鐵工廠廠長，上海市機器工業同業公會副會長。1949 年後任上海市工商聯執委。1957 年被劃為右派。

# 十月十日

今天整天摘花，上午，我摘了九斤三兩，下午，摘了兩小時，我摘了五斤九兩，一天六小時，才摘了十四斤十二兩，合起來不到三個公〈工〉分。如以目前的報酬來說，勞動的收穫還不到五角錢，已經腰酸腰痛，可見像我們這樣一向四體不勤五穀不分的人，要自食其力，是多麼困難！

下午兩點至三點半學習，是根據昨天傅守璞的談話，大家幫助他分析批判。

晚上，各組組長在辦公室一起討論小結。


# 十月十一日

上午，陰雨，一二三組再到六隊去支援鋤草積肥。今天鋤草的地點遠一些，我一共挑了九擔，自己覺得最近在勞動中的積極性有所提高。這一方面有不完全正確的思想，就是組長應該帶頭，抗不了也得抗下去，同時，也確有自覺性的因素，自己的確主動想在勞動中吸取更多的力量和感情來改造自己，如不努力以赴，就不會達到應有的境界。

在工休時，彭同志和我在田頭談話，問我二組的思想情況及陸詒等改造的自覺性如何。我自己估計，下鄉時是百分之百被動的，下鄉二十多天來，比較看清大勢，也嘗試到集體生活和勞動不僅並不可怕，而且有些味道，在認罪方面，過去抵觸情緒很濃。這次進一層體會到黨的苦心，口氣基本平了。從各種因素來說，自己已有一定的自覺性，當然還很不夠。主要是已有改造的決心了，能改造好的信心也有些了。

下午學習時，我暴露了反右後各個階級的思想情況，以及下鄉後思想感情的變化，一般認為我這樣的估計還算是實事求是的。

　　在學習時，看到四組一部分人回家，後來才知道辦公室決定一、三組及四組一部分人今天回家，二組和四組另一部分人明天回家。當時思想上倒並無波動，但第二次志遠回來時，我還是託他給家中打個電話，思想上還想家中為我準備些飯菜。這也就是在鄉間簡樸的生活，還不會真心喜歡他〈它〉，向它看齊，而是"抗"了一陣，回家去盡可能"補"一下，提高來看，就是對資產階級生活方式還在留戀不盡。

　　中午吃鹽魚，我只用湯泡飯，倒還不覺得什麼，只是後來一想，今天整天沒吃一點油類，這恐怕也是我有生以來僅有的遭遇也。

# 十月十二日　　　　　　星期日

　　聞笛聲即起。

　　和許傑抬倒尿桶。今天又是值日，洗臉後即洗碗筷。

　　今天只有十七八人，全院頓覺冷冷清清。

　　晨起重陰，恐要下雨。

　　辦公室臨時宣佈，二、四組提早於晨八時放假，明天午飯前回來。

　　八時項趕忙收拾行李動身，在汽車站等了不到十分鐘，車即來，勉強擠上，一路少停，八時半即到徐家匯，到家還不到九時，趕上電梯。

　　二十天未回家，看到母妻都好，深以為慰，又看到三個孩子的信，知道他們都好，都在參加勞動中思想認識提高了，身體也練好了。我自己一定要努力追趕，時值的確在一日千里。

回家後立即洗澡，飯前兩外甥及錫妹等都來，午飯飲了一點酒。

午睡一小時許，即到靜安寺理髮，添購些零星用品。

十一時睡。


# 十月十三日

錶帶忽斷，晨起赴靜安寺配錶帶，順便買了一斤栗子。

母親為我包了餛飩，十一時即吃午飯，十一時半下鄉，坐三輪到徐家匯，即趕上汽車，有座位，一時不到即到了“家”，和勾適生同車。

未午睡，二時學習二小時，四時，赴東頭鋤地，用鐵鎬。這在農村還是中勞動，但我們鋤了一刻鐘就很累，只能互相輪流。今天這一課，可說是下鄉勞動升入二年級的第一課。

下午學習時，討論國防部的命令（停火延長兩星期），大家對這裏面是否有策略問題，意見上實質有分歧。從這次分析中，充分說明看時局的立場觀點與方法。

晚上談回“家”觀感，我今天遲到，實在是一個錯誤，會上也有人提到了。

九時睡，不久即入睡，很香。

# 十月十四日　　　　下午轉陰雨

　　昨天天氣相當暖熱，今天晨起也暖和，清晨只要穿一件毛背心就夠了，這是下鄉後半月多來所少有的。

　　上午，在家揀棉花，是最輕微的勞動。

　　五時許，彭同志交給我陸詥修改後的小結，我在室詳細看了一遍，並把自己的意見摘錄了下來。

　　下午學習，對馮部長報告的學習，已到最後階段。

　　四時半即休假，晚飯前後，和程應鏐等打了一局橋牌。

　　晚上，辦公室開會，討論學習小結，至九時才結束，九時半睡。


# 十月十五日

　　昨晚天氣驟轉寒，晚屢醒，今晨起身，即加穿棉毛衣褲。天小雨未停，聽廣播，由於冷空氣南下，今天天氣降低約十度。

　　上午，辦公室組長聯席會議，彙報各組學習馮副部長報告情況，並決定了今後要補課的幾點。在會上，有人提出對二組的批評。晚上生活會上，我把問題提出，大家分析討論，並進行了批評，都感到對我們及時敲了警鐘，教育意義很大。因為這些問題，看來是生活小節，實際是在生活鍛煉和集體制度中找空子、開後門，歸根結蒂，是對改造的自覺性不足的表現。開會中，大家表示決心改過，會後，立即去倒尿桶。

　　上下午學習，繼續學習馮部長報告最後一節，並開始補課，談公社與家庭生活問題。

　　本來想再過幾天鋪棉被，後來看看天氣實在有些冷，下午午睡後，即把家中帶來的被包打開，重新整理，晚上睡時，頓覺溫暖如春。

今天因雨，整天未勞動。

晚飯前後，又和一組打了橋牌。今後，在這方面要加以節制，每周至多打二三次。


# 十月十六日

上午，一二三組都往鋤草積肥，我鋤草的一段，正在積草之處，所以鋤後即爬去田裏，極為方便，整個三小時半勞動中，始終精神飽滿，極為愉快。共鋤約二丈多路，挑九擔。

下午，因為“紅旗”、“解放”[1] 來了，下午集體自學。看這兩本雜誌上的幾篇重要文章，看了很有收穫。

江處長和孫宗英同志等來鄉，晚飯後先找各組長談話，瞭解情況。八時，召集全體座談，前後交代：一、學習馮部長講話完畢後，進行個人小結，相互評比。二、各組人員個別調整，並各添一個組長。三、適當的〈地〉進行監督，爭取更多人的監督，並說明勞動的意義，今後要養成勞動習慣，至於改造時間，可以考慮。

晚上起，雨不斷，天氣更轉寒冷。

今晚談話會十時結束，十時半始睡。

除彭文應外，聽說龍榆生[2]、金幼雲[3] 也要求下鄉來學習。

---

1　“紅旗”、“解放”，即《紅旗》雜誌和《解放日報》。

2　龍榆生（1902－1966），名沐勳，江西萬載人。古典文學專家、詞人。上海博物館資料室主任，上海音樂學院民樂系教授。1958 年被劃為右派。

3　金幼雲（1919－2010），名維寶，號幼雲。江蘇南京人。回族，伊斯蘭教著名人士。上海市敦化中小學（後改名為上海市回民中學）校長。1957 年被劃為右派。

# 十月十七日　　　　　陰雨

天氣預報，今天天氣又比昨天降低三度，最高十七度，最低十一度。

上午起身，天雨，昨晚雨未斷，這樣的陰雨，對棉、稻都不利，希望早些晴。

今天天氣更寒，最低溫度只有十一度，很多人穿起了大棉襖，我還沒有把厚冬衣拿出來穿。

今天上下午都學習，主要是談聽了江處長談話後的體會，大家對勾適生提出了批評。因為他迄今抵觸情緒很大，對批評採取抗拒態度，而一開口就暴露他的反動立場觀點。

晚上自學，把“紅旗”和“解放”基本看完了。

九時，準時睡覺。


# 十月十八日　　　　　轉晴

今天準時起身，因為是值日，立即掃地、洗碗，並往廚房取熱水瓶。

今天天氣更冷，最低只有九度。而天氣已晴，六時後坐在院中記筆記，有些寒風刺骨矣。

下午參加集體生活後，睡眠充足，準時起睡，飯量約增三分之一，（昨晚吃菜粥，吃了三大碗），大便每天準時一次。這樣簡單而規律的生活，加上每天勞動，不僅可以改變思想立場，鍛煉好身體，而且可以延年益壽。

上午，和四組一起，把四隻糞缸的糞挑到橋北的菜田裏去澆，來回有一里多路，我和方子藩[1]一起抬，共抬了五桶，開始時感到臭，後來也不覺得了。五次中，有三次在後面抬，臭味更屬害些。所以不怕臭，這種感情的變化，也就是認識到糞的作用是肥料，是增加國民經濟的一種資料。

今天勞動時，有兩件事該檢查：一、還糞桶時，對傅守璞提批評，態度很不好，盛氣凌人，事後很懊悔。下午會上作了檢討；二、是洗糞桶太早，實際少抬了一抬，在勞動中偷工減料。

抬糞完後，又去東頭挑草，我共挑了七擔。

下午，學習兩報告的小結已印好，在學習中開始討論，主要是結合本組和自己的情況，估計二十多天學習的收穫，今天主要發言的，有潘世茲[2]、許傑和劉哲民[3]。大家幫助他們分析，認為很有收穫，在這方面，我發言多，肯幫助人，是優點，但隨時要注意態度，要結合自己，不要指手劃腳教訓人，自以為是，忘了自己也是急待改造的右派。

晚飯後，四組一起到橋邊散步一二十分鐘，橋西原來是另一個社（群力社），正在翻田、積肥和挖“蒿排”。

兩天來，蚊子很多，我用臉盆捉了六百多隻。

今天，天轉晴朗，風也小了。

昨天吃菜粥，今天吃麵，連日伙食甚好，飯量過度，反而不大舒服，大便也失去常態了。

今天買了兩條香煙，還了前借姚梓良的半條，餘下的有一條半，希望能節約控制，能度過二十天才好。

---

1　方子藩（1908－1968），號善坤，浙江鎮海人。化工專家，佛學居士。曾任上海大豐工業原料公司總經理兼總工程師、中國化工廠總經理、上海漢光電化廠總經理、上海市佛教青年會理事長。1957 年被劃為右派。

2　潘世茲（1906－1992），廣東南海人。曾任上海聖約翰大學歷史政治系主任、教導長、代理校長。1949 年後任復旦大學圖書館館長。《三字經》英文譯者。1957 年被劃為右派。

3　劉哲民（1908－1992），江蘇丹陽人。曾創建上海出版公司，任總經理、董事長、編委主任等職。1949 年後任新文藝出版社總編室副主任、古典文學出版社經理部副主任、中華書局上海編輯所影印組科員等。1957 年被劃為右派。

## 十月十九日　　　　星期日　　　　　　　晴

聞笛聲即起，今天天氣又晴而無風，洗臉時看到一邊迷霧，是大晴天的徵象。

上午挑草，今天的草又裝得重些，有幾擔可能在六七十斤以上，但還能上擔，今天因為整上午挑草，覺得相當累，兩肩也有些重，而兩手這幾天有些僵也沒好，這都是在"脫換骨頭"之徵。

下午繼續學習小結，三時半，即往東村摘綠豆，這是下鄉後參加的又一新工種，揀起來比棉花更麻煩，因為多而不大容易找清楚。午間看曬在場上的綠豆，劈啪有聞，經太陽照熱後，其殼自動爆開，殼及綠豆都四面散開，自然界的生物，實在奇妙有趣得很。

晚上學習時，許卜五又不注意地暴露了一大套錯誤、反動的觀點，我加以批駁，可能態度上還有些粗暴。


## 十月二十日　　　　　陰

晨起，似晴又雨，晚間天氣比較暖和，可能還要下雨，氣象報告，一兩天內氣候〈溫〉還要下降些。

自己開始作小結的準備。

今天上午還是鋤草、挑草。我在休息前，一直鋤草，對全組的挑草如何組織，一直未管，根本忘了自己是一個組長，這樣很不好。

今天挑草還是用流水作業，有幾擔很重，總有八九十斤，也能"扛"得住，可能體力的確有所增長了。

午後，辦公室找各組長開會，彙報學習情況，商量如何佈置小結工作，共開了半小時，因此今天的午睡幾乎沒有睡。

下午和晚上學習，晚上，我自己談了小結的總估計，請大家批評，大家對我擔任組長的許多缺點，如缺少群眾觀點，對勞動和生活抓得不緊，沒有把這組團結成為一個集團，有時還有一些家長作風。這些批評，的確對我很有幫助。

今午吃了豬肉和菜心，好極了。


# 十月二十一日　　　　陰

今天上午鋤草積肥，仍採用輪流作業，到十時半左右，天雨，提早收工。

下午，討論國防部關於恢復炮轟金門的命令。

晚，幫助姜慶湘。

彭同志今天回來，他和我談有關小結的問題，決定把小結的時間拉長，以便做得比較深入細緻些。又說，人代和政協本星期內將聯合開會，可能通知我參加，叫我做好準備，聽了非常感動。黨不僅多方挽救我，而且給我各種社會觀察和接受教育的機會。我自己已認為此生休矣，消極頹廢，而黨反認為我沒有"休矣"，認為我可以改造好。這是對我的勉勵和信任，我一定要加深自我改造，做好黨交給我的任務工作，不辜負黨對我的深厚恩情。

傍晚起，陰雨不止。

## 十月二十二日　　　　雨

昨晚一夜大雨，今晨起身後，雨點仍大，取水洗臉等，非穿雨衣不可。

昨晚十時半才睡，今天五時二十分起身，比往時睡得少些。

上午，自學，醞釀小結。

中午，全組決定買農具，各拿出二元錢。午飯後，我和勾到顓橋。劉哲民、許卜五到閔巷，原來要在顓橋買鐮刀，結果未買到，僅買種菜刀兩把，撲克牌一付〈副〉。劉、許四時許方回，買來扁擔五付，鋤頭五把。

從傍晚到深夜九時半，辦公室聯席會斷續舉行。彙報學習馮部長報告的情況。

今天趕寫一家書寄出，在顓橋郵局時，打了一個電話給家裏，芳芳接的，很清楚，知道兩兒都有來信。

晚上，公社陸興華同志來作報告，很生動具體。

晚十時才睡，雨止天轉寒。


## 十月二十三日　　　　晴，天轉寒

晨起，又把羊毛衫〔穿上〕，換內衣，天大寒，大約只有三四度左右矣。

昨晚幸將毯子蓋上，還溫暖，比昨晚大約要冷七八度。

辦公室宣佈，二組老姜調三組當副組長，李樾卿調來當副組長，王造時[1]調二組，一組陳仁炳當副組長，四組楊蔭溥當副組長。

上午，仍然去挑草，有幾擔差不多已有一百斤，我還勉強能挑，可見氣力的確比以前增長了。

今天用本組自己製備的扁擔，真像新農民了。

下午學習，幫助方子藩。晚上，許卜五談他的小結提綱，大家提了不少意見。

下午四時，全體去摘毛豆，這一片毛豆田，我們初來時曾作除草工作，頗有感情。

晚上，月色甚好。


# 十月二十四日　　　　　晴

昨晚十時睡，夢中忽到清華去當散文教員，又沒有準備，不知何以忽有此夢。由此回想，初解放時去復旦教課的情形，也是如此毫無準備信口開河，明明沒有時間，但又戀戀於教授的名義，後來又以待遇太少，幾乎有一半時間請假，在上課也常坐公家的車子去。可見在解放之初，就是一腦子等級思想和個人主義，解放八九年來絲毫未改。且以黨的照顧，個人名位提高，驕傲自滿，醜惡的思想反而日益發展，終於墮落成為右派，"吾誰欺，欺天乎？"一切都怪自己。

今天全日勞動，上午到八隊極北部去鋤草挑草，我挑提了一二十擔，分量都相當重。下午，午睡後即出發搶收棉花，到五

---

1　王造時（1903-1971），江西安福人。歷史學家，社會活動家。曾任光華大學文學院院長兼政治系主任、教授。發起組織中國民權保障同盟、上海文化界救國會、全國各界救國聯合會等。救國會"七君子"之一。1949年後任復旦大學歷史系教授，世界史教研室主任。1957年被劃為右派，1971年在被羈押期間病逝。

時半才工畢，整天勞動的結果，有些腰酸背痛。

因為彭同志告訴我，政協要我參加，這幾天有些思想開小差，學習也抓得不緊。這說明我下鄉勞動的觀點還有問題，應該抓緊時間，狠狠地大破大立。

晚上，約李樾卿、姚梓良到水車台去閒談，估計組內情況，討論一下如何把組的工作搞好，把二組形成一個相互關心的集體，並通過這次小結，把大家的學習提高一步，把對自己的要求提高一步。

# 十月二十五日

今天天氣又暖和一些，將羊毛衫褲都脫掉，氣象報告，說明天〔天〕氣有大風，氣候〈溫〉將顯著下降，今天少穿些衣服，以便再冷些可以有衣服可加。

上午搶摘棉花。中午，接政協通知，當選政協委員，衷心感謝。

二組到鎮上抬米，本擬全組同去，後來大隊長說隊裏有便船可載回，只要少數人去好了。我未去。

飯後繼續摘棉花，季〈計〉同志說早些走吧，免得車擠。

二時，與陸詒、吳藝五、李炳煥[1]一同出發，到徐家匯約四時。

到家後，吃了三個團子，晚上洗澡，水太冷。

---

1  李炳煥（1900－1975），福建福州人。經濟學家。曾任暨南大學、中央大學、上海商學院、光華大學、上海法學院教授。1949 年後任上海財經學院教授兼副院長。1957 年被劃為右派。

## 十月二十六日　　　　　星期日

八時半出發到文化俱樂部。

九時開會，我是特邀人大的代表，分派在文藝新聞出版小組。

今天由劉述周作工作報告，金仲華作歡迎志願軍回國的報告，陳丕顯[1]同志説，柯老[2]剛回，政治報告要過一兩天作，會期預定一周。

下午小組會，討論金的報告，我也發了言。

會上向陳虞孫同志簡單彙報下鄉情況，並問何日詳細彙報。

會後，遇江華同志，他問我鄉間簡單情況。

六時許回家，瑞弟夫婦都來了，錫妹及兩孩上午就來了。

今天因腹瀉，也有些發熱，整天未吃什麼東西，晚上，吃了午時茶即睡。

## 十月二十七日

上午小組會，開始討論工作報告。

下午，和母親、芳姊同到國泰去看蘇聯五彩〈彩色〉片《失蹤的人》，很好。

---

1　陳丕顯，時任中共上海市委第二書記、市委書記處書記。

2　柯老，即柯慶施。

## 十月二十八日

上午小組會，繼續討論工作報告。

下午三時，赴報社[1]，向周天國[2]、楊浚青[3]同志彙報下鄉一個半月的情況，周天國亦代表黨對我們作了指示，認為下鄉勞動表現還好，但要認清改造是長期的。應努力縮短改造期間，主要是提高要求，提高改造的自覺性，充分暴露自己的錯誤想法。這些指示，和政治〈協〉領導上的意見差不多，到六時才離開了報館。

晚飯後，到國泰看《紅孩兒》，是政協招待看的。劇情很緊張，但又相當輕鬆，是一張少見的好片子。

今天十二時才睡。


## 十月二十九日

上午小組會，討論政協主席、副主席、常委會名單，並醞釀大會發表。

組長宣佈，因柯老尚未回來，政治報告可能到三十一日才做，今天下午和明天整天決定休會。

本擬明天回鄉一次，出場時，遇江華處長，向其徵求意見。他說一天功夫，不必下去了。可以抓緊時間，把自己的小結寫好起來。

十二時半回家吃飯。

今天天氣轉暖。

晚上，和母親芳姊一起到大滬看電影。

---

1　報社，即上海《文匯報》社。

2　周天國，時任上海《文匯報》黨委書記、總編輯會議成員。《文匯報》在 1958 年 10 月至 1959 年 8 月間取消編委會，成立總編輯會議，領導全報社工作。

3　楊浚青，時任上海《文匯報》社人事科科長。

# 十月三十日

　　今天天氣轉暖，改穿較薄的衣服。

　　整天在家寫下鄉勞動第一單元小結，從上午十時前寫起，沒有睡午覺，直到晚飯前才寫好，一共寫了約五千字，大大超過了原計劃，但再也無法壓縮，晚飯以後，開始複寫三份，寫了兩張半紙，已十時，乃睡。

　　整天在家工作，是近年來少有的事。

　　睡前吃了幾塊糖，睡後牙痛痛醒，到一時許才再入睡，吃了一片止痛藥片。

　　前天吳藝五給我電話，我不在，今天擬答覆他，遍找找不到他的電話號碼。

# 十月三十一日

　　上午起身早餐後，繼續抄寫小結，至十時許才完畢，共寫了六張。

　　離鄉已近一周，頗有些想"家"。

　　午間向政協秘書處打過電話，下午三時在市府禮堂聽柯老報告，入場券已寄出，但我還沒收到，乃於二時先到市府，和秘書處同志聯繫後進場，散會時又要了一張票。

　　柯老報告到八時才講完兩個部分，極其扼要而明快。

# 十一月一日

上午六時許即起，七時半乘車再到市府禮堂聽報告，講到下午一時。

急急歸家吃飯，再到文化俱樂部參加小組討論，到六時許才回家。

買了一本新出的《紅旗》，晚上看毛主席關於國際問題的講話轉錄。


# 十一月二日　　　　星期日

上午八時，到文化俱樂部繼續參加小組會。

大會主席團決定，柯老報告要深入討論，小組至少舉行五次，大會討論四五次，預定大會六日下午或七日上午閉幕。這樣，大會期間達十二三天，比原來想像的長得多，前後離鄉達兩星期矣。

這兩天天氣又漸暖，早晚出去，也無須穿夾大衣了，聽説未來三五天也還是晴天。這近半過〈個〉月的晴天，對於農作物的秋收和秋種是有好處的。

上午小組，開始討論柯老報告，重點放在上海今後如何支援外地和如何改造的問題（既要擴大，又要收縮和把上海改造成為花園花〈城〉的問題），希望大家把看法想法以及接觸到的，敞開來談，以便市委更全面地考慮此問題。

中午，在政協吃飯，飯後，和陸詒一起到襄陽公園閒坐。

六時散會後，步行回家，並不覺得累。

# 十一月三日

上午八時，到文化俱樂部繼續參加小組討論。

今天繼續討論上海今後的主張，聯繫自己的思想對公共食堂問題，家庭問題和不斷革命中的 "亂" 的問題，大家敞開了思想，進行分析批判。

中午，仍在文化俱樂部吃飯，這幾天因為交通運輸主要為 "鋼鐵元帥" 讓路，副食品供應相當緊張，但文化俱樂部的四菜一湯還是相當豐富，有魚有肉。

午後，赴南京路一帶為鄉間收音機購買電池，跑了幾處都買不到，又到中百公司和食品公司巡禮了一周，沒買什麼東西。最後，到西藏路市場看看，看這幾回書都很好，花了三角錢進去聽了一下午的書，都不錯。姚蔭梅[1]（右派）也在説，只是不用他的名字，僅佈告 "彈唱"。他説的有些藝術水平，也比較老實，但還亂放噱頭，有些還很不健康，可見一個人的改造不容易，而作為文藝工作者思想不改造的危害性是相當嚴重的。

六時回家。

大樓[2]為了進行整風肅反，對一些反革命家屬貼了大字報。

# 十一月四日

天氣繼續溫暖，昨晚起有些熱傷風，今晨起身，脱去羊毛褲，並將毛綫衣換上，改穿了一件羊毛衫。

---

1　姚蔭梅（1906－1997），江蘇吳縣人。彈詞演員。上海市人民評彈工作團成員。1957 年被劃為右派。

2　大樓，指作者居住地上海枕流公寓。

八時頃，到文化俱樂部繼續開小組會。

下午，與母妻同至大光明看《三勇士》。這片去年我在莫斯科看過，印象很深。這次以為有譯言，所以去看，結果還是沒有，僅有字幕。但這樣的片子，多看一遍還是值得的。

從這片的開映比較，大光明的光、幕還不及莫斯科寬銀幕影院的。

上海這幾天副食品仍緊張，食堂等花色甚少，我們看完影片後，在附近小食堂吃了三客湯點，其他僅有光粥等而已。

九時回家，未再吃晚飯。


# 十一月五日

今天開始，大會發言。

上午十時頃，壽進文 [1] 同志找我談話，瞭解在鄉改造的盟員的各種思想情況，並問我是否準備在大會發言。我說會中右派沒幾人，恐作用不大，他說發發言也有作用。後來他和彭雲飛同志二次找我，決定我單獨發言。

吃午飯回家後，即趕寫發言稿，主要寫我一年來的思想變化及黨千方百計挽救、幫助我的經過，立〈力〉求其真，特別著重赴江蘇參觀及下鄉勞動對我的收穫。

六時寫好，即趕到文化俱樂部，交給壽進文同志。

十時許，秘書處來電話，說發言稿已看過，叫我明天早些去，準備發言。

---

1　壽進文，曾在上海《文匯報》工作，時任民盟上海市委副主委、上海市政協副秘書長、文史資料委員會副主任。

# 十一月六日

上午準時到會，看到很多人在看我的發言稿。因為右派在這樣的場合發言，恐怕還是第一次。昨天壽進文問我有無顧慮，我說沒有什麼顧慮。事實上，我是準備考驗一下對逃避孤立思想能否克服。

我本排在第九個發言，臨時提到第五個。發言時有些緊張，也有些激動。結果，下來時也有少數人鼓了掌，可見對改造還是歡迎的。

和陸詒等約好，明天下午三時半在徐家匯結合，一起回鄉。

下午休息，因為人代會閉幕，有許多委員兼人代，必須去參加選舉。

我乘機去代李季開[1]買了一本雜誌，以後到環龍浴室去理髮沐浴，一共花了八毛五分錢。

里弄整風，芳芳每天開會。

晚上，寫了三個孩兒和外甥的信。


# 十一月七日

上午大會，選舉，閉幕。

下午，芳芳已將我行李清好，她二時即去開會，不能送我。

二時三刻別母下樓，到徐家匯三時一刻。不久，李炳煥來，四人一起出發，四時半前田到鄉下，頓如回家矣。

晚上，潘世茲找我談話。李樾卿和我談了半月來組內情況。

---

1    李季開，教育家，曾任商務印書館《教育雜誌》主編。1957年被劃為右派。

晚上學習時，我談了自己的小結。大家提了不少意見，主要是幫助我繼續檢查改造的，對我的幫助很大。

清理床鋪，十時睡。


# 十一月八日

今天第一天恢復勞動，主要是挑草積肥，稍為重一些，就有些吃不消。因為過去的基礎還差，在城市住了近兩星期，很容易地回生了。

進城兩星期，鄉間的形勢也大變化，稻子全部搶收光了，因為勞動力不足，大部堆了起來，準備深翻土完成後再打。

勞動組織也有了改變，我們屬八一連隊，以房後的河分界，過河是九一連隊，我們今後就在河道邊勞動。八一連隊在這個十天內集中苦戰，要翻好幾百畝田，任務很大，我們就為他們挑肥料。

下午幫助傅守璞，晚上幫助方子藩小結工作，還要一兩天才能完成。

傍晚時，傅守璞曾找我個別幫助。

沈志遠得到通知，今晚趕進城，準備赴京參加盟的全國代表大會，他起先顧慮很大，最好是不去。我勸他應接受考驗，改變逃避孤立的不正確看法。

咳嗽傷風還未好，方子藩帶來的藥，給我吃了，好一些。

# 十一月九日　　　　　星期日

上午，依然到八一連去挑草劖草，第一次使用我組自己購置的鋤頭，覺得很好使。因為同時翻土的田有許多塊，需要的肥料很多，我們挑送供不應求。三組的肥源在河對面，計同志發起塔了個臨時河橋，兩面傳送。輸運快得多，可見在體力勞動時，也應隨時開動腦筋。

因為有近兩星期未勞動，挑擔兩肩都有些腫痛，幾乎又由不大害怕變成了有些害怕，勞動起來，有些磨洋工。在這方面，要大力克服。今天起，全組在勞動時分為兩班，由我和李樾卿分別率領。

下午，由勾適生報告小結，大家幫助，意見很多。總之，勾依然不肯暴露，態度極不老實，不僅抗拒批評，而且對潘世茲、劉哲民實行報復。

下午四時半，開辦公室組長聯席會議。彙報各組對小結工作掌握情況。一組過寬，三組過嚴，二組對方子藩、傅守璞也太寬了些。我在會上作了批評與自我批評。最後辦公室彭同志作了指示，會一直開到晚上九時半才結束。


# 十一月十日

早起，茫茫大霧。

吃了方子藩的藥後，咳嗽雖然好些。痰能咳出，夜晚也能安睡，但病仍未痊好，擬於今日起，竭力減抽香煙。

上午的勞動仍然是挑草積肥，今天意外的安慰是右肩不再那麼痛了，可見這又是勞動的一個小關。如果怕痛不挑，或等病好後再挑，那就過不了這一關，以後還是會痛，現在忍受了些，繼續堅持，結果是基本上把這一關過去了。由此也可見，凡事必須政治掛帥。

今天中午吃了肉，是八隊殺了豬，希望我們代銷二十斤，今天吃了十斤，腌了十斤，預備下次吃。

下午討論許卜五小結，因為不真實，不肯暴露思想，小組決定基本不同意。晚上，討論傅守璞、方子藩和勾適生的補充小結，傅較有暴露，態度較端正，方還是講大道理，不暴露真實思想，勾很緊張，開始有了一點暴露，小組最後作了不同的決定。他們三人最後也表示同意，那時開會已到晚上十時半，又抽了幾分鐘談談，對這次小結的體會，我對這次小結最深刻的體會，是黨千方百計挽救和幫助右派改造。對進步快的，也多方幫襯，給以改造的機會。我在具體掌握中還有許多缺點，特別是發揚民主不夠，也沒有很好和別人商量，對特別幫助也不夠，只是最後對一些人的決定，自己以為能夠體會黨的一點心。對我們〔的〕缺點，今後一定要好好改造，改正工作中的缺點。

咳嗽稍好。

今天奇熱，上午出工時，幾乎可穿單衣。


# 十一月十一日　　　　　陰

上午，我和李樾卿等六人先到顧橋去抬米，六人共挑抬三百斤，我和劉哲民共抬八十斤。中間將許卜五的六十斤挑了一段，相當吃力，可見過去挑草時認為有八十、九十斤，都不免估計過高。

挑米回來後，又挑糞到菜田去，比上次更覺習慣了。

下午，由我向全體同學傳達柯老報告，從二時開始到四時半，第二部分還沒有傳達完，大概還要兩小時才能搞完。

四時半後，江華同志向全體講話。他今天上午來，晚上要回去，所以抓緊時間談談。他希望大家把小結搞好後，立即進行評比。按勞動力的增強，勞動態度，學習態度以及集體生活中的對待艱苦生活和集體精神的態度細緻地評比。

他的最發人深省的話，是説經過兩個月的學習，四十多人中有了很大的分化。有人已在逐步自己摘去帽子，有人還在扣緊，增加，帽子是自己戴的，要自己努力摘去。又説，這次政協有右派參加，而且讓我發言，就是為了改造和分化右派，我的發言雖然是談自己的改造和體會，也是代表大會發言的。他希望大家珍視在鄉改造的機會，加緊努力。他又説，這裏的學習還要繼續，因為還沒有摸出一套經驗，將來是否到社會主義學院去，去後單獨編組還是插在一般組內，還沒有肯定，因為各有利弊。從江的談話，説明改造的長期性的〈和〉艱難性。我在上次聽説要到外岡[1]，有些波動，是對改造的認識不足，從深處挖，也説實際上沒有徹底改造的信心和決心。這次聽了，不覺得怎樣，因為思想上有了些準備。

晚上，討論王造時的小結，王的包袱還很重，對黨對自己的罪行還認識不足，但在他的收穫中，卻好像這些問題基本上已解決了。我批評他估計過高，其他也有好幾個人向他幫助，直到五時許才完，二組的小結工作，至此基本已告一段落。

今天去顓橋買了一雙蒲鞋，穿得很合腳，今後挑草等勞動，可以方便得多了。

晚十時睡，好久才入睡，大概是天熱被厚的關係。

---

1　外岡，地名，位於上海市嘉定區西北部，1958 年建鎮。上海市社會主義學院正在此處籌建。

# 十一月十二日

晨起，天氣還是密雲不雨，氣候悶熱。

上午，到十二隊去挑草，我先和劉哲民用車子堆土，後來又挑土。這裏面檢查，也有避重就輕的思想。

九時半休息時，彭同志來説，江華同志又來，找我去談話，即忙趕回，原來領導上要作兩個月工作的小結評比，江處長給我看小結的稿子（孫宗英同志起草）問我意見，最後並叫我將第一部分情況重寫。我遵囑立即到會議室去寫了，直到午飯後才寫完。這裏，體會到黨對我的信任，我今天還未改造好，立場還有問題，但領導上特別加以信任，遇事諮詢，這也是給我的考驗。又在領導同志的小結中，把我也列了表揚之列，認為進步較快，這也使我既感且愧，我在勞動，學習中還有許多缺點，自覺性還很差，領導這樣估計，我一定要更加努力，隨時注意翹尾巴，不要辜負黨的信任，同時，要在心裏更加靠攏黨，努力做好黨交給我的工作。

下午二時，繼續傳達柯老報告，至五時頃全部傳達完畢，前後兩次共傳達了近五小時。

晚七時，開始小組評比，因為江處長今天又向全體談了小結的意義和四個方面，大家在小組上先務虛，談談對評比的認識。然後，開始自報公評勞動能力。這看來簡單，結果，也處處牽連到勞動態度問題，最後決定了一個約數，等明天談好勞動態度後再回過來審查勞動強度。

在小組會上，方子藩對姚梓良大發脾氣，説對他有成見。經過大家批評，一直到十時半才搞完。在這方面的掌握上，我檢查自己太急躁，也可能有成見，有些壓服的味道。今後要特別注意。總之，要事事不忘體會黨的心，一方面對錯誤思想行動決不漠視，一定要開展批評鬥爭，一方面，要耐心地誠懇地幫助別人改造。

天氣仍陰熱，真有“小陽春”之感。

咳嗽未痊癒，但已能安睡。


## 十一月十三日　　　　晴

上午，一部分去深翻，大部分依然挑草，我參加挑草，最後挑的泥草翻裝艱難，我滑了一跤，幸而沒有跌痛。

十時以後，天忽轉陰，且有微雨。

小組，繼續小組評比，大家對我的意見是公共事務做得不主動積極，對大家關心不夠，很少主動幫助別人。勞動方面，統一安排也不夠，這些批評，對我都切中要害，以後要在實踐中切實地改。

晚上，繼續評比，一致同意表揚劉哲民、李樾卿、姚梓良，批評勾適生，對許卜五小組批評。

氣象報告，今天起要轉寒，果然晚上開會以後，北風驟緊，天氣轉寒。

今天十時許睡，以後希望可逐漸恢復正常。


## 十一月十四日　　　　雨

晨起，天冷，加穿羊毛褲，並換內衣及襪子。

天雨，未能出工，上午向辦公室彙報小結評比情況，彭同志指示應將小結按語及評比結果綜合，於是在早餐後和李姚分工整理，我整理評比部分。到十時許，已大部竣事，彭同志認為這樣可以，並動員其他各組組長來我組觀摩。

下午討〔論〕此小結按語及評比結果，很多人認為我自己評得太嚴，我認為這樣有好處而且的確像我自己，不主張更動。

在討論時，許傑、傅守璞、王造時等斤斤計較，總要多美化自己，可見這也是一種考驗，平時對自己有所暴露批評，一旦面臨考驗，就露出原形來了。

辦公室臨時宣佈，因天雨，為了不誤農忙，定今晚放假，明晚回來，乃匆促就道，到汽車站又想到未帶假牙，又回來取一小筐。

六時到家，母妻均在等待，她們以為這兩天我可以回家。看到兩兒及媳婦的信，很高興，福兒並寄來五十元。

九時半即睡。


# 十一月十五日　　　　晴

六時即起身，早飯後，即赴靜安寺修錶帶，配玻璃，說要下午六時才能做好，又買文具用品及茶葉一兩。

午前，寫三兒覆信，並將我在政協的發言稿寄給福兒，盼他們給我提意見。

午間，瑞弟來一小時，談談別後情況。

午睡一小時許，五時晚餐後即動身，先赴靜安寺。擬購膠便鞋，缺貨。五時三刻取回手錶，即乘四十一路到徐家匯，回到"家"已七時。今晚老潘[1]和勾適生未回，據彭同志說，老勾並未請假，實在不老實。

八時，開小組會，談到十時才結束。

---

1　老潘，即潘世茲。

## 十一月十六日　　　　星期日

昨晚大冷，出於意料，穿棉毛衣褲睡，也幾乎時常凍醒。

清晨起來，加穿絨襯衣及絲棉背心，冷水洗臉時，手覺得受到〈不〉了，這也是對生活的鍛煉。

上午，到原第五隊去挑草積肥，地點在原友誼社以東，約有三四里。因此，十一時即收工，回到家已十一時半了。

午睡後，即往摘棉花，我摘了一小時半後，即先回抄錄小組小結及評比，作最後整理，以便分別彙交。又將柯老報告草擬一學習提綱，以便日內開組長聯席會議時提出討論。

晚上，討論姜慶湘小結，李樾卿回第一組去報告。姜的小結，還有些做文章，講大道理，對自己估價過高，還自以為已經基本服罪。這些方面，包袱還重，小組決定同意其小結，提了九點意見。這樣的決定，我思想上有些放鬆批評，認為他已不在本組，又為他已當副組長，不要有傷感情。檢查起來，這些思想極不健康。

對勾適生作了兩次個別幫助，思想上還打不開。

## 十一月十七日

昨晚蓋了羊毛毯，睡得很溫暖。今晨起身，覺得比昨天好一些，主要是風小了些。

方子藩帶來幾塊玻璃，這兩天正設在〈法〉裝上〈在〉窗上，這樣，這間屋子就更加好了。

今天仍舊到五隊去勞動，五隊在原友誼社附近，社內徐同志指點我們挑齊麥桿並加以鍘短，以便下放幹部用繩索牽機加深翻。

在休息時，姚梓良不小心將兩個指頭鍘去一小段。當時我周身癱瘓，心跳厲害。一方面感到自己作為組長，出了這樣的工傷事故，感到責任，另方面又對這類事從來害怕，不知如何措手。

姚梓良由方子藩、李樾卿、勾適生陪同先到友誼社由梁醫生等施藥，後送到精神病院包紮。即用救護車送至漕河涇第八人民醫院醫治，施手術。據醫生說，要半月才能痊癒，中指要去一小節，無名指可保全。

為了姚的事故，全組精神波動，我飯也吃得少些，其他組員也如此。

午睡後，因其他各組小結未畢，我組又因發生姚的事故，學習改為自學，看新出的＂紅旗＂、＂解放＂，我將起草好的柯老報告學習提綱抄好，交給彭同志看，並向他彙報了最近組內的思想情況和工作計劃。他說，這次評比大會，要我主持，辦公室不再在會上講話，主要說這次評比的意義和收穫，說明兩個月來的收穫和存在的問題，說明評比小結主要是以過去一月多的表現為主，也重視最近的情況和對小結的態度，說明被表揚的人，在改造方面表現較好，值得大家學習其優點，對受批評的，應引起大家的警惕。

今晚，與李、劉等一起去拔菠菜。

晚上，先由李樾卿在一組的學習小結，大家也提了一些意見，後來談工傷事故。認為對勞動安全應加緊注意，掌握休息，注意勞動的紀律性，要全神貫注，並決定明天先由我和李樾卿去看望姚梓良，以後再分批去看到〈望〉，至於醫藥費等，以後再說。

方子藩很緊張，我們安慰了他，希望他接受姚對他的幫助，加緊改造。

今天相當冷，晚上加蓋了羊毛毯，還有些寒冷。看來，冬天還加加〈床〉被蓋。

晚十時半才睡，久久不能入睡。

# 十月十八日

上午，仍赴社本部附近挑草。

下午一時半，摘棉花，我和李樾卿等摘到三時即停止，一起赴漕河涇第八人民醫院看姚梓良。他的情況經過良好，有一些發熱，關係不大，腫已消退。

四時半出來，乘車到徐家匯，買回力牌跑鞋一雙，花了七元零一分，又吃了一碗菜湯麵，兩角。

等了三輛車，才得到座位，回到"家"中已七時許。又買了六包香煙。

在徐家匯打了一個電話，芳芳和母親都有時（事）出去，未接談。

八時，辦公室召開聯席會議，商談各組評比結果，大會表揚、批評哪些人，因各組標準不同，又得結果，決定明天再談。

會後已十時半，入睡已十一時許矣。

月色甚好，天氣仍冷。


# 十一月十九日

今天五時二十分起身時，還很倦。對於按時起身，還要花一些努力，逐步養成習慣，對以冷水洗臉，也有些畏縮。

上午還是到分隊去挑草，今天穿新購的跑鞋，新穿時很舒服，後來腳汗多了，反而沒有著草鞋舒服。我這次千方百計買雙跑鞋，實際又是處處向人看齊的資產階級生活作風。

下午，組長開聯席會議，其他人都去摘棉花，聯席會議依舊討論大組評比的人選和開法。最後決定了明天下午〔開〕會，採取民主評比的方法，擺開事實來談，因為有些表揚和批評的人，和小組決定的有出入，準備在大會上展開辯論。明天的會，辦公室決定不發言，由陸詒擔任主席，由我作總發言。這是黨對我的信任，我必須努力做好這工作，會開到晚九時半。

晚飯前，彭同志和我談話，談到右派分子如決心老實改造，在各方面堅決表現，真心靠攏黨，改變立場可能是快的。這些話，對我是極大的鼓勵。

今天勞動不得勁，這種忽冷忽熱的現象必須努力克服。


# 十一月二十日

今天值日，比平時早一些起來，洗臉後即掃地。

上午到公路附近拔棉花梗，因為公路就要加寬，附近農田要改為公路。

八時半左右，改摘棉花，上午一共摘了二斤十四兩。

飯後未午睡，起草準備在大會作的總結發言提綱。

二時，開全體評比會，會上對徐中玉[1]、吳沈釔[2]、李康年等展開批評。徐當場反撲，態度惡劣。給全體反面教育的意義很大。因為有些問題還沒有搞深搞透，決定明天繼擺事實，講道理，把會開好。

晚上，組長聯席會議，討論如何把明天的會開好，從彭同志的發言，使我進一步體會黨即使對受批評的人，也千方百計幫助挽救。

---

1　徐中玉（1915－2019），江蘇江陰人。作家、文藝理論家。1952 年起歷任華東師範大學中文系教授、系主任、文學研究所所長、校務委員會副主任。高等教育部中文學科評議組成員。1957 年被劃為右派。

2　吳沈釔（1914－2017），浙江嘉善人。建築工程師。曾任上海國際飯店經理兼大廈工程師，上海市政建設委員會工程師，光華大學教授。1952 年任同濟大學教授。1957 年被劃為右派。

九時許即睡。

接到芳芳來信，知道家中都好，很安慰。


# 十一月二十一日

清晨寫了一封信給周天國同志，並附去我這次的小結。

上午，在家裏揀棉花，下午一時半，在禮堂繼續開評比大會。在今天的大會中，使我受最深刻的教育是民主集中制的真正民主，如劉哲民，因為其生活上有缺點，群眾堅決不同意給以表揚，對勾適生及李康年的批評，也中肯有力。

晚飯時，和彭同志談今後學習的部署。

晚上，小組討論對這兩天大會的觀感，十時睡。

今天霜凍甚厚，天氣更冷。


# 十一月二十二日

覆芳芳信。

上午，未出門，在“家”修改學習柯老報告的提綱，並起草評比大會的總結發言稿，因為這是黨信任我交給我的政治任務，我一定要努力做好。

下午，繼續開評比大會，今天是集中批評吳沈釪的錯誤，大家揭發批判，說明他拉拉扯扯的惡劣行〔為〕，實際是在破壞改造。這方面有許多位談到體會，認為兩條道路的鬥爭，即使在右派中也並未熄滅，值得大家警惕。

晚上，小組會，談大家觀感。

十時許睡。


# 十一月二十三日　　　　星期日

昨晚相當冷，氣象報告説到零上一度，多蓋了被才溫暖。

清晨前，許卜五大吐，李樾卿起來招呼他。他這種關心人的態度，我應該努力學習，起身後，去請梁醫生給他看了病。

上午，一直到十隊去挑水澆菜，來回大約有十里，回來已近十二時，午睡僅一刻鐘。

一時半，繼續開評比大會，今天吳沈鈺和徐中玉都先後作了自我檢查，態度尚誠懇，大家繼續向他們批評幫助。最後，我作了總結發言，彭同志講了話。

晚上，大家談體會，許多人認為這四位受批評的同學的錯誤，大家都可能有。如自己不努力改造，也可能向惡劣方面發展。後來，又幫助勾適生，他還是這樣頑固不化，死不暴露思想，大家有些氣憤。這樣的人，真是大家一面鏡子。

十時半睡。

姚梓良來信，説他在家養傷的情況良好。


# 十一月二十四日

晨起茫茫大霧。

繼續到十隊澆菜，十一時許歸途，在原友誼社社本部購香煙一條，糖三塊。因為上月有十三天回家，先後退回伙食費（二十五日）三元八角。

晚，彭同志找我研究學習提綱如何與第二單元學習要求配合，後接開組長聯席會議，除通過討論提綱外，並決定明天起早五時四十分起身。晚九時四十五分睡。

# 十一月二十五日

下午，繼續學習柯老報告第一部分。

午後，未睡午覺。洗汗衫、襪子、手帕及棉毛衫褲一套，到傍晚時，基本已乾。

下午三時半，暫將學習結束，挑糞到對面菜園去澆，到五時半收工，僅澆二畦。

聽說勾適生連日不洗臉，不刷牙，褲子髒了也不洗。這和他的“衛生掛帥”完全矛盾，可見並不是什麼講求衛生，根本問題在於反抗改造。

晚上生活會上，啓發了王造時、許傑等暴露了反右以後的思想情況，這對下一步檢查挖根很有好處。

十時睡。

# 十一月二十六日

昨晚天氣較暖，未蓋衣服，晨起，未下霜，有霧，少穿一件羊毛衣。

補記兩天日記。

上午，一、二、三組都在十組澆菜。

下午，學習，晚飯前，與勾適生同到馬路附近散步。這一帶現正在修路，由新成區家庭婦女參加義務勞動。這些人能到鄉下來參加勞動，在過去是不能想像的。這也說明大躍進形勢的深入，她們參加了勞動，自己也受到教育和鍛煉。

晚上生活會上，大家漫談了在第二單元學習的思想準備，決定從明天起，每星期開兩次生活會，其餘時間作為學習的準備時間，以便思索回憶，作為第二天學習的準備。九時半睡。

這兩天消化不良，大便較多。


# 十一月二十七日


晨起天陰，但還沒有雨意。連天在菜田澆水，感到這一陣天太輕，想要下雨，同時也感到在今天的情況下，天時對農作物的關係還很大，農村的勞動力還遠遠不夠。深耕以後，正以全力種菜，而稻大部分還未脫粟〈粒〉，棉花還急需採摘，處處看到勞動力的緊張和改良農具的重要。

上午，在附近澆菜，免了來回走十里路頓覺輕鬆得多。我一直作澆的勞動，也相當勞累。在休息時，忽聞十二隊失火，大家奔走救火。我沒有趕去，這些方面都說明我在勞動和關心農民，愛護農民的情感很少，在勞動中缺少積極性。還有，今天下午摘棉花，只有三斤，僅高於勾適生和許傑。我原來的成績是在水平以上的，現在不進則退，是說明自己通過勞動艱苦改造的自覺性不高，忽冷忽熱，走兩步就停頓下來，產生了自滿情緒。

晚上自學，準備明天學習的檢查，對社會主義制度的看法深入作了檢查，挖得比較深些。這方面的體會，是越挖得深，伏罪的程度越深，心情上反而開朗些。

# 十一月二十八日

晨起少雲無風，比昨天起身早些。這方面，我最近也放鬆，不論晚上或午睡，總不能按時起身，對集體化紀律性害怕，如我自己檢查，要改正過去自由散漫的作風，必須在這方面努力。

繼續在附近澆菜，辦公室已與八一連聯繫，分配給我們八對糞桶，今後將附近的菜田包給我們澆灌。

下午學習，開始第二部分，今天談社會主義制度優越性，先務虛，明天再聯繫思想，檢查罪行。

學習後，和劉哲民、傅守璞同到馬路附近散步，直到顓橋附近才折回，看到許多河浜在填沒，路基在築起，也看到了推土機。

今天，有毛、姜等四人進城參加民進會，陸詒、李炳煥進城去政協聽報告。我因為時事報告每周都有，多進城易分心，也很麻煩，所以未去。

晚上仍自學，寫了一封信給姚梓良，用全組的名義。又將《紅旗》全部看完。

# 十一月二十九日

昨晚忘了把"樂口福"瓶拿回，半夜便急，一夜沒睡好。今晨在吹叫前即起身，為近來從來未有的早起。

天氣又轉暖和，早晨在院中寫字，〔手〕也不怎麼感到刺痛了。

上午澆了兩塊地，休息後一直挑水，有幾擔超過六十斤。最後有些累。

中午吃麵，大家吃得香極了，我吃了兩大碗。我說，以後回憶起來，一定肯定在顓橋鄉間吃的麵是生平最好吃的麵。

下午學習，開始談社會主義制度優越性和無產階級專政問題，我首先聯繫思想，對這問題作了檢查。

晚飯後，向梁醫生要了些藥，因為連天消化不良。

下午下了幾點雨，看近來的農情，有些旱象，特別是蔬菜需要下雨。

天氣變冷了些。


# 十一月三十日　　　　　星期日

今天值日。

飯後，和傅守璞一起到顓橋，買便壺一隻三毛五，又買牙膏草紙香煙等，又到郵局打一電話。結果，芳芳及母親又都不在家，到錫妹家去了。

晚上，辦公室召開組長會議，計同志說彭同志暫時不會回來，又希望各組將學習計劃縮短，學習到二十日止，其餘七天作為小結時間。各組目前進度以二組為最快。

今天天氣轉冷，十時睡。

# 十二月一日

今天輪倒尿桶，有兩次碰到了尿，事後洗洗手，不覺得怎樣了。

兩天來吃了梁醫生的"硅炭銀"等藥，今天腹瀉已基本好了。

上午勞動，未挑水，一直澆菜，十一時半才收工。

下午學習時，勾適生檢查還是儘量美化自己，大家給以批評幫助。這人到今天還沒有一些轉變，真是我們的一面鏡子。

晚上自學，打了檢查關於對黨的領導問題的提綱，又寫了一封信給芳芳。

聽王造時說，毛嘯岑開民建會回來說，已有右派摘掉帽子的。當時有些心動，晚上還做了夢，後來仔細想想，我今天還剛在改造，基本立場還未改變，即使黨寬大摘去我的帽子，也未必有好處，要認識帽子是自己帶〈戴〉的，應該自己努力改造，自己摘帽子，關鍵還在自己的決心與自覺。

十時睡。


# 十二月二日

氣象報告說，今天最低溫度將達零度以下，但今天起身後，滿天大霧，看來並不怎麼冷。

早日每次洗臉，總覺得刺痛，昨天起，洗時索性把手先在冷水裏泡了些時候再洗，反而不痛了。可見有困難來，必須積極地加以解決，把困難當作鍛煉意志的條件，否則，只有永遠向困難低頭。

上午，因為農民自己在澆糞。水桶沒有，全部在家揀棉花，是極輕微的勞動。

今天買了新出的《紅旗》和《解放日報》各一份，無人售書處又少了五分錢。

下午和晚上都是學習，由王造時、許卜五、傅守璞、方子藩先後檢查，直至十時半始畢，睡時已經十一時了。


# 十二月三日

上午，仍在"家"揀棉花，計同志説，目前公社正在休整時期，澆菜也已告一段落，休整以後即將投入水利工作，因此，我們的任務也很輕。

許傑到徐家匯去買藥，託他買書和手套，都沒有買到，為小組買了兩小瓶辣醬。

午睡後，接到芳芳的信，附來侖侖的信和兩元錢，看了很高興，晚上自學時，寫了一封覆信給侖侖、陶陶。

下午學習，開始討論檢查對黨的領導問題的看法，我和許傑等都發了言。

四時許，全部去摘棉花，我全神貫注，力爭上游。結果，摘了四斤十兩，在小組中居第五，比別組的吳企堯[1]還多，這主要是由於勞動態度改好了的緣故。今天二組一般成績都好，遠遠超過別組。如許卜五達六斤七兩，劉哲民、李樾卿等都超過五斤，僅勾適生只有二斤多，可見政治不掛帥，什麼多〈都〉搞不好。

接姚梓良信，説暫時還不能回來。大家都記掛著他。

---

1　吳企堯（1915－2006），民進上海市委委員，佛教界人士，1957年被劃為右派。

# 十二月四日

晨起，大霧茫茫，比過去幾天更甚，又是一個溫暖天氣的徵象。這幾天天高氣爽，天空碧藍，的確是"小陽春"的天氣。

七時許，二組一部分同學同至十三隊挑社裏支援我們的糧食二百六十斤，米極好。一路如在雲霧中，咫尺不辨。我和劉哲民挑了九十斤，約三里路。

回家後，即出發至五隊滅釘螺，繞了一個大圈，回來時，僅走了三分之一的路，濃霧至八時許才散，為生平少見的大霧。

整天天氣溫暖如春。

飯後，至顓橋發至〈致〉陶陶、侖侖的信，打了一個電話回家，芳芳總算接著了。知道家中都好，電池已買到幾節，深以為慰。

從顓橋起，公路路基差不多已築好，工程進度真快。

晚上，和計同志談了一些組內的思想情況。

學習至九時結束，九時三刻按時睡。


# 十二月五日

今天又值日，起身即掃院子，天氣還溫暖。

上午在家揀棉花，下午學習。二時半後，聽上海歡迎金日成首相的廣播，一組同學也來聽。

# 十二月六日

上午揀棉花，工作比較緊張，二組平均每人揀十二斤多，僅勾適生只揀四斤半，可見任何勞動必須政治掛帥。

下午一時許即起，一時半出發到五隊去摘棉花。緊張勞動了三小時，我共摘了十斤十三兩，比過去的成績有了大的提高。

晚上學習，大家對勾適生提出嚴厲批評，認為他不僅不改好，反而更惡劣。會後，勾又找我個別談話，看來，還沒有悔悟之意。


# 十二月七日　　　　　星期日

今天全天學習，為了趕在二十號前把柯老報告學習完畢。照目前進度，二組還跑在前面，但可能學習得粗糙些，應該特別注意。

今天已把第二部分學完，晚上自學，開始準備第三部分。

晚飯前，到精神病院前走了一趟，直至顓橋小橋，這一帶新路的路基幾乎已全部搞好了，真是到處大躍進，到處是奇跡。

晚飯後，本來打算到門外看大福星過滬，後來一組的程、吳來，又打上橋牌。據同室的人說，他們出去看，也沒有看到。

這幾天依然溫暖如秋，九時，聽了廣播，十時前睡。

今天梁醫生帶了康樂球來，午飯後，和周永德、吳茵等打了幾盤，未午睡。

# 十二月八日

　　昨晚溫暖，揭去了蓋在被上的衣服。

　　上午，二組到附近菜田去澆水，有幾天沒有做重勞動。今天挑水的地方較遠，人也少些，因此大家都感到吃力。我一共挑了七八擔，就覺得有些吃不消，每挑一擔都想歇一下，換工澆菜，連澆一小時多也覺得有些腰酸，僅僅歇了幾天工，體力就有些減退，可見對勞動的習慣還僅是初步的，極不鞏固的。如現在就結束目前的學習改造，兩個半月來培養的一點勞動習慣都可能丟掉，可見要培養勞動感情，是不容易的，是必須較長時期的艱苦鍛煉的，更不要說根本立場的改造了。

　　同時，檢查我這一階段的集體生活，也有鬆弛現象，早晨常常遲起，思想上推說是天黑起早了也做不了事。其實，問題在於生活紀律化的培養，改善一貫的自己散漫的生活習慣和資產階級生活方式。這方面，自己是在放鬆自己。再從學習方面説，準備也不夠，對小組的學習，有些趕進度，討論不夠深入細緻，自己這幾天老在盤算何日放假，到年底後是否要轉到外岡鄉去等等問題。晚飯前後，有時打橋牌，有時常到馬路去散步。這説明我對改造有翹尾巴情緒，並沒有艱苦努力爭取加緊改造，反而思想上在開小差。我批評別人沒有把心帶下來，按這幾天的情緒説，我的心也一部分飛回城市去了。這樣下去很不好，不僅辜負黨的厚情，而且對孩子們也對不起，像侖侖的信，他們是如何熱切盼望我早日改造好，看到我有一點進步，他們是多麼高興啊！從明天起，一定要努力振作，要進一步鞭撻自己，死心坍〈塌〉地老老實實地改造，思想決不可再開小差，在勞動、學習和集體生活方面，也要進一步端正態度，時刻注意，檢查滑過去、滑下去的危險。

　　接姚梓良、方子藩給全組的信。姚渴盼早日回來，晚上自學時間，先抽空覆了他們每人一封信。

晚上自學後，到辦公室向陳同志彙報組內思想情況。陳同志談起，在第二單元學習中，要準備抽出兩天時間參加全市打麻雀，還有一天放假。另外，還可能民盟市委將傳達代表大會內容，這樣也可能扣去一天，學習時間縮短，又要盡可能學深學透。又說，最近各組學習中，檢查自己罪行時，不夠嚴肅沉痛，有談笑風生之感。這樣的情況，說明自己對罪行認識不足。這些話，對我啟發很大，按二組情況說，沒有顯著的談笑風生的表現，但也缺乏沉痛之感，特別是缺乏對自己罪行不能容許，自覺地要求談出來，要求別人分析批判的情緒，同時對學習的準備大多數極不認真，學習時近於隨興而談。由於學習期間縮短，一部分人也有些思想開小差，為了搞好小組學習。睡前和李樾卿談商，決定分題重點準備，每次有一二人中心發言。

陳同志還和我談起王造時的情況，的確，當初江處長決定把王從四組調到二組，顯然是把幫助的責任交給我們，但我這一月來沒有重視，沒有好好幫助他。

臨睡前，聽了中央人民電話〈台〉廣播金日成首相告別宴會的內容，十時睡。

## 十二月九日

晚上略冷，沒蓋毛衫，覺得有些冷。

上午，第二三組一起到分隊去挑糞澆菜，我大部分時間時和勾適生抬糞過河，是比較輕的勞動。休息後，參加接力挑糞，搭配的是李炳煥、吳沈釔等，也是體弱的，挑得重一些，有些吃力。今天潘世茲腹瀉，請假半天，未參加勞動，二組出工的只有七人，頗有雕零之感。

中午吃魚，幸青菜分配得多，勞動後飯量有增加，也吃得很香。

附近農民昨天都搬到十二隊去了。為了建設新的居民點，也為了便於實行四化，這是實行公社化所完全必要的。

下午學習，談民主與集中，自己與紀律問題，談得不透，散會前決定分題深入準備，並決定在今後三天內由第三部分基本討論完畢。

計同志回來，説參觀展覽會事領導上原則同意，至於開年是否轉到外岡還是各回原單位，領導上還未決定。

晚飯前，與程應鏐談了學習的體會。


# 十二月十日

今日值日。

上午，到十二隊去挑水澆菜，和三組在一起，休息前澆菜，休息後挑水，體力上還覺有些不支，組內有些同學〈志〉也如此。

下午學習，討論教育與生產勞動相結合的方針，聯繫自己過去和現在對腦力勞動、體力腦〈勞〉動相結合的問題的看法。今天開始採取中心發言，討論比較集中和深入，經過討論和相互幫助分析，對這問題認識比較明確。

在學習休息時，彭文應找我談話，談來談去，他對反黨反社會主義還不承認。這樣的死腦筋，要改變的確很困難。

王造時今天把他寫給北大的信給我看，其中主要還是要求他兒子復學。滿紙無可奈何的心情，在勞動休息時，為他作了一些分析。經過情況，向辦公室計同志作了彙報。

晚上自學，準備明後兩天的學習提綱。

天氣轉冷，睡覺前擬將毛綫褲取出。

# 十二月十一日

上午和一組一起到十二隊去澆菜，是用牛車水，然後加上糞便挑到田裏去澆，我始終作澆的勞動。最後一個多鐘頭相當緊張，感覺很有勁，在澆水時每次把桶提起澆灌，已不覺得糞便有什麼，可見感情有了一些變化。

上午，許卜五到徐家匯去買藥，託他買香煙四包，順〔潤〕喉糖兩包。

下午，學習，討論百家爭鳴問題，這問題是服罪的關鍵問題，所以在下午討論後，晚上繼續討論，我也作了比較深入的檢查批判。

今天原來以〈已〉冷，穿了毛綫褲，結果中午很熱，毛衣也幾乎穿不住。

# 十二月十二日

上午，挑"家"裏的積肥到田裏去，分組接力，直到九時半。休息後，再到附近棉田去摘棉花，直到飯前，未稱分量。

姚梓良回來，大家很高興。

下午學習至四時，辦公室臨召集組長佈置明後兩天滅雀運動，決定分四塊附近地段由四組出動。以後，我們全組到現場去觀察，並約略佈置，在許家宅撿回一些竹竿，回來大做草人。很有興趣。

晚飯後，辦公室叫我發民盟開會通知，並通知大家，後天一早回去，下午開會，不參加會議的晚上放假，第二天七時前回來。

因為明天要早起，晚上不開會，姚梓良帶來代買的"蘇聯七年計劃草案"，抓緊時間觀看。

# 十二月十三日

今天是除雀運動的第一天，上午五時即起，天還很黑，到河內取水也看不清楚。

五時半早餐，六時即出發到陣地。中午，分兩批回來吃飯，我在第二批。

麻雀很少見，上午大部時間，我在看車水澆菜，牛車〔用〕了半天，就把幾畝大的菜田灌滿了。

彭同志回來和我單獨談了好久，這裏學習完畢，決定轉到外岡鄉。又問我反右一年來的思想變化和一九五九年的改造規劃，我談了一些心中的話。他說，最好寫一個簡單的思想小結，附一個改造規劃，又說，到外岡去，也要單獨定學習計劃，叫我先考慮一下，又在這裏學習了三個半月，究竟有那些收穫，如何估計，也要做一個總結，要我準備。這樣看來，放假回來後，工作將是相當緊張的。

晚上，辦公室召集各組組長開會，宣佈了幾件事，主要是十六日上午參觀長江大橋等展覽會，準備十六日下午回來。這樣，我可以在家住兩晚，整整休息一天。晚上自學，和組內同學漫談。

# 十二月十四日　　　　　星期日

　　清晨五時起身，五時半早餐，六時許出發。在車站遇到吳茵，她向我談了一些三組的情況。六時半車來，一路霧大，七時半到徐家匯，八時前到家，家中已等我多日，今天則出乎意外。

　　九時半，到烏魯木齊路附近理髮，沒有洗澡。

　　下午一時，到市府大禮堂聽傳達，內容極豐富。八時半才回家，平平等正準備回去。

　　九時半才睡。

　　看到侖侖、復復等來信。


# 十二月十五日

　　今天整日休息。

　　上午，到淮海路馬當路附近買了一件棉外衣，十三元五毛，後步行到大世界以南上海浴室沐浴，遇著程應鏐，沐浴只花了二角五分。

　　十二時許回家，下午二時，和芳芳一起到南京路中百公司等處購襪子兩雙，萊陽黎〈梨〉二斤多，在紅旗影院看了一場新聞片《小紅旗》。六時回家。

　　百瑞六時半來，飲酒暢談，到九時半他才回去。

　　晚上，和沈志遠通了一個電話。

　　十一時才睡。

## 十二月十六日

上午七時半起，八時半到中蘇友好大廈，和全體一起參觀了長江大橋等展覽會。又到藝術劇場看有關新聞片，我一部分已看過，十一時半先回。

一時四十分從“家”出發，三時十分到“家”，已有一部分同學回來了。

四時，開小組會，漫談回家見聞和感受。

在晚飯後，和沈志遠談話，聽了他參加民盟全國代表大會的見聞。

## 十二月十七日

上午到十二隊去參加澆菜，休息時，彭同志把我們找回來開組長聯席會議，談三個半月學習的小結工作。

## 十二月十八日——十九日

兩天來上午和晚上都談小結工作，步步深入，受到很大的教育。

我被評為少數對改造比較積極主動的一類，心中極為慚愧，我自己以為還在忽冷忽熱的狀態中。

對小結的體會部分，決定由我起草，整個小結，明天應搞好，以便帶一份到城裏送給江處長。

我和其他七位同學被推於明晚進城，後天參加政協組織的七一公社參觀團。

# 十二月二十日

上午，未出工，寫總的小結的體會部分，到十時半全部寫完，請彭雲飛同志看後，交姜慶湘作前後修飾。全稿下午開始油印，五時許印好，由彭同志帶幾份進城給江處長審閱。

五時一刻，和沈志遠、姚梓良、朱仁[1]一同出發，在車站等了約四十多分鐘，因為今天是星期六，工人回家，車甚擠。到六時許，來一加車，都上去了，一路快駛，七時到徐家匯，車也擠，七時半到家，吃了麵飯，九時半即休息。

# 十二月二十一日　　　星期日

五時三刻即起，吃了點心後，即趕到政協，參加七一公社參觀團。我和沈志遠、陳仁炳等四人編入第一隊，姚梓良等編入第二隊。

七時半，乘三輛車子出發，到虹橋鎮，公社社本部所在。先由王社長給我們作了報告。以後參觀菜場、牛棚、磚窰和託兒所等，總的印象是公社化後農村面貌有了顯著的改變。

在公共食堂吃飯，一菜一飯，僅收一毛五，農民不要錢，吃得相當好，而且可以買零菜。有五種，每種五分到一毛五，體會

---

1　朱仁，上海工商界人士，曾任上海市人大代表（楊樹浦區選出）。1957 年被劃為右派。其餘不詳。

大集體小自由的精神。

　　下午，繼續到漕河涇參觀開河（大部用土製機械），豐產棉田，每畝估計仔〈籽〉棉六千斤，已用玻璃布搭棚蓋起。另看到棉花王，一株長二百八十多個棉桃，共約仔〈籽〉棉四斤多。最後，在棉田作了不到一小時的義務勞動，象徵性而已。

　　五時許到徐家匯下車，覓食不得，急速回家吃飯即出，在徐家匯等了一點半鐘的車，最後，乘末班車回“家”，已九時一刻矣。

　　彭、計、余三同志都參加了這次的參觀團。


# 十二月二十二日

　　上午，摘棉花，我僅摘六斤多，比勾適生還少些。

　　下午，開始打小結的草稿，因為主要內容已回憶構思了幾天，所以寫起來比較容易。晚上，開始抄寫，到十時許，已經完成，共寫了不到五千字。

　　因為大部同學沒有寫完，和辦公室陳同志事先研究，臨時放寬半天，到十時半宣佈明天晚上開始討論。白天寫成，一起討論。因此，十一時大家睡覺。其他幾組，我也把這意思告訴他們，聽説有的組準備到十二時後睡。

　　為了抓緊時間，這次小結事先不互助，在決定全部交齊稿子後討論。

　　月色甚好，下午下了一陣雨，不大，時間甚短，聽計同志回來説，市區下得大些。

　　這兩天天氣甚熱，今天是冬至（交夏至）[1]，但依然還是小陽春

_____

1　原文如此。

天氣。

今天值日。

晚飯後，和沈志遠談了很久。


# 十二月二十三日

和辦公室同志研究，如何掌握小結，計同志指示，今天上午補寫小結，勞動改在下午。

上午，把小結最後清數和裝訂，我共複寫了四份。準備辦公室、報社、民盟各交一份，自留一份。

補寫日記，並將一年多來思想情況小結約略打一提綱，因為彭同志又向我催問過了。

農民在院內脫穀。

把“蘇聯七年計劃”的提綱看完，程應鏐兩次來邀打撲克，我第一次拒絕了。第二次未了，看他們在院內準備打，思想上也覺得不好。農民在勞動，我們卻在文娛，但並不堅持，直到余國屏[1]同志來提醒了才停止。這說明自己一行一動，都還不能堅持原則性，時刻會動搖。

下午摘棉花，很少，固然由於手痛的關係，但對勞動沒有這樣一股勁，也是主要原因。

晚上學習，開始討論小結，先排次序，今晚先討論了勾適生和李樾卿的小結。勾的小結簡直不像思想小結，大家提了很多意見。李的小結好，但大家也提了些意見供他參考。

---

1　余國屏，女，時任民盟上海市委組織部副部長，“顓橋勞動學習班”常駐幹部。

## 十二月二十四日

天氣還是熱。

上午學習，討論我和劉哲民的小結，大家對我提了不少意見，對我的幫助很大。大家的意見，我主要缺點在勞動主動性不夠，生活勉強適應，也就是說行動跟不上思想的變化。我自己指出，這也說明我的變化還是初步的不鞏固的。其次，在生活方面還有自由散漫的作風，如不能按時作息等等，對別人有幫助，但關心不夠。所有這些，對我都是針砭，從這些幫助中，也說明批評的好處，下鄉三個多月來，對批評如何認識，如何對待批評，的確有了一些認識。

下午，草寫反右以來的思想變化和明年度改造規劃，因為彭同志已催過我，我一定要爭取在幾天內寫好，計同志同意我這幾天不出工，抓緊時間寫這個小結。

晚上，討論方子藩的小結。

彭同志晚上回來，未交談。

十時許睡。

## 十二月二十五日

昨晚下雨較透，今晨起來，院中已泥濘，著了套鞋，這是幾十天來的一場喜雨。

天氣依然熱，不像冬至以後天氣。下午，天氣轉西北風驟冷。

辦公室上午召開聯席會議，討論和修改小結。

下午，各小組討論總的小結，我本來在裏面房間寫一年多來的思想變化，因為思想不集中，依然參加討論。

下午換穿了厚外衣。

## 十二月二十六日

上午學習。

下午，江華處長和統戰部其他同志來，先召我們組長談話，說社會主義學院大約下月十日左右開學，這裏決定年底結束，放假一星期左右。在這期間，組長們要把下學期學習計劃擬好。後來，江處長又召集全體講話，針對學習中普遍存在的害怕孤立、逃避監督問題，打通思想。

## 十二月二十七日

上午學習，討論許傑的小結。

下午，我繼續寫一年半思想小結，全部寫完。連明年度改造規劃，共約六千字，過去三次規劃，都很空洞。因為一對改造沒有決心，二對改造的理解也很空洞。這次經過三個半月的改造實踐，初步理解通過勞動改造的道理，同時，自己對改造也有了一定的信心和決心。這次訂的改造規劃，比以前的具體了些，思想上也的確有堅決實行的決心。有一項決定從明年起寫思想日記，像對慈母一樣把每天的思想變化向黨彙報，爭取黨的幫助。

晚上，討論王造時的小結，大家對他的“進步”包袱和黃昏思想提意見，直到十時才結束。

十時一刻睡，天氣大冷。

今天值日，整天未打橋牌。

# 十二月二十八日　　　　星期日

昨晚睡時，就覺很冷，未脫棉毛衫，兩肩還有些冷，今晨經過奮鬥，準時起身，穿上了棉褲。已不覺得小，可見肚子又小了。天冷有風，以冷水洗臉，雙手有寒徹骨之感。

上午，討論傅守璞的小結，晚上，開生活小組會。四組已接洽好了回家的車子。

下午，到五隊去挑豬肥，五時前回來，彭、計兩同志乘自行車回上海，準備先到外岡去瞭解一些情況。

# 十二月二十九日

上午，繼續幫助傅守璞，到十時，全部完畢。再將全部小結意見宣讀，並分別寫在各人小結之上，由組長及副組長簽字。

下午，辦公室召集組長會議，初步涉談到外岡後的半年學習計劃，最後，擬定沈志遠和我兩人起草學習計劃草案後再討論。

晚上，二組開文娛生活會，大家表演了節目，很愉快，作為在顓橋學習的最後愉快回憶，我唱了崑曲京戲，並講了一小時多的《描金鳳》[1]，大家聽了很高興，直到十時才結束。

今天下雨，大家擔心後天是否下雨。

一組吳企堯昨天到顓橋去，竟上吃飯館吃了兩個菜，飲了一瓶啤酒。今天一組開會給以批評，可見生活關也不是容易過的。


# 十二月三十日

上午，彭同志等回來，我向他請示了起草學習計劃的意見。

二組開生活漫談會，漫談三個半月學習的體會。放假幾天的思想準備和到外岡去後的準備等等，一直談到十一時。

和程應鏐散步，彼此交換了三個月學習、勞動的心得體會。

午睡後，起草學習計劃草案。

今天全部在做結束工作，頗有學校放學前一天的心情，只有三組還在做小結的收尾工作。

很多農民同志來和我們談天，說你們在此也是勞動，到嘉定去也是勞動，何必到那裏去呢？你們走了，我們很不慣，這幾句簡簡單單的惜別話，充分透露了勞動人民樸質深厚的感情。

連日來找梁醫生看病的，每天有幾十人。遠至塘灣、七寶也有來的，我們走了，在這方面農民同志也有些不慣。

下午天氣轉晴，透出了陽光。

---

1　描金鳳，清代彈詞，又名《錯姻緣》。這裏指評彈。

# 十二月三十一日

今天是我們在頡橋學習的最後的一天，在此三個半月，初步進行了立場的改造。這短短的時日，在我生命史上將留下了最寶貴的一頁。

一九六五年

作者於一九五九年九月結束在上海社會主義學院的學習，被安排到上海市出版局工作，負責歷史及教育書刊的審讀工作。同年十月被宣佈摘去"右派分子"帽子。一九六○年，作者任上海市政協委員和上海市政協文史資料辦公室副主任，同年調至《辭海》編輯所政治經濟及近現代史組工作。一九六一年，上海出版文獻資料編輯所成立。作者於一九六四年三月被安排到上海出版文獻資料編輯所負責《申報》索引工作。一九六五年日記記載了作者當時的工作情況和生活情況。

——編者注

## 九月一日 農曆八月 初六日　　星期三　　陰有小雨（23°C—28°C）

上午，先至銀行取二十元，旋至靜安寺染毛綫，是折〈拆〉掉我的毛衣為霖孫做毛衣、毛褲的，共一斤四兩，染墨綠。又為霖孫購玩具塑料帆船及象，都是小寶一再叫"公公"買的，共一元一角七分。

早上寫給兪兒夫婦信，希望陶陶回家分娩，信即航空寄出。

午，接士慧[1]來信，知復兒出差到邯鄲去了，要本月中才回。

下午，赴藏書樓[2]，繼看《申報》，試作目錄一天，作為討論樣板之用。

西藏自治區今天正式成立，中央及國務院都去電祝賀，中央代表團由謝富治、張經武等率領，早於前日到拉薩。自治區的成立，是我國的一件大事，是黨的民族政策的勝利，是美英帝國主義及印度反動派干涉我國內政的徹底破產。

---

1　士慧，即張士慧，作者三兒媳。

2　藏書樓，即上海徐家匯藏書樓，此處收藏了全套《申報》。

# 九月二日　　　　星期四　　　　多雲（23℃—29℃）

上午赴藏書樓，試將一九二七年中一天的《申報》做目錄索引，迄中午，還只做了約三分之二，可見將來的索引工作相當繁重。

在淮海路陝西路口的點心店吃鹹菜肉絲麵一碗，豆沙饅頭一個，共三角三分。

十二時五十分，在國泰看《中國人民的偉大勝利》，從"九一八"至今天偉大建設，都收入鏡頭，其中不少片斷為毛主席整風報告及窯洞等，述〈這〉以及日軍轟炸珍珠港等都十分名貴。

看畢，仍回藏書樓座談。

聞藏書樓同志說，有一女同志打電話找我，以為家中有事，急打電話詢問，才知統戰部及民盟都有電話找我，說明天開會，討論林彪同志文章。

機關也定明晨開會，討論此報告。

購肉鬆二兩及藕粉一小包。

八時半，聽林彪同志文章的廣播。題為《人民戰爭勝利萬歲》，歷二小時五十分，迄十一時許才播畢。

九月三日　　　星期五　　　多雲到陰（24℃—31℃）

上午赴文獻[1]，又聽廣播，十時起開始討論。

中午，在打浦橋吃飯，三角七分。

下午，政協開會，也是討論這篇文章，（參加者）都是犯過錯誤的，已一年餘不開此種會矣。

陳虞孫兄找我談《文匯報》歷史。

九月四日　　　星期六　　　多雲（24℃—30℃）

上午，嚴長慶[2]同志打電話來，即赴文獻，整天開會討論《申報》影印、編目計劃。

---

1　文獻，是上海出版文獻資料編輯所的簡稱，作者當時被安排到該所做《申報》目錄索引。上海出版文獻資料編輯所成立於 1961 年，主要任務是搜集、整理、編輯近現代出版資料，揭示上海近現代出版事業的創建與發展軌跡及其對文化進步事業的貢獻，兼以供當代出版事業參考、借鑒。曾任該所主任的方學武回憶："上海出版文獻資料編輯所創建於 1961 年，由李俊民同志擔任主任。我在 1962 年春接替李俊民同志的工作。1966 年 6 月'文化大革命'開始，'文獻'也停止工作'鬧革命'，業務工作完全停頓。"（方學武：《回憶上海出版文獻資料編輯所》，轉引自《百年書業》，俞子林主編，上海書店出版社 2008 年 5 月，425 頁）。曾在該所工作的何滿子回憶："上海出版文獻資料編輯所，是 1958 年我離開上海後新設立的單位。我很快就知道，這個單位除了管事的和少數'摻沙子'進來的積極分子外，多數是有問題人物，如右派分子，歷史反革命，公私合營後的資方人員等等，也就是後來'文革'時被稱為'牛鬼蛇神'的這類人。"（《跋涉者：何滿子口述自傳》，何滿子口述，吳仲華整理，北京大學出版社 1999 年 1 月，129 頁）。作者對此也有敍述："……那時，受'左'的思潮影響，要對上層建築知識分子成堆的地方'摻砂子'，自然，光把'砂子'摻進去還不行，得把'泥土'剔出來，於是，出版界成立了一個上海出版文獻資料編輯所，把各出版單位剔出的'泥土'集中起來，加以'利用、限制、改造'。我自然也是泥土之一。一九六四年被運去歸堆，參加《申報》的翻印籌備，並讓我主持編目索引（因為早期《申報》的重要新聞，只分'本報專電'、'外電'等欄目，沒有標題，不便於查考）。"（《新聞叢談》，徐鑄成著，浙江人民出版社 1983 年 11 月，4 頁）。1967 年，上海出版文獻資料編輯所改名為"革命出版社"，1970 年，革命出版社併入上海市出版革命組，1973 年併入上海人民出版社（局社合一體制）。作者在 1966 年 10 月至 1973 年 9 月期間，被關押、批鬥和到"五七幹校"勞動，事實上未參與該所工作。1973 年作者被調至《辭海》編輯所資料室工作。

2　嚴長慶，時任上海出版文獻資料編輯所幹部。

中午在打浦橋吃飯。

購月餅六隻，一元多，又購雅〈鴨〉梨一斤，三角三分。

## 九月五日　　　星期日　　　多雲轉陰雨（24°C—30°C）

霖霖已能脫手走四五步了。

上午午睡一小時。

竟日未出門。

上午，劉子正[1]來談，下午，孫錫三[2]來。

霖孫一時半午睡，我抽空寫稿一千餘字。

陳毅同志從巴基斯坦到敘利亞正式訪問。

復兒寄來十元，《蔣介石的結婚和投降》寫好[3]，計三千三百字。

## 九月六日　　　星期一　　　陰雨轉多雲（22°C—27°C）

上午，交牛乳費及電話費，發寄《大公報》稿。

---

1　劉子正，時任上海市民盟幹部。

2　孫錫三，安徽壽州人，1946年至1952年為上海中孚銀行總經理。時在上海市政協文史資料委員會負責工商史料整理工作。

3　《蔣介石的結婚和投降》寫好，這裏指作者為香港《大公報》寫稿。作者被劃為"右派"後，石西民安排作者給香港《大公報》寫稿，以稿酬貼補生活，並限定只能用筆名。下同。（詳情見《海角寄語‧金陵舊夢》，生活‧讀書‧新知三聯書店2011年1月版）

下午赴文獻，方學武[1]、洪家彥[2]同志彙報今晨局務會議，對《申報》工作的決定，添派我為籌備小組副組長，然後討論了些具體工作。

歸途購糖斤半，蘋果兩隻。


# 九月七日　　　　　星期二　　　　　多雲（22℃—25℃）

上午七時許赴藏書樓，看一九二一年七月及一九二七年四月《申報》，準備以此兩月，作〈做〉出編目索引的標板。中午，在歷史研究所吃飯，飯後，赴徐家匯中百公司購牙刷一個，三角五，吃冰磚四分之一，二角。

下午，進行討論。


# 九月八日白露　　　　星期三　　　　　多雲（25℃—18℃）

我政府發表聲明，嚴厲譴責印度政府對巴基斯坦發動軍事侵略，並表示堅決支持巴的抵抗。

印對巴發動全面進攻，侵入西巴境內，並轟炸西巴、東巴的若干大城市，巴被迫反擊。

蘇加諾談話，支持巴反侵略鬥爭。

上午，至靜安寺取回染的毛綫，並配眼鏡腳，又購月餅大小

---

1　方學武，江蘇昆山人，原生活書店負責人之一，1962年起任上海出版文獻資料編輯所主任。

2　洪家彥，原文筆誤，應為洪嘉義。洪嘉義，畢業於聖約翰大學，時任上海出版文獻資料編輯所《申報》索引編輯組組長，1966年7月自殺。

十六個。

　　午前睡一小時。

　　下午赴藏書樓，看一九一六、一九一五年《申報》。

　　歸途，吃燒餅兩塊，晚飯不香矣。


## 九月九日　　　　星期四　　　　多雲轉陰（21°C—25°C）

　　上午赴藏書樓，看一九一八年《申報》。

　　在歷史研究所吃飯後，乘車至淮海路，購麵包蛋糕等，旋即至文獻。

　　二時，《申報》整理小組開會，由我主持。解決了分類要求等問題，爭取十月十五日結束工作，以便全力投入編目索引工作。

　　西藏自治區宣告正式成立，拉薩、北京同時開慶祝大會。


## 九月十日中秋節　　　　星期五　　　　少雲（18°C—25°C）

　　上午，赴政協學習，今天起，"暑假"結束，恢復正常學習。開始學習林彪同志關於人民戰爭的文章，規定國慶前初步邊讀邊議，國慶後詳細學習討論。

　　昨天家中做餅子，小平來吃。

　　霖孫近日胃口較好，食量增加，同時，已能脫空走一段路，而伶牙俐齒，什麼都會讀，而且會動腦筋，聰明得很。但個性甚強，他決定要做的事，很難改變。這種個性，要培養，也要加以疏導，否則就發展為任性了。

取回修理的鐘。

下午，芳姊在開會，我小睡後即起來看護霖孫。五時，抱孩子到武康路去購糖一捲，棒冰〈冰〉一把。回途遇張景選[1]同志，他從川沙修〈休〉假回來。

入晚，月色皎潔，如青銅鏡。

今天去席（涼席），霖孫七時一刻即睡。


# 九月十一日　　　星期六　　　少雲（20°C—27°C）

第二屆全國運動會今天下午開幕，毛主席、劉主席、周總理、朱委員長及其他領導人參加了開幕式。參加的運動員五千餘人，來自二十八個省區及解放軍，大會將進行至本月底。在此期間，中央電台每晚有特別節目，報告大會成績和實況。

上午赴政協，向蔣彥方[2]同志彙報機關內工作情況，說明今後可能要少到政協工作。

下午赴藏書樓看報。

瑞弟來吃晚飯，借走《我的前半生》等書，以便楠嫂靜居消遣，瑞弟已數月未來矣。

今天稍稍回暖。

---

1　張景選，時任上海市出版局審讀處副處長。

2　蔣彥方，時為上海市政協文史資料辦公室幹部。

# 九月十二日　　　　星期日　　　　多雲（18°C—25°C°C）

今天整天未出門。

錫妹及秀仁[1]、小和、小平以及寄母等都來吃飯。

上下午，抽空寫出《文匯報》在解放戰爭時期的主要歷史材料，是陳虞孫同志囑寫的。

傍晚，找老張[2]同志談話，後訪孫錫三，未遇。

晚，又寫《申報》廣告收錄範圍的意見。

# 九月十三日　　　星期一　　　多雲偶有小雨（20°C—25°C）

今昨兩日，二屆全運會中有舉重、射箭兩項打破世界紀錄，田徑賽中，陳家全以百米十秒二，打破全國紀錄，成績也極優異。解放前，劉長春以十秒保持了十幾年[3]。今天，達到十秒二的成績。實過去所夢想不到的。

今天整天在藏書樓，聞出版界〈局〉也已與政協聯繫，以後（我）每週四整天在文獻工作，一天學習，一天去政協，至於學習在機關還在政協，由我自己決定。

中午，整〈趁〉休息時間，在徐匯理髮廳理髮。

晚聽實況廣播，次輕量級又打破一項世界紀錄。為此，二天內已有五人四次打破世界紀錄。看來，我國運動中，還是田徑比賽落後，其餘，都已站到國際選〈先〉進的行列了。

---

1　秀仁，即倪秀仁，作者妹夫。

2　老張，即張景選。

3　劉長春以十秒保持了十幾年，此處有誤。劉長春於 1933 年在第五屆全國運動會上創造十點七秒的一百米紀錄，保持二十五年。1958 年，該記錄被解放軍運動員梁建勳以十點六秒打破。

# 九月十四日　　　　星期二　　　　多雲（20°C—25°C）

太平洋又有十九號颱風出現。

上午，和芳姊偕霖孫乘車至靜安寺，為霖孫購工裝褲一條，三尺布票，三元七角五分，又購鞋子一雙（一元五角），帽子一頂（一元二角），勉可度秋天了。

下午赴文獻，參加科組長會議。會上，老洪[1]作了《申報》影印、索引工作的籌備情況的報告，我對索引工作做了詳細的補充。

購香蕉一斤多，紅糖一斤，百合一斤半。

# 九月十五日　　　　星期三　　　　多雲（18°C—25°C）

天氣日涼，秋高氣爽，早晚尤有涼意。

上午，赴大世界附近，吃南翔饅頭一客，又購辣醬一瓶，為霖孫購筆匣一隻，尺一根。

下午赴藏書樓，看民元報紙。

全運會又打破一項世界紀錄（女子射箭）。

上海舉行歡送日本青年聯歡晚會。

日本青年昨天在上海遊行。

---

1　老洪，即洪嘉義。

九月十六日　　　　星期四　　　　多雲（17°C—27°C）

上午赴文獻，與老嚴[1]商影印事，中午回家吃飯。

下午赴藏書樓，續看民元《申報》。

晚，中央電台轉播乒乓團體賽實況。上海男女隊雙雙獲得冠軍（女子三比〇勝四川，男子五比一勝北京）。


九月十七日　　　　星期五　　　　少雲（16°C—26°C）

天氣更涼，傍晚抱霖孫下去，著夾背心還有些寒意了。

上午赴政協學習，繼續讀林總文。

歸途購路丁片一瓶，擬購開塞路〈露〉，到處買不到，昨天霖孫未大便，幸下午午睡醒來，撒了一泡，大家心定了。

下午，抽空前（寫）稿八百字。

上午覺得有些腹痛，下午未出門，午睡二小時。覺得好些，惟“心口”還微微有些痛。

今天街上已在忙於搭燈彩，慶祝國慶十六周年，今年又是大豐收，工業也在躍進。國際鬥爭也處處勝利，今年國慶，人民興致當更高。

---

1　老嚴，即嚴長慶。

## 九月十八日　　　　星期六　　　　多雲到少雲（16°C—26°C）

《人民日報》發表社論，題為《誰在為印度反動派撐腰》，全面揭美帝和蘇聯修正主義聯印反華，反對革命人民的無恥立場，全國各報都轉載。

昨天睡得好，經過一夜安眠，今天胃部漸舒適了。

下午赴藏書樓，草擬《申報》編目索引工作的規劃及一些設想的草案，以便星（期）一提出籌劃小組討論。

今天星期六，徐家匯車子甚擠，因從閔巷〈行〉等處的工廠學校職工學生都在星期六回家。下午休息時，站在藏書樓前看到馬路車子如流水相接，不亞於平日的南京路。這條林蔭道是一九五八年我們在修橋勞動時看它修築起來的，現在已成為新上海的主要動脈之一了。

晚，訪孫錫三，談文史工作。

## 九月十九日　　　　星期日　　　　多雲（17°C—27°C）

戲劇學院空地趕修游泳池，今天開始紮鋼筋，不日可鋪水泥了。

霖孫已能脫手走一段路，下午，因他到草地行走，已能放手走一段路了。

我外交部再照會印度大使館，限二十二日前撤除中錫邊境非法哨所，放回劫走人員及牲畜，否則印度應負一切後果的責任。

下午，乘霖孫睡時，寫好關於《申報》編目索引工作的規劃和一切設想，共九頁，聽説明天上午將談此事。

全國運動會開始乒乓球單項比賽，男女各有三個種子選手被淘汰。

九月廿日　　　　星期一　　　　多雲（17°C—27°C）

　　整天在文獻開會，商量《申報》影印和索引工作，老方同志對我提出的索引規劃，認為設想很周到，各段適當加以說明，可以作為工作計劃的一部分。

　　中午，在綠野新村吃肉絲麵（三角六分），並為霖孫購雅黎〈鴨梨〉一斤多，五角二分，極嫩。

　　戲劇學院游泳（池）今天已開始鋪水泥，在日夜趕工中，（水泥）漿恐淋雨也。

　　海南島我空軍打落美國入侵的偵察機一架，並俘虜美駕駛員一名。

　　聯合國安理會在美國和蘇聯的操縱下，通過對印巴問題的決議案，限三天內停火，完全偏袒印度。這是蘇共修正主義集團對美投降、出賣世界革命人民利益的又一次大暴露。

九月廿一日　　　　星期二　　　　多雲（17°C—27°C）

　　上午未出門，在家寫索引工作計劃，寫好一大半。

　　上午十二時吃飯，飯後午睡一時，二時赴政協，開文史辦公室會議，討論年內工作。

　　晚上，聽乒乓球單項決賽實況錄音，混合雙打廣東的陸巨芳、梁麗珍得冠軍；女子單打林慧卿以三比二勝李赫男，得冠軍；男子雙打李富榮、徐寅生以三比二勝于貽澤、余長春；女子雙打上海的李赫男、周一玲對廣東的梁麗珍、黃玉環，結果梁黃以三比一勝；男子單打，莊則棟獲得冠軍。

## 九月廿二日　　　　星期三　　　　多雲（18°C—28°C）

今晨中央電台廣播，印度已將中錫邊境越境所築哨所五十多處全部撤光，這是我國兩次嚴重警告的結果。一切反動派都是紙老虎，印度反動派的面目，真象〈像〉"打漁殺家"中的教師爺一樣，令人可鄙。

上午在家，把索引工作規劃全部起草完畢。下午，將此稿交給老方，籌備小組下午開會，討論影印及索引工作打算。

歸途，購西瓜一個，五角七分（每斤一角），歸家吃吃，甚甜，近重陽而吃西瓜，是罕見的事。過去，八月初就早已不見西瓜了。

霖孫已能自由走跑，近來食量增加，但更為頑皮，芳姊看護極辛苦，今天背痛。

這兩天天氣轉暖，殆所謂蒸重陽糕天氣，如此氣候，對晚稻棉花是有利的。

西哈努克來華參加我國慶典禮，今天到達成都，陳毅等熱烈歡迎，成都全市張燈結彩，如同節日。

## 九月廿三日秋分　　　　星期四　　　　少雲（18°C—28°C）

巴基斯坦外長布托趕至聯合國，宣佈接受停火。但要求決定克什米爾民族自決，否則巴基斯坦將退出聯合國。

上午赴文獻，聽兩項有關出版、戲劇的轉〈傳〉達報告，並未討論。

中午回家吃飯，午睡至三時，赴華東醫院看病，遇陸志仁 [1]、

---

1　陸志仁（1910－1992），浙江上虞人。曾任上海普陀區委書記、上海市委黨校副校長，當時從事上海地方黨史資料徵集、研究工作。

樊文[1]等同志。


# 九月廿四日　　　　星期五　　　　少雲（17°C—28°C）

上午赴政協學習，討論印巴問題，組內展開了激烈爭論。對於巴基斯坦接受聯合國停火決議，我認為這是巴政協（府）的屈服妥協，沈體蘭[2]反對，認為巴並未妥協。李儲文[3]支持我的意見，認為無論如何，巴政府是妥協了。休息後，重新展開討論，沈體蘭認為巴政府不僅未妥協，而且是巧妙的戰略。考驗聯合國，沈邁士[4]支持此意見，説是以戰和兩手，和美帝的戰和兩手針鋒相對鬥爭。蕭純錦[5]認為巴既堅持鬥爭，又避免戰爭，是了不起的勝利。畢雲程[6]也支持巴未妥協説。趙祖康基本支持我們的意見，召集人最後宣佈，下周繼續討論，因為這些問題，關係到反帝鬥爭的原則問題。

中午回家吃飯，下午午睡後，赴李思浩[7]處採訪。數月不見，

---

1　樊文，不詳。

2　沈體蘭（1897－1976），江蘇蘇州人。曾任一屆全國政協副秘書長，華東軍政委員會教育部副部長、體委主任、上海市體委主任、上海市政協副主席。

3　李儲文（1918－2018），浙江寧波人。上海國際禮拜堂牧師，是當時宗教界未公開身份的中共黨員。兼任中國人民保衛世界和平委員會副主席。1980年代後任新華社香港分社副社長、上海市社科聯主席等。

4　沈邁士（1891－1986），浙江湖州人。書法家、畫家。時任上海市文物保管委員會委員、上海市文史館館員。

5　蕭純錦（1893－1968），江西永新人。經濟學家，時任復旦大學教授。

6　畢雲程（1891－1971），浙江海鹽人。《生活週刊》早期贊助人和撰稿人，《世界知識》第一任主編兼發行人。時任上海市文史館館員、韜奮紀念館館長。

7　李思浩（1882－1968），字贊侯，浙江慈溪人。曾任北洋政府財政總長、鹽務督辦、中國銀行總裁，是安福系主要人物。抗戰期間，曾任汪偽上海市市政諮詢委員會主任委員、《新聞報》社長。作者曾對李思浩做過訪談，寫有《李思浩談他的一生》（《舊聞雜憶》，遼寧教育出版社2000年9月第一版）。

李的精神及記憶力大為衰退，看來，從他身上談不出什麼重要史料了。

上午購煙嘴一，三角八分，又為霖孫購小玩具二件，三角二分。下午從李宅出，在延安路購小的解放西瓜一個，三角二分，又購柿子三隻，一角九分，深秋吃西瓜（而且相當甜）是過去從來沒有過的。

晚，聽中央電台關於二屆全運會籃球決賽的實況錄音。


**九月廿五日**農曆九月初一　　　**星期六**　　**少雲（18˚C—28˚C）**

下午，赴華東醫院看手，先看外科，介紹至推拿科，該科說今天沒空。約於星〔期〕一去推拿。

從華東醫院出來，乘七十一路至黃陂路下車，擬看電影不成，至石門路口，吃湯糰四個，又購苔菜餅等旋即乘車歸。

近日吃中藥，常常想睡，想必藥中有安神滋補藥品也。


**九月廿六日**　　　　**星期日**　　　**多雲（18˚C—28˚C）**

竟日未出門，上午，機關馬同事來借閱文史資料兩輯（四十、五十輯）。

本月電話超過十幾隻，孫家有意見。結果由陳家出了，有關公共的事，總是麻煩的，離共產主義風格遠矣。

昨天寄出一短稿（蔣介石、陳其美、陶成章），又寫寄復兒一信。

接福兒來信，説他們很好，拉薩建設一日千里，供應情況是歷史上從未有過的好氣象。

下午聽中央電台關於足球比賽的實況錄音，上海隊戰河北隊，上海隊先進兩球，至下半時結束前十五分鐘，河北隊連進兩球，成二比二平及延長時間，上海又先進一球，至結束前八分鐘。河北隊又進一球，結果三比三和局。

## 九月廿七日　　　星期一　　　陰有雨（15°C—26°C）

今天北方寒潮來襲，氣候轉冷。

上午赴文獻，起草人物參考索引，備《申報》工作同志之用，歸途購萊陽梨一斤多半，六角。

下午，赴華東醫院推拿，遇雨。

赴銀行取四十元。

市人委送來國慶觀禮券。

賀龍率中央代表團飛新，參加慶祝新疆自治區成立三十周年盛典。

印度協商會代表團到京。

西哈努克自重慶乘輪抵武漢訪問。

李宗仁昨舉行中外記者招待會，港澳有記者六十多人到京參加。

## 九月廿八日　　　星期二　　　多雲（15°C—25°C）

上午政協學習，繼續辯論巴基斯坦政府接受聯合國停火決議是否為妥協、屈服的問題，沈體蘭説，這是策略，不是屈服，郭旭[1] 説巴政府的策略和我們配合得很好，葛敬恩[2] 甚至説巴這次行動，和我們配合，避免了戰爭，也不啻是十萬大軍。

我首先表示不同意這些意見。我提出四個問題：第一，是屈服還是策略。問題在於是否堅持原則。巴政府放棄三項條件，接受美帝、蘇修設定的圈套，不能不説是妥協。第二，有人説巴也是兩手政策，我也不同意。兩手政策者，帝國主義以戰爭恫嚇和和平欺騙對付人民，我們也以堅決戰爭和充分揭露兩手對付它。如今在抗擊侵略中忽然接受敵人停火條件，如何算兩手呢？第三關係到對聯合國的態度問題，有人説巴此次決策是對聯合國的考驗，給聯合國難題做。聯合國早已是美帝蘇修聯合扼殺人民革命鬥爭的欺騙工具。有什麼可考驗的？它十八年沒有實行對克什米爾的決定，還要什麼考驗呢？今天對聯合國的態度，是和它鬥爭還是對它幻想，是革命不革命的試金石。第四，有人説巴此舉是為了國際和平，這也不對，今天要保衛和平，只有堅決鬥爭，粉碎美帝的侵略政策和戰爭政策，以妥協求和平，則和平亡。我們和修正主義的分歧之一，就在於此。

接著，武和軒、宋專員[3]、趙祖康、嚴諤聲[4]、黎照寰[5] 發言，基本都支持我的意見。蕭純錦説，毛主席説能打則打，不能打則走。今天巴基斯坦人力物力都不能支持，暫時退卻是為了更好前

---

1    郭旭，曾任國民黨保密局少將、經理處處長、廣州辦事處主任。1949 年 12 月，在昆明被盧漢扣押。1961 年 12 月獲特赦。

2    葛敬恩（1889－1979），字湛侯，浙江嘉興人。早年加入同盟會，參與杭州光復。歷任國民政府和國民革命軍要職和“國大代表”、“立法委員”等。1949 年在香港通電起義。時任全國人大代表、全國政協委員。

3    宋專員，不詳。

4    嚴諤聲（1897－1969），浙江海寧人。曾創辦新聲通訊社，參與創辦《立報》，任總經理。曾在《新聞報》、《商報》撰稿。時任上海市文史館副館長，上海市人大代表和政協常委。

5    黎照寰（1898－1968），字曜生，廣東南海人。早年加入同盟會。曾任交通大學校長、國民政府財政部參事、鐵道部次長等。建國後曾任之江大學校長。時任上海市政協副主席。

進。我説毛主席説的是人民戰爭的戰略戰術問題，至於對革命和反侵略的基本政策只有進行到底，和毛主席説的人民戰爭的戰略戰術是兩個概念，不能混為一談。

為霖孫購小書及看圖識字，四角二分。

下午赴文獻，寫好一九一八至一九二七年人民〈名〉錄，為了便利同志們從事索引工作，即交老洪同志看，老洪即請辦公室同志複〈付〉印。

四時一刻，赴盧灣區工人俱樂部看防空展覽，和老方同志談話，他説，市委負責出版工作的同志換了蔣文煥[1]。我決心以主要力量放在《申報》，並努力把此工作做好。已向出版局，市委宣傳部彙報，領導很支持我的工作。

昨天到處開了國慶的燈采〈彩〉，今天擬抱霖孫去靜安寺看燈，不料燈全部沒有開，令人掃興。

今天天氣感覺秋涼，晚上穿一件夾背心也覺有些冷意了。

賀龍率中央代表團到烏魯木齊，受到盛大歡迎。

西哈努克到了北京，這是他第六次到我國訪問。

二屆全國運動會閉幕。


## 九月廿九日　　　　星期三　　　　多雲（18°C—25°C）

上午未出門。

下午二時，赴華東醫院推拿，旋至新城隍廟，淮海路一帶巡禮，購香蕉一斤許，糖一包。

晚飯後，和母親、芳姊抱霖孫至靜安寺看燈，霖孫比五一看

---

1　蔣文煥，時任上海市委宣傳部副部長，分管出版工作。

燈更懂得多了，來往車資用去一元。

購柿子八小隻，僅兩角。


# 九月卅日　　　星期四　　　多雲（18˚C—25˚C）

上午赴文獻，籌備小組開會，老方同志參加，對索引工作，決定拆散二組的廣學會工作組，以尚丁[1]、楊兆麟[2]等同志參加《申報》索引試點工作。這樣，可以為下一步正式上馬時準備幹部骨幹。

中午，在瑞金路小店吃飯，飯後赴淮海路常熟路口購彈子糖及酥糖等，以便明天帶到錫妹家去。下午又起草一些北洋及國民黨時代職工制，作為將來工作的手冊。

四時，提前回家。

晚赴俱樂部，參加政協舉辦的國慶晚會。看電影四張〈部〉片子。

今晚天天氣預報偶有小時〈雨〉，國慶佳節，逢到陰雨天氣，可謂不巧矣。

---

1　尚丁（1921－2009），江蘇丹徒人，曾任黃炎培秘書，《展望》周刊主編，新知識出版社社長兼總編輯等。"胡風反革命集團案"成員，1955 年入獄。1963 年進入上海市出版文獻資料編輯所工作。

2　楊兆麟（1919－2004），曾任上海人民美術出版社連環畫編輯室副主任，負責古代外國題材連環畫編輯工作。曾編輯《三國演義》、《紅樓夢》等連環畫，1963 年進入上海市出版文獻資料編輯所工作。

十月一日<sub>國慶節</sub>　　　星期五　　　　　雨（20℃—22℃）

　　昨晚十時半從俱樂部回家，聞霖孫發燒，熱度達三十九度，已請孔醫生看過，心中焦急，徹夜未好睡，照顧小孩，今天六時許起。

　　八時，孔醫生又來，熱度已退，寫了藥方，由阿媽[1]去配藥。

　　為了孩子的病，今早又未去人民廣場參加國慶大遊行，原定今天全家到萬福坊[2]去，也只得由母親一個人去。

　　今天整天下雨，晴了已一個多月，恰巧今天下，天公真可說不作美矣。

　　下午，霖孫睡後，午睡返兩小時，霖孫下午已退燒。精神很好，總要去地下室，惟脾氣甚躁急。寶寶於去年國慶來，到今天已整整一年，一年來，小病過三次，基本雖是健康的，惟近來因胃口不太好，沒有以前那麼胖，以後要格外注意。給他調養，注意其寒暖飲食，希望孩子在秋冬間又胖又壯，更加可愛。

　　昨天侖兒來信，附來照片一張，看到他們夫妻比以前胖壯。極為寬慰，聞士慧曾到北京出差，復兒則還在邯鄲。


十月二日　　　　　星期六　　　　　陰雨（18℃—20℃）

　　今天竟日下雨，雨量中等，我也竟日未出門。

　　上午，劉子正來，説壽進文希望我參加第三期開門學習，地點在川沙洋涇鎮，為期一月。我説自己當然希望參加，但恐單位上工作放不開手，決定由政協徵詢出版局黨委意見。

---

1　阿媽，即蔡銀梅，無錫人，在作者家中幫傭十餘年。

2　萬福坊，這裏指作者之妹徐德華居住地。

寫寄侖、福兩兒及大姊信，因天雨未發出。

霖孫已恢復，精神好，下午一睡四小時許，我也午睡了兩小時。

## 十月三日　　　星期日　　　重陽 雨（18˚C—22˚C）

今天依然整天下雨，上午九時上街，購玩具毛巾等數事，備送給阿媽的媳婦，又為霖孫購玩具及圖畫書。

下午，午睡二小時。

昨晚霖孫睡得不好，因白天睡得太多，今天較為正常。晚飯前，雨稍止，抱霖孫至戲劇學院門口看燈。

今天發表中東新聞公報。

## 十月四日　　　星期一　　　雨（18˚C—22˚C）

今天竟日大雨如注。

上午、下午都在文獻。上午，根據老洪意見，修改索引試點規劃，並補充人名錄，下午，參加組織生活。

中午，在小館吃飯，三角三分。

## 十月五日　　　星期二　　　陰有雨（16˚C—22˚C）

今晨廣播，印尼發生變故，我國家領導人劉少奇、周恩來，柬埔寨西哈努克，巴基斯坦阿尤布都打電報給蘇加諾慰問，雅加達電台只廣播蘇加諾無恙，大概是發生反革命政變，具體情況不恙〈詳〉。

今天整天注意印尼消息，但中午國際新聞節目及晚上聯播節目，都無此項新聞廣播，不知局勢如何發展。

上午政協學習，即漫談此事。大家肯定這定是一次反革命政變，而且一定是美帝可能還有蘇修在幕後策動的，但對於蘇加諾今天的處境，有兩種推測，我及一部分同志認為他可能被反動力量如納蘇蒂安[1]等所劫持，目前進步力量還在鬥爭中，反動派還想利用蘇加諾。因此播出此項消息，以安定人心。另一些同志認為可能蘇加諾已逃出雅加達，而雅加達電台還在人民手中，所以有此廣播，究竟如此〈何〉，尚不可知。我們擔心者為艾地[2]同志等的安全，從總的來看，美帝和反動（派）一定搬起石頭打自己的腳，結果一定使〈是〉他們陰謀進一步破壞〈產〉，在人民來説，很可能壞事變成好事，從此走上武裝鬥爭的道路，爭取印尼早日徹底解放。看來一兩天內這一幕是可以揭開了。

上午回家前，購牙膏一條，雅黎〈鴨梨〉一斤多。

下午赴文獻，同志們對印尼問題也紛紛議論，可見這事已引起我國的普遍注意。

在文獻整理好一些《申報》索引的參考文件，老洪同志看後即複〈付〉印。

今天發工資，本月又發一個月的工業券，據聞是屬照顧性質，因為今年規定發的兩次，都早已發過了。

復復的朋友帶來十元及破衣服一包，來信説他已回到保定，即將赴天津開會。

---

1　納蘇蒂安（1918–2000），印度尼西亞"九三〇"事變主要策劃人，事變前任國防部長，"將領委員會"負責人。

2　艾地（1923–1965），印度尼西亞共產黨主要領導人，"九三〇"事變後被捕，同年 11 月 2 日被殺。

大姊來信，附來她的三個孫女的照片。

今天吃菜飯，淡而無味。

## 十月六日　　　星期三　　　多雲（16°C—22°C）

上午未出門，午睡一小時。午後，赴華東醫院推拿。

二時半赴文獻。

芳姊坐骨神經又痛。因此，照顧霖孫的責任，我更加重。

## 十月七日　　　星期四　　　多雲到少雲（16°C—24°C）

上午，中央電台轉播陳毅副總理對中外記者談話歷時五十分鐘，把中央的對外政策，闡述極詳盡，真是義正辭嚴，聽了使人心曠神怡。

昨天參考消息，記載印尼政變的情況，但脈絡還不清楚。這幾天，我還未發表是〈類〉似消息，可見印尼局勢還欠明朗。

上午，因芳姊腰痛，由我抱霖孫赴華山食堂打預防痲症〈痲疹〉的針。這種預防針，是我國最近發明的。世界上只有幾個國家會做，而我們以在安全度上比其他各國為好。就已免費普遍為兒童接打，這也是社會主義制度優越性具體事例之一。

下午，赴文獻，今天討論學習陳總文章及印尼局勢。印度局勢漸明朗，是左右派的鬥爭尖銳化，以印尼空軍、少壯軍人為一方，以右派陸軍頭目為一方，發生內戰。後者果然得美帝和蘇修的支持，革命力量方面，印尼共顯然早有所準備，艾地等已轉入地下，工農已部分得到武裝。看來，印尼共所領導的人民革命武裝鬥爭，可望站住，鞏固為日益發展，革命可加速，是亞洲革命的可喜現象。

購蜜一瓶，食母生一瓶。

## 十月八日　　　　星期五　　　　多雲（14°C—23°C）

上午赴政協學習，因芳姊去華山醫院看病，家中少照料，休息後即提前回家。

下午，赴華東醫院推拿，旋至靜安寺吃湯糰一客，二角二分，購蛋糕兩塊。

因芳姊腰痛，看撫霖孫的責任主要落在我身上，相當吃力。而霖孫近日精神甚好，百伶百俐，真有趣可愛，看撫也真吃力。

## 十月九日　　　　星期六　　　　少雲到多雲（13°C—22°C）

上午未出門。

下午赴文獻，開《申報》籌備小組，聞丁景唐[1]同志已回滬，中央領導對《申報》影印極重視，要親自抓。又聞所黨支部已通過調派幹部參加試點工作，又台灣已影印清代《申報》，老丁已

---

1　丁景唐（1920—2017），浙江鎮海人。時任上海市出版局副局長。

帶回一部。

## 十月十日　　　　星期天　　　　多雲轉陰雨（15°C—22°C）

整天未出門。

上午，芳姊和母親到石門二路推拿。我抱霖孫下樓玩了一小時許。

芳姊推拿後，腰痛大有好轉。

復復的朋友來拿去帶給他們的東西。

錫妹及平平、小和來玩了一天。

福兒寄來五十元，本月家用可以應付了。

下午午睡了一小時許，睡後，初步構思為同志們作業務學習的材料，並參閱一些書籍。

西哈努克訪朝結束，今天到哈爾濱訪問，劉少奇主席和陳毅副總理到哈迎接。

## 十月十一日　　　　星期一　　　　雨（16°C—22°C）

整天在文獻，整天下雨，上午科組長會議。

中午，交電燈費。

晚，在俱樂部看《李宗仁歸國》、《革命讚歌》、《新疆戰歌》均極好，後兩片對我啟發很大。

芳姊漸好，霖孫飯量增加，為之大慰。回家時，為霖孫購麵包一個，白塔〈白脫〉四分之一磅，一元零五分，他很愛吃。

十月十二日　　　　　星期二　　　　　陰（16℃—22℃）

上午未出門，芳姊同母親去推拿，我照看霖孫兩小時許，孩子甚乖。

下午赴文獻，開籌備小組，因為試點工作快開始。籌備工作日就細緻。三個編輯小組已組成，我帶一個小組，領導並要我照看全面工作，另兩個小組由尚丁、楊兆麟帶。

看到台灣所影印的《申報》，計從創刊起印了十五年，是偽中央圖書館帶出去的報紙。

連日為準備業務學習材料，思想上負責〈擔〉大，往往睡不好，希望能對同志們多些幫助，不負黨對我的信任。


十月十三日　　　　　星期三　　　　　晴（12℃—24℃）

上午，赴郵局（取）匯款（福兒寄來的）。

理髮。

下午，赴文獻，今天按《申報》索引小組編組，我們都搬上三樓。因為光綫較好，而影印的《申報》字相當小。我的一組共有何求 [1]、吳其柔 [2]、陳麗霞 [3]、許芯仁 [4]、吳小琴 [5] 連我六位同志。

上午在家即開始起草業務學習詳細提綱，下午繼續寫一些。將第一段及第二段第一節已寫好。

---

1　何求，劇作家、編輯。

2　吳其柔，連環畫畫家、編輯，曾在上海人民美術出版社工作。

3　陳麗霞，女，曾在上海人民廣播電台工作。

4　許芯仁，兒童文學作家，連環畫編輯。

5　吳小琴，不詳。

老方同志下午找我和老洪、老嚴、尚丁談話，談今後幾天工作計劃及明天動員報告的內容，領導對我工作滿意，我更宜虛心謹慎，一切依靠領導而又勇氣〈於〉負責，努力把工作做好。

## 十月十四日　　　　星期四　　　　晴（13°C—23°C）

整天在文獻，上午，開動員大會，老方作了動員報告，老洪報告籌備小組工作，老嚴和我作了補充。下午，全組開會，作了思想動員，這是參加試點工作的第一課。

霖孫打了麻症預防針已八天，昨晚開始有反應，發了燒，今天注意其飲食。我工作時一直掛念著，回家後知道經過很好，到晚飯後已退清。

因為昨天只晚（睡）五個小時，晚上倦甚，九時半上床，和霖孫盤桓許時，十時即呼呼入睡了。

## 十月十五日　　　　星期五　　　　晴（12°C—22°C）

今天未去政協學習，因文獻籌備《申報》工作緊張，整天仍在文獻，上午，將業務學習報告提綱草就，幾天來思想上的負擔輕鬆了一段。今天首次在食堂吃飯，吃雞蛋燒包菜，一角一分，連飯一角四分，比外面便宜得多了。

休息時，吃萊陽梨一個，二角一分。

閱《參考消息》，知艾地無恙，在泗水[1]發出談話，為之寬慰不少，但印尼局勢仍緊張，軍人大舉搜捕共黨，反共逆潮仍在發展。看來，印尼的革命也非走武裝革命特別是建立農村根據地以農村包圍城市不可。以此，更說明毛主席人民戰爭、人民革命一理論為普遍的真理。

今天更覺秋寒，早晚尤冷，開始穿短夾大衣。

霖孫反應已過，精神及飯量均已恢復。

十月十六日　　　　星期六　　　　晴（11°C—22°C）

上午未出門，十時，小睡一小時。

下午，文獻《申報》索引工作同志開會，討論規劃。老洪報告後，由余說明規劃內容，大家討論。主要對分類及廣告收錄等有不少意見，決定下星期一再討論，老方今天也參加了會議，表示了意見，足見領導對此工作之重視。

今天星期六　四十一路車甚擠，我步行至復興中路坐九十六路回家。

十月十七日　　　　星期日　　　　晴到少雲（10°C—22°C）

美國人民在各地舉行空前規模的示威，反對侵略越南，有人並對泰勒追蹤示威，說明美帝侵越戰爭的日益不得人心。英國、

---

1　泗水，即蘇臘巴亞（Surabaya），是印尼第二大城市。

新西蘭、西德也發生示威，響應美國人民的行動。英哲學家羅素當眾燒毀工黨黨證，抗議英工黨政府支持美國的侵略罪行。西哈努克回國，〔後〕在仰光發表談話，對蘇聯取消對他訪蘇的接待表示抗議。

上午，抱霖孫至下面草地玩了半小時許，又至武康路雜貨店買了些糖果，芳姊和母親至石門路推拿，母親即赴萬福坊。

下午，赴烏魯木齊路購奶瓶蓋及麵包，歸家復午睡近兩小時，近來，因《大公報》久未來稿費，積稿已登出，加之集中精力搞《申報》，寫稿暫時放鬆了些，覺得清閒多了。希望在《申報》上馬後，再抽出時間，均勻寫些稿件。

剛果（布）總統夫人及阿聯副總統薩布里夫人來華訪問，今天到京，受到熱烈歡迎。我國的對外統戰工作，真可説做得十分周到細緻。

十月十八日　　　　星期一　　　　晴（10°C—22°C）

美國人民反對侵略越南運動進入新高潮，全國有十幾萬人參加示威遊行。西歐、拉美等地區，有二十多個國家發生同樣的運動，響應美國人民。

亞非會議籌委會開會，我國、柬埔寨、巴基斯坦提議會議延期舉行。

參考消息，印尼發生反華狂潮，有華人所辦大學被焚，學生被毆，各地大舉搜捕共黨。同時，印尼軍人顯已不服從蘇加諾指揮，並派人與美帝加緊勾搭，顯然，印尼局勢已圖窮匕見，反動力量與共黨的基本矛盾已無法調和，反動力量暫時強大，但國內外條件，都説明這些反動派終必覆滅。經過艱苦的武裝鬥爭，印尼共所領導的人民力量，終將取得徹底的勝利。

整天在機關討論分類，收錄範圍及標題處理等問題，老方同志也參加。

回家途中，購白塔〈脫〉一塊，一元零分，霖孫對此胃口很好，一星期來，每頓吃白塔〈脫〉果醬麵包兩塊，還能吃一碗粥，而大便正常，可見很能適應，照此最〈再〉吃些時候，一定會更胖壯起來。

《大公報》通知《曹汝霖與汪榮寶》一稿已登出，稿費五十六元，如此，下月家用補貼可以不成問題。希望今年最〈再〉能登出兩三篇稿子，則今年的經濟情況不至窘迫了。

這幾天天晴無風，真是秋高氣爽天氣，對晚秋作物之收割是有好處的。

## 十月十九日　　　　星期二　　　　晴（10°C—22°C）

今天整天做關於近代史資料的基本情況報告，老方同志也來旁聽，主要為幫助參加《申報》索引工作提供背景情況，作為業務學習的參考。

中午在打浦橋購袖筒一對（七元五角），又為霖孫購梨膏一瓶（一元二角）。

大公稿費五十六元已寄來。

十月廿日　　　　　　星期三　　　　　晴（10°C—22°C）

　　上午，因局裏要我們在彙報《申報》索引工作，老方招集籌備組同志準備一些問題。

　　今天，新華社、電台發表印尼政變的綜合報導，《人民日報》並發表有關此問題的各方面文件，《解放日報》等登載摘要。上午，機關裏讀報，收聽廣播，並進行了初步討論。

　　下午二時，籌備組全部同志到局彙報，並請出版機關同志來提意見，到上編[1]的李俊民[2]、戚銘渠[3]，人民[4]的李啓華[5]等同志。他們提出的意見對我們很有啓發，老方同志最後決定推遲試點，進一步做好準備工作。

　　今天是芳姊生日，中午，出去買一瓶酒，中午回家前，繞至常熟路，購了一鴛鴦鴨，共一元許，晚上吃麵，以資祝賀。

　　霖孫有些感冒，流鼻涕，當特別小心。


十月廿一日　　　　　　星期四　　　　　晴（9°C—22°C）

　　今天上午，學習印尼局勢，大家先看了《人民日報》所載關於印尼暴亂的新聞。

---

1　上編，即中華書局上海編輯所，是上海古籍出版社的前身。上海出版文獻資料編輯所成立初期，主要工作是編制《申報》索引，而《申報》的影印工作由中華書局上海編輯所負責。1962年，《申報》影印工作並入上海出版文獻資料編輯所。

2　李俊民（1905－1994），原名李守章，江蘇南通人。曾任新文藝出版社社長，上海出版文獻資料編輯所第一任主任，時任中華書局上海編輯所副主任兼總編輯。

3　戚銘渠（1914－1990），浙江上虞人。曾任解放軍上校。時任中華書局上海編輯所副主任、副總編輯。

4　人民，即上海人民出版社。

5　李啓華（1914－1995），天津人。曾任上海虹口區委書記。時任上海人民出版社副總編輯。

下午，我繼續作關於北洋時代及國民黨時代情況的發言，至四時講畢。休息後，籌備小組討論進步做好準備工作問題。

侖侖來信，因聞我們撫養霖孫，腰痛手痛，他們決定陶陶不回來分娩，孩子也暫不送回來，侖兒夫妻真是孝順的，甚可安慰。

霖孫精神甚好，更加頑皮。

## 十月廿二日　　　星期五　　　晴轉多雲（9°C—22°C）

今天又整天開會，老方同志親自主張〈持〉，討論工作中的主要矛盾及目的要求，我在清晨四時醒後，即構思此問題打出提綱，在會上提出自己的看法。其他同志的意見，基本同意我的看法，後對收錄範圍、標題處理、分類等問題，都作了詳細討論，決定下星期一先做一塊小樣板。由我任組長，其他同志任編輯，以便做出樣板，為正式試點摸索出一些經驗。

中午，赴綠野飯店吃飯，六角，又交煤氣費。

今天睡得太少，下午有些困倦。

三寶夫婦由宜興回來，今天來，帶來雁來菌及黃雀等家鄉風味。

## 十月廿三日　　星期六　　雷陣多雲轉少雲（11°C—22°C）

上午來赴機關，十時前，和芳姊抱霖孫到常熟路郵局取款，旋至靜安寺，在大同布店購棉襖面子，尼維龍膠布十丈二寸，共八元四角，又至百樂商場等處盤桓了一小時，十一時半回家。

霖孫已能脱手自由來往。

下午赴機關，看"五四"《申報》，影印樣張已印出，準備下周起先由各組組長做一天的樣板，決定由我當組長。我看報後，和老洪同志商量一些準備工作，正式樣板工作推遲，同志們加強準備，看來，大家都情緒飽滿，分別從事業務等準備工作。

今天星期六，四十一路車擠，步行至復興中路乘二十四路轉四十八路回家。

今天《人民日報》社論，論亞非會議為什麼要延期。和我國一起提議延期者，有朝、越、柬埔寨，剛果（布）、坦桑尼亞等國。

印尼局勢日益明朗，蘇加諾已成為右派軍人之俘虜，竟宣佈共黨與"九三〇"運動有關，加以鎮壓。今天《參考消息》，説他認為印尼有兩個共產黨，可見他已和美帝和蘇修合夥，企首〈圖〉分裂印尼共，但這種陰謀，必遭失敗。印尼共在這次政變中，顯示它是十分堅強的，它是真正馬列主義的，和人民群眾緊密聯繫的，它一定會勝利的，和美帝蘇修的願望相反，印尼政變必然壞事變成好事，使印尼提前走向社會主義革命階段。


**十月廿四日**農曆十月初一　　　　**星期日**　　　**少雲**（12°C—22°C）

上午睡一小時。

下午，赴靜安寺購水果、棉花等。

錫妹及兩小孩來玩，今天本擬修改二稿，一直沒抽出功夫。

沐浴。

# 十月廿五日　　　　星期一　　　　少雲（13˚C—22˚C）

昨天十時入睡，今晨四時即醒。四時半起身，即著手起草三稿，主要解決目的要求問題。

八時到機關，今天開始組長試點，就一九一九年五月五日報紙做樣板，由我分稿審稿，至晚，幾位同志基本整理出初稿，但口徑很不一致。

中午在外面吃飯，購依金筆一支，備用綠墨水寫，以為改稿以用，筆一元二角五，相當流利，足見國產筆質量之大有進步。

交電話費。


# 十月廿六日　　　　星期二　　　　多雲轉陰（13˚C—22˚C）

今天第一塊樣板已基本做出，從實踐中，發現不少問題，有些問題，只有通過實踐，同志們才逐漸吃透。

未帶錢出去，只在回家時給霖孫買了一角錢糖。

南越人民解放軍又獲大勝，在波來梅全殲美軍一個別動營。

可能因為連日少睡而弊〈疲〉乏，回家後胃口不開，只吃了一碗薄波〈泡〉飯。


# 十月廿七日　　　　星期三　　　　陰雨轉多雲（16˚C—22˚C）

今天竟日開會，討論小樣板後發現和明確的問題，並商今後推下去的步驟。

中午，因胃不大好，在外吃了一碗肉絲麵，並購月票及染髮藥水。

我國政府發表聲明，堅決不參加將導致分裂的亞非會議。

今天上午有小雨，帶傘出去，但竟日並未下雨。

今天下工回家時，霖孫還沉睡未醒，頗覺寂寞。聞寶寶胃口不大好，東西吃得少，當格外小心。

## 十月廿八日　　　　星期四　　　　陰雨（16℃—20℃）

上午，《申報》索引工作全體大會，由老洪主持，由我報告試點後對目的要求，收錄範圍、標題處理、分類等問題的意見，尚丁報告組內工作程序問題，老方同志最後也發了言。

下午，分兩組討論。

回家遇小雨，到家霖孫已未醒，兩日來寶寶午睡多，晚間遲睡，很影響我們的休息。霖孫前天接種〔卡〕介菌，昨天驗無反應，今天正式接種。從此，關於孩子以各種接種預防已經完成，我們也放心多了。

## 十月廿九日　　　　星期五　　　　陰雨（16℃—22℃）

昨天中午吃了一盆冷大腸，晚間又吃了餛飩，都不易消化，半夜腹瀉。直到今天中午，共瀉了五次。芳姊昨晚也嘔吐，胃極不適。

本擬上午去推拿，並去政協，因病未出門，下午，乘車赴中百公司修錶（四元），並至食品公司購糖果等，準備星期（日）帶往萬福坊。

今天吃四碗薄粥，先後睡了五六小時，蓋這幾天因搞樣板，欠睡久矣。

霖孫已能自由來去，而且頑皮異常，要打轉，要自倒退走，一不小心，就要跌跤，要特別小心照顧。

對面華山醫院的房子建到八層，戲劇學院的游泳池也快造好了。從這一帶周圍看，也可見我國到處大興土木，一派興旺建設氣象。

# 十月卅日　　　星期六　　　陰雨（17°C—22°C）

九時，赴龔醒齋[1]處推拿。旋赴政協，已近月未去矣，撤回易克枲[2]所寫吳佩孚稿。

為霖孫購飛機一架，小書三本。

又購藥三角。胃痛還未好，全天只吃薄粥三碗半。下午，兩次午睡三小時。

晚，寫給侖、福兩兒信。

不參加亞非會議的國家，除我國外，有朝、越、柬、巴基斯坦、坦桑尼亞、剛果（布）、馬里及幾內亞。

---

1　龔醒齋，中醫，作者朋友，當時在上海茂名北路南京西路開設診所。

2　易克枲（1883－1967），字敦白，號師心，湖南長沙人。前清舉人。民國時曾任湖南教育廳長、教育部教育司長。時任上海文史館館員。

## 十月卅一日　　　　星期日　　　少雲（12°C—24°C）

今天胃病漸痊，上午，吃油條、薄粥兩碗。

早餐後，偕母親、芳姊抱錫妹〈霖孫〉同至萬福坊盤桓一天。

十時，至復興公園，霖孫比三個月前懂事多了，什麼都要看，在草地上跑得很自由，活潑可愛之至，小平、小和同去。

八時回家，聞老洪曾來電話。

中央電台廣播，越南北方發表邊和大捷一年來戰績，計消滅美軍近六千，超過一九六一至一九六四年殲滅美軍總和之一倍。


## 十一月一日　　　星期一　　　少雲轉陰雨（12°C—23°C）

今天四時半即醒，八時到文獻，開會商影印問題。

中午，在淮海路吃雲吞麵及豆沙包，又購白糖一斤，今天白糖調低價格，每斤由八角七分跌至七角六分，榴花砂跌至七角八分。


## 十一月二日　　　星期二　　　陰轉多雲（10°C—18°C）

今天轉冷，早晚穿短大衣。

整天寫人物介紹資料稿，兩組樣板已初步做出。

中午，吃豆腐湯及飯，二角四分。

為霖孫購橘子一斤，三角四分。

《大公報》又寄來《柳亞子兩填金縷曲》短稿稿費四元五角，以後當抽空多寫一些短稿。

**十一月三日　　　　星期三　　　　多雲轉雲（9°C—16°C）**

上午繼續寫人名錄。

下午，兩組合開會，討論工作中的體會和問題。

亞非會議各外長會議，大多數國家不顧印度等少數國家的反對，決定亞非會議不定期延開，印度企圖由會議決定邀蘇聯、馬來西亞參加，也遭否決。美帝、蘇修及印度反動派的陰謀全部破產，由此可見我國在亞非國家中的影響之大，以及我國的得道多助。

**十一月四日　　　　星期四　　　　陰雨轉少雲（9°C—18°C）**

上午冒雨上班，主任室為開籌備會，彙報和討論影印、索引工作中的問題，老方同志要求大家工作做得更細緻、認真。

下午，各民主黨派過聯合組織生活，討論亞非會議及其他國際問題。

近日市面香蕉甚多，價亦降低，高以三角二分，低的只有一角五分，回家時，購香蕉大的三隻，二角三分，又購糖兩塊，二角。

寫寄復兒信。

**十一月五日　　　　星期五　　　　多雲到少雲（10°C—18°C）**

上午，四時許即被霖孫吵醒。五時，起來寫人民〈名〉錄稿，至文獻，繼續寫好，計三百二十人，合第一輯二百七十多人，北洋時代及國民黨時代較有名的人都已寫進去了。

又初步看看兩組做的樣板，標題及分類問題不小。

領取工資。今年香蕉豐收，市面到處擁〈有〉售。今天，對面水果店來發售，每斤二角七分，我購兩斤，又購什錦糖半斤。

# 十一月六日　　　　星期六　　　　多雲轉陰（9°C—18°C）

上午未出門，睡半小時許。

昨天北京舉行紀念十月革命大會，劉寧一演説，強調十月革命道路的歷史意義，必須堅決反對帝國主義和現代修正主義，強調中蘇人民的鞏固友誼，必能克服障礙，日益加強起來。

政協本定今天組織一批人去川沙洋涇鎮參觀四清運動，我也報告，後得通知，改在星期一。星期一正在改稿緊張期間，只好不去了。

今天起，穿棉毛衫褲。

今天《人民日報》又發表一批關於印尼的消息，其中有棉蘭右派軍人糾集暴徒攻擊我領事館，印尼反華逆潮正在各地開展。昨天劉子正來找我談印尼問題，我未談任何意見，此公對瞭解意見，方式不太好，往往糾纏不清，所以我想少和他談。

《參考消息》報導，中爪哇已開展軍〈武〉裝鬥爭，印尼共已武裝群眾，建立解放村，看來，印尼局勢的逆流，不久可以壓下去，艾地等同志有高的水平，有血的教訓，對右派軍人的反革命陰謀，早有準備。蘇加諾雖轉化右轉，看來還對反華反共有所保留。

我國羽毛球隊在丹麥、瑞士獲全勝，打二十四場，都勝了。其中二十二場是二比〇，我冠軍、亞軍都以二比〇打勝丹麥的世界冠軍，可見我國羽毛球隊已繼乒乓球隊之後，成為趕上和超過世界水平的勁旅。上月，我十〈百〉米選手陳家全以十秒整的成續平世界紀錄，震動全世界。我國運動員也象工農業國防建設一樣，挺然站在世界最前列了。

下午赴機關，開始"統"兩組索引稿，改了三小時許，題目已處理好了一天。

歸途，購康福麥乳精一瓶二元六角，備明天送給瑞弟夫婦，又為霖孫購魚肝油精一瓶，肉鬆一兩，花生米一毛。

毛澤東主席等國家領導人電勃列日涅夫等，祝賀十月革命四十八周年。

# 十一月七日<sub>立冬</sub>　　　星期日　　　　晴（18°C—26°C）

今天大熱儼如初秋。

上午九時許，和芳姊偕霖孫乘微型汽車至虹口[1]，一元九角。此是霖孫第一次到太舅家，我們也半年多不去了。榴楊、三寶夫婦亦來，下午，孫季凱[2]也從北京來，瑞弟新近擔任食堂工作，中午只回家十五分鐘，晚五時半才回家。

晚飯後，七時即乘電車轉四十八路回家，錫妹一家四人來看母親還未去。霖孫百伶百俐，長得胖壯而秀美，見者無不讚美。

---

1　虹口，這裏指朱百瑞住處。

2　孫季凱，朱百瑞女婿。

十一月八日　　　　星期一　　　　陰（14°C—22°C）

今天繼續看樣板稿題目。

中午理髮，購橘子三角，說是黃岩早橘。

復兒寄來二十元。

上午上班時，購昨天《人民日報》，內載有關印尼局勢之第二批綜合報導。從這裏，看出蘇修集團更加醜惡的叛徒面目，令人氣憤。


十一月九日　　　　星期二　　　　多雲（9°C—18°C）

今天驟冷，比前天儼如初夏之於仲冬矣。

整天看稿，小樣板已改完，下午，一部分時間用於收集資料，以便為《大公報》寫稿，希望在最近期內寫出一萬五千字。

今天起下午改一時上班，五時下班，五時半即可到家了。

士慧來信，並寄來布票一丈，昨寄之二十元，內十元給媽媽買東西吃的，也可見他們的孝心。


十一月十日　　　　星期三　　　　少雲（8°C—18°C）

上午，討論分類問題。

下午，抽空寫了稿子二千餘字，題為《王國維之死》，估計可寫五千字。

今天，《人民日報》發表蘇共及其追隨者從三月會議以來發表的反共反華言論，共登兩版半。晚六時，廣播通告，今晚將發表重要文章，時間要一小時四十分，估計是批判蘇共修正主義集團的文章。

政協通知，星期五六參觀工農業，我選定於星期六參觀工廠。

今晚發表的文章是《人民日報》和《紅旗》雜誌的編輯部文章，題為駁斥蘇聯赫魯曉夫主義的聯合的謬論（大意）。


# 十一月十一日　　　星期四　　　多雲（7°C—18°C）

上午，又抽空寫稿，迄午後二時，已將《王國維之死》寫好，共計六千字，寫作相當快，內容亦較充實而嚴緊〈謹〉，回家前，購郵票五角，準備發出。

購維爾鈣粉一瓶，二元零七分，又購東北白糖一斤，八角四分。

中午在小店吃飯。


# 十一月十二日　　　星期五　　　少雲（11°C—18°C）

上午，寄陳凡[1]稿，並寫寄崙兒夫婦信。

到靜安寺吃油條豆漿，又赴百樂門商場購玩具三事，又至新華書店購小兒書三本，合共一元。

又赴龔醒齋處推拿。

---

1　陳凡（1915–1997），筆名周為、百劍堂主、張恨奴等。廣東三水人。1941 年加入桂林《大公報》，曾任採訪副主任、柳州和廣州辦事處主任。1949 年後任香港《大公報》編輯、副主任、副總編輯。

下午，母親芳姊至靜安寺購布料，我在家和霖孫午睡，午睡不足一小時，即趕空寫《魯迅與教育部僉事》稿計兩千字，晚上寫好。（兩千四百字）

# 十一月十三日　　　　星期六　　　　雨（12℃—19℃）

上午，赴政協，有五六十人同乘兩車赴吳涇化工廠參觀。以前曾兩次參觀該廠，一在社會主義學院時（五九年）那時還剛在建廠，一次在六二年，第一期工程已投產。這次第三次去，又面目一新，尿素設備已正式投產，年產八萬噸，一年品率達百分之九十五以上，而且已搞出一整套自動化檢查和遙控的設備。明年，生產將提高到十萬噸，還將改成結晶球體，以免固結。一斤尿素以肥效，可以增產穀類七斤多。則該廠可以增產糧食十四億斤，而且，該廠是我國自己設計安裝生產的第一個大型新技術的化肥廠，是一個樣板，它以建成和技術過關，就可以在全國遍地開花，（目前已有衢縣、太原、四川等處建成同樣規模的化肥廠）。這一成就，是我國自力更、生發奮圖強方針的偉大勝利。在該廠由薛經理介紹，參觀車間，至十二時回到市區，我在常熟路下車。至靜安寺吃了一碗麵，回家後，午睡兩小時，極為酣適。

晚，又寫了一篇短稿，《唐天喜和李嚴青》和魯迅稿一併寄出，此稿寫了一千九百餘字，四天之內，共寫了一萬餘字，可謂多產矣。

# 十一月十四日　　　　星期日　　　多雲（11°C—18°C）

福建沿海，我海軍今天清晨打傷、打沉美製蔣艦各一艘。

昨天日本有三百萬人罷工、遊行，抗議日政府及自由民主黨前日行法強行通過日韓基本條約，日共政治局發表聲明，不承認議會的非（法）決定，並號召廣大人民，為推翻佐藤內閣、解散國會而鬥爭。

印軍又在中錫邊境挑釁滋擾。

上午十時，和芳姊抱霖孫至襄陽公園看菊花，霖孫在兒童樂園玩了滑車。遇唐海，談移時。

從襄陽公園步行至常熟路口，為霖孫照相，他已有三個半月不照相了。途遇楊武之[1]，相談良久。

又購天台山蜜橘、香蕉等，共花去四元幾角。

來去乘三輪車，共四角五分。

今天天氣晴朗。


# 十一月十五日　　　星期一　　　少雲到多雲（8°C—18°C）

越南南方解放軍在保邦地區殲滅美國騎兵第一師的兩個整營，共打死美國侵略兵一千餘人。

今天整天將第一塊樣板分類。上午，《申報》新聞出版資料整理同志修孟千[2]等找我談一些問題。他們對我相當尊重，我應當更加謙虛謹慎。

下午，我老方同志彙報工作，並談我對工作的心情，希望做

---

1　楊武之（1896—1973），原名楊克純，安徽合肥人，數學家，時任復旦大學教授。

2　修孟千，作家，曾任中共上海市委黨刊編輯室編輯、市委宣傳部文藝處科長。

好黨的馴伏〈服〉工具。他説，近來我的工作情緒很好，都認為我能做好這工作很合適。

回家時，繞道經淮海路，至兒童商店為霖孫購棉毛褲一條。又至照相館看樣子，這次照得很好，很自然而有趣。

·

## 十一月十六日　　星期二　　陰雨轉多雲（8°C—18°C）

整天處理第一塊樣板，下午，並開始設想第二塊樣板，先把要改的稿子劃出。

午飯後，至常熟路口加印照片，又至百貨商店為霖孫購衛生褲一條，一元七角五分，連照片加印，近五元。

晚錫妹來。

昨晚只睡五小時許，相當疲倦。

## 十一月十七日　　星期三　　陰（11°C—18°C）

上午，開會討論第二、第三塊樣板的製作計劃，同志們基本同意我的設想。

老方同志找我和老洪，老嚴談昨天向局黨委彙報工作的情況，聞局裏已取消黨組，改為黨委領導制。

下午，和龐老[1]、老洪同至《解放日報》看剪報，又至舊書店

---

1 龐老，即龐來青。龐來青（1899－1978），浙江寧波人。曾任兒童書局經理，中國青年出版社華東營業處行政委員會主任，少年兒童出版社社長。時任上海出版文獻資料編輯所副主任。

選購參考書。五時一刻,乘十七路轉四十八路回家。在舊書店接局裏電話,市委通知明天開會,歸後看通知,有負責同志作轉達報告。

上午上班前,趕寫給復兒夫婦函。


# 十一月十八日　　　星期四　　　陰雨（11°C—18°C）

上午赴市人委大禮堂,聽陳毅副總理所做的國際時事報告,談亞非會議、印尼局勢、反修鬥爭、越南戰爭等。最後,提出三個問題:(一)美國會不會即發生革命,(二)美國會不會發生政變,(三)美國會不會在歐洲發動突襲?他希望大家打破舊框框,想想這些問題,這的確給我很大的啓發。他講了三個半鐘頭。

散會後,我步行至福建中路北方飯店吃了二十四個水餃,四角八分。

下午,籌委會商討如何找的問題,當尚丁談他的想法時,我說話有些衝動,但我認為他有些煽動群眾的氣味,一口否定補充題的客觀性問題。

歸家時,有小雨,車子甚擠。


# 十一月十九日　　　星期五　　　陰（10°C—18°C）

上午,午睡兩小時,精神大為恢復。

下午,到機關選第三塊樣板搞。

三時,〔民〕盟市委余國屏同志來訪,談聽了陳總報告的啓發。歸途，購白塔〈白脫〉四分之一，及香蕉、四川橘柑等。

上午，接福兒來信，知道他們很好，時雯很胖壯有趣、為之快慰。

## 十一月廿日　　　　　星期六　　　　多雲（8°C—18°C）

越南南方解放電台發表：十一月上半月，共殲滅美國侵略軍三千餘人。

聯合國討論阿爾尼（阿爾巴尼亞）、柬埔寨等十三國所提恢復中國席位問題，贊成者四十七票，反對者也是四十七票。這是美國阻撓中國參加聯合國首次失去多數。

下午，民盟支部過組織生活，大家談談去年回憶檢查以來的思想情況。

《大公報》寄來稿費二十七元。據民進小張同志談，陳凡最近來過上海。

霖孫近來更口齒伶俐，什麼話一學就會，而且記憶力特強，幾天前教的話，一談就記起來了。

今天第三塊樣板已做出，所餘的工作去重寫規劃的三稿。

## 十一月廿一日　　　　　星期日　　　　少雲（5°C—17°C）

上午，抽空寫《申報》索引工作規劃三稿的第一二兩節，共成三千字。

抱霖孫到樓下玩了半小時。

下午，又抽空寫稿，寫成《再談王國維之死》，計一千四百餘字。

## 十一月廿二日<sub></sub>小雪　　星期一　　少雲到多雲（11°C—17°C）

坦桑尼亞第二副總統卡瓦瓦在朝鮮訪問後，今天來我國作友好訪問。

上午，老方同志作國際時事報告。

中午，在外面吃午飯，吃了一隻小白蹄，五角，量相當大，又不大軟，我牙齒不好，吃後一直擔心，因此，晚上未敢多吃東西。

下午，同志們都討論老方同志報告，我在小房間趕寫“三稿”，寫成八段，明晨可以脫稿了。

歸途，購麵〈饅〉頭兩個一角四。

快下車時，天微雨。

昨天子寬兄電話，說政協快要開會，要討論如何在大會作報告。這次政協全體會議，聞將與市人代會同時舉行。

## 十一月廿三日<sub></sub>農曆十一月初一　　星期二　　陰雨（11°C—22°C）

上午，將三稿寫好，老方、老洪外面開會未回。

下午，寫稿千餘字。

五時，赴上海[1]看“一九六五年國慶”電影，是俱樂部請客。

---

1　上海，指上海電影院，位於上海復興中路一一八六號。

看電影前，在陝西路口吃生煎饅頭一客（一角四分）。


# 十一月廿四日　　　　星期三　　　　陰雨（11°C—19°C）

上午未上班，在家寫好《記三個張人傑》，兩千三百字，連同前天寫的《再談王國維之死》（一千四百字）寄給陳凡兄。

聽說上海戶口略鬆，小孩可以報進。趕寫給復兒夫婦信，叫他們快辦證明信來。

下午，本擬赴華東醫院推拿，因時間不及未去，二時許到政協，差不多已個把月不到政協了。

開辦公室會議，討論即將舉行的政協全體會議上的發言，最後決定由我寫出初稿，星期六下午討論。

歸途，購金錢橘一斤多，五角，又購麵包一個，三角一分。

邵洵美[1] 想出售的家中存簡，經上圖檢〈鑒〉定。沒什麼價值，決定退還。今天交給我，準備由劉哲民交還給他。

強冷風南下，今天下午起，天氣驟冷，十月小陽春天氣，殆將結束，寒冬季節開始了。

聞市人代及市政協均由於本月底前開幕，因為今年內要開全國人代。

---

1　邵洵美（1906－1968），浙江餘姚人。詩人、散文家、出版家、翻譯家。1958 年因 "歷史反革命" 在上海被捕，1962 年出獄。1968 年在貧病交加中逝世。

## 十一月廿五日　　　星期四　　　少雲（5°C—14°C）

今天大冷，風也大，不穿大衣有些瑟縮了。

在機關寫政協發言稿一段。

歸家前，轉至常熟路口取霖孫照片，為霖霖購糖三兩，三角六分。

又在常熟路吃餛飩一碗。


## 十一月廿六日　　　星期五　　　少雲（1°C—11°C）有霜

今天大冷，穿新製棉襖，穿毛綫褲。

上午，寫發言稿，成近二千字。

下午，午睡片刻，赴華東醫院推拿，以〈已〉好久不去，改約以後每星期一三五下午五時半，下星期一開始。

至中百公司取錶，購橘子（黃岩早蜜橘）一斤許，五角，又為霖孫購山茶〈楂〉餅兩筒。又購鏡框一個，一元三角三，回家後即將霖孫照片掛上。

晚，將發言稿寫好，共約三千字。


## 十一月廿七日　　　星期六　　　少雲（1°C—10°C）

上午，未出門。

下午，至政協，討論發言稿，聞陳丕顯同志在常（委）會中指示，對文史工作很重視，決定由我重作幾點修改。

購魚肝油精及送小和的蛋糕。

晚，寫寄大姊、福兒、復兒的信。兩兒信中，都附寄照片。

## 十一月廿八日　　　　星期日　　　少雲（4°C—14°C）

今天回暖。

接通知，政協四屆二次會議定明天下午三時開幕，聞此次會期約十天，先小組討論，七日起大會發言。人代〔會〕同時舉行。

上午，將發言稿修改完畢。

十時半，至常熟路及靜安寺，購電燈泡，面盆塞，及玫瑰腐乳等。

午後，午睡兩小時許，甚酣適。

## 十一月廿九日　　　　星期一　　　晴到少雲（7°C—15°C）

昨接《大公報》通知，《陳其美、蔣介石及陶成章》一稿已登出，稿費十元零二角。

美國又爆發近十萬人的反對侵略越南的群眾大示威，有五萬人參加向華盛頓的進軍，在白宮前抗議示威，另外有四十多個城市舉行了同樣的示威。

英國、法國、新西蘭等，也發生群眾示威，聲援美國反戰示威。

南越解放軍，又殲來美偽軍兩個整營。

今天四時即醒，五時許起身。

上午，午睡一小時，霖孫在房門外摔跤，跌破了一頭〈塊〉頭皮，出了血，聞訊驚起，急忙為他攄〈搽〉紅藥水，並由芳姊抱到間壁請孔醫生母親包紮。在他步伐未牢之前，還要好好當心他。

下午，赴機關，籌備組討論樣板等問題，何求及尚丁堅持標題不要有觀點。我過去改題是有些缺點，但尚丁藉此大肆攻擊，儼然以分類的內行自居。從而對樣板否定一切，這人的毛病如此嚴重，實在是一面很好的鏡子。

二時半，赴俱樂部參加政協全體會議開幕，主要聽常委會報告，四時即結束。

回家後，五時許赴華東醫院推拿，經推拿了近半小時，果覺鬆〈輕〉鬆得多。

在靜安寺吃豆漿油條，花一角五，即赴子寬兄家共商發言稿。經討論後，由余當場修改後，交婁公[1] 最後潤色，準備後天交秘書處。

回家時，大風呼號，又要轉冷了。

上海市人代會今晨開預備會。

# 十一月卅日　　　　星期二　　　　晴（1℃—8℃）

上午九時，赴市人委大禮堂，列席市人代大會，聽曹荻秋副市長所作增產節約運動的報告，馬一行[2] 關於預決算的報告，十二

---

1　婁公，即婁立齋，經濟學家，曾留學日本，1949 年上海《文匯報》復刊時，任總編輯，後任《新聞報》副總編輯，民建上海市委委員，上海市工商聯副秘書長，上海市政協文史資料辦公室副主任。

2　馬一行，時任上海市經濟計劃委員會副主任兼市財政局局長。

時，至俱樂部吃飯。

下午，小組討論。

晚飯後，看"一九六五年國慶"，"北京郊區農村大躍進" 等影片，九時回家。

霖孫頭部小傷口已癒合。

# 十二月一日　　　星期三　　　晴（6°C—16°C）

今天溫度雖低，但無風，反覺不如昨天天冷，今天開始穿棉大衣。

整天討論政協常委會報告，我們所寫的發言稿，經秘書處審定，重抄後送交秘書處。

在俱樂部購橘子一斤半，葡萄八兩多，共一元。

四時半早出，到華東醫院推拿，兩次推拿後，覺手臂輕鬆多了。

又購麵包一個、山楂片一包，回家後，霖孫笑逐顏開。

接侖兒信，知他們商量後，決計不回來分娩，擬俟小寶七八個月後再送回來撫養。

和阮老[1]商文史資料提綱，決定先寫張自忠稿。

---

1　阮老，即阮玄武。阮玄武（1894－1986），字又玄。安徽合肥人。畢業於保定陸軍軍官學校，曾任抗日同盟軍第五軍軍長。時任上海靜安區政協副主席、區民革主任委員，上海市民革副主任委員。

十二月二日　　　　　星期四　　　　少雲（4℃—14℃）

今天又轉暖。

上下午學習討論曹荻秋同志報告。

中午，出外為霖孫購棉褲料，又購廣柑一斤。

錫妹來小坐。


十二月三日　　　　　星期五　　　　陰（6℃—16℃）

上午九時，在人委大禮堂聽陳丕顯同志所作政治報告，十二時，講畢一二部分，中午在俱樂部吃飯後，回家休息半小時，三時，繼續聽報告，四時半畢，即乘七十一路至華東醫院推拿。


十二月四日　　　　　星期六　　　　陰偶有小雨（4℃—15℃）

今天整天討論陳丕顯同志的政治報告。

中午，赴文獻，老洪、老孟[1]與我談近日情況，知同志們正在做第四塊樣板。昨晚三時醒後，我即想到此問題，認為不妨照尚丁等的意見重做一塊，尚丁等意見雖有偏頗，但記起毛主席所說的不管什麼人只要你說得對，我就照你做，因為我們是為人民服務的。這話不僅黨員適用，一切革命幹部都應如此。想到這點，過去幾天思想上的疙瘩為了〈之〉消解。

---

1　老孟，即孟世昌。孟世昌，翻譯家，曾任上海人民出版社編輯。1968 年自殺。

回家前購玩具一個，因母親芳姊去看《革命戰歌》，在家看霖孫一小時半，這小孩越來越乖，真是逗人喜愛，近來也日見胖壯了。

## 十二月五日　　　　　星期日　　　　陰雨（2°C—12°C）

上午九時，赴友好大廈參觀日本展覽會，這次和前年不同的是絕大多數展品是機器，特別是精密儀器、機器。這說明我國技術水平提高，他們的一般設備和產品，引不起我國的興趣了。其次，從日本展品看來，它的工業水平還比我們高，還有一定的差距。我們這兩年的躍進，已有一批產品達到國際先進水平，還要經過第三個五年計劃，可以追上六十年代的水平，有些可以趕超到七十年代。

十一時，即回家，時細雨濃濃矣。

下午，午睡一小時許，抽空寫《吳佩孚與張其鍠》，只開了一個頭。

小平、小和來，晚七時許即回去。晚飯前，開幻燈片，已好幾年沒開了。霖霖看了也很有興趣，這孩子真懂事。

復復寄來特掛信，大概是布票。

寫寄給瑞弟一信，附霖孫照片。

## 十二月六日　　　　　星期一　　　　晴（2°C—10°C）

今天去政協略遲，先去服務社交牛奶費，旋至愚園路郵局取復復特掛信，是寄來布票一丈五尺。到政協已九時，今天上下午都講討論國內外形勢及第三個五年計劃的任務等。

中午，吃餛飩、春捲、饅頭、四百多人，同時供應這些東西（餛飩每人十五個）殊（不）容易。

《解放》、《文匯》發表對海瑞罷官的各報討論情況，並轉載各報的編者按語。其中，《解放軍報》按語最為尖銳，說這是一株大毒草，在六一年發生說明階級鬥爭的尖銳。《人民日報》提出對歷史人物及如何在舞台上對待歷史人物問題，最有啓發，說明對待歷史人物，單單以形式的階級分析是不夠的，主要是要批判地對待，肯定一切，甚至把古人樹立為正面旗幟，並在舞台上加以宣傳，則大成問題。從此而論，則《蔡文姬》中的對待曹操，《武則天》等等，實在都有問題的。

五時，赴華東醫院推拿，一連推了四次，已見功效，手臂輕鬆多了。霍老[1] 勸我打可的松，醫生說這是封閉性的，沒有好處，反不利於推拿。

今天有電影晚會，演《學習王傑》及《東方紅》，因為要去醫院，只得犧牲了。

馬親家寄來時雯照片，大得多了，裝束有些土氣，則是可以想像的。

昨晨越南解放軍把西貢美軍宿舍炸毀了三層，死傷九十多人。

今天在俱樂部購萊陽梨一斤許，四角三分，歸家吃了些甚嫩，余燒湯，因近日有些咳嗽感冒，曾在俱樂部醫生處配了些藥。

中午，在陝西路口以西理髮，四角五分。

---

1　霍老，即霍錫祥。霍錫祥，曾任國民政府郵政總局代理局長，時任上海市政協委員，參與文史資料編輯工作。

## 十二月七日 農曆十一月半　　　　星期二　　　　陰（2°C—14°C）

今天開始大會發言，大多是工農業戰綫上的代表談如何破除迷信，趕超世界先進水平的事例，對大家的教育意義很大。最後，巴金談他前進在越南一百多天訪問的見聞，至六時才結束。

中午，至中百公司購塑料小玩具兩件。

歸家時，購染髮藥水。

越南解放電台報導，四月爆炸西貢美軍宿舍，炸死美軍二百多人，全是噴氣飛機飛行員。


## 十二月八日　　　　　　星期三　　　　晴（2°C—14°C）

今天全日大會發言，王林鶴等的發言，十分有說服力，説明搞科技工作也必須學習毛澤東思想。團市委同志報告青年工人藝佳在趕超世界先進水平中的雄心壯志，也令人激動。

今晚又有話劇晚會，又遇上星期三華東醫院預約診期，因此又未能去。

五時至醫院推拿，六時前回家。

中午，和老方同席，談今後工作，並提出了我的想法。


## 十二月九日　　　　　　星期四　　　　少雲（4°C—16°C）

今天政協全體會議閉幕，下午發言至三時結束，即通過決議。會後，放映電影，六時聚餐。這次會議我共吃了十一頓飯，交餐費十一餐計二元二角。

## 十二月十日　　　　星期五　　　　陰（2°C—14°C）

今天整天未上班，政協學習停一次。

下午，赴安福路沐浴，三角五分。

四時，赴華東醫院，先看牙齒要拔去七隻，分三次拔，約定下星期三拔第一次兩個，醫院很慎重，除照 X 光片外，還到內科量血壓，檢查心臟，已到驗血科檢查。我的血壓高是一百四十，低是八十五，還是正常的，可以拔，醫生說最好第一次先拔一隻。

今天父親逝世十周年，設奠，霖孫已能行禮了，小平、小和晚間來。

上午，同霖孫到下面玩了一刻多鐘，這孩子近來很少下去，不下去也不吵，但下去了不想上來。

## 十二月十一日　　　　星期六　　　　少雲（2°C—12°C）

上午，同霖孫下樓曬太陽。

下午赴機關，機關加蓋三樓工程已經開始。

歸途，購肉鬆一兩，乾酵母片一瓶（五角）。

約翰遜又玩弄和談陰謀，宣稱暫停對北越轟炸，越南民主共和國發言人談話，揭駁美帝此項陰謀。

十二月十二日　　　　星期日　　　　晴（2℃—8℃）

今天整天未出門，母親赴萬福坊。

上午，偕霖孫至烏魯木齊路口發信，計寄發侖、復兩兒及馬家親家共三封信，小寶來回都走了一大段路。

下午午睡後，赴常熟路購牙籤、腐乳、橘子等。


十二月十三日　　　　星期一　　　　少雲到多雲（2℃—12℃）

上午赴機關，開籌備小組〔會〕，老方同志參加，決定年內著重整理樣板，進行小結。

中午，在吳江路飯攤吃醬肉百頁〈葉〉，連飯三角四元，步行至石門路口，飲咖啡一杯。

四時半，政協文史辦公室開會，商以後工作計劃，五時至華東醫院推拿。


十二月十四日　　　　星期二　　　　少雲（0℃—8℃）

越南南方解放軍八、九兩日在崇陽（譯音）地區圍殲敵偽軍三個主力營，重創其一個，共殲敵軍一千零五十人，美軍也受到嚴重打擊。

上午，赴靜安寺吃豆漿油條，購汕頭蜜橘一斤許，六角九分（每斤六角）。今天，汕頭蜜橘大量上市，質量也好，為近七八年內所僅見。

下午赴機關。

《大公報》通知，上月下半月登出短稿兩篇（《早年的孔祥熙》、《唐天喜和李嚴青》）稿費共十七元七角，擬為霖孫購大衣。本月分〈份〉別處無款寄來，賴此挹注。但霖孫的冬衣不能不買，否則，不能出門了。

# 十二月十五日　　　星期三　　　陰雨（2°C—8°C）

今天因拔牙，整天在家休息。

八時半赴華東醫院，九時半開始拔牙。經過極順利，至九時五十分即竣事，今天先拔去左下一門牙和一臼齒根，經過良好。回家後，至下午一、二時，即不再流血，兩次吃掛麵，飯量很好。

據醫生說，因有些牙齒根部已爛，要比預定多拔幾個，上齒全部拔去，下面留三個。大概全部過程包拾裝好假牙，要兩個半月，如此，則牙裝好時嚴冬已過了。

三小姐夫婦下午來玩。

# 十二月十六日　　　星期四　　　陰轉多雲，雪（2°C—6°C）

今晨起身，窗外一片雪白，天下大雪。八時出門時已止，冬至前下雪，為近年來所少見，可預卜明年的大豐收。

天很冷，上午在機關集體審查一四塊樣板稿。中午，在小館吃雪菜肉絲麵（二角五分）。出門，覺耳手均冷。

下午，繼續審稿。

## 十二月十七日　　　　星期五　　　　晴（2℃—6℃）

今天更冷，上午，開始寫《閻錫山的特務組織》稿，寫成四百餘字，晚上又續寫幾百字。

下午，赴俱樂部，文史辦公室討論全國政協關於文史工作的文件。除辦公室同志外，有張匯文[1]、馬蔭良[2]參加。談至四時三刻，我先離開。

五時一刻，至華東醫院推拿。

為霖孫購棉毛褲。

## 十二月十八日　　　　星期六　　　　陰（0℃—9℃）

上午，續寫稿六七百字。

下午，赴政協開會，繼續討論文史工作。今天有編審陶菊隱[3]、嚴諤聲等參加。

歸途，購魚肝油精、玩具兩件，又購蘋果，醬腳爪等。今天雖冷，但風小，反覺比昨天和暖。

---

1　張匯文（1905－1986），號叔海，山東臨朐人。法學家，復旦大學教授，上海市政協政法委員會副主任。

2　馬蔭良（1905－1995），字一民。江蘇松江人。曾任史量才秘書，《申報》總經理等。時任《申報》整理委員、《新聞日報》管理委員、華東新聞學院教授、上海新聞圖書館館長。

3　陶菊隱（1898－1989），湖南長沙人。作家，記者。曾為《申報》、《新聞報》、《大公報》等寫稿，著有《北洋軍閥統治時期史話》。時任上海文史館副館長。

十二月十九日　　　　星期日　　　　多雲（0℃—5℃）

寄陳凡一稿《閻錫山的特務組織》兩千六百字。

飯後午睡一小時半。四時，赴靖江路二十一號訪周予同[1]兄，談《申報》索引及政協文史資料工作。他對《申報》，主張顯微膠捲，對索引、主張照原題及原語氣做題，必要時加注釋。他介紹南京史料館的索引、目錄很可參考，聽說他們在幾秒鐘內能查到材料。他認為我們去訪問訪問，學習些經驗很有好處。該館設在南京雞鳴寺。對文史資料，他認為不發表或印些少量的題材、提綱有好處。這樣可以減少人們的顧慮，有不少人的顧慮是牽涉到活著的人，特別是統戰中的人物。他這些意見很好，他對於幹部配備等，也有些意見很好，認為年輕人要訓練，年老的，往往做事少而意見多，只能備諮詢。

歸途，為霖孫購球拍兩塊，乒乓球一個，小碗四個，共只四角，又購點心數事。

今天天還冷但無風。

連日看《梁燕孫先生年譜》，很有些重要史料，總的基調是為他洗刷辯護（特別是他和帝制的關係），但對二十多年的大事，提供了不少素材，對袁世凱從稱帝到失敗的心情變化，以及他們和日本的關係，提供的材料很好，還有些有關清末到民國時代的財政金融及以帝國主義侵略方面，也提供不少第一手資料。

---

1　周予同（1898-1981），浙江瑞安人。歷史學家。時任復旦大學歷史系主任、副教務長，上海歷史研究所副所長，《辭海》副主編。

十二月廿日　　　　　　星期一　　　　晴（3°C—13°C）

今天溫暖。

八時，先交煤氣費，旋至華東醫院拔牙。今天拔右下邊兩個牙根和一個門牙，門牙下面有腐袋，拔下後還要收拾牙床，然後縫好，手術歷半小時許，幸回家後未覺痛，稍事休息。醫生（孔）為細覓照顧，還配了消炎片，維生素 C、B 等三種藥片。

二時，母親和芳姊去靜安寺購物。而霖孫二時許即醒，因此，看顧他兩小時許，因天氣好，三時半後抱他下去草地上玩耍。

上午，壽進文同志來電話，說三期開門學習即將開始，徵詢同意，但我牙正在拔，恐下去不便。下午盟市委周同志來介紹情況，我把情況向他反映。希望遲下去若干日，下去後，食物方面能吃些軟的東西。


十二月廿一日　　　　　星期二　　　少雲轉雨（6°C—14°C）

上午赴機關，因部分同志討論《海瑞罷官》，老洪同志因病未來，故未討論樣板稿。看看這幾天的《參考消息》。

中午，在淮海路吃雲吞麵及豆沙包，三角四分。

二時，赴華東醫院復看牙齒，經過良好，傷口只少許發炎，並與孔醫生商定，將下鄉參加開門學習，上牙準備春節後再拔。

二時半至俱樂部聽王致中[1]部長作的下鄉動員報告，此次下鄉

---

1　王致中，時任中共上海市委統戰部副部長。

人中，熟人很多，有阮玄武、周浚[1]、趙書文[2]、侯克忠[3]、陳伯吹[4]、錢君匋[5]等。會後，雨下得相當大，冒雨回來。


## 十二月廿二日　　　　星期三　　　　陰雨（6℃—11℃）

上午未出門。

下午至文獻，繼續集體審稿，有些同志，還是堅持客觀主義態度，對題目主張不動原文一字，我也未堅持自己的意見，看來，如何索引，如何補題，問題還很多。

四時半出來，至華東醫院推拿，近日手有顯著好轉。我認為是拔去蛀蟲的結果。

我是否下去參加開門學習，迄今日下午，出版局黨委還未決定，老洪同志〔將在〕晚間電話告訴我。今天下午下鄉小組開會，我因文獻有事，未去。

今天空氣濕度很高，儼如黃梅季節，連六層樓走廊牖壁也如水浸。

九時，老洪來電話，黨委已同意我下鄉。

---

1　周浚，上海工商界人士，其餘不詳。

2　趙書文（1912－2010），上海人。曾任上海光明中學校長，復旦大學教授，上海教師進修學院副院長，時任上海辭書出版社編審。

3　侯克忠，曾任民盟虹口區委主委，1957年被劃為右派。

4　陳伯吹（1906－1997），原名陳汝壎，江蘇寶山人。兒童文學作家、翻譯家。時任少年兒童出版社副社長。

5　錢君匋（1907－1998），浙江桐鄉人。篆刻、書畫家，曾任西泠印社副社長，時任上海文藝出版社編審。

## 十二月廿三日　　　　星期四　　　　陰雨（0°C—8°C）

上午，赴黨校參觀階級鬥爭展覽會。

下午，下鄉同志在政協開會討論王致中部長講話，以端正態度，帶著問題下鄉。

晚飯在松月樓吃素什錦麵，三角六分。

晚在大舞台看甘肅省歌舞團演出的歌劇《向陽川》，我只看了三幕，回家已近十時。


## 十二月廿四日　　　　星期五　　　　晴（0°C—7°C）

上午赴機關，籌備組開會，開展批評與自我批評。我檢查自己有"有一套"思想，往往自以為是，不虛心傾聽別人的意見，很多同志都對尚丁開展批評。原來他昨天又和何求同志爭吵起來，他又利用小許的意見，打擊何求，認為何的方案不值一顧，何求還揭露他平常彷彿什麼話都講，而實際卻自己留有一手。此公的老毛病實在重，處處表現自己，打擊別人，而往往要嘩眾取寵，一筆抹煞別人的成績，江山易改，本性難移。真是一面很好的鏡子。而且，對問題稍稍攢了幾天，憑他的小聰明能講一套，就儼然以內行、權威自居。這種毛病他很突出，而在我身上也不是沒有，應該從他的毛病中引起自己的警惕。

中午回家時，購餅乾一斤、肉鬆二兩，都為著要下鄉為霖孫儲備著的乾糧。

下午，先赴銀行取款六十元，購棉毛衫一件，二元三角，又購鬆糕、粽子等，三元五角，晚間又購麵一匣，預備明天送給楠嫂，祝她的生日。

四時，赴華東醫院，先至口腔科拆綫，牙齦傷口良好，又至推拿科推拿。

又赴靜安寺，配電筒、購書，都為著下鄉作的準備，又為霖孫購小書兩本。

# 十二月廿五日　　　星期六　　　多雲轉陰（2°C—5°C）

上午，在烏魯木齊路小店理髮，三角，購冰糖、白糖及味精。

下午，午睡一小時許，三時半，偕芳姊赴虹口，時霖孫尚未醒，楠嫂健康有進步，六時半吃麵，七時半動身回，八時半到家，霖孫見了，在梯口等待，十分雀躍。至十時半，他才睡。

# 十二月廿六日　　　星期日　　　雨（2°C—3°C）

上午，打鋪蓋行李。

下午二時，將行李送至政協，車資五角，後至僑匯處購花生米兩包，九角；香煙共九包（二元五角），又購橘子一斤多，染髮藥水六角。

從二十七日至一九六六年一月十七日，參加市政協組織的"開門學習"，在青浦住了二十二天，另有日記。

另冊[1]參加"開門辦學"札記

---

1　日記從此處起，另記一冊，注明：參加"開門辦學"札記。

## 十二月廿七日　　　　星期一　　　　　　　陰

上午醒已六時半，即匆忙起身，盥洗，早餐畢已七時廿分，即整行裝出門。時霖孫已醒，他還不知一別要廿多天也，還關照了芳姊三事。

八時至政協，八時半準時動身，九時半到青浦，住黨校。十一時鋪位已安頓好，十一時半吃飯，飯後午睡一刻鐘。

下午聽縣黨委書記陸道南同志介紹縣四清工作情況。


## 十二月廿八日　　　　星期二　　　　　　陰轉多雲

四時即醒，六時起身。

早餐後，赴街市巡禮，購一瓦罐（七分），又赴中山公園門票二分，園林佈置為蘇州園林。

有些同志打電話回家，每次二角（三分鐘），我預備過幾天打回家問問霖孫情況，離家一天時刻想念著小寶寶。

八時半，小組繼續討論。

中午吃魚，換吃炒蛋。午睡一小時半，甚甜。

下午二時聽報告，城東公社[1]情況總結。

晚討論，九時許上床，最多久久不能入睡，迄十一時才睡覺。

---

1　城東公社和後文所述城西公社，為今上海市青浦區青浦鎮夏陽街道和盈浦街道。

## 十二月廿九日　　　星期三　　　晴到少雲（-2°C—6°C）

　　六時許起身，早餐後赴郵電局打電話回家，知家中都好，霖孫時刻想念我。今天掃除，三小姐來幫忙，這樣也較放心了，

　　八時一刻，小組討論昨天公社同志的報告。

　　下午一時零五分出發，緩行四十分鐘至城東公社城東大隊第三生產隊，參加貧協主席、隊幹部學習關於年終分配的政策，我組和四組同志在一起。

## 十二月卅日　　　星期四　　　晴（-3°C—4°C）

　　昨晚十時即睡著，但醒過三次，四時許再也睡不著。五時半起，洗腳、盥洗。今天大冷，風大，樑上塵土紛紛落下。

　　六時半，至街市吃豆漿一碗、油條兩根、燒餅一塊，共一角三分。又吃豆花一碗四分，遠不如家鄉風味。

　　昨晚步行至醫藥公司，購得路丁片一瓶。

　　七時半回家，看毛主席著作。

　　二時到城東大隊第三隊參加分配大會，書記李祥華先報告經過，說明，最初計劃是畝產千斤，每人分配一百五十元⋯⋯討論結果皆大歡喜，人人開心。（明年）爭取更大豐收，支援國家第三個五年計劃的開門紅。

　　宣佈分配計劃和各戶分配數字後，發言的有貧協主席、民兵隊長等，最後分紅包，農民在拿到紅包後，個個笑逐顏開。發言人說，在舊社會，過年時哪裏見到現款？而且地主逼租，債戶逼債。今天他們糧食滿倉，不愁吃、不愁穿，而且有現款可存。最多一戶，除扣除預支外，分得現款三百九十多元。

今天《人民日報》發表編輯部文章《蘇共領導是宣言和聲明的背叛者》[1]，每人購《解放日報》一份，晚間初步座談。

棉褲有些破，又褲帶鬆開，回來時，購塑料褲帶一條，九角六分。

今天大冷，出門穿上大衣。

# 十二月卅一日　　　星期五　　　晴（-7℃—0℃）

昨晚大冷。睡時用熱水袋，加穿羊毛衫，帶來的衣服都穿上了。今晨起來，毛巾都凍了，幸風小了。

七時一分出發，赴城東大隊大隊部參加各生產隊會計、貧協主席核算賬目工作。會計互調，貧協主席就原隊會審。我們幫同併賬，收穫很大。

中午回來看報登著吳晗的自我批評。

下午仍到城東大隊，四時半回。

晚，開民主生活會，談過好集體生活，爭取下鄉有更多的收穫。

---

1　《蘇共領導是宣言和聲明的背叛者》，是《人民日報》1965 年 12 月 30 日評論員文章。宣言，是指 1957 年 11 月各國共產黨和工人黨代表莫斯科會議通過的《社會主義國家共產黨工人黨代表會議宣言》。聲明，是指 1960 年 6 月社會主義國家共產黨和工人黨代表在羅馬尼亞布加勒斯特舉行會談時發表的《中國共產黨代表團在布加勒斯特兄弟黨會談上的聲明》。

一九六六年

一九六六年日記記載作者在上海出版文獻資料編輯所和上海市政協文史資料委員會辦公室的工作情況、參加政治運動情況和當時的生活情況，以及年初參加"開門辦學"的情況。"文化大革命"開始後，上海出版文獻資料編輯所工作全面停止。作者被"揪鬥"後，日記終止。

——編者注

**元旦**<sub>夏曆十二月初十</sub>　　　　**星期五**　　　　晴（-3℃—5℃）

　　昨晚九時上床，不久即入睡，睡足八個小時，實為近日來所少有。清晨大便很爽，周身通暢。

　　今天天氣回暖，而且風也小了。

　　討論的兩個中心問題：（一）通過學習看到，解放以來貧下中農生產、生活的變化。從而進一步認識黨的政策方針的正確性、人民公社一體制度的優越性、社教運動必要性、幹部的作用。（二）從三者關係認識貧下中農的高貴品質，找自己的差距，從而認識自己的階級屬性，加強改造。

**一月二日**　　　　**星期六**　　　　多雲（-7℃—1℃）

　　昨晚胃有些不舒服，晚飯只吃一兩半多，吃了胃舒平睡覺。

　　昨晚睡得還好，上床不久即入睡。二時後醒一陣，又昏昏迷迷睡了兩三個小時。六時許起床。早晨大便通暢、身心舒暢了。

　　昨晚夢見三個兒子都回來了，和霖孫在一起，一家團聚、其樂融融。

錢寶鈞[1]同志收到《參考消息》多天，看了幾天。

上午和晚上，討論昨天和一隊貧下中農交談的體會，大多數同志聯繫自己的過去和目前思想情況，同貧下中農對比，做對比、找差距，相互啓發很大。

下午規定為自由時間，等於說是下鄉後第一次放假。飯後，到郵電局打電話，芳姊來接。知道家中都好。他們昨天去萬福坊，今天錫妹一家來我家團聚，聽說霖孫胃口好了，也較前胖了。這孩子還在電話裏叫“公公”，聽了真有些心花怒放，又聽說福兒、復兒都有信來。

晚飯前，還和趙、馮逢兩同志商訪問貧下中農提綱的草案。

今天胃還感到不大舒服，又服了四片胃舒平。


# 一月三日　　　　星期一　　　　雨（2℃—8℃）

昨晚九時上床，旋即入睡。五時許醒，僅小便一次。六時前起身，洗腳，盥洗。

今日起，晚飯改為五時一刻。

本擬赴二隊參加勞動，因雨改在家學習。

發言提綱：學習應三對照，主要對照自己，落實在今天。這幾天大家談了不少在熱愛黨、堅決執行黨的政策等方面，不如貧下中農，相互啓發很大。

對於貧下中農處理三者關係中，先公後私，先集體後個人的風格，也值得學習。

---

1　錢寶鈞（1907－1996），江蘇無錫人，化學家、教育家。時任華東紡織工學院副院長、化纖研究所所長。

和自己對照，有如下的差距。

他們是先國家，次集體，後個人，為了前者。可以犧牲後者。

我是先自己，後集體，國家的利益是抽象的。

好像在為人民服務，回顧檢查後，立志重來有一套，力求不從為名利出發，力求為人民服務。

1. 順利時，要為人民服務意氣風發，遇到困難、遇到批評，舊厭心、消極。認為多做難搞，不敢挑重擔。他們經過四清、舒暢，更加努力，

2. 有些成就就要伸手，今天不是向黨要名利、地位、待遇，要表揚。黨要調查研究，不支持我，不支持我的意見。如工作順利時，有一套的思想就露頭，聽不進批評。不順利，遇困難時就考慮自己。

3. 考慮計劃、設備等等，只是向國家要錢。節約等等，為國家節省資金就置之腦後。如放大鏡買了一打，思想上嫌少，實際用的很少。

《放下包袱，開動機器》一文，彷彿處理針對我的。我體會到必須以為人民服務的思想，擺正國家、集體、個人的關係，才能克服盲目性，提高自覺性，才能放下包袱，才能開動機器。否則什麼都談不到。

下午一時半到大隊旁聽隊員大會。時大會正在進行，大隊長徐海龍在做生產報告。大意，雙季稻一般在九百多斤；對耕種農墾二十八號（種子）感興趣；副業生產養豬有增長，六三年養豬不多，六五年九個生產隊養二十一隻；勞務收入增加不少；小牛有五六頭，全隊可不到外面買牛，七隊去年買牛花兩千元。通過社教，貧協組織起來，生產搞好。

一月四日　　　　星期二　　　　晴（-2℃—4℃）

昨晚睡得不好，十時半才入睡。今晨五時半醒，六時半起床。

今天本組輪值幫助廚房清潔。

上午和四組同至二隊勞動，搬運、挑選稻草。

今天無風，日麗，相當溫暖，出門未著大衣。

中午吃魚，所以自己去外面吃了饅頭兩個，餛飩一碗，二角二分。又吃了雞蛋一個、橘子一隻。

下午，小組討論昨天參加社員代表大會的看法。大家認為增產的原因，一是黨的領導，二是科學種田，三是群眾認識到種田是為革命的道理。農業增長其實主要應靠“四化”，即電氣化、機械化、化學化和水利化。

要求我們深刻體會的一點是，貧下中農對黨的政策是堅決貫徹的。在討論中，一經擺出黨的政策，大家就沒有話說。他們一再說，“不掌握政策，就分配不好”，“群眾討論，不離政策”。對照自己，對黨的方針政策，往往不好好吃透，有時有抵觸，有時則消極貫徹。這說明他們和我們對黨的政策認識是有差距的。

晚飯後，和英子、君匋、侶賢[1]三同志，出外踏月步行，先至東門，繞輪船局進北門，然後回家。青浦城看來大小和宜興差不多，近年發展很快，馬路四通八達，除通上海、松江、朱家角等公路外，近正興築通嘉興公路，而且一般質量要求高，含有備戰意識。

---

1　侶賢，不詳。

# 一月五日　　　星期三　　　少雲轉多雲（0℃—8℃）

昨晚睡得不大好，十一時半才入睡，且屢醒。

今晨六時半起身。天無風，溫和。昨晚未用熱水袋，絲綿褲已脫去三天了。

上午討論《人民日報》及《紅旗》元旦社論。領導同志説，看形勢，首先看階級鬥爭形勢。國際形勢主流是好的，以真正社會主義、馬列主義政黨為核心的世界進步力量，更加團結堅強，從勝利走向勝利。美帝、修正主義和各國反動派更加四分五裂、焦頭爛額。國內形勢廣大勞動人民覺悟提高，意氣風發，農村中貧下中農當家作主、幹勁衝天，幹部都能正確掌握黨的方針。形勢逼人，勞動人民更加革命化，資產階級及其知識分子陷於汪洋大海，從縱的方面要求更高，徹底革命化、徹底無產階級化。如果再安於中游，就必然落在下游。領導説，這一形勢要求我們務必看清楚。

午飯後，即赴青浦浴室洗澡，買第一號籌。第一個擦背，因時間早，水較乾淨。一時許浴畢出來，連茶共三角七分。後赴食品公司吃甜羹一碗，蛋糕一塊，共一角六分。又買香煙一包、火柴二匣、桉葉糖一小包。

近來我組感冒的多，錢寶鈞同志兩天來重感冒發燒，今日剛好些。又有滿濤[1]、馮英子[2]、梁兆安[3]三位同志，今天同時感冒。大概這兩天天氣暖和些，而我們住的房子極陰濕，陽光照不進，感冒容易發展，要特別注意寒暖，保養身體，不影響學習。

---

1　滿濤（1916－1978），原名張逸侯，滿族，北京人。翻譯家。時在上海人民出版社工作。"胡風反革命集團案"成員。

2　馮英子（1915－2009），江蘇昆山人。早年曾任上海《大公報》戰地記者，抗戰期間曾在在國際新聞社、《力報》、《正中日報》等處任職，1949年任香港《文匯報》總編輯。1953年，任上海《新聞日報》編委兼編輯部主任。時任《新民晚報》編委。

3　梁兆安（1905－1992），廣東南海人。曾任上海基督教青年會副總幹事、體育部主任。時任上海市黃浦區西藏南路體育館館長。

晚七時，參加第一生產隊清河糧食的隊員大會。六時許，和楊、馬兩同志先走，三刻到那裏。在討論中，群眾認真計算，尋找增產而分配困難的情況。找原因、總結經驗，充分顯示四清運動後，群眾當家作主精神。

情況是對今年增產一萬多斤，而因為養鴨無計劃，又無核算，養豬、養鴨吃掉了八九千斤。因此增加社員的口糧（從四百八十斤增加到五百一十斤）集體和個人飼料量都落空了。

九時回家，月色皎潔，而且不冷，這樣的冬天是少見的。回家後十時上床，十一時許入睡，天熱，絲綿襖等都未蓋。羊毛衫也是也脫掉了睡的。


# 一月六日　　　　星期四　　　　晴轉多雲（2℃—12℃）

六時半起身。早餐吃一兩半粥。上午吃了一客湯包，二角。又購橘子數隻，僅二角。晚間往往口乾，吃隻橘子，可以生津止渴。

九時，開會體會。王致中部長、江華[1]、壽進文，吳兆洪同志從上海來，和大家一起談學習收穫。先由徐以枋[2]發言，他們看到一隊今年減產，但群眾還認為是豐收，形勢好，這和自己的想法是有差距的。從減產中看形勢的體會，從什麼立場看形勢？農民認為今年是豐收形勢好，不是空洞的、抽象的。首先比六四年差，比往年還好，所以減產是自然條件極壞。這種條件如在解放前一定顆粒無收，大家討飯，種田為了革命，不是為了鈔票，說明他們看問題是站在革命的立場上看的。我組由錢寶鈞同志代表

---

1　江華，時任上海市政協副秘書長。

2　徐以枋（1907–1998），浙江平湖人，土木工程專家。時任上海市市城市建設局局長、總工程師。

發言，他談了自己過去地主生活的歷史，說這次下鄉參加開門學習，是黨和組織的培養，收穫很大云云。王部長說，看形式不要總在經濟上看，要從政治上看。減產，能夠團結一心，不互相埋怨，找出原因，這是花錢也買不到的。農業遠比工業複雜，人定勝天，畢竟有局限。有些在目前條件下還不能實現。真理超過一步，會成為謬誤，肥料多了，也會減產。工商界賺錢會爭吵，蝕本更會吵翻天。十一日以後，人家搞生產，我們可以找貧下中農家去談談，有人可以參加輕微勞動，便於接觸他們，可以找老人們談談，找被管制的地主談談，將我們的認識告訴他們，當然不能同情他們。

飯後和老趙、錢君匋同志一起上街，我購了一本稿紙，回家寫了一封較詳的信，給方學武、洪嘉義同志向黨彙報下鄉學習體會。對前一階段《申報》索引工作做了初步檢查，晚上寄出。

下午小組討論中，對像我們這樣的知識分子，是否有翻身感，開展了辯論。老馬、老楊認為，今天國家天翻地覆，當然也有翻身感。老趙等同志認為沒有。我因為寫彙報，沒有參加辯論，但認為，從階級屬性來看，民族資產階級是剝削階級，對階級觀點來說，當然不會有翻身感。

晚，到大隊部參加貧下中農會議（全大隊）。

一月七日　　　　星期五　　　　多雲（2°C—8°C）

昨晚參加大隊貧下中農會議，收穫很大。黨對貧下中農的關心以及貧農對黨的擁護處處可見。我們九時一刻離開時，他們的會還未開完。

晚間睡得不好，十時一刻上床，十二時許才入睡，四時還不到就醒了。月色皎潔，以為天大亮了，後看錶才知只四時，但不能再入睡了。六時許起。

今天值日掃地。

組內感冒的人差不多好了。昨晚，廚房特為我全組蒸了蘿蔔湯，以預防感冒。我也吃了一碗。

九時，小組討論，主要就兩天來參加（大）隊的活動，看貧下中農如何對待三者關係。（一）黨千方百計關心群眾生活；（二）貧下中農也關心個人利益；（三）貧農嘴上不滿，心裏滿意。

今天午餐又吃魚，我於中午去小館吃了一碗肉絲湯麵，二角七分。

今天又購飯票五斤，八角。

下午，午睡半小時。

二時，繼續小組討論。我談了一段小感想，從楊小弟和八隊貧協主席對李祥華同志的態度，看到貧下中農和黨的領導的關係，和他們對黨的感情。而我對黨的領導比過去不同，思想上尊重，但還是形式上的存在。存在界劃，不是知無不言，而是三思而言。總之還是尊而不親。這和貧下中農對黨的關係是完全不同，差距是很大的。

晚七時，到一隊隊部，聽他們的社員會議，討論今年的分配方案。書記說，學毛選，學多少，用多少。目前結合春節移風易俗，學習毛主席有關勤儉持家的著作，改變風俗習慣，反對迷信、調動力量於生產方面。還有，改變風氣，賭博近年沒有，但思想未解決。分紅有了錢，可能從假到真，玩起來。目前，二十多歲的小青年，不懂賭博，四十多歲的人如不把賭的經驗公佈出來，就可能在農村杜絕。

九時廿分離家，十時回家。

一月八日　　　　星期六　　　　多雲（4℃—14℃）

　　昨晚回家後，洗腳上床、旋即入睡，為近日少見的好情況。今晨五時許醒，六時一刻起。

　　昨晚甚熱，只加蓋一毯子。今日少穿一件毛綫衣及毛襪。

　　今晨大霧，迄八時尚未開。看來經過幾天風和日麗的好天氣，要開始有些變化。在回滬前，大概總還要有一場風雨雪和一場大冷。

　　上午，小組討論。

　　午後和英子同志同去公園散步，後至大隊部參加貧下中農憶苦思甜座談會。張浜生產隊，飼養場，種田主要是飼料，另外還有一百多畝地種莊稼。分農業組和副業組。副業組，下有養豬、養鴨等專業組。貧協主席徐星林、農民萬雲高、顧三林和大隊支書李祥華等四人發言，一致說，舊社會的苦三天三夜說不完。毛主席就像照妖鏡，我們有什麼困難，他都想到了，我們沒想到的，他也想到了。毛主席比爹娘還好，最苦的時候，爹娘救不了我，毛主席徹底救了我。

一月九日　　　　星期日　　　　陰多霧（4℃—13℃）

　　今晨大霧，迄中午尚未開朗。

　　早餐後赴“一不怕死”取藥，到市場吃油條兩根。

　　八時赴第二生產隊做勞動，搬稻草等。

　　回家途中，赴郵電局打電話，知家中都好，二、三兒都有錢寄回來，工資尚未送來。霖孫很好，他在電話裏一再叫“公公”，還說“乖老”，可見活潑可愛。我時刻想念寶寶，再過八天，就可以看到小寶寶了。

購次橘，兩隻七分。購《解放日報》，一份六分。

兩天來上床即睡著，精神甚好，大便也天天有，咳嗽，下鄉後基本好了。午後睡了半小時，到北門走了一圈，購了香煙四包、桃酥一筒、吃可可一杯。

三時，小組開會，消化昨天所聽貧下中農的報告。


## 一月十日　　　　星期一　　　　晴

上午，至一隊訪問，和侯、陳、楊、趙一起訪問隊長沈海根家。

晚七時，赴一隊參加分配大會。

十時歸，久久不能入睡，至十二時許始睡著。


## 一月十一日　　　　星期二　　　　陰（2°C—8°C）

六時半起。今天四組和我們調食堂值日，我和君匋、滿濤、伯吹同志分配抹桌子。

天陰，還不算冷，未著毛襪。

上下午在家討論訪問貧下中農家庭的體會。

今天整天天陰，晚轉小雨。

午飯後和君匋上街，購竹手一枚，一角五分。

九時睡。

# 一月十二日 <sub>夏曆十二月廿一</sub>　　　星期三　　　　　　　陰雨

六時半起身，上午未安排節目。

下午二時，訪問全國三八紅旗手姚素貞，她説，我字當頭，三者關係就擺不平，公字當頭，就擺平了。養鴨老人郁榮華，七十幾歲，所有鴨蛋都交集體，鴨蛋摔碎了也要收拾一下上交集體。有一份力量就貢獻一分〈份〉。

養肉豬二百頭，苗豬六百頭，幾年來，國家、公社、張浜都搞得很好。張浜生產隊今年分配平均每人一百五十元，明年（一九六六年）爭取一百八十至兩百元。為城東大隊最高。每家最多收入現金五百多元，也為全大隊最高的。勞務每日一元五角，其中二角五分，準備本人伙食，餘一點二五元，交隊計十二個工分。工分按勞動力計算，男一級記十二點五，二級十分；女一級記十點二分，二級記八點二分。

從大隊回來，去市上理髮（二角八分）。吃粽子一隻，餛飩一碗共二角八分。又購除癢藥膏一管二角。

傍晚後，雨未停。晚，閒談。組長回來報告，對今後四天工作做了佈置，領導上考慮，我們所看的城東、城西兩公社，生產都是較差的。決定明天參觀商榻公社[1]。

九時睡。


# 一月十三日　　　　　　　星期四　　　　　　　　　　雨

五時半起，洗腳。

---

1　商榻公社，今上海市青浦區商榻鎮，位於青浦區西，淀山湖東岸。

晚間思考，總結發言，三關係和三對照。想到這幾方面，一、公字當頭，我字當頭，（趙公元帥）；二、當工作有成績受表揚的時候；三、在困難和批評的面前；四、什麼是動力？什麼是幸福？五、為什麼沒有共同語言？抱病就醫，脈案開了，藥方開了，如何吃，要自己下決心。

七時五十分，乘輪渡十時到商榻。

商榻公社社長作報告。全社四千六百八十三戶，一萬九千五百三十三人，其中勞動力八千八百人左右，集體耕種的土地兩萬二千零八十七畝，人多田少。大隊十六個，還有磚窯、飼養隊、果園各一個，〔一九〕五八年以來，〔一九〕六○、〔一九〕六一年大量減產，到一九六三年恢復到一九五九年水平。以後，農副產品逐年上升，〔一九〕六五年形勢一片大好，生產收入都是這樣。

〔下午〕三時，離開商榻。五時一刻，回到青浦。今天解放軍已離開黨校。

晚飯後，赴市場購香煙兩包，橘子兩個。

九時許，睡。睡前曾和侯克忠同志交換關於對貧下中農處理"三關係"找差距的意見。


**一月十四日**陰曆十二月廿三　　　**星期五**　　　晴（-2℃—4℃）

今天轉晴，天冷。

早餐（只吃一兩半）後，又赴市場吃油條兩根、甜漿一碗，只一角一分，如在上海要一角八分。

八時一刻，小組討論兩天訪問體會，主要談三者關係。一、公私分明，公私一刀兩斷；二、公字當頭，輕私重公，先公後私；三、種田為革命，不是為工分；四、一切歸功黨，個人榮譽地位要擺正。

下午二時，全體會議。由團黨委書記宋林汾作報告。農業生產情況全國大好，上海郊區各縣糧、棉、油、豬、菜連續四年全面增產。問題是不平衡，各縣情況不一樣。七個縣畝產去年都在千斤以上，嘉（定）、南（匯）、奉（賢）超過一千二百斤，松（江）、青（浦）、金（山）不到一千斤。雙季稻沒有種好，是技術問題。

# 一月十五日　　　　　星期六　　　　晴（0°C—6°C）

昨晚睡得還好。六時半起。

昨天某某某[1]同志因其愛人發神經病，提早回去。今天某某某同志的兒子發神經病，也提前回去。我組可謂多事矣。

今天總務組結算伙食賬，找回伙食尾數，我退糧一斤。

上午小組體會宋書記報告。

中午上街為霖孫購小象一隻。

下午小組開會，聯繫思想，對三關係問題，進行三對照。今日發言者有陳伯吹、侯克忠、我和錢寶鈞。

中午趙書文又接其家電話，説他的愛人生病入醫院，急忙回去。本組十三人，計有三人未能學完，一人因家事，中途回家兩天，三人患重傷風，缺勤率實在是很高了。

晚到青浦劇場參加上海各界新年春節對解放軍慰問團（會），由兒童劇院演出《劉胡蘭》演得很好。十時畢，回家睡覺，我入睡已十二時矣。

---

1　因涉及當事人個人隱私而隱去姓名，下同。

## 一月十六日　　　　　星期日　　　　　雨轉少雲

昨晚起轉暖，晚去衣才睡著。五時許醒，六時起身燙腳，大便過橋，極通暢。

離家二十一天，還有一天就可回家了。

上午八時，小組繼續三對照學習，先由滿濤發言。對革命態度、對人事態度、對工作態度。錢君匋同志的發言很有啓發。

午飯後，赴郵電局打電話回家，等了半小時，接通後知家中都好。霖孫在電話叫"公公"，還說，"霖霖想你"。電話打完後，在食品公司購土產點心一包七角多。


## 一月十七日　　　　　星期一　　　　　晴轉陰

五時許起，全組整頓行李、清掃房間。

七時早餐後即將李搬運到馬路口，時上海放下的汽車已到。行李裝好，於八時半開車。

九時半到政協。到北京路大通路僱到三輪車。到家已十時半。適霖孫在門口，幾乎不相注意，但又不久即寸步不離，異常親熱，真天性也。

二時，到俱樂部開大會，由各組同志向黨彙報收穫。晚飯後繼續至九時始畢。學習從此結束。

## 一月十八日　　　　　　星期二　　　　陰（3℃—8℃）

上午赴文獻領工資，與老方、老洪同志談話，午飯在四川路吃麵，購文史資料第五十三輯，並購過節糖果及禮品，晚寫三個兒子的信。

## 一月十九日 農曆二月廿八日　小除夕　　星期三　陰（2℃—6℃）

上午九時半，赴政協，談過去及今後工作。中午，購糖果及帶給雯孫女的糖果、玩具。

下午五時半，又上街買一些年貨。

復復來信，說三月內可能出差來家一次。

## 一月廿日 大除夕　大寒　　　　星期四　晴到少雲（2℃—6℃）

上午，赴淮海路，排隊購得小湯圓七十個。又購南貨等至華亭路，擬為霖孫買跑車，因式樣太舊未買，擬有餘款時至中百公司購一新車。

小平送紅豆來。

晚吃年飯，霖孫雖上枱〈台〉，但吃東西不多。

一月廿一日<sub>春節</sub>　　　星期五　　　晴到少雲（2°C—6°C）

霖霖清晨吵著要吃牛奶，六時半即起。

錫妹一家及瑞弟來拜年，並吃飯，小和留住。

孔醫生來賀節。

今年春節天氣晴和。


一月廿二日<sub>年初二</sub>　　　星期六　　　陰轉雨（3°C—7°C）

上午，一家赴萬福坊。我夫婦抱霖孫先至復興公園玩了一小時，看動物，霖孫看了極感興趣，他比以前懂事多了。

在公園門前磅了磅，我一百三十二斤，芳姊一百零六斤，霖孫三十二斤，比去年重了八斤。

五時回家，已小雨霏霏矣。

昨晚打腹稿，擬寫《記張自忠》及《吳佩孚與閻錫山》二稿，預計各五千字左右，擬備在下月十日前寫就。


一月廿三日　　　星期日　　　陰雨（3°C—6°C）

上午，開始寫《記張自忠的轉變》，全日成一千餘字。

上午，十時，抱霖孫至朱家沙走了一圈，購蘭花等共一角六分，回家放給寶寶看。

下午，和芳姊抱霖寶同至百樂商場購玩具等，又至立豐號購花生及花生米，又在隔壁點心店購糖年糕兩斤，九角四分。

晚飯前，又步行至百樂商場，擬再購一小汽車給霖孫，時商場已關門。

政協寄來關於“海瑞罷官”問題參考資料一冊，收集主要文章相當齊備，大概下一階段要學習。我今天先看了其中戚本禹的文章，因為其餘都看過了。

一月廿四日　　　　星期一　　　　陰雨（1°C—4°C）

上午，寄母及五姨母來。看史料稿。

下午，乘車赴新邑廟商場，購玩具刀一具，沿淮海路步行至重慶路口乘二十六路至常熟路口，購八寶飯四團，又為霖孫購魚肝油精一瓶。

晚，吃餛飩。

晚飯後，抽空寫稿近千字。

一月廿五日　　　　星期二　　　　陰轉多雲（1°C—3°C）

上午，赴機關辦公，老洪因病未來。看一九二一年樣板稿，並與老孟、老嚴談籌備小組工作。

中午回家吃飯，三小姐及榴楊先後來，吃了晚飯才回去。

飯後，赴華東醫院，先至口腔科，孔醫生出差未回，決定下星期再去拔牙，旋至針灸科，醫生說手關節炎時間拖長，需要連續治療，約定隔天前往療治，今天打了七針，又拔了兩個火罐。

## 一月廿六日　　　　星期三　　　　陰有雨雪（1°C—3°C）

今天是年初六，舊曆新年已過去了。

上午赴機關，籌備小組開會討論影印工作上馬的計劃和索引的分類問題。

中午，在吳江路飯攤吃飯，二角九分。

下午，文史工作會議，參加者有辦公室、編審組同志，還有民革、兩會及靜安、盧灣政協的同志，主要討論史料工作如何貫徹階級鬥爭為綱的方針，為全國政協即將召開文史資料工作會議做準備。

歸途，購花生一斤。

俞兒夫婦已一月餘未來信，昨天接到他們的賀年片。


## 一月廿七日　　　　星期四　　　　陰轉多雲（1°C—3°C）

今天整天在政協辦公。

九時半，至華東醫院針灸，遇口腔科的孔醫生，原來他下放到中醫科來學針灸。

俞兒來信，希望把霖霖的衣服等帶給他們。


## 一月廿八日　　　　星期五　　　　少雲（3°C）

上午赴政協，今天未學習，看史料稿。

中午，在石門二路飯店吃飯，三角六分，為芳姊及霖孫各購羊毛帽一頂共四元八角五分。

下午，局領導邀集下鄉民主黨派人士座談學習體會。


一月廿九日　　　　　星期六　　　　　晴（1°C—7°C）

今天又整天在政協，晚上至九時許始回。上午，討論工作小結草案，下午及晚上，開市區兩級文史工作幹部會議，分兩組討論，此會還要開二三天，以便決定小結稿，為參加全國文史工作會議做好準備工作。

中午，明明來，將帶給侖侖、陶陶的衣服送去給陶陶的朋友帶京。

為霖孫先後購小杯兩個及氣球，因前天許願，寶寶昨天竟催著要玩具。

霖孫近日有些傷風，食慾不振，身上有些過敏性。

今天風和日麗，為新春以來第一個好天氣。


一月卅日　　　　　星期日　　　　　晴（1°C—10°C）

今天是星期（日），但整天仍開文史會議。七時才回家，寫信向老洪同志請假，因幾天內還不能回去上班。

侖侖夫婦給電虹口，決定陶陶來分娩。

一月卅一日　　　　　星期一　　　　　晴（3°C—12°C）

　　上午，繼續開會。

　　下午，在政協開始改小結稿，參加改稿的有張匯文、馬蔭良、李老[1]、婁老[2]、戚公[3]和我，至十時半才脫稿，由汽車送回家，已近十一時矣。


二月一日　　　　　星期二　　　　　晴（5°C—15°C）

　　今天又整天在政協討論小結文件，晚上加班，至晚十時才回家。

　　下午五時，曾抽空去醫院針灸。


二月二日　　　　　星期三　　　　　多雲轉少雲（6°C—16°C）

　　上午在家休息，十時半，和霖孫同走到烏魯木齊路口，走三輪車到百樂商場，又去靜安寺盤旋一周，小寶極為高興，為他購了兩本書，及糖一塊，又購廣柑一斤七兩許（六角二分），又乘車回家，來往車資三角五分，小寶已能走路，一同上街，什麼都懂，不像以前那樣吃力了。

---

1　李老，即李子寬，時任上海市政協副秘書長兼文史資料辦公室主任。

2　婁老，即婁立齋。

3　戚公，即戚叔玉。戚叔玉（1912－1992），原名璋、鶴九，山東威海人。畫家、書法家、收藏鑒賞家。時任上海市政協文史資料辦公室工作人員。

下午赴政協，江秘書長[1]等對三稿提了意見，我和李、婁二兄[2]開始改稿，八時半改畢，汽車送回。

# 二月三日　　　　星期四　　　少雲（4°C—14°C）

上午未出門，上樓訪孫錫三，談史料事。

下午，在政協再修改總結稿，主要增加有關對老年人士又團結又鬥爭一段，由我寫初稿，商量修改後補入。五時半下班回家，這是五六天來第一天回家吃晚飯。

今天溫度下降，風也大，儼然又由初春天氣轉回到冬季了。

今天未去針灸。

# 二月四日　　　　星期五　　　少雲（2°C—14°C）

上午，赴政協學習，從去年參加《申報》索引試點工作後，又下鄉開門學習，先後已三四個月未參加政協學習了。今天討論學習《人民戰爭勝利萬歲》的體會，我也談了些體會，並對今後學習毛主席著作提出幾點意見。

中午回家吃飯，下午二時，至俱樂部參加文史資料工作委員會全體擴大會議，到委員及各單位列席人員共五十餘人，統戰部吳若岩副部長參加並講了話，會後，並招待晚餐。

---

1　江秘書長，即江華。

2　李、婁二兄，即李子寬、婁立齋。

在會上，遇徐侖[1]同志及李平心同志，我都就《申報》工作向他們徵求意見。

接港《大公報》通知，《王國維之死》及補遺兩篇都已登出，共寄來稿費四十二元五角，本月除復兒十元不可能有其他來款，收入這筆稿費，對於平衡本月合開支是很大的幫助。

聞政協將發《毛主席語錄》這本書，對引用毛主席著作是很有好處的。

## 二月五日　　　　星期六　　　　少雲（0°C—11°C）

上午赴政協，根據昨天大會上的意見，作最後一次修改，十一時半即畢事。

下午，先赴郵局取來《大公報》稿費，旋即至中百公司看兒童三輪車，無合適的，購了玩具一個（三角七分）。又至瑞金一路，為霖孫花了十九元，購得一車，當即載回，四時許，寶寶醒了，看了眉開眼笑。

四時半赴華東醫院針灸。醫生說鬆動多了，又至牙科，孔醫生約定下星期四再拔四顆牙齒，最後一次，說是可以先裝上假牙。

## 二月六日　　　　星期日　　　　晴（0°C—13°C）

上午，母親赴萬福坊。十時許，和芳姊抱霖孫乘四十八路至

---

1　徐侖（1910－1984），北京人。曾任中共華東局宣傳部辦公室主任。時任上海社會科學院歷史研究所副所長，黨委副書記。主編《上海小刀會起義史料彙編》。

外灘，在黃浦公園玩了一小時，霖孫對大輪船甚感興趣，十一時半仍乘原車回家。

下午，午睡三小時，甚酣，為近日來首次。

本擬寫稿，因霖孫糾纏，無法著筆。

復兒來信，另寄來十元。

## 二月七日　　　星期一　　　少雲轉多雲（1°C—13°C）

上午赴政協，寬兄[1]及婁公[2]今晚赴京參加全國文史資料工作會議，今晨大家一起安排了這二十多天的工作。

中午在甜心食府吃素麵，三角，又喝咖啡一杯。

下午赴文獻，已十天不去上班了，看了第四次樣板稿，特別注意分類問題。

領取工資，並購前門香煙一條。

## 二月八日　　　星期二　　　少雲（4°C—15°C）

上午，和母親、芳姊抱霖霖去靜安寺購物，我先抱霖霖至銀行交電費，又去服務社交電費，發兪兒夫婦航空信，寫給他們的信是因為他們打電報給虹口，說準備來滬分娩，而迄未寫信給家中，因此去信，望他們決定來家，勿再疑三惑四，在發信後，適母親她們的車子已來，乃將霖霖送在車上，我則乘四十八路赴靜安寺。

---

1　寬兄，即李子寬。

2　婁公，即婁立齋。

購曬衣繩一根，一元九角，又購廣柑一斤多。母親購二斤多，僅靜安寺兩水果店今天有廣柑，昨天市上幾矣斷市了。今年橘子是小年，廣柑也不多。

又購花生半斤，因後天要拔牙，不能再吃了。

吃包子各一個。

下午，赴文獻，開籌備會，商影印工作，我四時半提早下班，赴醫院針灸。


二月九日　　　　　星期三　　　　　晴（5°C—18°C）

今天溫暖，儼如仲春。

九時到科技出版社，文獻在此向全體人員發《毛主席語錄》，十時許，回機關討論。

中午，在小店吃飯，三角四分。

下午，開籌委會商小結問題。


二月十日　　　　　星期四　　　　　陰雨（5°C—14°C）

上午九時，赴華東醫院（最近改名為延安醫院）拔去牙根三隻，並修牙根。歷時一小時，經過甚好。拔牙前又量血壓，是一百二十、七十五，極為正常，拔牙後，也未覺痛，也沒流什麼血，可見我的健康情況是好的，只是右臂有些關節炎，這是目前身體上唯一的病態。

回家後睡一小時。

下午二時許，赴俱樂部，民盟召開座談會。討論田漢的《謝瑤環》，參加者有楊村彬[1]、朱瑞鈞[2]、孫瑜[3]等。

五時回家，歸途為霖孫購蘋果一斤，畫冊一本。

接俞兒來信，說陶陶決定回家分娩，瑞弟來電話，說他們也接到同樣的信。

# 二月十一日　　　　星期五　　　　雪（0°C—4°C）

今晨初下雪珠，後下大雪，我九時赴華東看牙，傷勢很好，孔醫生說十天內可以先裝好。後乘七十一路至陝西路口理髮（五角），回家時，雪甚大，其稠密程度為上海所少見，但因溫度不低，雪旋下旋化，否則可積寸許矣。

下午赴政協，交學習資料費二元三角八分，本月機關成立工會，每月要交會費一元四角五，本月分〈份〉超支出達四元餘。

# 二月十二日　　　　星期六　　　　陰多雲（-2°C—2°C）

上午七時廿分即出門，赴機關學習，此為近來上班最早的一次。今天上午討論《海瑞罷官》問題。下午，收聽關於焦裕祿同

---

1　楊村彬（1911-1989），原名楊瑞麟，筆名瑞麟。北京人。電影、話劇編導，曾導演話劇《清宮外史》等，時任上海人民藝術劇院導演。

2　朱瑞鈞（1907-1979），浙江餘姚人。戲劇編導、理論家，曾導演《夜上海》、《孔雀膽》等，時任上海戲劇學院副院長。

3　孫瑜（1900-1990），四川自貢人。電影導演，曾導演《故都春夢》、《野草閒花》、《武訓傳》等，時任上海電影製片廠導演。

志的廣播。

四時半趕赴醫院針灸，今天下針較重，歷時也較久，五時三刻回家。

借到葉恭綽年譜一冊，為寫稿參考之用。

二月十三日　　　　星期日　　　　少雲（-1°C—11°C）

今天竟日未出門，上午，偕霖孫至烏魯木齊路口購糖兩塊。

平平來吃午飯，下午，午睡一小時半。

霖霖前兩天有些腹瀉，昨天請孔醫生看後，今天已基本好了。胃口比以前好多，下午起身後，吃麵包三塊。

晚寫侖兒信。

二月十四日　　　　星期一　　　　多雲（3°C—13°C）

上午赴政協看稿，醞釀了一些寫稿提綱。中午，吃素交麵一碗，三角，為霖孫購巧克力糖一大塊五角五分。

下午赴文獻，和老洪談我的思想問題。

二月十五日　　　　星期二　　　　多雲（4°C—16°C）

上午赴文獻，九時開籌備小組會議。開始作思想小結，我初步作了檢查，認識自己工作態度有問題，其他同志態度都較好，但我對尚丁，始終不敢輕信。這人能言舌辯，一肚子壞主意，要向他交心，我還沒有這個認識。

中午回家吃飯，下午赴政協。

四時半，赴醫院針灸，這幾天病況有好轉，結合針灸，時常鍛煉，手已舉得高寸許了。

## 二月十六日　　　星期三　　　陰雨轉多雲（4°C—12°C）

九時，赴華東醫院牙科，拆綫並打假牙樣根。

購五百毫升魚肝油精一瓶，三元五角，又購玩具兩件。

下午赴文獻，全體開會談小結，大家對籌備組提意見，對我頗有啓發。

三小姐來。購餅乾一斤零點九四元。

開始寫商震稿，今天寫一千五百字。

## 二月十七日　　　星期四　　　多雲（5°C—16°C）

上午赴政協，約嚴諤聲、嚴服周[1]、諸尚一[2]談商報的史料。

中午，在復興路口小店吃飯，時間甚促。趕到文獻，離上班只有五分鐘。一時半，民主黨派開聯合小組生活由我報告下鄉的

---

1　嚴服周，曾任新聲通訊社南京分社主任，《新聞報》、《申報》副總編輯，上海《立報》發行人。時任上海文史館館員。

2　諸尚一，會計專家，專欄作家，民革上海市委成員。

見聞和體會，歷二小時許，同志們反映還好。

因不便中途退出，今天未去針灸，據康嗣群[1]同志談，他也患過臂關節炎，是經過針灸治好的，但歷時閱八月，同時，要注意保暖。這些話，一面增強我治癒的信心，一面也破除我求速癒的思想，應該安下心來，逐步治療，不輕忽，盡可能堅持每兩天去一次。此外，還要堅持鍛煉，幫助早日痊癒。

今晚可抽出時間寫稿千餘字。

# 二月十八日　　　　星期五　　　　晴（4°C—15°C）

上午赴政協學習，有人來瞭解沈北宗[2]情況。

下午，午睡一小時許，三時起身，趕把商震稿寫好，共三千六百餘字，當即航空寄出。

四時半去針灸。

晚，寫《舊聞雜記》千字。

# 二月十九日 雨水　　　星期六　　　陰雨（6°C—12°C）

氣象報告説今天傍晚才下雨，所以未帶雨具出門。七時二十分即出發，車甚擠。八時前到機關，現在決定每周六到機關學習

---

1　康嗣群（1910－1969），陝西城固人。康心如之子。曾任上海美豐銀行經理，文化生活出版社總經理，《文飯小品》主編。時在上海出版文獻資料編輯所工作，1969年在上海奉賢五七幹校勞動中病逝。

2　沈北宗，著名學者，時任上海文史館館員。

（早晨），今天討論《海瑞罷官》的主題思想及宣揚什麼。

中午，冒雨出去吃飯，買果醬半斤，二角四角〔分〕，又購巧克力糖一兩許，三角一分。

下午，寫《申報》影印緣起。

五時回家，雨相當大。

晚又寫稿千字左右。


## 二月廿日 農曆二月初一　　　星期日　　　陰 (3°C—11°C)

今天錫妹一家來，吃餛飩。霖孫和小平、小和玩得很起勁，這孩子，一天比一天有趣，也實在乖。

小平、小和晚飯後回去。

上午、下午都抽空寫稿，寫了三千餘字，將《舊聞雜記》寫好，共四千字，寄出。五天來，共寫了七千餘字，準備下周再寫一稿，這樣，又可休息一個時期再寫了。


## 二月廿一日　　　星期一　　　陰雨 (2°C—8°C)

上午，赴醫院，試裝假牙模子，孔醫生工作甚仔細，因上下都是假牙，上面全部，下面只剩三個真牙，因此上下部位都要測定，極為費事。至九時許始畢事。孔醫生說，下星期可裝好，治牙可告一段落了。

醫院回來後，看《中國革命與中國共產黨》，對做《申報》索引工作很好啟示，因此文對近代歷史有極科學的分析。

下午，赴文獻，參加小結討論，大家對工作中如何突出政治如何做好群眾工作，主要矛盾是什麼，各抒己見，暢所欲言，我認為就工作言，人的因素第一，我們的思想革命化跟不上形勢要求，是主要矛盾。但就《申報》索引工作這範疇來說，如何以毛主席的立場觀點統率《申報》所反映的反動的材料，這是主要矛盾。這問題如真解決了。分類、標題、收錄等問題就不難迎刃而解了。

開會時，崔衍[1]同志來通知，說今晚八時半有一重要廣播，注意收聽明天討論。後來又電話通知，討論改在明晨，我如去政協討論，就不必到單位去討論。

今晚的廣播，是《人民日報》在全文發表卡斯特羅的反華演說的同時，發表了編者按語，指出卡斯特羅參加反華大合唱，只能自我揭露。同時，指出古巴的經濟困難，是實行所謂"社會主義國家分工協作"的結果。（大概指古巴不注意糧食自給，等等）

《人民日報》同時還登載比利時共產黨書記格里巴和錫共書記桑木加塔高的聲明，指出古巴已沿著修正主義的道路滑下去。近來，矢口不反美，不支持革命，許多"政治難民"已離開古巴，加上 Guevara[2] 的離去，處處可見卡斯特羅已成為修正主義的小丑。

## 二月廿二日　　　　星期二　　　　雪（4℃—6℃）

今晨起身，見漫天大雪，各處屋頂已一片白色，氣候〈溫〉

---

1　崔衍，時任上海出版文獻資料編輯所幹部。

2　Guevara，格瓦拉。

顯著下降，據中央人民電台廣播，華北各地及遼寧均下大雪，為去冬以來最大的雪，對越冬作物的返青很有好處。

八時，赴政協學習，討論卡斯特羅問題。

中午，在綠楊村吃麻婆豆腐及飯，共四角七分。

為霖孫購新出品交通玩具一套，五角三分。

下午，赴文獻，籌備小組開會，討論主要矛盾問題。

四時半早退，赴醫院針灸。

歸家時，霖孫還未醒，他六時起身，看到這套玩具，開心極了，一直不肯放手。


# 二月廿三日　　　星期三　　　多雲，雪（-5°C—0°C）

北方寒漸南下，今天為立春後最冷的一天。

上午八時半赴文獻，看章宗祥日記，準備校正周叔廉[1] 的關於中華懋業銀行的史料。

中午在瑞金一路小店吃飯，僅花二角二分。

下午，文獻開小組會，尚丁又忍不住暴露了他的驕傲自滿情緒，對群眾的批評，尖銳反駁，引起了群眾的不滿。

我檢查，不必為他而斤斤計較，他的毛病，群眾的眼睛是雪亮的，而且他即使工於心計，千方百計傾陷別人，今天不是舊社會，相信黨總是清楚的。

下午又下好幾陣雪，聽説華山路下得很小。

---

1　周叔廉，曾任北洋政府財政部司長，交通銀行副理，時任上海文史館館員。

二月廿四日　　　　星期四　　　　少雲（-2℃—5℃）

今天略回暖。上午，赴永安公司購花生米一斤（八角）用紅卡，又為霖孫購餅乾半斤。

購月票。

下午赴文獻，開籌備小組會，對昨天尚丁等壓制群眾批評，提出意見。

五時半班後，在淮海路點心店吃酒釀湯糰一碗，蔥油餅一個，共二角八分。六時一刻，在淮海電影院看《女跳水隊員》，是工會請客的。

八時許回家。

恩克魯曼到北京訪問，他就要去越南訪問，可能是搞些"和談"花樣。


二月廿五日　　　　星期五　　　　晴（2℃—12℃）

八時，至華東醫院（現已改為延安醫院）試裝牙齒，孔醫生說，下星期即可拔去最後四顆牙齒，並將假牙裝上。

中午，吃糰子。

下午，政協學委會在文化俱樂部開大組會，交流學習《人民戰爭勝利萬歲》的心得體會。

五時，去醫院針灸。今天未拔火罐。

## 二月廿六日　　　星期六　　　多雲（4℃—14℃）

上午未上班，寫好《白朗討猿》稿，計兩千五百字，中午寄出。

今天霖霖理髮，是找朱家沙的理髮匠來理的，僅花二角五分。這孩子理髮總要大哭大吵，今天我竭力哄騙，後來總算乖了。

下午，赴安福路和平浴室沐浴，三角五分，上次是在青浦洗的，已歷一個半月，而霖霖他們已三四個月沒沐浴，孩子今天不能洗浴，實在是一件苦事。如果每周能洗一次澡，這孩子一定長得更健康。

今天下午本有大組學習會，因沐浴未去。

## 二月廿七日　　　星期日　　　晴轉多雲（4℃—15℃）

上午，母親赴萬福坊。

十時，偕芳姊、霖孫遊龍華，龍華公園新改建，佈置很好，種了不少樹木，門票改售五分，十二時回家。

午睡一小時許。

下午，乘霖孫睡，開始寫《老申報的幕後人物》，成四百餘字。

寫寄復兒夫婦信，問復兒確定於何時回來。

二月廿八日　　　　星期一　　　　少雲（2°C—18°C）

　　子寬兄等到京參加全國文史資料工作會議完畢，昨日回滬。今天上午辦公室談會議情況。據寬兄說，北方久旱，陝西一部分地區幾乎無法冬播，幸月初下了一場大雪，從東北、蒙古到西北，到處喜雪，北京雪深一尺五寸，旱象大見緩和。

　　恩克魯曼過京本擬赴越奔走所謂和談，實際為美帝騙局效勞，到京之日，劉主席在歡宴會上嚴正駁斥美帝和談陰謀，恰為蔣幹過江參加群英會。豈知好戲連台，恩克魯曼離非後，加納發生政變，恩被推翻，他已無法回去，在外也沒有什麼名義了。我國領導還仁至義盡加以照顧，現在招待他及隨行八十餘人到外地參觀。

　　中午吃素交麵，又購一玩具小人，僅一角，購一小畫冊，一角四分。

　　下午赴文獻，開籌備小組會。

三月一日　　　　星期二　　　　多雲（8°C—18°C）

　　今天溫暖，有初春氣息，楊柳已籠綠霧矣。

　　上午，政協學習，討論如何學習毛選。

　　中午，在淮海路吃雲吞麵和豆沙包，共三角四分。

　　今天水果鋪僅有的水果，蘋果既貴又少，大約就要斷市了，購一斤，五角六分。

　　下午赴文獻，主持業務參考資料問題。

　　四時許早退，赴醫院針灸，手臂有新進展，能彎過去脫衣和伸入右手口袋了。

三月二日　　　　星期三　　　　多雲（10°C—26°C）

　　今天大熱，恍如初夏，昨晚未蓋毯子。還屢次熱醒，今天脱去毛綫褲及棉襖。改著中山裝，去年五月中溫度才升至二十度以上，今年有些反常，看馬路有些楊柳已垂垂綠條了。

　　上午赴政協，交流筆記。

　　中午，吃炒大腸，三角七分。下午，文獻開組務會議。

　　回家時，看到霖霖在大門口，於是抱他一起到烏魯木齊路小店購杏仁酥及糖。

　　今天全家洗澡。

　　今天《參考消息》已把加納政變消息宣佈。

三月三日　　　　星期四　　　　陰雨（10°C—26°C）

　　上午先赴人民銀行取款四十元，備明天去付裝牙費。

　　至政協，討論工作計劃及傳達事。

　　下午，文獻開籌備小組會，談小結計劃。

三月四日　　　　星期五　　　　陰（5°C—15°C）

　　上午八時，赴華東醫院治牙，先拔去上面要拔的最後四顆牙齒，修牙根，縫好，然後將上下假牙戴上，從八時一刻至九時三刻才竣，孔醫生工作極仔細。

　　午前回家，休息一小時許。

下午二時，在文藝會堂聽杜宣[1]同志談越南見聞，五時半畢，即回家。

三月五日　　　　星期六　　　　陰雨（5°C—13°C）

上午赴文獻，學習《海瑞罷官》問題，討論歷史上究竟有無清官問題。

中午回家吃飯，二時，赴醫院看牙，付裝牙費三十三元，又去針灸，遇許銘[2]同志。

從延安醫院出來，乘七十一路至中國圖書發行公司，購"選輯"五十四、五十五輯，一元五角五分。

又赴食品公司購醬鴨等一元八角，因明天母親生日，備作盤子之用。

香港《大公報》寄來剪報，知商震一稿已登出，本月分〈份〉經濟上勉可維持了。

今天報紙已將加納政變消息發展，恩克魯曼已到幾內亞了。

晚，整理《申報》稿，成千餘字。

---

1　杜宣（1914－2004），江西九江人。劇作家、散文家。時任中國作家協會上海分會書記處書記，中國作家協會派駐亞非作家會議常設局常駐代表、書記處書記，中國亞非團結委員會上海市分會副主席。

2　許銘，曾任上海市出版局黨組成員，審讀處處長。

三月六日　　　　星期日　　　　　陰雨（4°C—12°C）

今天母親八一壽辰，來祝壽者有錫妹一家。榴楊夫婦及寄母，瑞弟未來，帶來禮物。清晨，復兒寄來十元祝祖母壽。五姨夫也來。

午睡一小時許。下午晚上，寫稿二千餘字。


三月七日　　　　星期一　　　　　陰雨（-2°C—8°C）

寒潮襲滬，今天大冷，又把毛綫褲等穿上。

上午赴政協，文史辦公室商談學習和傳達計劃並與寬兄談《國聞周報》及《大公報》的史料。

中午，吃素交麵。

下午赴文獻，同志們聽杜宣報告，我寫《南北議和簡介》，作為業務資料的樣板。


三月八日　　　　星期二　　　　　陰（-2°C—4°C）

《老申報的幕後人物》一稿已寫成共計三千五百字，今晨航空寄出。

上午，交牛乳費、電燈費，並去醫院為牙齒拆綫，牙齒的治理〈療〉工作，至此告一段落，假牙戴了相當適應，可見延安醫院的牙科醫生相當高明，孔醫生尤其細緻。今後，只有為針灸跑醫院，希望再治個把月，天氣轉暖，能夠完全好起來。

飯後，赴文獻，聽楊富珍同志關於學習毛主席著作報告的錄音。

下班後，赴淮海路，購小飯盒一個，四角七分。吃無錫餛飩一碗，購酒釀一盃，小湯圓三十個，共七角九分。

六時五分，去淮海電影院看《朵朵紅花向太陽》，是關於少數民族文藝表演的紀錄影片，內容很好，惜色彩不鮮豔，大概拷貝是過時的，電影是由工會請客的。工會成立後，每月要交會費，今天又交了一元四角五分，也是增加一筆經常開支。

邦英來信，他已生了一個男孩，大姊一定是高興得很。


三月九日　　　　　　星期三　　　　　　多雲（2°C—10°C）

上午赴政協，九時前學習毛選。九時後，談今年組稿、審稿計劃。

中午，吃油渣豆腐，連飯三角二分。

下午，文獻開籌委會，談小結問題。


三月十日　　　　　　星期四　　　　　　多雲（3°C—13°C）

上午，政協文史辦公室和編審組同志第一次學習毛選，商定學習計劃，請馬蔭良同志為召集人。

下午，在文獻。五時，針灸。

## 三月十一日　　　　星期五　　　　晴（5°C—15°C）

上午，政協學習。

下午，為商報資料開第二次座談會。

晚，看《東方紅》。


## 三月十二日　　　　星期六　　　　晴轉陰（6°C—20°C）

越南南方連續粉碎美軍"掃蕩"，兩月中殲滅敵軍三萬一千多人，其中美軍一萬六千餘人。最近兩天，又殲滅美軍七個連，計近兩個多月，共殲美軍一萬八千餘人。從〔一九〕六一年至〔一九〕六五年，美軍在南越被殲一萬七千人，近兩月被殲人數，已越過過去五千〈年〉的總數。可見，美軍增兵愈多，被殲愈多。逐步升級，失敗也逐步升級。看來，美軍要在越南熬過今年是困難的，損失如此之大，必然要使它的矛盾激化。

上海全市貧下中農第二次代表大會昨天開幕。曹市長要求今年農業全面躍進，各種作物有較大幅度的增長，建成社會主義的新農村。

牙齒裝好已一星期，並無任何痛楚，已日漸適應，能吃較硬的東西了。

印度糧荒嚴重，加爾各答連日群眾暴動，軍警開槍鎮壓，打死打傷多人。

上午未上班，因母親、芳姊和霖孫到靜安寺，母親抱霖孫照相，因為復復有此希望，母親又為霖霖購鞋一雙，並至靜安公園，今天天氣晴和，一派春景矣。回家已過十一時半。

飯後，即赴文獻，今天，從中華圖書館借來近代歷史參考書籍多種，下午即翻閱，並搜集寫作材料。

　　回家時已小雨，據氣象報告，又有新的冷空氣南下。明天起有雨並有大風，大概要過陰曆二十八才能真正暖和。戲劇學院游泳池正在趕修，上面鋪水泥，四周打草坪，並圍以鐵絲網，夏季以前，可以全部峻〈竣〉工矣。


# 三月十三日　　　　星期日　　　　晴（8˚C—18˚C）

　　上午，母親赴五姨母家。

　　偕芳姊抱霖孫至常熟路，發寄侖侖、福福及大姊信，並借錫妹十元匯寄給大姊作為賀禮。

　　旋乘十五路車至徐家匯，轉了一圈，步行至淮海路口。中途，購信封等，乘四十八路回家，並購《光明日報》一張，內載穆欣批判夏衍的文章。

　　飯後，午睡兩小時。四時許，赴靜安寺取照片樣子，並至常熟路理髮。

　　晚開始寫"福開森"稿，成五百字。


# 三月十四日　　　　星期一　　　　雨（6˚C—14˚C）

　　今天整天在政協，上午看稿，下午，辦公室編審組討論積稿複審問題。

　　中午，午睡一小時。為小孫孫購包皮布二尺二寸，一元三角及工業券兩張，又為霖孫購小書一本，為芳姊購小瓶樂口福一元，這種小瓶是新出的。

《參考消息》載印尼右派又發動和平政變，蘇加諾權力盡被右派軍人奪去，僅剩一總統的空名。

## 三月十五日　　　星期二　　　陰雨轉晴（6˚C—14˚C）

上午，政協學習。

下午，文獻先開民盟支部組織生活。四時，準備稿，（與）第三個五天的同志商索引計劃。

## 三月十六日　　　星期三　　　晴（8˚C—20˚C）

上午，政協文史辦公室毛選學習。

下午，赴俱樂部參加民盟召開的關於田漢反動文藝思想的學習，參加者楊村彬、言慧珠[1]等。

錫妹及小平、小和來吃晚飯。

福福來信，他們已到西安，在陝西電訊器材公司學習，並說雯雯長得很胖壯，就是醜一些，脾氣也不大好。

---

1　言慧珠（1919－1966），女，蒙古族，北京人。京劇旦角演員。時在上海戲曲學校任教。1966 年自殺。

# 三月十七日　　　　星期四　　　　晴轉陰（9°C—26°C）

上午九時三刻，抱霖孫乘四十八路至浙江路，轉乘八路至永安公司。過電磅，計重三十四斤。比以前又重二斤多了。旋至食品公司走一圈，乘二十六路至靜安寺，轉乘十五路至小劇場，步行回家，這一行抱得相當累。

昨晚瑞弟來電話，說陶陶已來信，說今日從北京動身。明天下午三時許到，母親也準備去接，今天叫我買兩聽小瓶樂口福，預備送給楠嫂，母親說已三年多未去虹口矣。

下午赴文獻，向索引組同志談一九二七年國內形勢的背景材料。

今天天很熱，霖霖換上單鞋。

# 三月十八日　　　　星期五　　　　雨（2°C—8°C）

今天強冷空氣到滬，氣候大冷。

上午，政協學習。

下午一時半，同母親、芳姊、霖孫至常熟路乘十五路到北站接陶媳。三時正，車子提前到站。齊齊也來接，瑞弟忽患腰痛未來。

先到虹口，在那裏吃晚飯，三小姐及榴陽也在。八時許，僱汽車回，費三元。

三月十九日　　　　星期六　　　　晴（0℃—12℃）

上午，七時半即赴文獻，上午討論清官問題。中午，在淮海路口吃豆沙包及麵，下午，審看樣板分類。

三月廿日　　　　星期日　　　　晴轉陰（3℃—16℃）

上午，平平小和及榴陽夫婦先後來。

下午，赴天蟾舞台看話劇《車站新風》是西安市話劇團演出的，極好。寫平凡的題材，矛盾很突出，很緊張，充分表現業務與政治的關係，教育意義極大。

歸途至靜安寺取照片，購蘋果四隻，明明來同陶陶回去。

《大公報》寄來稿費二十元。

近日收集福開森材料，晚，寫稿數百字。

三月廿一日　　　　星期一　　　　陰雨（7℃—14℃）

上午赴政協，中午，在鳳陽路口吃生煎饅頭及餛飩二角五分，又為霖霖購書三本。

下午赴文獻，提早下班，本擬赴醫院針灸，因大雨未去，在點心店吃湯糰四個。

三月廿二日　　　　　　星期二　　　　陰（4˚C—12˚C）

　　上午，因下午有學習電影，學習暫停，在家寫稿一千五百字。

　　寫寄大姊信，附照片，又寫寄福兒信。

　　下午二時，至俱樂部看電影，看兩本新聞片，又看"陳毅副總理記者招待會"及"中日青年大聯歡"。

　　四時半，至華東醫院針灸，遇劉海粟。


三月廿三日　　　　　　星期三　　　　晴（5˚C—16˚C）

　　上午赴政協。

　　下午，文獻籌備小組開會，討論分類問題，決定分類表暫不大改動，在政治、經濟、文化類中添帝國主義侵略。

　　購漿糊一瓶，又購大蒜頭等。

　　今晚中央人民廣播電台廣播中共中央給蘇共中央的覆電，拒絕參加蘇共二十三大。同時廣播蘇共中央的來電。


三月廿四日　　　　　　星期四　　　　晴（4˚C—16˚C）

　　整天在文獻，上下午都學習，先談我國黨拒不參加蘇共二十三大問題。後談清官與貪官，我都發表了意見，對於清官問題，我認為根本不存在，因為從階級社會以來，就帶來了貪污、合法貪污與非法貪污是交替出現的。同時，階級社會的官吏就是為統治階級服務的，就不可能真正清正，從來沒有貧僱農被地主逼租逼債家破人亡而有所謂"清官"為之平冤獄的。至於書本記載，也多半是帝王製造及相互吹捧出來欺騙和愚弄人民的。

中午，吃麵三兩，又吃酒釀二兩。為霖孫購糖二兩半（三角），又購饅頭三個。

陶陶在虹口住了幾天，今天回來到醫院檢查。

機關的三層樓已加蓋好，這兩天已開始使用，吃飯回到飯廳去了。

## 三月廿五日　　　星期五　　　陰雨（4°C—10°C）

上午政協學習。

中午吃餛飩。下午，午睡一小時，霖孫睡後，抽空寫《美國老牌特務福開森》二千餘字，共已成四千餘字，大概還可以寫一兩千字。

陶陶今天仍回娘家去了，晚，又寫一千一百字。

## 三月廿六日　　　星期六　　　多雲（3°C—10°C）

上午九時，赴四馬路舊書店，揀選參考書，同往者有孟世昌、潘勤孟[1]同志。

中午，在中央商場飯店吃飯，四角九分。

下午，老方同志向全體同志談學習關於海瑞問題的討論問

---

1　潘勤孟（1911－1982），又名鑄辛。江蘇宜興人。連環畫家、書法家。曾任三民圖書公司、新美術出版社、上海人民美術出版社編輯。為連環畫編寫文字，曾改編《紅樓夢》等連環畫。

題，然後分小組討論。

購月票。又寫稿一千餘字。共成六千二百字，明日寄出。


# 三月廿七日　　　星期日　　　多雲（6°C—14°C）

上午，抱霖霖下樓曬太陽，自霖霖咳嗽後，已數日不下樓了。

看翦伯贊的歷史論文及戚本禹等對他的批判。

下午，和芳姊抱霖孫先乘車至復興公園，遊動物院〈園〉，旋至萬福坊，晚歸。

邦英託人帶來香煙及喜糖。

今天北京開群眾大會，支援美國人民反對侵越戰爭。

又，近日來聲明拒絕參加蘇共二十三大者，除中共外，已有阿爾巴尼亞、新西蘭、日本等三個馬列主義政黨。


# 三月廿八日　　　星期一　　　晴（3°C—12°C）

寒風繼續補充南下，今天還是相當冷，未穿夾大衣出去，覺得有些冷。

上午赴政協看稿，下午在文獻。

## 三月廿九日　　　　　　星期二　　　　晴（4°C—14°C）

上午，抱霖霖乘四十八路至河南路下車，步行至邑廟市場（已改豫園商場），先至豫園遊玩，桃花盛開，金魚來去，風景很好，霖霖很感興趣。出園後，經九曲橋，至點心店吃酒釀丸子一客（一角五分）旋乘三輪車至延安路四川路口，乘四十八路歸。途中霖孫已熟睡，抱至家中，吃力極矣。

陶陶午前回來，看侖侖信，知他月初將出差來上海，可以在家住二三日。

下午，赴政協，與馬蔭良等同志商資料如何整理的辦法。

歸家時，為霖孫購小書兩本。


## 三月卅日　　　　　　　星期三　　　　陰（4°C—14°C）

上午，政協文史辦公室第二次學習毛選，有些同志下鄉開門學習，有些同志請假，只到馬、嚴、李、戚和我五人。

下午赴文獻，民盟組織生活。

上午上班前，赴銀行取款二十元。因侖兒要來，多少要多花些錢。


## 三月卅一日　　　　　　星期四　　　　雨（2°C—12°C）

上午甫起，母親來說陶陶已"發動"，於是，急忙整理東西，由芳姊於七時半送她往第一婦嬰保健院，我因為要照顧霖孫，未上班。十時許，芳姊回來，陶陶留在醫院。飯後，芳姊同我本擬去醫院給陶陶送東西，四十八路甚擠，等三輛未擠上，乃由我獨自送去。

一時半到文獻上班。

看《參考消息》，報告蘇共二十三大開幕消息。

**四月一日**農曆三月十一日　　　　　**星期五**　　　　　晴（5°C—16°C）

今天轉暖，上午，赴政協學習，開始聯繫國際時事，學習毛選，今天討論蘇共二十三大問題，特別是朝鮮、越南黨及南越代表團參加問題。

歸家時，購鹹肉及點心等，準備侖兒回家。

午後，抱霖孫下去走了一圈，霖霖咳嗽尚未全好。

午睡半小時許，四時上街，赴延安醫院，重新掛號繼續針灸。

南越人民武裝今天清晨爆炸西貢最大的美軍宿舍"維多利亞大飯店"，當時炸毀十層大樓中的五層，炸死、炸傷了成百個美國侵略軍。據西方通訊社報道，這次爆炸，美方損失比去年十二月四日爆炸"大都會飯店"損失還要嚴重。

**四月二日**　　　　　**星期六**　　　　　陰雨（4°C—14°C）

侖兒昨晚十二時到家，是從武漢、九江、南昌、杭州一路轉來的，我們已入睡，即忙趕起，閒談至一時許才入睡。

今晨六時許起，早餐後，和侖侖同出門，他赴南京路體育俱樂部辦公，我赴文獻。今天上午仍學習《海瑞罷官》問題談歷史上究竟有無清官。這問題已討論了十六七次，意見還未一致。

中午，吃大肉麵（二角七分），為霖孫購《小朋友》一本。

下班回家，等侖侖來吃晚飯。

陶陶尚未分娩，侖侖今天去看她。

## 四月三日　　　　星期日　　　　陰雨（6°C—14°C）

農曆三月十二日，時霆出生。

我們的第二個孫子出世了！這是今年我家的大喜事。今年我六十福度，所謂花甲之年，又添了一個孫子，更是喜上加喜。現在，三個兒子都有了孩子，一共有了二孫和一孫女，如都住在一起，可以說是兒孫繞膝了。

上午十時一刻，芳姊打電話給醫院，才知陶陶昨天下午已分娩，生了一個大胖兒子，詳細情況要下午芳姊去看她後才知道，全家聽了這消息都非常高興。因為侖侖結婚近十年，才第一胎生個兒子，是一件喜事。侖兒今天一早出去，到華龍附近水上俱樂部去參觀工作，所以他回來前還不知道這喜訊。他這次恰巧出差來滬，孩子趕在他爸爸去滬前出生，也是“知趣”的。

飯後，冒雨赴靜安寺購小孩尿布，及雞鴨蛋及粽子等等。

下午，三小姐夫妻及錫妹一家先後來，本約瑞弟夫婦來，一起歡聚一番，但五時楠嫂來電話，說他們不來了。

四時半，芳姊及三小姐同往醫院去看陶陶。

今天抽空看《人民日報》所載戚本禹批判《海瑞罷官》的文章以及何其芳批判夏衍的人道主義和人性論的文章，啓發很大。戚文鞭撻入裏，何文很深刻地揭露知識分子不經過改造的思想體系，並聯繫他自己的思想進行分析，對像我這樣的知識分子，教育意義很大。

芳姊從醫院回來說，陶陶生產經過甚順利，孩子重六斤二兩，但醫院還不允許看孩子。

晚上，大家吃喜酒，可惜瑞弟夫婦未來，為美中不足。至八時半以後，他們才分別回去。

四月四日　　　　　　　星期一　　　　　　　陰（3°C—12°C）

上午赴政協。

中午，在淮海路江漢點心點吃肉絲肉〈麵〉，二角七分。

下午，和孟世昌、吳其柔同志，同赴四馬路舊書店看選參考書，四時半回家。

侖侖赴醫院看陶陶後，赴虹口岳母〔處〕吃晚飯。

四月五日　　　　　　　星期二　　　　　　　陰（4°C—14°C）

上午未出門，寫寄大姊報喜信。

下午赴文藝會堂聽巢峰[1] 報告，旋赴華東醫院看咳嗽並針灸。晚瑞弟來。

1　巢峰（1928－ ），江蘇阜寧人。時任上海人民出版社副總編輯。後任上海辭書出版社社長兼總編輯、上海人民出版社社長兼總編輯。

四月六日　　　　　　星期三　　少雲（3℃—14℃）

俞兒今晨乘九時車回京。

上午赴政協。

下午赴文獻，開全組會，由老洪同志報告小結。

領工資，交工會費一元四角五分，又交盟費五個月，二元。


四月七日　　　　　　星期四　　陰雨（5℃—14℃）

上午，赴市體育館看全國乒乓球錦標賽團體賽第二輪，主要為比賽後幾名，所以除王家聲外，沒有看到什麼好手，但從這些比賽中，也可見新手如雲，比賽的激烈程度甚猛。

下午，因為親赴萬福坊送紅蛋，芳姊去開區人代選舉會，我在家看護霖孫。這孩子真乖，和他講講書，二時四十分就睡著了，沒有什麼手腳，比以前容易照顧得多了。

昨天，接福兒來信，知道他們在西安生活很好，附寄他們夫婦及雯雯合照，看來，雯雯經過改裝，秀氣得多。這孩子本是很有趣的。


四月八日　　　　　　星期五　　陰雨（8℃—14℃）

上午七時許，芳姊即去醫院接陶陶、霆孫，我在家看護霖孫。九時許，他們坐汽車回來，霆霆寶寶長得很好看，鼻子高高的，面孔很飽滿。

十時許，乘車至陝西路口購奶瓶、奶頭〈嘴〉、鈣粉、葡萄糖等，又為寶寶購毛巾、肥皂等等，十一時半歸。

下午赴文獻。

晚，芳姊因看護霆霆及陶陶，霖霖主要由我照料。

## 四月九日　　　　星期六　　　雨（10°C—14°C）

今天竟日下雨，雨量中等，上午七時許即赴文獻。討論"清官"、貪官之差別，開至一半，芳姊去電話，説陶陶要去醫院，我乃請假回家，照料兩孫。

飯後，又看守大孫，直至三時許他睡去。因芳姊去樓下開會，為基層選舉了。

晚七時，聽全國乒乓比賽團體賽的實況廣播。今晚廣播的是廣東女一隊對湖北女隊，上海男一隊對江西隊，結果廣東以三比〇，上海以五比〇勝。

## 四月十日　　　　星期日　　　陰（8°C—12°C）

昨晚霖霖發燒，睡前，一直抱著我，因為知道祖母忙於弟弟，所以這幾天更加和我親熱。我睡時，發現他有些燒，三時醒來，摸他熱度很高，連忙起來給他開水喝。

今晨起床後，芳姊去請孔醫生來看，霖霖溫度達三十九點八〔度〕，先給以退熱藥，又開方，十時許，我去靜安寺為他配藥，又購小書三本。

錫妹、小和、小平來。

下午，秀娟[1]、明明先後來，秀娟已三四年未來矣。

晚聽廣播，男子團體決賽，上海一隊以五比二勝湖北隊，女子一隊以三比○勝四川隊。

七時許，為購小寶寶奶粉，冒雨趕往靜安寺。


四月十一日　　　　星期一　　　　陰雨（6°C—14°C）

上午赴政協，先看昨天《人民日報》發表的有關吳晗的材料，後審閱陳堯甫[2]所寫關於端方稿，並提出補充修改意見。

中午，吃辣醬麵三兩，今天胃口漸恢復。

下午赴文獻，審改後五天索引稿。

閱十日《參考消息》，蘇共二十三大已閉幕。勃列日涅夫當選總書記，在政治局中，米高揚及什維爾尼克都落選。


四月十二日　　　　星期二　　　　多雲轉陰雨（6°C—16°C）

多天陰雨，今晨才見陽光，氣候也轉暖，但到下午，又轉為陰雨了。

上午未出門，準備明天業務學習的中心發言稿，主要為批判翦伯贊的反馬列主義綱領。

下午赴文獻，開始寫標板説明，準備鉛印出來。

---

1　秀娟，即朱嘉樹。

2　陳堯甫，原名毅。前清舉人，1905 年隨端方、戴鴻慈等考察歐美憲政。時任上海文史館館員。

527

下班回家，為霖孫購青黴素藥片等，因寶寶還未退熱，合家為之焦慮。又為霆孫購奶瓶一隻、奶頭三個，回家已六時許，瑞弟夫婦、榴陽夫婦均來，送來霆孫衣服不少，他們九時才回去。

## 四月十三日　　　　　星期三　　　　雨（6°C—14°C）

上午，政協業務學習毛選，先由我作中心發言，談學習批判翦伯贊反動歷史觀點，聯繫史料，提出三個問題：一、以論帶史問題，即歷史必須以毛澤東思想為指導。二、歷史如何為無產階級政治服務，如何服務，如何服務黨的方針政策。三、如何評價歷史上的帝王將相，大家接著發言，很有相互啓發。

下午，文獻民盟小組開會。

霖孫熱尚未全退，咳嗽也未好，甚為焦急，今天又請孔醫生開方子。

福兒又來信。

《大公報》寄來稿費三十一元五角。

## 四月十四日　　　　　星期四　　　　陰（8°C—18°C）

上午，赴郵局取款，至僑匯購物為芳姊購衣料一件，六元，又為霖孫購玩具飛機及小姊弟。

下午赴文獻，機關討論區人民代表人選。

購《人民日報》及《文匯報》各一份，《人民日報》載《胡適與吳晗》一文，揭露吳晗的反動歷史。《文匯報》載文論清官，對方求[1]等文章也作批評，可見大辯論越來越深入。又，近日，京滬各報紛紛載文批判電影《兵臨城下》。

下班時，在淮海路下車，為陶陶購點心兩包，又在江漢點心店吃酒釀丸子一碗，油炸酥（模仿宜興的油炸"老鼠"）一共一角八分。

晚聽乒乓球單項比賽單打（男子復賽半決賽）的實況錄音，莊則棟勝張燮林，李富榮勝姚振緒得決賽權，女子單打今天下午半決賽，梁麗珍及仇寶琴得決賽權。


# 四月十五日　　　星期五　　　多雲（6°C—18°C）

上午，政協學習。

下午，午睡一小時許，上街理髮。

晚上，聽全國乒乓比賽五項單項比賽的決賽實況廣播，結果男子單打，莊則棟以三比○勝李富榮；女子單打，仇寶琴以三比二勝梁麗珍；男子雙打，莊則棟李景光以三比一勝李富榮王家聲；女子雙打，李赫男、李莉以三比○勝狄薔華、劉雅琴；混合雙打，王家聲、李赫男以三比一勝莊則棟、梁麗珍。

此屆全國比賽，莊則棟依然威風八面，女子仇寶琴成熟突出，小將中以姚振緒、李景光鋒芒最高。

老將中，上將〈海〉的張燮林與林慧卿分得三項冠軍，此次都未獲得決賽權，大概以年齡關係退出球壇了，而湖北的胡道本此次未參加比賽，不知何知〈故〉。

霖孫昨起燒已退清，咳嗽尚未痊癒，今天多給他梨湯喝。

---

1　方求，即戴逸（1926—　），歷史學家，清史專家。

北方又有強冷空氣南下，今天上海儼如冬末氣候。據中央氣象台消息，昨天長江以北的低溫將降至零下二至五度，有冰凍。

四月十六日　　　　星期六　　　　　多雲（8°C—19°C）

上午七時半，到文獻參加"清官"問題討論。

中午在山海關路附近吃水餃三兩，三角。

下午，民盟市委擴大會議，由壽進文傳達盟中央座談中劉述周及劉思慕的報告。

回家後，即到安福路為霖孫購針藥，共二元七角多，希望寶寶打針後咳嗽早好。

晚，聽全國乒乓比賽授獎大會，並有名手表演。

印尼駐華大使查禾多招待新聞界，宣佈辭去駐華大使，對印尼右派集團有力揭露，這是外交界少見的事。

四月十七日　　　　星期日　　　　　晴（8°C—20°C）

上午，在霖孫未起前，抽空開始寫《雜牌司令何成浚》，晚上續寫，成千餘字。

上下午都上街，上午為陶陶購點心、粽子、酒釀丸子等。下午為母親配藥一元七角二分。

午睡兩小時，甚酣。

霖孫連打三針，已好多了。霆孫已出生半月，日益有趣了。

四月十八日　　　　　星期一　　　　晴（9°C—20°C）

上午，赴文獻，開籌備小組，佈置今後工作。

中午，吃辣醬麵，一角八分。

下午赴政協，五時，赴華東醫院針灸。

瑞弟夫婦來看外孫，晚飯後回去。

購十七日《人民日報》，上有揭露吳晗解放前反動言論的材料。


四月十九日　　　　　星期二　　　　晴（9°C—20°C）

上午，抱霖孫下樓玩耍，寶寶已近半月未下樓矣，因為他要大便，抱他上來吃力極了。

下午赴文獻，開大會號召開展 "三查" 節約運動。

五時赴俱樂部，民盟討論吳晗問題，到楊村彬、王個簃[1]、楊蔭深[2] 等十人。九時半乃談畢，回家已近十時。


四月廿日　　　　　星期三　　　　多雲轉晴（9°C—18°C）

上午，訪周叔廉，談農業銀行史料，沈坤[3] 亦隨往。

胃口很不好，上午吃薄粥二碗，豆漿一瓶。中午什麼都不要

---

1　王個簃（1897−1988），江蘇海門人。書畫家，時任上海畫院副院長。

2　楊蔭深（1908−1989），浙江鄞縣人。曾修訂《辭源》等，時任中華書局《辭海》編輯所編審、《辭海》編輯委員會委員，文藝組負責人。

3　沈坤，時任上海市政協文史資料委員會辦公室工作人員。

吃，四肢乏力。下午請假，芳姊赴醫院看病，並為奶媽驗血。

四時，午睡後赴延安醫院看中醫。

霖孫打了三瓶盤尼西林，基本已痊癒，精神恢復，飯量也好了，為之大慰，就是我夫婦為了兩孫，幾乎都拖垮了。


## 四月廿一日 <small>農曆閏三月初一</small>　　星期四　　　雨（8℃—18℃）

上午，因身體不適，仍未上班。

下午，赴文獻參加選舉，又集體收聽楊富珍同志講學習毛選的心得體會。


## 四月廿二日　　　　星期五　　　陰雨（18℃—24℃）

今天胃口略為好轉，上午吃了粥兩碗，中午吃飯半碗，粥半碗，晚上又吃粥兩碗，味覺尚不正。下午去徐匯劇場看話劇時，吃雪糕一條，覺得一點也沒有甜味。

今天下午二時看的話劇，是政協包場看《焦裕祿》，上海藝術劇院二團演的，很感人。遇同組同志及傅東華[1]、徐國懋[2]、趙書文等。散場時下雨，幸我帶了傘，步行至交通大學才坐車，途中購包子四個，擬買酒釀，因未帶盛具，只能作罷。

---

1　傅東華（1893－1971），浙江金華人。作家、翻譯家。時任中華書局《辭海》編輯所編審、《辭海》編輯委員會委員，語詞組負責人。

2　徐國懋（1906－1994），江蘇鎮江人。曾任金城銀行總經理。時任民革上海市委副主委、上海市政協副秘書長。

**四月廿三日　　　　星期六　　　　陰雨（13°C—19°C）**

上午，芳姊赴華山醫院看病，十二時半才回來，我和霖孫十一時半曾下去迎接。三小姐送奶媽來。

下午，政協在俱樂部開主席、秘書長擴大工作會議，主要談文史工作問題，備晚餐。購物送孔醫生母女。


**四月廿四日　　　　星期日　　　　陰雨（12°C—19°C）**

今天是特冷。上午，母親赴萬福坊，我搭便車去陝西路，購叉燒、豆沙包十個，六角五分，後至淮海路購甜酒釀一罐。購昨天《人民日報》一份，內載翦伯贊反動歷史觀點的全面材料。歸後細細讀了一篇，看他説得好像很全面，實際是以折衷主義反對歷史唯物主義。從這裏得到啓發，這一階段在思想意識方面的階級鬥爭，資產階級是以折衷主義反對馬列主義，反對毛澤東思想掛帥（如表面上也尊重馬列主義重視政治觀點，但強調要抓業務，強調在階級觀點的同時注意歷史觀點，實際上是以後者取消前者，勾銷階級觀點，勾銷政治掛帥）。因此這一鬥爭，比過去的隱諱曲折，而不經過學習就不易識破，因為我們主觀上本來有右傾觀點，加上它們的偽裝，就容〈更〉難識別，就其危害性來説，因此也更大，因為這些觀點，這些手法，就其實際説，是和修正主義如出一轍的。所以，我應當更加努力學習，提高認識。

購青島出品的風車牌香煙一包，僅一毛五分，居然可以抽，沒什麼異味。

午後，後睡一小時半。

按《大公報》通知，上半月登出版稿三篇，稿費二十六元。

本月共收稿費五十七元，本月開支浩大，得此可較〈減〉少困難不少。

上午和晚上寫稿千字。

## 四月廿五日　　　星期一　　　　陰雨（12˚C—19˚C）

上午赴政協，政協所屬選區今天進行選舉。

中午，吃素交麵，三角。

報勞保得二元多。

購風車牌香煙六包，共五角。

寫《申報》索引樣本說明關於收錄範圍一節，本星期爭取將說明寫好，以便印出向各方徵求意見。

## 四月廿六日　　　星期二　　　　多雲（15˚C—22˚C）

上午，政協學習，在談論蘇共二十三大時，戚叔玉認為蘇聯還是社會主義國家，美國不僅包圍中國，也在包圍蘇聯。蕭純錦認為中蘇分歧在於爭奪領導權，就這些問題展開談論。我認為蘇聯不論從黨的性質和國家政權的性質（已變成特權階級專政）和所有制方向（工業已變成特權階級所有制，農業已變成新式富農所有制）來看，都已"和平演變"為一新型的資本主義國家。至於美蘇關係，它們早已合夥企圖主宰世界，它們之間也有矛盾，而其性質只是爭奪控制權的鬥爭（蘇聯想分享控制權，美國則想奪取蘇聯在東歐控制的勢力範圍），美國早已放棄對蘇聯的包圍，而且其全球戰略的重點移至亞洲，全力包圍中國。

下午，本擬赴文獻，壽進文同志臨時約至盟市委談話，主要談關於揭發吳晗的材料問題，我補充談了一些以前和他的接觸，又談了些對文化革命的看法。他說：只要從大辯論中吸取教訓，努力跟上，努力改造，就不需要什麼緊張。

今天為霖孫購塑料拖拉機玩具一個，四角二分，又購蘋果約一斤，五角三分。

今天想到鄭福齋吃酸梅湯，還沒上市，吃核桃湯一碗，味道很淡。


## 四月廿七日　　　　星期三　　　　多雲（16°C—23°C）

上午，政協業務學習。

中午，吃麵筋麵，二角二分。

下午，黨委召集一部同志談話，談莊近勳同志亂搞男女關係的經過，準備下周開會批評。

三時許，一組及四組同志到工人文化宮看楊富珍、蔡祖泉、紅雷小組等四個標兵學習毛主席著作先進經驗展覽會。四時看畢，乘四十九路至陝西路口，吃豬油湯糰一客，乘四十八路歸。


## 四月廿八日　　　　星期四　　　　晴（16°C—26°C）

今天將毛繩〈綫〉衣脫下，換著羊毛衫及背心。上午，芳姊去醫院看病，我同霖孫下樓玩。

下午赴文獻，寫好樣板說明，老方同志約談話。

謝胡同志率阿黨政代表團到京，京群眾空前盛大歡迎，黨政領導人劉、周、朱、鄧以次都到機場，充分表明兩國的深厚友誼。

## 四月廿九日　　　星期五　　　多雲轉陰雨（15°C—23°C）

上午政協學習。

下午，午睡二小時，四時許，赴延安醫院針灸，旋赴靜安寺為芳姊購止痛藥片。

近日市上已敞開供應前門牌，今天又去靜安寺煙紙店看到敞開供應牡丹牌（香煙），香煙這一關也基本解決了。

## 四月卅日　　　星期六　　　晴（12°C—18°C）

今天特冷，出門著夾大衣。

今天整天去文獻，中午也在此吃飯，已好幾個月不去機關吃飯了。

歸家，由瑞弟來看外孫，今天他休息，吃過晚飯才回去，本擬同霖孫去靜安寺看燈，因天冷未去。

五月一日　　　　　星期日　　　　晴（15°C—22°C）

今天勞動節，上海除此例張燈外，沒什麼慶祝舉動。

今天中午吃飯時，母親忽昏厥，當時情況很嚴重，像是中風，幸及時扶住，即請孔醫生來看，説血壓不太高，是心臟弱，可以吃些參湯。飯後，去萬福坊邀錫妹她們來看視。

昨天周總理及謝胡同志在北京歡迎會上講話，進一步揭露蘇聯現領導比赫魯曉夫更壞更危險，同時也更虛弱，二十三大什麼矛盾也沒有敢揭，什麼問題也沒有敢碰，説明美帝和蘇修都是處在垂死的挣扎中。


五月二日　　　　星期一　　　晴（12°C—20°C）

今天補放五一假。

上午，錫妹、寄母及榴陽夫婦來。下午，明明來。

今天抽空寫稿二千餘字，何成浚一稿基本寫好，錫妹同母親去華山醫院看病。

何成浚一稿寫畢，共六千五百字，明日寄出。


五月三日　　　　星期二　　　晴（14°C—24°C）

上午，赴銀行取二十元，為芳姊購盤尼西林針藥三瓶，二元兩角多，又為霖孫購蘋果一斤。

接復兒來信，他已出差到重慶，預定七日或九日可以回家，合家聽了都很高興，他回家看到霖孫如此有趣，一定高興極了。

下午赴文獻，今天整天討論如何看待歷史上的民族英雄問題，老方叫我發言，我也談了些看法。

昨天寫寄福兒信，今天寄出稿子，用航空，超重共貼二角郵票。

今天起，下午上班即為一時半。

五月四日　　　　　星期三　　　　晴（15℃—25℃）

上午赴政協。

下午赴文獻，參加集體分類討論。

下班歸家，購定勝糕十六塊，又至靜安寺購饅頭十六個，備明天霆孫帶往外家。

五月五日　　　　　星期四　　　　晴（15℃—26℃）

霆孫及陶陶今天去虹口。

上午，芳姊去醫院，我同霖孫坐四十八路至大世界，步行至四馬路口，遊人民公園一周，從南京西路出口，乘二十路至靜安寺。

今天上海盛大歡迎以謝胡為首的阿爾巴尼亞黨政代表團，有些交通阻斷，入晚，各處電燈牌樓燈火齊明。

下午赴文獻，開籌備小組，老方同志來參加。

楊復冬[1]同志借住我《燕山夜話》三冊，看了幾篇，問題的確不小，主要是厚古薄今，是階級調和論。

## 五月六日　　　　星期五　　　少雲（15℃—27℃）

上午，政協學習。

午睡一小時，二時，赴俱樂部看《地道戰》，四時半，赴延安醫院針灸。

士慧來信。

## 五月七日　　　　星期六　　　多雲（13℃—24℃）

今天整天去文獻，上午學習《海瑞罷官》，下午方學武同志約談學習問題。

中午去綠野飯店吃飯二兩。

購藕粉等預備復兒回來。

看《燕山夜話》，其中確有不少反黨的材料。

---

1　楊復冬（1922－1978），湖南長沙人。筆名鍾子芒，兒童文學作家，曾任少年兒童出版社副總編輯，時任上海出版文獻資料編輯所編輯。

五月八日　　　　　星期日　　　　　晴（16˚C—28˚C）

　　《解放軍報》及《光明日報》發表文章，揭露鄧拓為反黨反社會主義的"掌櫃"，並揭露《北京日報》、《前綫》上月發表的材料為假揭露真包庇。看來，這是文化大革命在新聞戰綫上的一場鬥爭，我還連〈聯〉想到，這次阿爾巴尼亞貴賓來華，彭真同志沒有參加歡迎，是否也也在忙於掌握此鬥爭，或去檢查。

　　午睡一小時，洗澡，開始寫短稿。

　　平平姊弟先後來玩。

　　上午，清理抽屜。

　　晚飯前赴靜安寺，購得今天的《光明日報》和《新民晚報》，內載批判鄧拓等人的文章和揭露材料。

　　又購墨水六兩（二角四分）及饅頭等，歸至戲劇學院前，平平小和及霖孫已在等候，一起回家。霖孫今天未睡午覺，八時即睡。因此，晚上可以看報寫稿。


五月九日　　　　　星期一　　　　　晴（16˚C—30˚C）

　　今天大熱，中午後，穿羊毛衫背心還嫌熱了。

　　上午赴政協。

　　中午吃素交麵，三角六分，為霖孫購蘋果一斤，五角。

　　下午去文獻，余國屏同志來談鄧拓罪行及文化大革命形勢。

　　歸途，購粽子、饅頭及餅乾。

　　我國第三顆原子彈（氫彈）爆炸成功。

## 五月十日　　　　　　星期二　　　　陰雨（17℃—32℃）

昨晚因等候復復回來甚倦，未聽十二點廣播。

今晨六時前，復兒從南京乘車回家，説聽到原子彈爆炸消息，即聽六時半聯合廣播節目，知昨日下午四時爆發了一個帶有熱核原料的原子彈（氫彈）。同時，發表周總理上月對巴基斯坦《黎明報》記者的談話，談對美政策的四句話：一、我們決不主動對美作戰；二、中國人説話是算數的；三、中國是做了準備的；四、如果戰爭發生，就沒有什麼邊界。

又《解放》、《文匯》發表姚文元文：《評三家村》，對鄧拓一夥，全面批判揭斥。

上午政協學習，即談區域問題。


## 五月十一日　　　　　　星期三　　　　雨（14℃—26℃）

上午，政協業務學習。

中午，在浙江路素餐館吃飯，三角二分。

下午赴文獻。

今天下午，錫妹、平平及小和先後來。


## 五月十二日　　　　　　星期四　　　　陰雨（16℃—26℃）

今天改著嗶絨衣褲，羊毛衫。

上午，訪馮少山[1]，談孫中山史料事。中午，錫妹請吃飯，甚味腴。

　　下午赴文獻，晚參加民盟在俱樂部召開的座談會，談鄧拓反黨反社會主義的罪行，參加者有蔣定本[2]、馮英子及復旦新聞系兩同志。他們說復旦新聞系今年還把《燕山夜話》作為必讀參考資料，可見“毒害”之深。

# 五月十三日　　　　星期五　　　　陰雨（15°C—24°C）

　　上午同芳姊、復兒抱霖孫乘四十八路至東新橋，轉乘一路電車至虹口。飯後，我先行，復兒霖孫送至弄口，至俱樂部，參加政協召開的學習報告會。

# 五月十四日　　　　星期六　　　　陰（16°C—26°C）

　　上午，偕芳姊、復兒、霖孫同至西郊公園，兩年不去，又有不少新建築及新奇鳥獸，霖孫更見天真活潑，高興極了。

　　陶陶同霆孫至醫院檢查，霆孫已重八斤十二兩，比初生時重二斤九兩。他們昨天從虹口回，大了許多，已經會笑了，有趣得多了。

---

1　馮少山（1884－1967），廣東中山人。幼年隨父母僑居美洲，曾任上海開林油漆公司董事長，民進創始人之一。時任上海市民政局副局長。

2　蔣定本（1923－1997），江蘇青浦人。畢業於上海聖約翰大學。曾在上海《文匯報》、法國新聞社上海分社和上海《大公報》擔任英文翻譯。1946年進入《文匯報》，歷任要聞部主任、編輯委員會委員等。1956年翻譯斯特朗所著《斯大林時代》，在《文匯報》連載後，引起較大反響。

《解放》、《文匯》兩報今天均載鄧拓等《三家村札記》及《燕山夜話》反黨材料的類型。今天從西郊公園回後，叫復兒去買了一張《解放》，下午午睡後，讀了一遍，真刻毒得令人氣憤。

五月十五日　　　　星期日　　　　晴（15°C—26°C）

上午，合家下去照相。

孟世昌同志來談工作計劃。

母親同復復去萬福坊。

寫好《我國第一次民航》、《國民黨與進步黨》兩個短篇，共兩千八百字，即寄出。

五月十六日　　　　星期一　　　　晴（17°C—28°C）

上午赴政協，馬華燦[1]同志談話，希望我接觸一些人，瞭解《文匯報》情況，及時反映。

下午上班前，路遇楊復冬同志，談起在一九六一年左右，《文匯報》也有一些雜文，如"聞亦步"[2]署名的雜文。看來也有反黨的味道，和馬同志的話聯繫起來看的確值得深思。看來所謂文化大革命牽涉到的新聞界，決不只《北京日報》及《前綫》這兩家。

下午，文獻學習今天報載戚本禹同志揭露《北京日報》、《前

---

1　馬華燦，時任上海市委統戰部黨派處處長。

2　聞亦步，上海《文匯報》於 1958 年 11 月 12 日起在第三版開設的專欄文章所用筆名，由該報文藝部主持。

綾》的文章，我也聯繫自我改造發了言。

歸家，知芳姊、復兒、霖孫都去三寶家，陶陶則去任家了，家中僅母親及霆霆。


### 五月十七日　　　星期二　　　陰（17°C—20°C）

下午，去俱樂部看《舞台姐妹》及《抓壯丁》，都是反黨反社會主義的毒草。

今天復復取回到西郊公園照的照片，軟片還是去年的，還很清楚，特別是去年我為霖霖照的最好。


### 五月十八日　　　星期三　　　雨（15°C—20°C）

上午赴政協，寫好揭露鄧拓的材料。

下午，文獻民盟支部組織生活，談文化大革命。

復兒將窗子釘好，這樣對霖霖就比較放心了，另外，他把收音機、凳子等都修好了，燈也裝好了。


### 五月十九日　　　星期四　　　雨（16°C—22°C）

今天竟日下雨未停。

復兒今晨六時離家，乘輪赴漢口轉回保定。他這次回家九天，以後不知何時再回家來。

上午八時許，赴友誼館看巴黎公社文物展覽。展覽品為某外人所藏，極為豐富。

十時許回來，睡一小時。

五時半下班，至瑞金路延安路口，等到母親和芳姊。她們是到瑞金戲院看新華京劇團演的《紅燈記》的。同至四如春點心店吃湯糰及餛飩，吃後我回來看護霖孫。

## 五月廿日　　　　星期五　　　陰小雨（15°C—22°C）

上午，赴銀行取款四十元，本月經濟奇窘，因家中開支增大，而本月侖兒未補貼，福兒則春節後一直未寄來款項，稿費本月還未著落。

上下午寫《記錢玄同》短稿，一千九百字，預備星期天再寫一篇一併寄出。

## 五月廿一日　　　　星期六　　　晴（14°C—23°C）

上午七時半即赴文獻，整天在機關。

霆霆母子赴虹口。

理髮。

## 五月廿二日　　　　星期日　　　晴（16°C—25°C）

昨今兩天，又寫一短稿《蔣介石與張宗昌》，計一千六百字，今晚和錢玄同稿一併航空寄出。

上午，同霖孫乘三輪車至靜安寺，見有二十路區間車，即乘坐至外灘，遊黃浦公園，霖孫對看江看船比前大有興趣，至十一時才乘四十八路回家。

下午午睡兩小時許，小平、小和四時許來，晚飯後回去，錫妹未來。

晚，寫給福兒信。

看《解放日報》轉載前《前綫》工作人員揭露鄧拓反黨手法，其中有很多是和我一九五六年在《文匯》的做法相似。回憶起來，很多可能是鄧暗示或明示的，因為我那時雖有復活資產階級辦報的一套，但未必敢拿出來，是得到鄧的"啓示"，才如此"理直氣壯"拿出來的。

## 五月廿三日　　　　星期一　　　晴轉多雲（16°C—28°C）

上午赴政協，中午回家吃飯。

下午，文獻討論《舞台姐妹》、《抓壯丁》兩部毒草電影。

## 五月廿四日　　　　星期二　　　晴（15°C—27°C）

昨天接愚園路轉來龍華公墓交來的兩封信，說所有公墓的墳都要搬遷，只能過幾天再去問問新遷的地方。

上午，政協學習社會主義文化大革命問題。

下午，赴徐家匯藏書樓看《申報》，其中（一九一七年一月報）有湖北政學會籌備消息，可以説明政學系的來龍去脈，極為名貴的史料。

所有同志都在看巴黎公社圖片展覽，我看報至四時半，到徐家匯徘徊一周，瞭解去龍華公墓交通情況，並購餅乾一袋。

晚，寫稿。


**五月廿五日　　　　星期三　　　　少雲（16°C—26°C）**

上午，政協文史資料業務學習，研究孫中山紀念史料如何掌握政策問題，孫宗英同志約我談文化大革命問題，並囑瞭解一些情況。

下午，赴龍華公墓接洽父親的墳搬遷事，決定由其改為火葬。

二時返藏書樓，續看《申報》。

歸家，錫妹來，她也於午後赴龍華公墓。

陶陶來電話，約我們明天一定去虹口。


**五月廿六日　　　　星期四　　　　晴（16°C—26°C）**

上午，同芳姊、霖孫乘四十八路轉一路電車至虹口公園，遊一小時許，公園佈置一新，我看為上海各公園中所少見。

旋至恆豐里，霆孫已比前胖壯多了。我抱他睡覺，已能笑了。

今天，任家二姊也在。飯後，三時許乘五十五路至外灘，在黃浦公園坐半小時，即乘四十八路回家。

今天《解放日報》發表批判《海瑞上疏》為反黨反社會主義大毒草，並揭露出周信芳、陶雄[1] 的反黨罪行，牽到中央文化部一個副部長為《海瑞上疏》提供材料，並加以肯定，看來，這位副部長大概是齊燕銘[2]。

文化大革命步步深入，必須努力學習，堅決跟上去。加強改造。


# 五月廿七日　　　　星期五　　　晴（16°C—27°C）

上午，購月票。

政協學習，繼續討論對文化大革命的認識和態度問題，沈體蘭依然堅持要揭露黨內的"後台"等等。

中午，在淮海路吃雲吞麵及豆沙包，旋乘車至徐匯又折回文獻。

戲劇學院游泳池已建成，已開始裝燈及做圍牆，大蓋〈概〉要公開並開始夜間游泳。

各報集中火力揭斥污衊勞動人民活學活用毛主席著作的資產階級權威，上海報紙登載工農兵痛斥周信芳等的反黨罪行。

機關同事紛紛推測，三家村的後台是誰，支持周信芳等的中宣部副部長是誰。

---

1　陶雄，戲劇評論家，時任上海京劇院副院長。

2　應為中宣部副部長周揚。

**五月廿八日　　　星期六　　　多雲轉陰雨（16℃—25℃）**

上下午都在文獻，下午下雨，幸歸家時未下。


**五月廿九日　　　星期日　　　陰雨（17℃—25℃）**

上午，母親去萬福坊。

午後，午睡一小時半，三時半，赴瑞金一路訪傅東華，談文化大革命，領導交的任務。

歸途，在淮海路步行，在老大昌購點心六角四分，又購大腸三角。


**五月卅日　　　星期一　　　多雲轉雨（16℃—26℃）**

上午赴政協，中午回家吃飯，榴楊夫婦來。

下午赴文獻，開籌備小組會。

復復來信，已平安回保。福兒已一個多月未來信，去信幾封未得覆，全家繫念。


**五月卅一日　　　星期二　　　陰雨（16℃—24℃）**

上午，政協學習，中午回家吃飯，下午赴徐家匯藏書樓。

六月一日　　　　星期三　　　　多雲轉陰（16℃—22℃）

今天為兒童節，上午八時半，抱霖孫至靜安寺，先遊靜安公園，後至百樂門商場，為寶寶購玩具一，食品少些。旋乘二十一路車至中山公園，略遊片刻，乘九十六路回家。

飯前睡一小時許，下午赴文獻，各黨派共同組織生活，談文化大革命。

福兒久未寄款來，侖兒本月也未來款。而大公本月也未有稿費，因此經濟奇窘，雖已透用四十元，還覺得捉襟見肘。

今天《人民日報》社論，要消滅一切反黨黑幫，打倒資產階級權威，把文化陣地緊緊掌握在工農兵手中，以鞏固社會主義制度。

《光明日報》揭露翦伯贊四十年代即為蔣幫幫兇。

六月二日　　　　星期四　　　　晴（16℃—26℃）

上午赴政協。

《人民日報》登載北大師生二十五日貼出大字報，揭露北大校長陸平、黨委副書記彭佩雲、北京市委大學部副部長宋碩為三家村黑幫分子，頑抗社會主義文化大革命。北京、上海積極聲援，這是文化大革命在教育界揭開的第一炮，標誌文化革命的進一步深入開展，又《人民日報》今天發表第二篇社論《觸及人們靈魂的大革命》。

今天除《解放日報》外，又另購《光明日報》及《新民晚報》，學習這些材料。

下午，午睡一小時許，四時半，赴延安醫院看視婁公的病。

六月三日　　　　　　星期五　　多雲（16℃—26℃）

　　上午，政協學習，下午，赴藏書樓看《申報》。



六月四日　　　　　　星期六　　少雲（16℃—30℃）

　　昨晚中央廣播，中共中央決定，派李雪峰為北京市委第一書記，吳德為第二書記，由新市委領導文化大革命。新市委決定，撤銷陸平的北大黨委書記及一切職務，派以張承先為首的工作組進行整頓，工作組執行黨委會職務。

　　今天《人民日報》社論，認為北京前市委是修正主義路綫，北大等為反黨反社會主義堡壘，並指出此次粉碎修正主義反革命集團，為毛澤東思想的偉大勝利。

　　上午，機關討論，大家擺出事實，說明彭真是赫魯曉夫式的野心家，多年來企圖篡奪領導，和毛主席思想和中央領導進行鬥爭。正如赫魯曉夫篡奪領導從而惡毒誹謗斯大林、實行修正主義復辟一樣。這也可以體會，為什麼這場鬥爭關係到保衛黨中央、保衛毛主席、保衛無產階級專政的重大問題。

　　機關今天開始貼大字報，參加鬥爭，我也參加了大字報的鬥爭。

　　看來鬥爭還要開展，這條黑綫還要追根。大家關心中央宣傳部副部長是誰，有人說是周揚，也有人說，陸定一已撤職。劉伯涵[1] 說山東也出去一個副省長。

---

1　劉伯涵（1927－1995），河南西峽人。曾在上海人民出版社歷史讀物的編輯工作。

六月五日　　　　　星期日　　　　　晴（18°C—33°C）

上午九時，抱霖霖至靜安寺，購草帽一頂，二元二角。

下午，和錫妹、秀仁同至延安西路乘七十一路至永安公墓看父親骨灰。車上遇陶陶，在公墓等些時候，榴楊夫婦也來，芳父骨灰也在此，三小姐又號啕大哭。

四時歸，霖霖被阿媽抱至靜安寺去玩了，五時半始回。

今天暴熱，已入初複〈伏〉矣。

六月六日　　　　　星期一　　　　　晴（18°C—32°C）

上午赴文獻，中午，聽電台廣播《解放軍報》所載無產階級文化大革命宣傳要點，歷時七十分鐘，二時，至政協參加業務學習。

文化革命形勢日益開展，據同事中小廣播，陸定一和羅瑞卿都牽涉在內，不知究竟如何。

看北大學生所寫陸平黑幫對左派的壓制、迫害，令人氣憤。

六月七日　　　　　星期二　　　　　晴（20°C—32°C）

上午，政協學習。

復兒寄來二十元。

下午，赴藏書樓，同人均未來，四時許即出。

## 六月八日　　　　星期三　　　少雲（20°C—31°C）

上午赴政協，《解放日報》、《文匯報》登載上海音樂學院揭出賀綠汀為反黨反社會主義分子。

中午吃水餃三角。

下午一時到機關，文化革命形勢大開展，大字報貼出四百多張，主要揭發楊兆麟、許芯仁、尚丁等的反黨罪行，人美也送來揭露楊兆麟的大字報。

二時許，赴上編看大字報，主要揭露李俊明為反黨反社會主義分子，並揭出陳向平[1]、戚銘渠也和他朋比為惡。

## 六月九日　　　　星期四　　　少雲（18°C—30°C）

上午九時前，偕霖孫至常熟路郵局，取復兒寄來之款三十五元（內十五元還祖母，十元霖孫牛奶費，十元為他們送我的壽禮），旋乘十五路至靜安寺，看鴻雲齋沒什麼菜。乃乘二十路至食品公司，購粽子六隻（八角二分），雞一元，排骨等一元。旋回靜安寺，吃冰淇淋一塊。十時半回家。

今天請瑞弟夫婦來，為霆孫雙滿月請酒，他們吃了晚飯才回去。

下午赴文獻，今天大字報已貼出共七百餘張。今天除繼續揭楊兆麟外，又揭出王某，我也寫了兩張大字張，一揭尚丁，一揭王，並參加對楊兆麟的揭斥。

《光明日報》登出揭露楊述的材料，上海報繼續刊登音樂學院揭斥賀綠汀的消息。

---

1　陳向平（1909-1974），曾任上海新知識出版社副社長、上海古典文學出版社副社長。時任中華書局上海編輯所副主任、副總編輯。

六月十日　　　　星期五　　　　多雲（10˚C—30˚C）

上午，政協學習，討論文化大革命，我也結合出版界的鬥爭，發了言。

下午，赴文獻，今天大字報到九百多號，主要還是揭楊兆麟黑幫，很多揭熊大紱[1]。尚丁揭我一張，説我和吳晗有關係，是根據我在小組的發言，這傢伙真陰險，他一面表示自我揭露，實際盡在開脱自己，一面到處亂咬，好在群眾眼睛雪亮，知道他耍的什麼陰謀。

六月十一日　　　　星期六　　　　少雲（19˚C—29˚C）

上午，全家同至樓下照相，霆霆已能半坐著照相了。

上海電台廣播，昨天文化廣場開萬人大會，曹荻秋同志做文化大革命的動員報告。又昨天中央電台廣播《紅旗》關於文化革命的社論，對文化大革命的意義和政策界綫〈限〉交代得很清楚。又今天《解放日報》社論，談到上海的反黨反社會主義黑幫分子，共點了賀綠汀、周信芳、李俊民、周谷城、瞿白音、李平心、周予同、王西彥等幾個人的名字，還提到電影局的"三十年代"人物，摘了不少反黨黑電影，其中當然包括柯靈、王林谷、于伶等人。

下午赴文獻，洪嘉義同志找若干黨外人士談文化革命的意義。

今天大字報已達一千一百多張，集中於反黨分子楊兆麟、尚丁、王鼎成[2]及許芯仁。昨天，尚丁還意圖反撲亂咬人，正如《紅

---

1　熊大紱，作家，時任上海出版文獻資料編輯所編輯。

2　王鼎成，1955 年任上海文化出版社社長兼總編輯，後因發表《我們需要感情》等文章受到批評，被撤職並開除黨籍。1962 年到上海出版文獻資料編輯所工作。1967 年自殺。

旗》社論所指的搞混運動 "大家有分"，以便混水摸魚，乘機溜走。我被他揭了一張，當時就有些手軟。今天看來，證明黨和群眾的眼睛是雪亮的。同時，也說明我還是以個人主義看待運動，覺悟不高。

## 六月十二日　　　　星期日　　　　陰（18°C—24°C）

清晨七時起，八時許，早餐還沒吃完，霖霖就吵著要上街玩，乃抱他下樓，乘四八路至外灘，看看黃浦江，折至南京路中央商場，擬購塑料薄膜袋遍找沒有，在商場吃豆漿、油條、大餅，乘四十九路至常熟路，吃紙杯冰淇淋一個，乘三輪車回。

回家後倦極，飯前睡半小時。霖孫也未到吃飯即午睡了。

下午，看文件。

## 六月十三日　　　　星期一　　　　陰雨（18°C—24°C）

上午赴政協，中午吃素交麵，至淮海路口滄浪亭購點心六塊。

下午赴機關，文化大革命形勢又變，黨員同志揭露方學武為反黨反社會主義分子。

晚，丁振邦[1]同志約六七個同志談對運動的意見，八時半歸，霖霖在門口等我。

---

1　丁振邦，不詳。

六月十四日　　　　星期二　　　　陰雨（19°C—24°C）

上午，政協學習。

中午回家吃飯，陶陶在家為最後一天。下午，她同霆孫、奶媽都回虹口去了。

下午赴文獻，今天大字報貼到一千五百多張。今天新的大字報，集中於方學武，也有貼洪嘉義及其他黨員同志的，楊兆麟、尚丁等反黨分子，反而顯得輕鬆了，也有說有笑了。可見運動還未深透，還要在下一階段窮追猛打。

中央電台廣播，反革命分子楊國慶竟持刀入友誼商店刺傷馬里和民主德國友人，昨天開萬人公審大會，判處該反革命分子的死刑，立即執行。此案件可以說明階級鬥爭的尖銳激烈。據聞本市學校中也有行兇事件發生。


六月十五日　　　　星期三　　　　陰雨（18°C—24°C）

上午，赴錦江飯店送託帶的東西給復復的朋友，才知錦江新造了兩座四層樓，住一般旅客。別在茂名路一五九號出入。

下午，先赴文獻看大字報，二時許，赴政協。與李、戚、蔣[1]諸同志商如此〈何〉加緊徵求孫中山史料問題。

---

1　李、戚、蔣，李、戚指李子寬、戚叔玉；蔣，不詳。

六月十六日　　　　星期四　　　　陰（19°C—25°C）

　　今天是霖孫兩周歲生日，家中吃麵，近來鴨大批上市，今天買了一隻三斤半，二元餘。

　　今年未見枇杷上市，毛桃及洋莓昨天已上市。

　　今晨各報載，南京大學揭出校長兼黨委第一書記匡亞明為反黨反社會主義反革命分子。他在文化大革命中，壓制和打擊左派，阻撓運動的發展，已經江蘇省委撤銷其一切職務。又北京市委及團中央改組北京團市委，撤銷反黨的舊市委。

　　上海報紙發表丁學雷的文章，批判瞿白音以“創新獨白”為反黨綱領。

　　上午，赴馮少山家，繼續談孫中山史料。

　　下午赴文獻，今天的大字報已達一千八百張，除繼續揭露方學武等以外，人民出版社送來批大字報，揭露陳正炎[1]及劉伯涵，陳、劉都偽裝左派。在這次運動中想迷惑人。又反黨分子許芯仁瘋狂反撲，整天叫喊，今天上午開會學習時，竟拍案三次，大罵黨員及左派，實屬瘋狂已極，不僅為反撲，實在是破壞文化大革命，一二三四各組都貼出集體大字報，要求領導給以嚴厲處理。

　　我今天寫了一張大字報，揭露方學武對毛選學習的態度。


六月十七日　　　　星期五　　　　多雲（20°C—28°C）

　　上午政協學習。

　　下午，赴文獻，今天大字報已達一千九百多號，其中較集中

---

1　陳正炎（1918－1986），湖北安陸人。曾任《解放日報》編輯、記者，上海人民出版社任經濟組副組長。1965年，調上海出版文獻資料編輯所做資料工作。

的是揭發稽德華[1]。

陶陶今天回信，中午來電話辭行。


# 六月十八日　　　星期六　　　多雲（20℃—29℃）

上午，《大公報》寄來稿費十四元一角。

九時許，往交煤氣費，為芳姊到九星去取褲子，又購白糖等。理髮。

下午，赴文獻，剛上班，我正在食堂看大字報，旬人聲鼎沸，旋小包同志等抬洪嘉義出來，滿面血痕，以為他肺病發作，後才知他從三樓小房間跳下，當場昏厥，跌去牙齒兩個。當由小包、老嚴等僱三輪車送往廣慈醫院，據老嚴回來說，很少希望。大家議論，這顯然是對抗黨、破壞文化大革命的可恥行為。三時許，大家貼出大字報，堅決向這種破壞行為開火，堅決把文化大革命進行到底。

中共中央和國務院發出通知，暫停今年高等學校招生，以便徹底進行教育改革。將文化大革命進行到底，各報並登載北京市一女中高三班及市四中高三班致中共中央及毛主席的信，堅決反對為資產階級服務的招考制度，主張高中畢業後即參加工農兵，取得"思想畢業證書"後，由黨挑選入高等學校，於此，可見這次文化大革命的深遠意義，《人民日報》為此發表評論。

周總理即將訪問阿爾巴尼亞。

---

1　稽德華，翻譯工作者，時任上海出版文獻資料編輯所編輯。

六月十九日　　　　　　星期日　　　雨（21°C—26°C）

農曆五月初一日，昨晚和芳姊暢談。

上午，寫文史資料稿，為完成政協任務。

午睡兩小時甚酣。

寫寄大姊信及西安信，因兩月餘未接福福來信了。


六月廿日　　　　　　　星期一　　　晴（22°C—30°C）

上午赴政協處理孫中山史料稿件，中午回家吃飯，榴楊夫婦來。

下午赴文獻，旋政協來電話去參加業務學習。五時半，吃些點心，又去文獻，六時半開全體會議，丁振邦同志報告文化大革命情況，市委決派工作組來工作，又報告洪嘉義當天已死。黨組織對其叛黨行為，決定開除其黨籍，又反黨分子許芯仁竟在會上當場一再向丁振邦同志反撲，實屬狂妄已極，此人已不可救藥矣。


六月廿一日　　　　　　星期二　　　晴（22°C—33°C）

今天大熱，很多人穿香港衫了。

上午政協學習，回家吃飯。

下午赴文獻，大字報集中揭露龔淡樵[1]。

---

1　龔淡樵，科普作家，曾任上海科學技術出版社編輯，時任上海出版文獻資料編輯所編輯。

## 六月廿二日 夏至　　星期三　　　晴（24°C—35°C）

今天夏至，中午吃餛飩。

下午赴文獻，今天大字報達兩千三百張，今天仍集中揭龔淡樵，我寫了揭嚴長慶一張。因嚴為方的生活書店老同事，又為其在文獻的骨幹。方〈被〉揭出後，他始終裝傻，沒有揭過方的實質性問題。

六時回家，聞同居的吳樸[1]已送醫院，初以為是高血壓，後經各方反映，為服安眠藥自殺，聞有遺書兩紙。人稱，大概是單位文化大革命揭出問題，畏罪自殺的。聞其年僅四十多歲，術業有突破。

## 六月廿三日 端午　　星期四　　多雲轉陰（24°C—34°C）

上午赴政協，今天大樓斷電，所以未回家吃飯，在甜心食府吃葷素麵三兩，三角四分，又飲咖啡一杯一角二。

下午赴文獻。領導關照將業務材料全交出，把鑰匙丟在裏面了，遍找不著，昨天當在補找。

連日回家，都同霖孫步行至武康路購棒冰。

據聞，吳樸今天上午已死去。

---

1　吳樸（1922－1966），又名吳樸堂，號厚庵。浙江紹興人。篆刻家，時任上海博物館館員。
　　與作者同住枕流公寓。

## 六月廿四日　　　星期四　　多雲有小雨（26℃—34℃）

上午政協學習。

回家吃飯，下午赴所。三時半，開全體會。工作組六位同志都參加，交代文化大革命的目的任務和政策界綫〈限〉，並派李同志到一組工作，旋各組開會，李同志談得很親切。


## 六月廿五日　　星期六　　晴，傍晚陣雨（24℃—34℃）

上午，先至靜安寺，後乘二十一路轉三路至虹口，霆霆比前又大又有趣多了，會發笑了。瑞弟回家吃飯。

十二時離虹口，赴機關，今天整天開小組會，討論報載李俊明反黨罪行，聯繫方學武的罪行。

購白糖一斤。


## 六月廿六日　　　星期日　　　晴（24℃—32℃）

上午，母親去萬福坊，我同霖孫同車前往，先赴復興公園遊動物園，旋赴錫妹家，飯後，與霖孫先回。

據平平説，她有一同學是平心鄰居，聽説平心最近用煤氣自殺，被保姆發覺了，現不知生死如何。往事和今後事均不敢想矣。

## 六月廿七日　　　　星期一　　　晴（23°C—31°C）

上午赴政協。

歸家時，在靜安寺購風肉一斤四兩多，一元七角五。

下午赴文獻，今天新貼大字報不多，市委又派來工作組同志三人。今天，一些黨團員和積極分子都不在所，可能是在佈置新的戰鬥。

聞蔣南翔及彭康等均受批判，可見文化大革命的深入。


## 六月廿八日　　　　星期二　　多雲轉陰（22°C—27°C）

上午，政協學習，僅到十四人，因各民主黨派機關、各方面都在進行文化大革命。趙祖康、武和軒、畢雲程、嚴諤聲、陶菊隱等都回原單位參加了。今天談陳毅同志昨天在亞非作家緊急會議上的報告，聯繫反修鬥爭形勢。

回家吃飯。

下午赴機關，今天大字報甚少，下一階段大概將集中幾個人深入揭發，並開展鬥爭。

聞方學武已調回機關，今天下午和楊兆麟、許芯仁同被召至局內開會。

張胖子今天來局看大字報。

回家後，又偕霖孫去長樂路口購棒冰。

**六月廿九日** 　　　　　**星期三** 　　　**雨（22°C—24°C）**

今天竟日大雨如注。

下午赴文獻，大字報深入揭發方學武，方揪回機關後，在下面別關一房子，讓其檢查交代。

聞趙超構也被揭出為反黨反社會主義。

接福福來信，知道他們很好。為之大慰，他現在參加文化大革命，思想有大提高。

瑞弟來電話，因明天也有雨，霆孫決定星期日同來。購月票。

**六月卅日** 　　　　　**星期四** 　　　**雨（22°C—26°C）**

上午赴政協，中午在淮海路吃麵，並為霖孫購饅頭兩個。

下午赴文獻，今天大字報較多，集中揭方學武、趙景源[1]、鍾志堅[2] 等。

歸途，購桃子四隻，一角八分。

**七月一日** 黨的四十五周年紀念日 　　　　**晴（22°C—26°C）**

上午，政協學習。

下午，文獻依然看大字報，有人揭露方學武的上面有丁景唐。

又報載《紅旗》社論，揭露周揚為文藝界反黨黑幫的 "祖師

---

1　趙景源，原商務印書館編輯，作家。1963 年到上海出版文獻資料編輯所工作。

2　鍾志堅，連環畫作家，曾任上海人民美術出版社編輯，時任上海出版文獻資料編輯所編輯。

爺"，夏衍、田漢是吹鼓手，說十七年來文藝界的一切壞事都是他幹的，一切牛鬼蛇神都在他的黑幫下縱容包蔽〈庇〉的。

接陶陶來信。

七月二日 農曆五月十四日　六十初度　　晴 星期六（22℃—28℃）

上午未出門，吃麵。下午赴機關，大字報有人揭影印《申報》是大毒草，我也寫了一張。

歸途，購白糖點心等，晚，喝酒二杯。

七月三日　　　　　　　　星期日　　　晴（22℃—28℃）

上午九時，同霖孫步行至常熟路，乘十五路車至徐家匯，又乘四十二路至陝西路口，飲橘子水，乘四十八路歸。

今天本擬只請錫妹、瑞弟等，乃親戚大集，寄母及五姨母兩家都來了。連自己人共達二十人。霆孫也回來了。瑞弟送二十元，禮甚重，五姨、寄母、榴楊各送香煙一條。

晚，中央電台播送《紅旗》一文，揭露周揚如何篡奪文藝領導的陰謀，同時，揭出林默涵及"馬凡陀"[1]為反黨反社會主義分子。

---

1　馬凡陀，即袁水拍。

## 七月四日　　　　星期一　　　晴（22°C—28°C）

上午，出版局在市人委大禮堂開會系統幹部大會，馬飛海局長做關於文化大革命的報告，談到出版界鬥爭形勢，已揭出一大批牛鬼蛇神，從報告中，隱約指出傅東華、陳伯吹等都為反黨分子。

中午，在大世界吃冷麵，下午，各組討論馬局長報告。

報紙揭露周予同的反黨罪行。


## 七月五日　　　　星期二　　　晴（20°C—26°C）

上午，政協學習，原文藝新聞出版組大部回原單位參加文化大革命了，只剩下周鍾琦[1]、楊小仲[2]二人，今天起併入我組。

下午，赴機關，今天大字報不少。

寫了一份材料約三千字，送交工作組，彙報我和北京、上海牛鬼蛇神的關係。

領工資。購桃子四個，荔枝半斤，共六角五分。

復兒來信，他們文化大革命還未全面開展。


## 七月六日　　　　星期三　　　雨（22°C—26°C）

上午赴政協。

下午赴機關，歸途購蓆枕兩個，五角六分。

---

1　周鍾琦，不詳。

2　楊小仲（1899－1969），江蘇常州人。電影導演。

## 七月七日　　　　星期四　　　　小暑 雨（22℃—26℃）

上午，同霖孫至靜安寺，給他買塑料冷〈涼〉鞋一雙，一元九角。又為霆孫購小鞋，三點八角。又同至百樂商場購吃餛飩一碗。

寫寄大姊一信，謝其賀禮。

霆孫近日日見有趣，而且見我就笑，真逗人喜歡。這孩子還〈快〉一百天了。

今天機關的大字報，集中揭孟世昌為假左派，真保皇派，說他和方學武、洪嘉義、稽德華等關係很深，但迄未揭露他們的罪行。

## 七月八日　　　　星期五　　　　陰雨轉晴（22℃—25℃）

上午，政協學習。

下午，機關繼續看大字報，已達兩千八百張。從人民出版社看來的大字報看，宋原放也被揭出為反黨修正主義分子，人民貼他的大字報已逾三百張。

## 七月九日　　　　星期六　　　　多雲（22℃—26℃）

上午，赴中百公司修錶，結果，只看了一看，就走了，沒有壞。一錢未要。這也是新社會，如在過去，則至少要一兩元，一星期取。

下午，赴機關，大字報揭孟世昌的仍多，從擺出的事實看，此人卻〈確〉為方家村人，而一貫假裝左派，抓權壓眾。

## 七月十日　　　　　星期日　　　雨（21°C—27°C）

　　上午，寫寄大三兩兒信。

　　報載，昨天黨和國家領導人接見亞非作家會議全體代表（該會昨天閉幕）。從這裏可以看出中央新的變動，陳伯達為中央文化革命小組組長（原為彭真），陶鑄為中央書記處書記兼宣傳部長（原為陸定一），葉劍英為中央書記處書記（原為羅瑞卿）。可見，外傳兩陸也犯修正主義錯誤可以證實矣。

## 七月十一日　　　　　星期一　　　雨（21°C—27°C）

　　竟日下雨，上午赴政協，看稿。

　　中午吃素交麵，飲咖啡。

　　今天大字報除繼續揭孟世昌，又揭尚丁、范若由[1]、曹予庭[2]，大概工作組掌握材料，而這些人偽裝左派不交代自己的問題。

---

1　范若由，連環畫作家。曾任上海人民美術出版社編輯，時任上海出版文獻資料編輯所編輯。

2　曹予庭，出版家、出版史工作者。曾在上海書店工作，時任上海出版文獻資料編輯所編輯。

七月十二日　　　　星期二　　　　雨（21°C—27°C）

上午，赴郵局取侖侖寄來的八十元。


七月十三日　　　　星期三　　　　多雲（22°C—30°C）

上午赴政協，婁立齋兄已病癒，恢復半天工作。

購可可二兩，糖精一小瓶，牙籤一匣。

下午，工作組孟同志找我談，希望我多寫大字報，揭方洪黑幫。

今天吃西瓜，不夠甜，每個九分。


七月十四日　　　　星期四　　　　多雲（23°C—32°C）

上午赴政協。

下午，組內開會討論，大家對嚴長慶進行幫助。

購西瓜一個，五角六分，香蕉一斤多，七角。


七月十五日　　　　星期五　　　　晴（26°C—35°C）

今天起進入盛暑，氣象台報告，副熱帶高壓控制華東南部地區，幾天中溫度將在三十三至三十五度左右。

上午，起草大字報稿，揭方學武在《申報》索引工作中的反黨陰謀，共四千餘字。

下午，機關開小組會，幫助吳其柔等放下包袱，揭〈徹〉底揭露楊兆麟。工作組孟同志同意我邊抄大字報邊聽，五時半寫好。（請戴光組同志抄了三四張）即交出。

又購西瓜一小個，三角八分，相當甜。

七月十六日　　　　　　星期六　　　晴（26°C—35°C）

下午赴機關，繼續看大字報，大字報重新陳列，集中方學武、楊兆麟兩黑幫。

七月十七日　　　　　　星期日　　　晴（26°C—35°C）

逾日京滬文章，集中揭發周揚反黨罪行。

八時半，與母親、霖孫同車至萬福坊。十時至長城影院看《桃花扇》電影，為反黨毒草。

十二時在萬福坊吃飯。一時半，同霖霖乘五路電車至八仙橋，至大世界玩了一小時，霖霖也要買票，看了電影，此為霖孫生平第一次看遊藝。

七月十八日<sub>農曆六月初一</sub> 星期一 晴（26°C—35°C）——廿一日 星期四（26°C—36.5°C）

連日晴，大熱，二十一日室內熱度達三十六點五，為今年最熱一天。

入小暑後，天即轉晴熱，對棉、稻大有好處，前兩天太平洋颱風也未到滬。今年南方是風調雨順，據侖兒來信，北方今年雨水很多，根本上消除了連年的旱情。

據《人民日報》載，北方皖、魯、豫、冀及新疆等省區，今年小麥都大豐收，上海、天津、東北各地的工礦企業也有大幅度增〔長〕。今年是我國第三個五年計劃的第一年，工農業新的躍進形勢已很顯然。

從報上看，先後在各地揭出的反黨分子有陳翰伯（京）、林淡秋（浙）、陶白（蘇）、秦牧（粵）、李達（鄂）等等。聞《解放日報》問題，嚴重的有鄭拾風及張樂平。至於出版系統，則宋原放等均有問題。

侖侖二十日來信，説他們都好，正積極投入運動，為之大慰。二十一日覆信。

瑞弟夫婦來看霆霆，三小姐、榴陽也來一天。


七月廿二至廿六日　　　　　　　　晴（26°C—35°C）

連日大熱，且無雨。

霆霆種牛痘後，發燒三天，經至兒童醫院診視配藥，前三天又腹瀉，今天已痊癒，為之大慰。這孩子已更有趣，看到我就笑，且能依呀呀叫了。

近日機關大字報漸少，主要時間去學習文件，聯繫思想，邊"亮"邊議，目的在於提高認識，交代問題。而另外，組織有兩個戰鬥小組，對方學武、楊兆麟進行說理批判。

# 八月二日　　　　　星期二　　　晴（27°C—38°C）

連日大熱，今天高達三十八度，下午，文獻三樓辦公室達三十八點五度，室外當在四十度以外，是近幾年少見的熱天。

今年市上西瓜極少，幸阿媽先後買了幾個，每天有一個，主要滿足霖孫的需要。今天，又在食品公司買了一瓶橘子汁。

上午，政協學習，集中對蕭純錦揭發其反黨罪行，孫宗英同志連次都參加。

文獻連日大字報集中揭發田多野[1]、楊復冬、孫世謂[2]等，許芯仁還在瘋狂外〈反〉撲。

今晨，葉以群[3]從六樓跳下自殺，從〈到〉延安醫院即氣絕，又說是大革命中的頑抗可恥行動。

晚間頭昏，晚飯亦未吃。鋼筆已斷，今後不寫日記矣。

---

1　田多野，是洪汛濤的筆名。洪汛濤（1928－2001），浙江浦江人。兒童文學作家、理論家，曾創作《神筆馬良傳》，時在上海出版文獻資料編輯所工作。

2　孫世謂，作家、曾任上海文藝出版社編輯，時任上海出版文獻資料編輯所編輯。

3　葉以群（1911－1966），原名葉元燦、葉華蒂，筆名以群。安徽歙縣人。文藝理論家。時任上海市文學研究所副所長、《上海文學》和《收穫》副主編。與作者同住枕流公寓。

八月四日　　　　　星期四　　　晴（28℃—38℃）

　　昨一夜未眠，頭昏。

　　連日依然酷熱，文獻室內溫度常在三十九度左右。據《文匯報》載，上海歷史記載，三十八度以上熱度至多延續五天，此次從三十一日，即在三十八度以上，不知何日可以轉頭，今年的熱，已破紀錄了。

　　昨天政協開會，交換如何批判蕭純錦問題。又政協今天宣佈，文史辦公室因熱放假，以後有工作再聯繫，大概因統戰部正在開展文化大革命。

　　文獻連日批判和聲討許芯仁的反撲。


八月五日立秋　　　星期二　　　晴（26℃—37℃）

　　從三十一日到昨天，每天最高溫度在三十八度以上，直至今天立秋轉了東南風，才下降一度，晚上也比較涼爽，此次熱潮持續了九整天。據說是上海八十年來的最高紀錄。

　　今天，中共中央發表了文化大革命的十六條指示是綱領性文件，上下午在政協及文獻分別學習。

　　前天晚上，曾去文化廣場聽了中央首長劉少奇、周恩來、鄧小平、陳伯達、康生、江青等同志的錄音報告，也談此問題。

八月十七日　　　　星期三　　　多雲（26°C—31°C）

近日天氣略冷爽，太平洋十二號颱風，今晨在閩北登陸，上海有六級大風。

中共八屆十一中全會公報發表，並公佈文化大革命十六條，全國熱烈慶祝。

前天為兩孫照相，今天取回，張張照得很好。

連日群眾向市委報喜，交通車已改變路途幾天了。

責任編輯 —— 李　斌

書籍設計 —— 任媛媛


書　名 —— 徐鑄成日記（一九四七—一九六六）

作　者 —— 徐鑄成

整　理 —— 徐時霖

出　版 —— 三聯書店（香港）有限公司

香港北角英皇道 499 號北角工業大廈 20 樓

Joint Publishing (H.K.) Co., Ltd.

20/F., North Point Industrial Building,

499 King's Road, North Point, Hong Kong

香港發行 —— 香港聯合書刊物流有限公司

香港新界大埔汀麗路 36 號 3 字樓

印　刷 —— 美雅印刷製本有限公司

香港九龍觀塘榮業街 6 號 4 樓 A 室

版　次 —— 2020 年 6 月香港第一版第一次印刷

規　格 —— 特 16 開（150 × 228 mm）592 面

國際書號 —— ISBN 978-962-04-4634-4